Ralph-Christian Amthor | Sigrid James | Dieter Kulke
Lehrbuch Handlungskonzepte der Sozialen Arbeit

Studienmodule Soziale Arbeit

Herausgegeben von
Ria Puhl | Regina Rätz | Eberhard Raithelhuber | Wolfgang Schröer | Titus Simon | Steve Stiehler | Mechthild Wolff

Die Reihe „Studienmodule Soziale Arbeit“ präsentiert Grundlagentexte und bietet eine Einführung in basale Themen der Sozialen Arbeit. Sie orientiert sich sowohl konzeptionell als auch in Inhalt und Aufbau der Einzelbände hochschulübergreifend an den jeweiligen Studienmodulen. Jeder Band bereitet den Stoff eines Semesters in Lehr- und Lerneinheiten auf, ergänzt durch Übungsfragen, Vorschläge für das Selbststudium und weiterführende Literaturhinweise.

Ralph-Christian Amthor | Sigrid James |
Dieter Kulke

Lehrbuch Handlungskonzepte der Sozialen Arbeit

BELTZ JUVENTA

Die Autor:innen

Prof. Dr. Ralph-Christian Amthor ist Professor für Grundlagen der Sozialen Arbeit (Geschichte, Theorie und Handlungslehre) an der Technischen Hochschule Würzburg-Schweinfurt.

Prof. Dr. Sigrid James ist Professorin für Theorien und Methoden der Sozialpädagogik an der Universität Kassel.

Prof. Dr. Dieter Kulke ist Professor für Soziologie und Leiter des Vertiefungsmoduls Soziale Arbeit und Behinderung an der Technischen Hochschule Würzburg-Schweinfurt.

MIX
Papier | Fördert gute Waldnutzung
FSC® C089473

Dieses Buch ist erhältlich als:
ISBN 978-3-7799-3089-1 Print
ISBN 978-3-7799-4790-5 E-Book (PDF)

1. Auflage 2023

in der Verlagsgruppe Beltz · Weinheim Basel
Werderstraße 10, 69469 Weinheim

Herstellung: Ulrike Poppel
Satz: text plus form, Dresden
Druck und Bindung: Beltz Grafische Betriebe, Bad Langensalza
Beltz Grafische Betriebe ist ein klimaneutrales Unternehmen (ID 15985-2104-1001)
Printed in Germany

Weitere Informationen zu unseren Autor:innen und Titeln finden Sie unter: www.beltz.de

Inhalt

Vorwort

„Nichts ist so beständig wie der Wandel“ – dieses bekannte Zitat wird dem griechischen Philosophen Heraklit zugeschrieben, und es steht sinnbildlich für eine Soziale Arbeit, die sich in einem Prozess der kontinuierlichen Veränderung befindet: Galten Sozialarbeit und Sozialpädagogik noch bis zum Ende der 1980er Jahre im deutschsprachigen Raum als in disziplinärer und professioneller Hinsicht wenig entwickelt, so hat sich dieses Bild bis heute gewandelt. In den letzten Jahrzehnten setzte ein umfassender, durchaus positiv zu bewertender Wachstums- und Entwicklungsprozess ein, hin zu einer praxisorientierten Profession und wissenschaftlichen Disziplin, die international vertreten ist und globale Standards für das Studium und die Praxis entwickelt hat.

Zugleich wurde und wird Soziale Arbeit mit vielfältigen gesamtgesellschaftlichen Veränderungen und Herausforderungen konfrontiert: alten, neu aufbrechenden oder sich zuspitzenden sozialen Problemen, wie beispielsweise Verarmung, Wohnungsnot, Flucht und Vertreibung, Menschenrechtsverletzungen bis hin zu den sozialen Folgen ökonomischer und ökologischer Veränderungen, einer weltweiten Pandemie oder eines kriegerischen Konfliktes in Europa. Im Sinne der „Global Definition of Social Work“ hat sich Soziale Arbeit mit all jenen solidarisch zu erklären, die gesellschaftlich benachteiligt sind und zielt darauf ab, Armut zu bekämpfen, Schutzlose und Unterdrückte zu befreien und soziale Eingliederung und Zusammenhalt zu fördern. Soziale Gerechtigkeit, Menschenrechte, kollektive Verantwortung und Achtung der Vielfalt gelten als zentrale Leitorientierungen (vgl. IFSW: www.ifsw.org).

Um dieser Aufgabe gegenüber den Klient:innen und Adressat:innen sowie der Gesellschaft gerecht zu werden, benötigt die Profession Soziale Arbeit eine wissenschaftliche Beschreibungs- und Erklärungsbasis für soziale Probleme, wissenschaftsbegründete Arbeitsweisen und ein ethisches Fundament. Traditionell betrachtet steht für das Handeln in der Praxis und die hierauf bezogene Lehre der Begriff „Methoden“, der selbst heute noch vielfach Verwendung findet, gut ablesbar in Nachschlagewerken und publizierten Einführungen. Wie u. a. aber auch diese Veröffentlichung zu „Handlungskonzepten der Sozialen Arbeit“ aufzeigt, hat professionelles Handeln heute weitaus vielschichtiger und komplexer zu erfolgen.

Mit diesem Lehrbuch möchten wir dem Umstand Rechnung tragen, dass sich während der letzten Jahrzehnte, ähnlich wie im psychotherapeutisch-psychiatrischen Bereich, ausgewiesene und wissenschaftlich fundierte Handlungskonzepte für die direkte professionelle Arbeit entwickelt haben, beispielsweise verschiedene systemisch-orientierte Schulen, psychodynamische, personzentrierte und verhaltensorientierte Ansätze sowie Konzepte der Sozialraumorientierung.

Das Lehrbuch bezieht sich auf die Soziale Arbeit im deutschsprachigen Raum, integriert aber in vielen Kapiteln internationale Fachliteratur und Praxisbezüge; einige Kapitel sind sogar fast vollständig aus der internationalen Perspektive abgefasst, u. a. zu Ökosystemischen Konzepten und zur Evidenzbasierten Praxis. Dies ist zum einen den individuellen biografischen Erfahrungen der Autor:innen geschuldet und unterstreicht zum anderen die zunehmend internationale Verbreitung und Vernetzung der Sozialen Arbeit, die eine Auseinandersetzung mit Konzepten, Methoden und Strukturen über regionale Grenzen hinaus erfordern. Von der Konzeption orientieren wir uns am Aufbau der Lehrbücher zu professionellen Handlungskonzepten der Social Work im englischsprachigen Raum und an deren charakteristischen Praxis- und Handlungsorientierung; diese impliziert auch ein spezifisches Interesse an der empirischen Fundierung der Konzepte.

Nach einem einführenden Grundlagenkapitel, in dem der Begriff „Handlungskonzept" erklärt und entfaltet wird, werden in den folgenden Kapiteln aufbauend nach und nach spezifische Konzepte entlang den unterschiedlichen Interventionsebenen (Mikro-, Meso- und Makroebene) vorgestellt, so u. a. für die professionelle Soziale Arbeit mit einzelnen Klient:innen, Familien und Gruppen bis hin zu Konzepten für Gemeinwesen, Sozialräume oder Institutionen. Zu beachten ist hierbei, dass in den Kapiteln nicht nur einzelne Konzepte oder Ansätze, sondern vielmehr übergreifende „Strömungen" und „Richtungen" vorgestellt werden, die sich jeweils weiter untergliedern und differenzieren, zum Teil auch überschneiden.

Für den Gebrauch des Lehrbuchs empfehlen wir zunächst das einführende erste Kapitel zu lesen; danach können die jeweiligen Kapitel frei je nach Interessensschwerpunkt oder Anforderung in der Lehre gewählt werden.

Eine Übersicht zu den unterschiedlichen Richtungen ermöglicht Abschnitt 1.5 im ersten Kapitel: Dargestellt werden insgesamt fünfzehn große Strömungen von Handlungskonzepten in der Sozialen Arbeit. Mit der ersten Auflage werden im vorliegenden Lehrbuch nunmehr zehn Richtungen vorgestellt. Zielsetzung ist es, in der nächsten Auflage das Spektrum zu vervollständigen bzw. zu erweitern und so u. a. auch Handlungskonzepte zur Lebensweltorientierung, zum Empowerment, zur Kritischen Sozialen Arbeit sowie zu antidiskriminierungs- und diversitätsbewussten Perspektiven, aber auch musisch-kreativen und erlebnispädagogischen Ansätzen auszuarbeiten.

Alle Kapitel dieser ersten Auflage haben eine ähnliche, wenn auch leicht variierende Struktur je nach Inhalt des Kapitels. Sie beginnen mit einer kurzen Zusammenfassung der Inhalte („Abstract"). Nach einer Einleitung werden historische Bezüge, zentrale theoretische Grundlagen und Kernkonzepte sowie hierauf bezogenes methodisches Handeln in Form von Methoden, Techniken und Verfahren, Arbeitsprinzipien und Haltungen dargestellt. Integriert werden auch Praxisbeispiele und Anwendungsbereiche, die z. T. durch Übungen vertieft werden; informiert wird zur fachlichen Debatte und Diskussion ebenso wie zu empirischen Forschungen und Wirkungsnachweisen. Jedes Kapitel endet mit (zusätzlichen) Übungen und Infos zu weiterführender Literatur, sowie ggf. relevanten Internetlinks und Videos.

Dieses neue Lehrbuch richtet sich primär an Studierende der Bachelor- und Masterstudiengänge zur Sozialen Arbeit und Erziehungswissenschaft/Sozialpädagogik an Hochschulen für angewandte Wissenschaften, Dualen Hochschulen und Universitäten, sowie Studierende aus verwandten Studienrichtungen, u. a. zur Kindheitspädagogik und Heilpädagogik, sowie an soziale Berufe allgemein. Die Verwendungsmöglichkeiten des Lehrbuches sind äußerst vielfältig und reichen von Einführungsveranstaltungen zur Sozialen Arbeit, der Methodenausbildung zur Arbeit mit Einzelnen, Familien, Gruppen oder Gemeinwesen oder explizit als solche ausgewiesene Lehrangebote zu professionellen Handlungskonzepten bis hin zum Fach „Theorien der Sozialen Arbeit".

Das Lehrbuchmanuskript hat ein umfangreiches Begutachtungsverfahren durchlaufen: An dieser Stelle sei deshalb zunächst den Herausgeber:innen der Lehrbuchreihe „Studienmodule Soziale Arbeit" im Verlag Beltz Juventa für deren Engagement Dank ausgesprochen. Dankbar sind wir zudem weiteren Personen, von denen wir ebenfalls Anregungen und nützliche Kritik zur Ausarbeitung der einzelnen Kapitel erhielten, namentlich: Prof. Dr. Vathsala Aithal (Technische Hochschule Würzburg-Schweinfurt), Dr. Norbert Beck (Sozialdienst Katholischer Frauen Würzburg), Prof. Dr. Stefan Borrmann (Hochschule Landshut), Dr. Nora Hettich (Universität Mainz), Prof. Dr. Arist von Schlippe (Universität Witten/Herdecke), Prof. Dr. Werner Schönig (Katholische Hochschule Nordrhein-Westfalen), Prof. Dr. Mark Schrödter (Universität Kassel), Prof. Dr. Peter Sommerfeld (Fachhochschule Nordwestschweiz), Prof. Dr. Christoph Walther (Technische Hochschule Nürnberg), Prof. Dr. Angelika Weber (Technische Hochschule Würzburg-Schweinfurt) und Prof. Dr. Jens Wurtzbacher (Katholische Hochschule für Sozialwesen Berlin). Angemerkt sei hier allerdings, dass eventuell verbleibende Fehler im Text selbstverständlich im Verantwortungsbereich der Herausgeber:in dieses Lehrbuches liegen.

Da es sich um die erste Auflage handelt, freuen wir uns außerordentlich über Rückmeldungen von Studierenden und Lehrenden unter ralph.amthor@thws.de, sigrid.james@uni-kassel.de oder dieter.kulke@thws.de

Würzburg und Kassel im Februar 2023
Ralph-Christian Amthor, Sigrid James, Dieter Kulke

Kapitel 1
Allgemeine Grundlagen

Ralph-Christian Amthor

Angesichts der zunehmenden gesellschaftlichen Bedeutung Sozialer Arbeit wird das professionelle Arbeiten von Sozialpädagog:innen und Sozialarbeiter:innen immer wichtiger. Dabei gilt festzuhalten, dass es seit Jahrzehnten einen beträchtlichen Aufschwung an Methoden, Konzepten, Verfahren und Techniken gibt, durch deren nahezu unübersehbare Vielfalt heute aber nicht selten der Blick auf die theoretischen Grundlagen verstellt wird. Die Zielsetzung des vorliegenden Lehrbuches ist es, Studierende der Sozialen Arbeit, aber auch bereits ausgebildete Berufskolleg:innen sowie andere Interessierte in die gängigen wissenschaftlich fundierten Handlungskonzepte der professionellen Sozialen Arbeit einzuführen.

1.1 Einleitende Gedanken

Soziale Arbeit ist ein zentraler Teil unserer Gesellschaft, verbunden mit einer Vielzahl an Einrichtungen und sozialen Diensten verschiedenster öffentlicher, freigemeinnütziger, zum Teil auch gewerblicher Träger, mehr als zwei Millionen Beschäftigten in sozialen Berufen und einer enormen Wirtschaftskraft in Deutschland. Die Leistungen und Maßnahmen der Sozialen Arbeit sind oft eingebunden in große Behörden, Verbände und Zusammenschlüsse, deren Leitung und Verwaltung ohne ein modernes Sozialmanagement nicht mehr auszukommen vermag. Soziale Arbeit bildet einen Berufs- und Wissenschaftsbereich, der sich durch ein komplexes Ausbildungssystem sowie vielfältige wissenschaftliche Forschung und Fachpublikationen auszeichnet, und hat eine weltweite Verbreitung.

Während Soziale Arbeit noch in den 1970er Jahren ein nur wenig beachteter gesellschaftlicher Bereich war, gewann diese in den folgenden Jahrzehnten stark an Bedeutung: So lässt sich für sämtliche Arbeitsfelder ein erstaunlicher quantitativer und qualitativer Wachstumsprozess festhalten, der zur heutigen Träger- und Verbändelandschaft führte. Diese Entwicklung lässt sich anhand vieler Indikatoren belegen, u. a. an der Wirtschaftskraft, am Anteil sozialer Berufe an den Erwerbstätigen, aber auch an Studierendenzahlen, am Studienangebot an Hochschulen bis hin zu Publikationen und Forschungsaktivitäten (vgl. u. a. Thiersch

2015, S. 53 ff.; Rauschenbach 1997; Rauschenbach in Amthor et al. 2021, S. 803 ff. und 1009 ff.).

Soziale Arbeit beruht indessen auf einer weitaus längeren, sich über viele Jahrhunderte erstreckende Geschichte und hat sich so in einem langwierigen Prozess der Institutionalisierung, Verrechtlichung und Ausdifferenzierung zu einer öffentlich organisierten Grundversorgung, Hilfe, Erziehung und Bildung formiert (vgl. Amthor 2016a). Ausgang und Anlass ist heute in der Regel ein gesellschaftlicher Bedarf: Einzelne Personen, Familien, Gruppen bis hin zu Gemeinwesen bedürfen aufgrund sozialer Probleme, die sie nicht alleine bewältigen können, der Unterstützung und Förderung, die qualifizierte Fachkräfte in den Einrichtungen und sozialen Diensten der unterschiedlichen Arbeitsfelder erbringen. Charakteristisch ist hierbei, dass Problemlagen, wie Armut, Arbeitslosigkeit, Behinderung, Suchtabhängigkeit, Diskriminierungs- und Gewalterfahrung, psychische Erkrankung, Straffälligkeit oder Wohnungslosigkeit stets im Zusammenhang mit der Lebenswelt und den Lebensverhältnissen der Adressat:innen sowie im gesellschaftlichen Kontext betrachtet werden (Kulke in Amthor et al. 2021, S. 810 ff.).

Über diesen Fokus hinaus übernimmt Soziale Arbeit im deutschsprachigen Raum im großen Umfang spezifische Erziehungs- und Bildungsaufgaben: So zählen zur Kinder- und Jugendhilfe auch die Erziehung und Bildung von jungen Menschen im außerschulischen Kontext, hier insbesondere im Bereich der Kindertagesstätten. Weitere Beispiele sind die vielfältigen Angebote der Kinder- und Jugendarbeit, der Familien-, Erwachsenen- und Altenbildung sowie der kulturellen, politischen, gewerkschaftlichen und kirchlichen Bildung. Insgesamt betrachtet richtet sich Soziale Arbeit heute an die gesamte Bevölkerung (Thole 2012; Thiersch 2015; Engelke et al. 2018).

Dieses Leistungsangebot wird mit einem umfassenden und vielseitigen Spektrum an professionellen Interventionen, Methoden und Verfahren erbracht: Während diesbezüglich noch in den 1980er Jahren ein Mangel an Methoden beklagt wurde, hat auch hier ein großer Wandel stattgefunden. Das Methodenrepertoire reicht heute, um nur wenige bekannte Beispiele zu nennen, von den Handlungsmethoden für die direkte Arbeit mit Adressat:innen, den sogenannten „klassischen Methoden" (Einzelfallhilfe, Gruppenarbeit, Gemeinwesenarbeit), den vielen modernen Verfahren und Arbeitsformen (z. B. Diagnostik, Hilfeplanung, Beratung, Case Management, Streetwork) und Angeboten im musisch-kreativen Bereich und Bewegung (u. a. Theater- und Musikpädagogik, Sport, Erlebnispädagogik), über die den Leistungsprozess unterstützenden Methoden (u. a. Supervision, Kollegiale Beratung, Teamarbeit) bis hin zu den struktur- und organisationsbezogenen Methoden (u. a. Sozialmanagement, Öffentlichkeitsarbeit) und umfasst selbst methodisches Handeln auf politischer Ebene.

Festzuhalten gilt aber auch, dass sich soziale Fachkräfte je nach Arbeitsfeld einer noch weitaus größeren Methodenvielfalt gegenübersehen. Studierende bis hin zu bereits im Beruf stehende Fachkräfte sind so nicht selten mit der Problemstellung konfrontiert, sich in der Methodenvielfalt zurechtzufinden. In der beruflichen Praxis der Sozialen Arbeit bestehen zudem Widersprüchlichkeiten, denn oftmals stehen Methoden unreflektiert nebeneinander und sind an keinem übergeordneten „Handlungskonzept" orientiert. Beispielsweise sind in Einrichtungen der Kinder- und Jugendhilfe neben den administrativen Vorgaben und dem Hilfeplanverfahren nicht selten systemische Beratungsansätze, klientenzentrierte Gesprächsführung, verhaltensorientierte Gruppenprogramme und weitere, konzeptionell völlig anders ausgerichtete Verfahren nebeneinander anzutreffen.

Die Frage aber, ob sich einzelne methodische Vorgehensweisen überhaupt miteinander vereinbaren lassen, tritt dabei merklich in den Hintergrund oder wird überhaupt nicht aufgeworfen. Resultat ist oftmals ein „Anything goes" in der beruflichen Arbeit. Dieser „Jahrmarkt der Möglichkeiten" findet sich vielerorts bereits an Hochschulen und Universitäten, und Studierende stehen hier vor schwierigen Orientierungs- und Integrationsaufgaben bezüglich der späteren beruflichen Tätigkeit. Übersehen wird zudem, dass sich in der Sozialen Arbeit während der letzten Jahrzehnte, ähnlich wie im psychotherapeutischen und medizinisch-psychiatrischen Bereich, ausgewiesene Handlungskonzepte für die direkte professionelle Arbeit entwickelt haben, welche die Basis für Methoden und Arbeitsformen bilden.

„Handlungskonzepte" im Verständnis dieses Lehrbuchs geben einerseits Auskunft zu wissenschaftlich fundierten Theorien zur Beschreibung und Erklärung sozialer Probleme, verweisen anderseits auf wissenschaftsbegründete Arbeitsweisen professionellen Handelns und informieren schließlich auch zu Wertorientierungen, wie beispielsweise wichtigen Handlungsmaximen, Haltungen oder ethischen Prinzipien (der Begriff „Handlungskonzepte" wird im Abschnitt 1.4 ausführlich erläutert).

Die Berücksichtigung dieser Handlungskonzepte erscheint mehr und mehr angebracht: Professionelle in der gesamten Sozialen Arbeit sind aufgefordert, ihren Klient:innen, selbstverständlich aber auch ihren Arbeitgebern bis hin zu den Kostenträgern und der Öffentlichkeit zu erläutern, mit welchen Konzepten, Ansätzen und hierauf bezogenen Methoden sie vorgehen, um die gemeinsam aufgestellten Ziele zu erreichen. Eigenes berufliches Handeln muss offengelegt und die Wirksamkeit der eingesetzten Maßnahmen und Interventionen gegenüber allen am Hilfeprozess Beteiligten nachgewiesen und erklärt werden.

1.2 Fragen aus der Sicht der Praxis

Die Bedeutung und Besonderheiten von Handlungskonzepten soll nachfolgend an einem Praxisbeispiel veranschaulicht werden: Die Janusz-Korczak-Schule, eine Förderschule in Ibbenbüren im Kreis Steinfurt, nördlich von Münster gelegen, unterrichtet rund 200 Kinder und Jugendliche mit Förderbedarf im Bereich der emotionalen und sozialen Entwicklung. Unterrichtet wird in der Primar- und Sekundarstufe in kleinen Klassen. Die Kinder und Jugendlichen zeigen unterschiedliche Verhaltensauffälligkeiten, so externalisierendes aggressives, überaktives und impulsives Verhalten mit geringer Selbstkontrolle, aber auch internalisierende ängstlich-gehemmte Verhaltensmuster bis hin zu Konzentrations- und Leistungsschwächen, Sprach- und Sprechstörungen sowie delinquentes Verhalten (vgl. Janusz-Korczak-Schule 2022).

Das pädagogische Konzept dieser Schule sieht neben der Beschulung u. a. die Durchführung von Gruppenprogrammen vor, darunter Verhaltenstraining für Schulanfänger, soziale und interkulturelle Kompetenztrainings, Selbstbehauptungs- und Coolnesstrainings. Besonders erwähnenswert ist das „Fit-for-life-Training“, ein Sozialkompetenztraining, das an der Universität Bremen begründet und am Bremer Institut für Pädagogik und Psychologie weiterentwickelt wurde (vgl. Jugert et al. 2016 und 2017). In der Sekundarstufe werden Unterrichtskräfte zu Sozialtrainer:innen fortgebildet. Der Sozialpädagoge der Janusz-Korczak-Schule führt in allen Klassen das Training, das fest in der Stundentafel implementiert ist, im wöchentlichen Rhythmus gemeinsam mit einer Lehrkraft durch; daneben ist er verantwortlich für die Fortbildung neuer Kolleg:innen und die jährliche Evaluation des „Fit-for-life“-Trainings auf Schüler:innen-, Lehrer:innen- und Elternebene.

Charakteristisch für dieses Training ist der Aufbau in thematische Module, in denen jeweils Kompetenzbereiche im Vordergrund stehen: Motivation, Feedback, Selbstsicherheit, Selbstmanagement, Kommunikation, Körpersprache, Kooperation und Teamfähigkeit, Lebensplanung, Beruf und Zukunft, Gefühle, Umgang mit Konflikten, weiterhin Einfühlungsvermögen sowie Lob und Kritik. Den Trainer:innen steht ein Modulhandbuch zur Verfügung, das Informationen zu den Zielen des jeweiligen Moduls, klar strukturierte Übungsanleitungen, Angaben zu den Materialien sowie Vorschläge zur Auswertungsphase enthält. Methodisch wird mit strukturierten Rollenspielen, Verhaltensübungen, Regeln, Trainingsritualen, Konzentrations- und Warm-up-Übungen gearbeitet.

Alle Einheiten des Trainings haben einen gleichbleibenden Aufbau: Begonnen wird mit der Abfrage der emotionalen Befindlichkeit mittels farbigen Stimmungskarten, anschließend werden Gruppenregeln und persönliche Regeln besprochen und im Anschluss daran ein Warming-up durchgeführt. Erst danach folgen die eigentlichen Übungen der jeweiligen Moduleinheiten. Die Trainingsstunde endet mit einer gemeinsamen Auswertung und Abschlussrunde (Jugert et al. 2017).

Da in dem vorliegenden Lehrbuch Handlungskonzepte vorgestellt werden, stellt sich die Frage nach den theoretischen Grundlagen: Dem Trainingsmanual und Begleitbuch folgend, liegt neben Forschungsbefunden aus der Jugendpsychologie und zur sozial-kognitiven Informationsverarbeitung insbesondere die „sozial-kognitive Lerntheorie" zugrunde. Aus dem in der Sozialen Arbeit sehr bekannten Ansatz des Lernens am Modell und dem Konzept der Selbstwirksamkeit werden Schlussfolgerungen für die methodisch-didaktische Gestaltung des Trainings getroffen. Beim „Fit-for-life-Training" handelt es sich damit um ein modernes soziales Kompetenztraining, das auf den theoretischen Grundlagen der Lernpsychologie beruht und in der Sozialen Arbeit ohne jeden Zweifel, folgt man allein den immer neuen Auflagen des Trainingsmanuals und Begleitbuchs, auf eine beachtliche Nachfrage stößt.

Dabei gilt festzuhalten, dass in den letzten beiden Jahrzehnten allein im Segment derartiger Gruppenprogramme für Kinder und Jugendliche ein unglaublicher Boom stattgefunden hat: Aufzuführen wären eine Vielzahl weiterer Trainings, zum Beispiel für Schule, Elementarerziehung, interkulturelle Soziale Arbeit, Jugendsozialarbeit, Suchtprävention bis hin für den Umgang mit gewalttätigen und aggressiven Kindern und Jugendlichen. So führt die „Grüne Liste Prävention" als Online-Datenbank zahlreiche Programme auf: Neben dem „Fit-for-life-Training" finden sich beispielsweise bekannte Erziehungstrainings, wie das kognitiv-behavioral ausgerichtete „Triple-P" oder das aus dem Personzentrierten Ansatz heraus entwickelte „Gordon-Familien-Training", ferner Programme für die Arbeit mit delinquenten Jugendlichen, beispielsweise das psychoanalytisch fundierte, sozialkognitive Training „Denkzeit"; andere Gruppenprogramme integrieren Elemente aus der systemischen Arbeit (vgl. Grüne Liste Prävention 2022).

Im Hinblick auf die Ausrichtung des vorliegenden Lehrbuches werden nunmehr Fragen aufgeworfen. Zunächst: „kognitiv-behavioral", „personzentriert", „psychoanalytisch", „systemisch" – welche theoretischen Annahmen stehen hinter diesen Begriffen und welche Ausrichtungen gibt es noch in der Sozialen Arbeit? Bislang wurden hauptsächlich Gruppenprogramme für Kinder und Jugendliche aufgeführt; gibt es entsprechende wissenschaftlich fundierte Handlungskonzepte auch für Erwachsene, andere Zielgruppen sowie für die Arbeit mit Einzelnen, mit Familien oder Gemeinwesen? Und noch weitergedacht: Lassen sich übergreifende Konzeptrichtungen oder sogar „Theorieschulen" erkennen, auf deren Basis methodisches Handeln ausgestaltet werden kann? Schließlich: Welche ethischen Gesichtspunkte werden vertreten? Was wissen wir über deren

Wirksamkeit und Effektivität? Was sind Nutzen und Vorteile, aber auch Grenzen und Nachteile dieser Handlungskonzepte?

1.3 Social Work Theory

An dieser Stelle erscheint es sinnvoll, zunächst einen Blick über den deutschsprachigen Raum hinaus zu wagen: In den USA, Großbritannien bis hin zu Kanada, Australien und Neuseeland haben sich in der Sozialen Arbeit seit langer Zeit zahlreiche wissenschaftliche Handlungskonzepte („Approaches of Social Work", „Practice Theories", „Social Work Theories", „Theories for Direct Social Work Practice/Intervention") herauskristallisiert. Sehr anschaulich führt hier beispielsweise der Hochschulprofessor und Sozialarbeiter David Howe, der an der University of East Anglia in Norwich/England bis zu seiner Emeritierung tätig war, in den einzelnen Kapiteln seines Lehrbuchs in unterschiedliche Handlungskonzepte ein.

David Howe – „A Brief Introduction to Social Work Theory" (2009)
Psychoanalytic Theory, Attachment Theory, Behavioural Therapies, Cognitive Therapies, Cognitive-behavioural Social Work, Task-centred Work, Be Responsible/Think Positive, Solution-focused Approaches, The Strengths Perspective, Systemic and Ecological Approaches, Radical Social Work, Critical Social Work, Feminist Social Work, Anti-oppressive Practices and Empowerment, Relationship-Based Social Work, Person-centred Approaches.

In insgesamt 25 Kapiteln erklärt und diskutiert Howe Konzepte der professionellen Sozialen Arbeit in einer verständlichen, praxisbezogenen Art und Weise und geht darin auch auf die Frage ein, warum es nicht nur eine einzige Theorie, sondern vielmehr zahlreiche theoretische Ansätze zum professionellen Handeln gibt: „You will see from the contents page of this book there are rather a lot of theories of social work. If theories are attempts to find order and make sense of reality, why do the psychosocial sciences in general and social work in particular have so many? More worryingly perhaps", so führt er weiter aus, „why do so many of psychosocial sciences' theories clash, disagree, argue and dismiss one another? The answer seems to lie in the fundamental differences to be found in the character of the natural world of things on the one hand, and the social world of people on the other" (2009. S. 3). Diese überraschende Vielfalt an Theoriebezügen ist damit nicht nur ein Charakteristikum der Sozialen Arbeit, sondern ebenso der Psychologie, Soziologie und aller Sozialwissenschaften; gerade der Blick in den Bereich der Psychotherapie zeigt ein überwältigendes Spektrum an

Richtungen und Verfahren auf (vgl. Dimbath, Pankofer, Ohling in Amthor et al. 2021, S. 862 ff., 679 ff., 682 ff.).

Die Vielfalt an Theoriebezügen finden wir ebenso in komplexer angelegten wissenschaftlichen Lehrbüchern. An dieser Stelle sei auf „Modern Social Work Theory" verwiesen, ein Lehrbuch, welches in mehrere Sprachen übersetzt wurde und weltweit in der universitären Ausbildung zur Social Work eingesetzt wird. Malcolm Payne, ebenfalls Hochschulprofessor und Sozialarbeiter, stellt in insgesamt achtzehn Kapiteln u. a. folgende Richtungen vor: Psychodynamic Practice; Crisis, Trauma and Task-centred Practice; Cognitive-behavioural Practice; Motivational Interviewing; Systems Practice, Complexity and Chaos; Macro Practice and Social Development; Social Construction; Humanistic Practice, Existentialism and Spirituality; Social Justice Practice, Empowerment and Advocacy; Critical Practice; Eco Practice; Feminist Practice; Anti-oppressive, Indigenist and Multicultural-sensitivity Practice (2020). In Abbildung 1.1 sind Übersichten zu weiteren Lehrbüchern aus dem englischen Sprachraum aufgeführt.

Abb. 1.1: Theoriebezüge in weiteren Standardwerken

Turner (2017): Social Work Treatment	Teater (2014): An Introduction to Applying Social Work Theories and Methods	Walsh (2013): Theories for Direct Social Work Practice	Lindsay (2013): Social Work Intervention
•Client-Centered Theory •Cognitive Behavior Theory •Cognitive Theory •Constructivism •Empowerment Approach •Existential Social Work •General Systems Theory •Feminist Theory •Psychoanalytic Theory •Life Model Practice •Mindfulness •Oppression Theory •Resilience Theory •Social Network Theory •Solution-Focused Theory •Task-Centered Social Work •...	•Systems theory and the ecological perspective •The strengths perspective •Empowerment •Social constructivism •Feminist theory and practice •Person-centred approach •Motivational interviewing •Cognitive behavioural therapy •Solution-focused practice •Task centred Social Work •Crisis intervention	•Person-Centered Theory •Ego Psychology •Relational Theories, with a Focus on Object Relations •Family Emotional Systems Theory •Bahavior Theory •Cognitive Theory •Structural Family Theory •Solution-Focused Therapy •Motivational Interviewing and Enhancement Therapy •Narrative Theory •Crisis Theory and Intervention	•Person-centred approach •Crisis intervention •Advocacy •Task-centred work •Cognitive behavioural approaches •Group Work •Motivational interviewing •Family therapy and systemic approaches •Brief solution-focused therapy •Life story and life review •Mediation approaches •

Damit herrscht in englischsprachigen Ländern ein Theorieverständnis vor, welches das professionelle Handeln von Sozialarbeiter:innen in den Mittelpunkt stellt und hierbei die Theorieebene direkt mit der Methodendiskussion verbindet. So zählt u. a. Thyer die Praxisorientierung denn auch zu den wichtigsten Charakteristika: „A good theory for social work practice first and foremost should be generative of genuinely effective methods of psychosocial intervention. A theory that does not provide guidance on how to assess and intervene with clients is, quite literally, a useless theory, a theory without uses“ (2008, XXII). Ähnlich argumentiert Walsh: „The value of utilizing any theory (with conviction) in clinical practice is that it provides the social worker with a framework to (a) predict and explain client behavior, (b) generalize among clients and problem areas, (c) bring order to intervention activities, and (d) identify knowledge gaps about practice situations“ (2013, S. 4).

Die auf diese Handlungskonzepte bezogenen Interventionen sind schließlich Gegenstand umfangreicher empirischer Evaluation. Diesbezüglich hielten beispielsweise Stuart A. Kirk und William J. Reid bereits Anfang dieses Jahrhunderts einen aus deutscher Sicht geradezu überwältigenden Entwicklungsstand der Forschung fest, der sich auf die Zusammenfassung und Auswertung einer Vielzahl von Studien in Form von empirischen Metaanalysen zu spezifischen sozialen Problemstellungen und diesbezüglichen theoretisch fundierten Interventionsmöglichkeiten erstreckte. Diese beiden Sozialarbeitswissenschaftler kamen zu einem erstaunlichen Fazit: „During the past two decades a number of reviews and meta-analyses have identified a sizable body of demonstrably effective practice methods used by social workers. … The programs occurred in all major fields in which social workers practice. Most frequently addressed, in this order, were problems of mental health, child/youth behaviour, substance abuse, aging, health, domestic violence, and child abuse/placement“ (Kirk/Reid 2002, S. 153).

Seither hat sich dieser Trend, insbesondere im Rahmen der Evidenzbasierung in den USA, nachhaltig verstärkt und zu einer „empirischen Wissensexplosion“ in der Sozialen Arbeit (James 2016, S. 221) geführt: „Die Disziplin der Sozialen Arbeit hat von den enormen empirischen Entwicklungen in den letzten 20 Jahren in vieler Hinsicht profitiert, was auch auf der Bereitschaft von Sozialarbeitswissenschaftlerinnen und -wissenschaftlern beruht, die wissenschaftlichen Methoden der Wirkungsforschung zu lernen und anzuwenden“ (ebd., S. 224; siehe auch James in Amthor et al. 2021, S. 778 ff.).

1.4 Zum Begriff „Handlungskonzepte“

Derartige „Theorien“ lassen sich indessen auch für den deutschsprachigen Raum ausmachen. Als übergeordnete Bezeichnung wird in diesem Lehrbuch der Begriff „Handlungskonzepte“ verwendet, der nunmehr erläutert werden soll: Der Konzeptbegriff ist an den Hochschulen weit verbreitet und wird in allen gängigen Lehrbüchern im unmittelbaren Zusammenhang mit den Begriffen „Methode“ und „Verfahren/Techniken“ dargestellt; eine Vorgehensweise, die hauptsächlich auf die Arbeiten von Geißler/Hege zurückgeht und sich auf ein Handlungsmodell bezieht, „in welchem die Ziele, die Inhalte, die Methoden und die Verfahren in einen sinnhaften Zusammenhang gebracht sind. Dieser Sinn stellt sich im Ausweis der Begründung und der Rechtfertigung dar“ (2007, S. 20). Der Konzeptbegriff ist damit, wie in Abbildung 1.2 veranschaulicht, dem Methodenbegriff übergeordnet zu verstehen und verweist auf einen komplexeren Bezugsrahmen.

Abb. 1.2: Konzeptverständnis von Geißler/Hege (2007) nach Galuske (2013, S. 32)

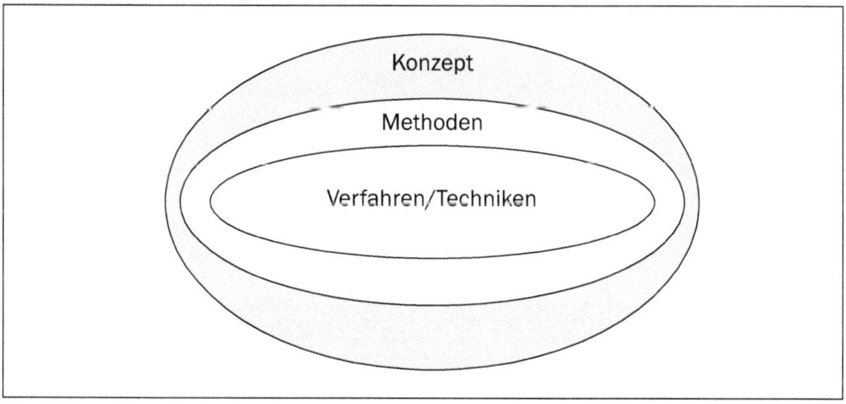

Der Konzeptbegriff wird zudem in der praktischen Sozialen Arbeit verwendet: So weisen beispielsweise Kreft/Müller darauf, dass es sich hierbei um zweckgebundene Absichtserklärungen handelt, die über geplante Funktionsmerkmale und Vorgehensweisen im Zusammenhang mit einer Maßnahme oder eines Projektes oder Einrichtung informieren, u. a. zu den Adressat:innen und deren sozialen Problemstellungen, angestrebten Zielsetzungen, Leitlinien und Inhalten einer Maßnahme und zum Einsatz kommenden Methoden, Verfahren und Techniken, weiterhin zu Handlungsprinzipien und Haltungen sowie zur ethischen Ausrichtung bis hin zur Berücksichtigung der zeitlichen, örtlichen, personellen und institutionellen Rahmenbedingungen (vgl. 2019, S. 20). In der Praxis ist diesbezüglich auch der Begriff „Konzeption“ weit verbreitet.

Im vorliegenden Lehrbuch wird hingegen auf eine andere Bedeutung Bezug genommen: Angesichts der gegenwärtig nahezu kaum mehr zu überschauenden Vielfalt an Methoden, Verfahren und Techniken zur beruflichen Sozialen Arbeit wird arbeitsfeldübergreifend danach gefragt, welche handlungsleitenden wissenschaftlich fundierten Theorien bestehen, auf deren Basis spezifische Methoden, Verfahren und Techniken entwickelt und zugeordnet werden können; zudem müssen professionelle Werteorientierungen und Haltungen offengelegt und reflektiert werden (s. hierzu Abb. 1.3).

Abb. 1.3: Elemente von Handlungskonzepten der Sozialen Arbeit

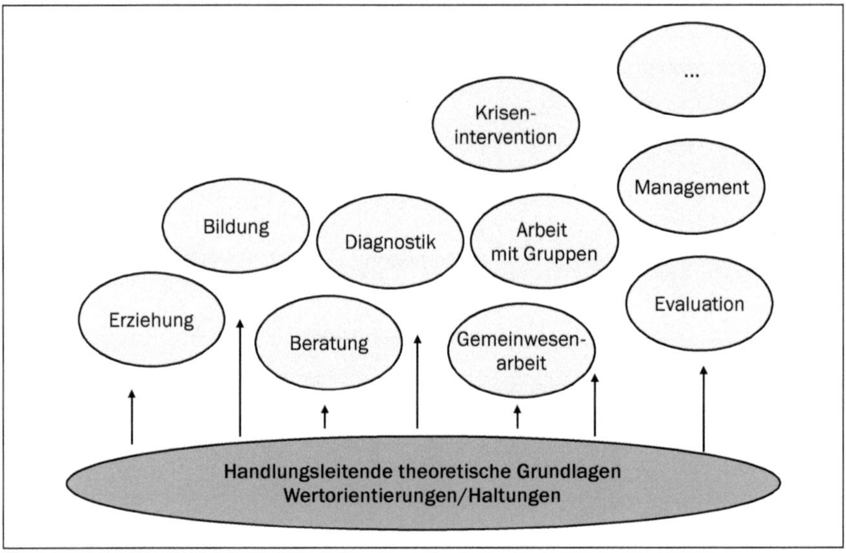

Geißler und Hege führen in ihrem Lehrbuch zuletzt v.a. psychoanalytische, klientenorientierte, kommunikationstheoretisch orientierte und gruppendynamische Konzepte auf (2007); ähnlich führt Erath unter „Modellen der Sozialarbeitswissenschaft" unter anderem die aufgabenorientierte Sozialarbeit (Task-centred Social Work), die verhaltensorientierte Sozialarbeit (Behavioural Social Work), die Krisenintervention, das Case Management, die systemische Sozialarbeit, die zielorientierte Gruppenarbeit, das Empowerment, die Streetwork/aufsuchende Sozialarbeit, die Gemeinwesenarbeit und Sozialraumorientierung sowie die Anti-oppressive Practice auf (vgl. 2006, S. 140 ff.).

Stimmer stellt in einem Kapitel seines Lehrbuchs „Grundlagen des methodischen Handelns in der Sozialen Arbeit" unter anderem das Empowerment, das Case Management, den Netzwerkansatz, die Lebensweltorientierung und den sozialökologischen Ansatz vor und verwendet hierfür den Begriff „Handlungsleitende Konzepte"; diese sind „abgeleitet aus theoretischen Überlegungen und erprobt in den Arbeitsfeldern, liefern Rahmenbedingungen, innerhalb derer fallbezogen methodisch gearbeitet werden kann" (2020, S. 157). Zuletzt sei an dieser

Stelle auf Bührmann verwiesen, die unter anderem die Lebenswelt-/Alltagsorientierung, das Empowerment, die Sozialraumorientierung, den sozialökologischen Ansatz, die interkulturelle/ethnographische Arbeit, den personzentrierten Ansatz, die systemische Arbeit, den verhaltenstheoretischen und den tiefenpsychologischen Ansatz benennt (2007, S. 6; vgl. ferner Amthor 2016b).

Da in Bezug auf das professionelle Handeln in der Sozialen Arbeit keine klare Terminologie vorliegt (vgl. hierzu beispielsweise Erath 2006, S. 176 ff.; Geißler/Hege 2007; Stimmer 2020; Bock/Braches-Chyrek in Amthor 2021), soll an dieser Stelle der Begriff „Handlungskonzept" für das vorliegende Lehrbuch bestimmt werden.

Definition „Handlungskonzepte"
Handlungskonzepte umfassen:

1. wissenschaftlich fundierte Theorien zur Beschreibung und Erklärung sozialer Probleme,
2. hierauf bezogene wissenschaftsbegründete Arbeitsweisen professionellen Handelns der Sozialen Arbeit, u. a. in Form von Methoden, Verfahren und Techniken,
3. spezifische Wertorientierungen, beispielsweise professionelle Arbeitsprinzipien, Handlungsmaximen, Haltungen oder ethische Prinzipien.

Weitere Charakteristika:

- Handlungskonzepte sind arbeitsfeldübergreifend.
- Diese Konzepte beziehen sich auf unterschiedliche oder sogar alle Ebenen professionellen Handelns, u. a. auf die Arbeit mit einzelnen Klient:innen und Adressat:innen, Paaren, Familien, Gruppen, Gemeinwesen, Institutionen bis hin zur Gesellschaft (Mikro-, Meso-, Makroebene).
- Ihre Anwendung in der Praxis der Sozialen Arbeit kann überprüft werden (empirischer Wirkungsnachweis, professionelle Reflexion u. a. in Form von kollegialer Beratung oder Supervision).
- Handlungskonzepte sind für Fachkräfte und Studierende lehr- und lernbar.
- Ähnlich wie im psychotherapeutisch-psychiatrischen Bereich haben sich in der Sozialen Arbeit Grundrichtungen und Strömungen („Schulen") herauskristallisiert, die mit unterschiedlichen theoretischen Positionen eigene charakteristische Interventionsformen generieren und ausweisen.

Im vorliegenden Lehrbuch werden für den Begriff „Handlungskonzepte" insbesondere auch folgende Synonyme verwendet: „Konzepte", „Ansätze", „Praxismodelle", „Praxistheorien", „Theorien für das professionelle Handeln" oder „Handlungstheorien".

1.5 Übersicht und Richtungen von Handlungskonzepten

In der nachfolgenden Übersicht können nicht alle Konzepte namentlich erwähnt werden, vielmehr soll es darum gehen, einzelne Ansätze zu kategorisieren und zu großen „Theorieströmungen" zu bündeln. Dargestellt werden Hauptrichtungen primär für die direkte Arbeit mit Adressat:innen und Klient:innen im deutschsprachigen Raum unter Berücksichtigung der englischsprachigen Social Work. Zunächst werden solche abgebildet, welche eher die Arbeit mit einzelnen Adressat:innen in den Mittelpunkt stellen; anschließend folgen Handlungskonzepte, die komplexer angelegt sind.

Die nachfolgenden zehn Richtungen werden im Rahmen des vorliegenden Lehrbuchs ausführlich erläutert; zudem wird auf entsprechende Stichwortbeiträge in „Kreft/Mielenz: Wörterbuch Soziale Arbeit" (Amthor et al. 2021), dem zentralen Nachschlagewerk der Sozialen Arbeit, verwiesen. Insofern Namen in den Beschreibungen aufgeführt werden, verweisen diese auf bekannte Persönlichkeiten.

Eine Übersicht

Psychodynamische Handlungskonzepte:

Konzepte, die auf Sigmund Freud sowie nachfolgende Weiterentwicklungen und Schulen zurückgehen und auf eine rund 100-jährige Tradition in der Sozialen Arbeit zurückblicken, dabei historisch mit vielen Persönlichkeiten, u.a. Siegfried Bernfeld, August Aichhorn, Bruno Bettelheim, Anna Freud oder Ernst Federn, verbunden sind und heute als Psychoanalytische Pädagogik und Psychoanalytische Sozialarbeit insbesondere Hilfen für Kinder und Jugendliche fokussieren. Von Bedeutung sind u.a. die Beziehungsarbeit zwischen Klient:innen und Fachkraft, unbewusste Übertragungs- und Gegenübertragungsprozesse, vergangene Erfahrungen und Traumata, szenisches Verstehen und Selbstreflexion. Wichtige Theorien sind Konflikttheorie, Ich-Psychologie, Objektbeziehungstheorie, Selbstpsychologie; dazu zählt zudem die Bindungstheorie, die heute maßgeblich auch andere Handlungskonzepte beeinflusst (vgl. Bruns/Günter, Weber/Rösler in Amthor et al. 2021, S. 677 ff., 160 f.).

Handlungskonzepte der Verhaltensorientierten Sozialen Arbeit:

Mit der Verhaltensorientierten Sozialen Arbeit hat sich im deutschen Sprachraum ein Handlungskonzept formiert, das auf psychologischen Lerntheorien (v.a. Klassische und Operante Konditionierung, Lernen am Modell u.a. nach Iwan Petrowitzsch Pawlow, Burrhus F. Skinner, Alfred Bandura) basiert und davon ausgeht, dass problematisches, aber auch angemessenes Verhalten überwiegend Ergebnis von Lernprozessen in der Auseinandersetzung mit der sozialen Umwelt ist. Der Ansatz ist individuumszentriert; in den letzten Jahrzehnten wurden jedoch eine Vielzahl an Gruppenprogrammen konzeptualisiert, die in den Arbeitsfeldern der Sozialen Arbeit Verwendung finden. International bedeutend sind zudem kognitive Theorien in der Tradition von Albert Ellis, Donald Meichenbaum, Aaron T. Beck; Beachtung gewinnen in Deutschland Achtsamkeitskonzepte und andere Ansätze der dritten Welle der Verhaltenstherapie (vgl. Como-Zipfel in Amthor et al. 2021, S. 962ff.).

Handlungskonzepte aus der Humanistischen Psychologie:
Diese Richtung bezieht zahlreiche Ansätze ein, u. a. Gestaltpädagogik/Gestalttherapie nach Fritz Perls, Psychodrama nach Jakob Levi Moreno, Logotherapie nach Viktor Frankl; in der Sozialen Arbeit wirken v. a. das Gruppenkonzept der Themenzentrierten Interaktion nach Ruth Cohn sowie der Personzentrierte Ansatz zur Beratung nach Carl Rogers, weiterhin Familientrainings nach Thomas Gordon und Arbeiten zur Kommunikation von Friedemann Schulz v. Thun; zum Teil erfolgt eine Kombination mit anderen Handlungskonzepten, beispielsweise im Motivational Interviewing. Beeinflusst von der Existenzphilosophie/Phänomenologie wird der Mensch als einzigartig gesehen; es geht um das Ausschöpfen eigener Potenziale, das Bedürfnis nach Selbstverwirklichung und Selbstentfaltung in der Gegenwart. Inhaltliche Nähe und Überschneidungen bestehen zu reformpädagogischen Konzepten, die mit einer rund 100-jährigen Tradition und bekannten Pädagog:innen, darunter Maria Montessori und Janusz Korczak, verbunden sind (vgl. Walther, Konrad in Amthor et al. 2021, S. 641ff., 694ff.).

Systemisch-konstruktivistische Handlungskonzepte:
Historisch von der Familientherapie beeinflusst, ist diese Richtung heute weit verbreitet; derartige Ansätze stellen die Selbstorganisation sozialer Systeme, beispielsweise einer Familie oder Gruppe, in den Vordergrund. Auf Grundlage von Erkenntnissen aus der Biologie (Humberto Maturana, Francisco Varela), theoretischen Positionen aus dem Radikalen Konstruktivismus (Heinz v. Foerster, Ernst v. Glasersfeld) und der Theorie sozialer Systeme (Niklas Luhmann) wird seit den 1990er Jahren eine komplexe systemische Methodik für die Soziale Arbeit entfaltet. Zudem werden weitere Verfahren integriert, die in der englischsprachigen Social Work jedoch voneinander unabhängige Handlungskonzepte darstellen, u. a. sozialkonstruktivistische, postmoderne, lösungsorientierte und narrative Ansätze, so dass es sich hier um eine breite und heterogene internationale Strömung handelt (vgl. Merton in Amthor et al. 2021, S. 916ff.).

Konzepte des systemischen Paradigmas der Sozialen Arbeit:
Im Rahmen der „Züricher Schule“ (u. a. Silvia Staub-Bernasconi, Werner Obrecht, Kaspar Geiser) kam es im deutschen Sprachraum ab den 1980er Jahren auf der Basis des emergentistischen Systemismus (Mario Bunge) zur Entwicklung einer komplexen, mehrstufigen systemischen Handlungstheorie mit einer transdisziplinären Beschreibungs- und Erklärungsbasis für soziale Probleme, auf deren Grundlage es mit der allgemeinen und speziellen Handlungstheorie zur Ausarbeitung spezifischer wissenschaftsbegründeter Arbeitsweisen und Methoden kam. Zugleich wurden Werte- und Normen-Fragen, die Orientierung an ethischen Prinzipien (Berufskodex) sowie insbesondere die Menschenrechte in den Mittelpunkt gestellt: Soziale Arbeit wird in dieser Perspektive als „Menschenrechtsprofession“ begründet (vgl. Borrmann/Klassen/Spatscheck in Amthor et al. 2021, S. 913 ff.).

Die Person-in-Environment-Perspektive und ökosystemische Konzepte:
Beeinflusst vor allem durch die Biologie und die Allgemeine Systemtheorie gewannen seit den 1980er Jahren und ausgehend von den USA *ökosystemische* Theorien (Urie Bronfenbrenner) an Bedeutung, die den Blick auf mehrere Interventionsebenen (v. a. Mikro-, Meso-, Exo-, Makrosystem) weiteten und unter deren Einfluss sich das international bekannte „Life Model“ (Carel B. Germain/Alex Gitterman) formierte. Mit dem Begriff „Person-In-Environment“ (PIE) werden die wechselseitigen Austauschprozesse zwischen Person und Umwelt/Umfeld herausgestellt. Im deutschen Sprachraum erweiterten diese Entwicklungen u. a. systemische Konzepte nachhaltig, zudem wurden eigene sozialökologische Handlungskonzepte entwickelt (Wolf Rainer Wendt). Eine Reihe von fundierten Programmen und Verfahren, die derzeit im pädagogisch-therapeutischen Bereich Anwendung finden, wie beispielsweise die Multisystemische Familientherapie, basieren auf ökosystemischen Konzepten (vgl. Wendt in Amthor et al. 2021, S. 839 ff.).

Ökologisch-kritische Konzepte:
Entsprechende Vorläufer reichen in der Sozialen Arbeit und Pädagogik, u. a. mit Ansätzen der Erlebnispädagogik und Natur- und Umweltpädagogik, weit zurück. Im Rahmen der sozialen Landwirtschaft und Grünen Sozialarbeit bestehen vielfältige Konzepte, die Umwelt, Natur und Landschaft mit der Sozialen Arbeit in Verbindung zu bringen (Thomas v. Elsen, Alfons Limbrunner), dies auch in internationaler Perspektive (Lena Dominelli). Im Rahmen einer ökologisch-kritischen Perspektive hat sich während der letzten 20 Jahre international und im deutschsprachigen Raum auch in der Sozialen Arbeit eine breite Debatte in Bezug auf den Umgang mit Klima, Ökologie und Nachhaltigkeit entwickelt, in der der Zu-

sammenhang von sozialen und ökologischen Problemen in Folge von Globalisierung, globalen Umweltveränderungen und Naturkatastrophen hinterfragt wird (vgl. v. Elsen in Amthor et al. 2021, S. 611 ff.).

Konzepte der Gemeinwesenarbeit und Sozialraumorientierung:
Die Sozialraumorientierung entwickelte sich ab den 1990er Jahren zu einer breiten theoretisch-methodischen Strömung. Der soziale Raum, das sozialräumliche Umfeld von Adressat:innen wird als zentrale Bezugsgröße betrachtet, was zu integrierten und flexiblen Unterstützungsangeboten, aber auch zu kommunaladministrativen, an territorialen Einheiten ausgerichteten Dezentralisierungsstrategien/Budgetierungen führte. Derartige Konzepte knüpfen an Traditionen der Gemeinwesenarbeit an, die u. a. mit dem Quartiersmanagement zwar neue Formen gewinnt, aber zuallererst eine international bestimmende Richtung der Sozialen Arbeit ist: Charakteristisch ist bei der Vielfalt an theoretischen Gemeinwesenarbeitskonzepten (selbst bei ihren konservativen Varianten), dass soziale Probleme stets im Zusammenhang mit Gemeinwesen, Regionen oder sozialen Netzwerken betrachtet werden (vgl. Stövesand, Fehren, Kessl/Reutlinger in Amthor et al. 2021, S. 345 ff., 687 ff., 849 ff.).

Konzepte des Case Managements und Sozialmanagements:
Ein Megatrend seit den 1990er Jahren ist der Einfluss betriebswirtschaftlicher Konzepte, die sich einerseits als Sozialmanagement auf die Leitung und Organisation von Einrichtungen und sozialen Diensten, andererseits aber auch auf die Ebene der Adressat:innen ausrichten. So beziehen sich Konzepte des Case Managements insbesondere auf das Fallmanagement bei komplexen sozialen Problemstellungen, d. h. Vermittlung und Koordination von Hilfen und Maßnahmen, die von anderen Leistungserbringern für bzw. mit Klient:innen umgesetzt werden; hier werden teilweise systemische und ökosoziale Perspektiven integriert. Andere Konzepte beziehen sich zum Beispiel auf Projektmanagement, Teamleitung, Qualitätsmanagement. Soziale Arbeit ist zudem eingebunden in komplexe Verwaltungsstrukturen, die das konkrete professionelle Handeln mit Adressat:innen mitbestimmen (vgl. Wendt, Merchel, Meysen/Kile in Amthor et al. 2021, S. 172 ff., 833 ff., 966 ff.).

Evidenzbasierte Praxis als Handlungsgrundlage:
Zur international wohl nachhaltigsten Veränderung während der letzten beiden Jahrzehnte kam es in der Sozialen Arbeit durch das Konzept der „Evidence-Based Practice“ (EBP). Während diese Orientierung im deutschen Sprachraum weitverbreitet auf Ablehnung stößt, stellt sie heute in den USA sowie im gesamten englischen Sprachraum die zentrale Orientierungsgröße dar. EBP als fall-

bezogener Hilfeprozess bündelt in einem mehrstufigen Verfahren sowohl Werte und Präferenzen von Klient:innen und Praxiswissen und -erfahrung von Fachkräften als auch Ergebnisse empirischer Forschung unter Berücksichtigung des Umfeldes und externer Strukturen. Davon zu unterscheiden sind „Evidenzbasierte Praktiken" (EBPs), die als empirisch evaluierte, standardisierte Programme in der Praxis der Sozialen Arbeit umgesetzt werden (vgl. James/Kilian, Ziegler in Amthor et al. 2021, S. 780 f., 976 ff.).

Darüber hinaus lassen sich weitere Richtungen festhalten, die aktuell im vorliegenden Lehrbuch noch nicht aufgenommen sind:

Weitere Richtungen

Musisch-kreative und erlebnispädagogische Konzepte:
Die Integration von Elementen aus der Ästhetischen Bildung, u. a. Theater- und Musikpädagogik, Kunst- und Tanzpädagogik, hat eine lange Tradition in der Sozialen Arbeit insbesondere für die Arbeit mit Gruppen; zudem gibt es neue Strömungen, u. a. die Zirkuspädagogik, interaktives Theater in der Friedenspädagogik bis hin zum Einsatz neuer Medien. Soziale Arbeit wird durch eine Vielzahl von theoretischen Konzepten und Methoden beeinflusst; ergänzend liegen auf die Soziale Arbeit direkt bezogene Theorieentwicklungen vor. Umfangreiche Traditionen haben auch Sport und Bewegung; insbesondere die Erlebnispädagogik hat sich im deutschsprachigen Raum nachhaltig durchgesetzt und ist zu einer zentralen Arbeitsform mit den unterschiedlichsten theoretischen Grundlagen und einer überaus großen Methodenvielfalt geworden (vgl. Skladny, Stüwe, Reich/Jäger, Kreft/Welsche, Sachser in Amthor et al. 2021, S. 95 ff., 235 ff., 334 ff., 874 ff., 926 f.).

Empowerment und anwaltschaftliches Handeln:
Konzepte des Empowerments haben die Zielsetzung, Klient:innen die Verfügungsmacht über Entscheidungen und Handlungen des eigenen Lebens zurückzugeben bzw. herzustellen, die Auswirkungen sozialer und persönlicher Blockaden zu verringern und das Zutrauen in die eigenen Fähigkeiten aufzubauen; des Weiteren werden Forderungen nach gesellschaftlichem Wandel im Rahmen der Arbeit mit Einzelnen, Gruppen- und Gemeinwesenarbeit integriert. Anwaltschaftliches Handeln (Advocacy) bedeutet, die Interessen und Rechte von Machtlosen und Schutzbedürftigen, beispielsweise Menschen mit Behinderungen oder psychischen Beeinträchtigungen, gegenüber Mächtigen sowie gesellschaftlich-strukturellen Einschränkungen zu vertreten. Wichtige Prinzipien beider Konzepte sind Bewusstseinsbildung, Selbsthilfe, Partizipation und Solidarität (vgl. Rieger, Herriger in Amthor et al. 2021, S. 69 ff., 228 ff.).

Lebensweltorientierung:
Der Ansatz bestimmt im deutschsprachigen Raum seit den 1990er Jahren nachhaltig das professionell-methodische Handeln in allen Arbeitsfeldern und integriert als erziehungswissenschaftliche Theorie eine Vielzahl theoretischer Bezugsdiskurse, darunter phänomenologisch-interaktionistische Bezüge, kritische Alltagstheorie, soziologische Theorien zu neueren gesellschaftlichen Entwicklungen sowie Kritik am Neoliberalismus. Die Lebenswelt bildet den zentralen Bezugspunkt für das Verständnis der Adressat:innen, sozialer Probleme und der Entwicklung von flexiblen Methoden (Strukturierte Offenheit). Diese Orientierung geht auf Hans Thiersch zurück und ist mit zentralen Maximen verbunden, v. a. Prävention, Alltagsorientierung, Dezentralisierung/Regionalisierung, Integration, Partizipation, Planung, Einmischung, Reflexion; diese beziehen sich zudem auf die Gestaltung der sozialen Infrastruktur und sozialpolitisches Handeln (vgl. Grunwald in Amthor et al. 2021, S. 546 ff.).

Kritische Soziale Arbeit:
Charakteristisch für diese Strömung ist, dass die Ursachen sozialer Probleme nicht in der Person von Klient:innen verortet, sondern als gesellschaftlich verursacht wahrgenommen werden. Von ihrer Entstehungsgeschichte her auf die Gesellschaftskritik der 1960/70er Jahre, diesbezüglichen Theorien und sozialen Bewegungen zurückgehend, thematisieren diese Konzepte international ab den 1990er Jahren Macht, Ungleichheit, Marginalisierung, Diskriminierung und Benachteiligung in Folge kapitalistisch-neoliberaler gesellschaftlicher Veränderungen. Während traditionelle Handlungskonzepte vehement in Frage gestellt werden, wird die Soziale Arbeit übergreifend als politisch handelnde, emanzipatorische und gesellschaftsverändernde Kraft verstanden; diese Ausrichtung der Kritischen Sozialarbeit bleibt auch in den Konzepten für die direkte, unmittelbare Arbeit mit den Adressat:innen bestehen (vgl. Maurer in Amthor et al. 2021, S. 543 ff.).

Antidiskriminierungs- und diversitätsbewusste Konzepte:
Ab den 1970er/1980er Jahren wurde mit Blick auf ethnische Konflikte, globale Krisenherde und soziale Bewegungen die Frage virulent, mit welchen Konzepten die professionelle Soziale Arbeit auf die Spaltung von Gesellschaften reagieren sollte. Die entsprechenden Ansätze bezogen sich als breite internationale Perspektive zunächst auf Rassismus und Sexismus und nachfolgend auf weitere soziale Merkmale wie beispielsweise soziale Stellung, Behinderung, sexuelle Orientierung, Alter, Religion, Sprache oder Nationalität. Aktuell sind u. a. die Gendersensible Soziale Arbeit sowie rassismuskritische, intersektionale und postkoloniale Theorien bedeutend geworden. Diversity-Konzepte bejahen und würdi-

gen die gesellschaftliche Vielfalt und Heterogenität. Diese Ansätze bereichern alle Arbeitsgebiete mit einer großen Vielfalt an methodischen Innovationen (vgl. Castro Varela, Maurer in Amthor et al. 2021, S. 201 ff., 347 ff.).

1.6 Weiterführende Aspekte

Die dargestellte Übersicht (Abb. 1.4) ermöglicht eine erste Orientierung zu verschiedenen Strömungen von Handlungskonzepten insbesondere für den deutschsprachigen Raum und deutet eine enorme Vielfalt an theoretischen Bezügen, Methoden, Verfahren und Techniken an. Handlungskonzepte in diesem Sinne sind im Bereich der „Wissenschaft Soziale Arbeit" zu verorten; diese umfasst einerseits die Sozialarbeitswissenschaft sowie andererseits die erziehungswissenschaftliche Sozialpädagogik als Teildisziplin der Erziehungswissenschaft (vgl. Braches-Chyrek/Bock, Borrmann et al. in Amthor et al. 2021, S. 248 ff., 252 ff., 981 ff.); darüber hinaus wird die Entwicklung von Handlungskonzepten im deutschsprachigen Raum durch die Soziale Arbeit in Europa und weltweit entscheidend beeinflusst. Anzumerken ist zudem, dass die Entwicklung von Handlungskonzepten in ganz unterschiedlicher Art und Weise von den theoretischen und methodischen Entwicklungen aus anderen Wissenschaften (Bezugswissenschaften) beeinflusst wird.

Abb. 1.4: Wissenschaftliche Bezüge von Handlungskonzepten

Alle Fachkräfte in der Sozialen Arbeit sind aufgefordert, Adressat:innen und Klient:innen, selbstverständlich aber auch Arbeitgebern, Kostenträgern sowie der Öffentlichkeit zu erläutern, mit welchen Handlungskonzepten und hierauf bezogenen Methoden sie vorgehen, um die gemeinsam aufgestellten Ziele zu erreichen. Diesbezüglich wird es Aufgabe der Wissenschaft sein, Handlungskonzepte zu systematisieren, weiterzuentwickeln sowie auf deren Wirkung hin zu überprüfen. In vielen Bereichen liegen bereits erfolgversprechende empirische Belege vor, von der Systemischen, Personzentrierten und Verhaltensorientierten Sozialen Arbeit bis hin zum Case Management, weiterhin u. a. zur Erlebnispädagogik und zu verschiedenen Konzepten im musisch-kreativen Bereich.

Darauf aufbauend stellt sich die Frage nach Handlungskonzepte übergreifenden Wirkfaktoren: Die vorliegenden empirischen Ergebnisse weisen u. a. auf die zentrale Bedeutung einer positiven Beziehung zwischen Adressat:innen und sozialer Fachkraft hin, ferner auf angemessene Techniken/Methoden, u. a. Ressourcenaktivierung, Zielorientierung und Strukturierung im Hilfeprozess. Auch die Berücksichtigung des sozialen Umfeldes kristallisiert sich als bedeutender Wirkfaktor heraus; in diese Richtung verweisen außerdem empirisch abgesicherte komplexe Interventionsprogramme, die auf mehreren Ebenen (u. a. Klient:innen, Familien, Schulen, Peers) ansetzen (vgl. u. a. Walsh 2013, S. 7 f.; v. Sydow 2015, S. 122 ff.; Hollstein-Brinkmann 2012).

Zu beachten ist hierbei allerdings, dass empirische Wirkungsnachweise alleine nicht ausreichen; neuere Entwicklungen im Bereich der „Implementationswissenschaft" zeigen auf, dass die erfolgreiche Einführung und praktische Umsetzung von Konzepten und Interventionsprogrammen in den Einrichtungen und sozialen Diensten im hohem Maße abhängig ist von Ausbildung, Training, Supervision sowie der Berücksichtigung weiterer kontextbezogener Faktoren (vgl. u. a. James 2015).

Schließlich gilt es, empirische Wirkungsnachweise kritisch zu reflektieren: Auffallend ist so, dass mit einer verblüffenden Selbstverständlichkeit stets von einer positiven Wirkung professionellen Handelns für die Adressat:innen der Sozialen Arbeit ausgegangen wird. Wirkungsüberprüfungen sollten aber auch Auskunft zu den „Risiken und Nebenwirkungen" geben, die bei „allen" Handlungskonzepten auftreten (vgl. Schwabe in Amthor et al. 2021, S. 714 ff.).

1.7 Abgrenzung zum Begriff „Methoden"

Der in den letzten Abschnitten hergeleitete Begriff „Handlungskonzepte" ist zunächst von der Bezeichnung „Methoden" abzugrenzen, der im deutschen Sprachraum weit verbreitet ist, gut ablesebar an der Vielfalt einschlägiger Publikationen (s. hier insb. Galuske 2013; ferner u. a. Michel-Schwartze 2009; Ehrhardt 2013; Hansbauer 2016; Spiegel 2018; Kreft/Müller 2019; Braches-Chyrek 2019; Thimm 2020; Stimmer 2020; Wendt 2021). Der Deutsche Berufsverband für Soziale Arbeit (DBSH) bezeichnet die Methodenkompetenz als eine zentrale Schlüsselkompetenz für Sozialpädagog:innen und Sozialarbeiter:innen (vgl. Maus et al. 2010).

In der Fachliteratur wird bei den unterschiedlichen Definitionsversuchen zwischen einer engeren und einer weiteren Bedeutungszuschreibung unterschieden: Zunächst kann nach Stimmer unter „Methode" eine bestimmte Vorgehensweise zur Zielerreichung, also „mehr oder weniger differenziert planbare, geregelte und zielorientierte sowie konsequent und reflektierend zu verfolgende ‚Wege' des Problemlösens" verstanden werden. „Methodisches Handeln" wäre dann das „Planen der einzelnen Schritte des Weges von der Idee bis zu den notwendigen Techniken als auch die konkrete Umsetzung – das Gehen auf diesen Wegen" (2020, S. 25). Traditionell herrscht in der Sozialen Arbeit allerdings ein eher weit gefasstes Methodenverständnis in Form von konzeptionellen Handlungsentwürfen und -modellen vor.

Der Begriff „Methode"

„Methoden Sozialer Arbeit sind systematische Handlungsformen für den zielgerichteten beruflichen Umgang mit sozialen Problemen. Sie speisen sich aus professioneller Ethik, Sozial- und Humanwissenschaften und reflektierter Berufserfahrung. Methoden sind für ihren Einsatzbereich allgemeingültig, jedoch keine starren Handlungsanleitungen, sondern situationsbezogen sowie offen und reflexiv für die Eigenarten und Besonderheiten der Menschen und Probleme. Methoden enthalten Aussagen über die Ziele, Gegenstände und Mittel des reflektierten Handelns; sie sind zielgerichtet, prozessorientiert und systematisch strukturiert. …

Methoden benennen den erforderlichen Rahmen für ihre erfolgreiche Anwendung, die räumlichen und zeitlichen Bedingungen, die Gestaltung des Kontaktes zwischen Klienten und Sozialarbeiter/Sozialpädagogen, die Organisation der Zusammenarbeit, die instrumentellen und die rechtlich-organisatorischen Vorgaben und die Bestimmung der methodischen Schritte im Einzelnen, in ihrer Abfolge und in ihrem Verhältnis zueinander" (Krauß 2017, S. 651).

Die nachfolgende, von Galuske (2013) erstellte Systematik gibt Auskunft zu „Methoden" der Gegenwart: Im Mittelpunkt steht hierbei die unmittelbare Soziale Arbeit mit den betroffenen Adressat:innen, differenziert einerseits nach der Arbeit mit Einzelnen und Familien, andererseits nach Gruppen und Sozialräumen. Darüber hinaus werden Methoden aufgeführt, die sich auf die Reflexion des klientenbezogenen Handelns oder auf die Leitungs- und Planungsebene beziehen (s. Abb. 1.5).

In seinem Band stellt Galuske die in Abbildung 1.5 aufgeführten Methoden auf mehr als 200 Seiten vor und gibt damit einen informativen Überblick zum

Abb. 1.5: Systematisierung nach Galuske 2013, S. 168

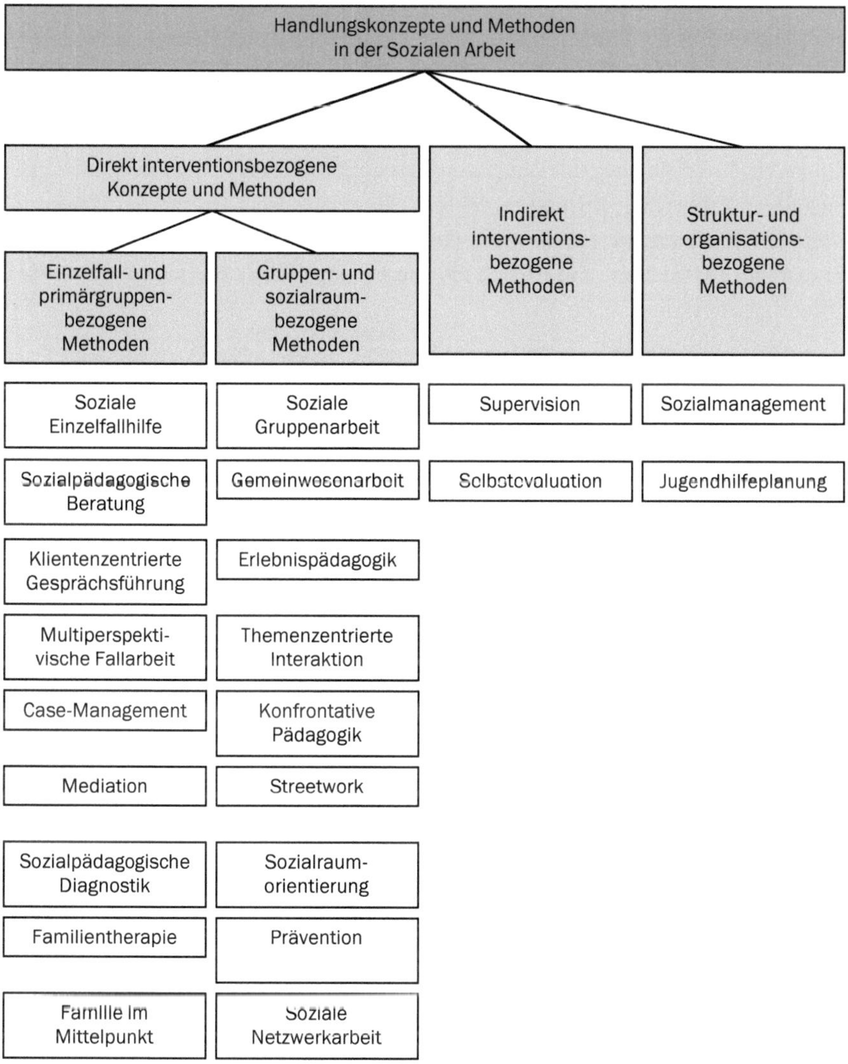

beruflichen Handeln des Berufsstandes. Gleichwohl gilt festzuhalten, dass die tatsächliche Vielfalt an Konzepten, Methoden, Verfahren und Techniken, auf die Sozialpädagog:innen und Sozialarbeiter:innen in ihrem beruflichen Alltag heute zurückgreifen, hier nur ansatzweise abgebildet werden konnte.

So führt Galuske beispielsweise die „Klientenzentrierte Beratung" nach Rogers sowie die „Sozialpädagogische Beratung" nach Thiersch als Beratungsformen auf, wohingegen Nestmann et al. im „Handbuch Beratung“ neben diesen beiden Ansätzen noch auf die psychoanalytisch orientierte Beratung, die Verhaltensberatung nach dem kognitiv-behavioristischen Model, die Systemische Beratung, die konstruktivistisch orientierte Beratung, die ressourcenorientierte Beratung, die Beratung unter lösungsorientierter Perspektive, die narrative Beratung und die feministische Beratung verweisen (vgl. 2007, Band 2). Darüber hinaus sind wichtige Begrifflichkeiten überhaupt nicht aufgeführt, darunter zum Beispiel Hilfeplanung, Krisenintervention, Biografiearbeit, Gruppenprogramme, Klinische Sozialarbeit, Methoden der Digitalisierung, Kollegiale Beratung, Coaching, Teamarbeit, Evaluation, Sozialplanung, Qualitätsmanagement oder Öffentlichkeitsarbeit.

Es erscheint fraglich, ob der in der beruflichen Praxis und im Studium so beharrlich favorisierte Begriff „Methode“ überhaupt noch zeitgemäß sein kann: Denn statt „Methoden“ handelt es sich auch oft um „Arbeitsbereiche“ oder „Arbeitsformen“, beispielsweise bei der Erlebnispädagogik, der Streetwork oder der Prävention, die ebenso allesamt mit einer Vielzahl an unterschiedlichen Konzepten, methodischen Vorgehensweisen, Verfahren und Techniken verbunden sind. Andererseits verweisen Methoden, wie Soziale Einzelfallhilfe, Soziale Gruppenarbeit, Gemeinwesenarbeit zugleich auf „Sozialformen“. Schließlich werden in der Praxis und Hochschullehre nicht selten auch Techniken, Verfahren und Strategien als Methoden bezeichnet, so dass insgesamt betrachtet sehr diffuse Begrifflichkeiten kursieren (vgl. hierzu Stimmer 2020, S. 32).

Im Sinne von Geißler/Hege (2007) wird deshalb vorgeschlagen, den Begriff „Methoden“ der Bezeichnung „Handlungskonzept“ unterzuordnen. Die im Abschnitt 1.5 dargestellten Handlungskonzepte haben auf der Grundlage unterschiedlicher theoretischer Bezüge ein spezifisches methodisches Handeln mit eigenen Begrifflichkeiten entwickelt. Zu beachten ist zudem, dass sich Soziale Arbeit im deutschsprachigen Raum zum überwiegenden Teil von der Psychotherapie abgrenzt, obgleich in einigen anderen Ländern, beispielsweise im englischsprachigen Raum, Sozialarbeiter:innen (Social Worker) auch therapeutisch in sozialen Diensten und Einrichtungen oder in eigener Praxis tätig sind (vgl. hierzu u. a. Payne 2020).

1.8 Abgrenzung zu „Theorien der Sozialen Arbeit“

Veröffentlichungstitel wie „Modern Social Work Theory“ (Payne 2020), „Introduction of Applying Social Work Theories and Methods“ (Teater 2014) oder „Theories for Direct Social Work Practice“ (Walsh 2013) verweisen auf „Theorien“ der Sozialen Arbeit. Angemerkt sei, dass der Begriff „Theorien der Sozialen

Arbeit“ im deutschsprachigen Raum jedoch zumeist eine andere Ausrichtung aufweist. In Anlehnung an die Arbeiten von Füssenhäuser/Thiersch (2015, S. 1755 ff.) werden nachfolgend zentrale Dimensionen einer disziplinären und professionsgebundenen Theoriebestimmung benannt.

„Theorien der Sozialen Arbeit“

Wichtige Dimensionen des Begriffes sind:

- der Gegenstand der Sozialen Arbeit als Wissenschaft und Praxis
- der Wissenschaftscharakter Sozialer Arbeit einschließlich der wissenschaftlichen Traditionen und Bezüge
- das Theorie-Praxis-Verhältnis und der Unterschied zwischen Disziplin- und Professionswissen
- die gesellschaftlichen und sozialen Rahmenbedingungen der Sozialen Arbeit
- die Lebenslagen und Lebensweisen der Adressat:innen und die sozialen Problemstellungen
- die Organisationen und Institutionen der Sozialen Arbeit
- die professionellen Handlungsmuster der Sozialen Arbeit
- die ethischen Fragestellungen, Normen und Werte

(vgl. Füssenhäuser/Thiersch 2015, S. 1755 ff.)

Zur Beantwortung der soeben grob skizzierten Dimensionen und Fragestellungen wurden zahlreiche Theorieansätze ausgearbeitet und publiziert. Einführende Übersichten geben u. a. May (2010), Thole (2012), Hammerschmidt et al. (2019) und Lambers (2020). Das Handbuch „Grundriss Soziale Arbeit“ führt folgende Theorieansätze für den deutschen Sprachraum auf:

Übersicht zu Theorien der Sozialen Arbeit

Sozialpädagogische Traditionslinie:

- transzendental-philosophischer Ansatz
- geisteswissenschaftlicher Ansatz
- psychoanalytisch orientierte Ansätze
- emanzipatorischer, kritisch-materialistischer Ansatz
- marxistisch orientierter Ansatz

Fürsorgerische, wohlfahrtspflegerische und sozialarbeiterische Traditionslinie:

- individuumszentrierter „Rettungsansatz“
- diagnoseorientiertes Hilfemodell
- staatsorientiertes, fürsorgewissenschaftliches Modell
- bedürfnisorientierter Ansatz

Theorierichtungen der Gegenwart:

- systemtheoretische Ansätze
- bildungstheoretischer Ansatz
- reflexiver, kritisch-subjektiver Ansatz
- ökosozialer Ansatz
- modernisierungstheoretische, dienstleistungsorientierte Ansätze
- lebensweltorientierter Bewältigungsansatz
- Soziale Arbeit als Menschenrechtsprofession
- reflexive, professionstheoretische Ansätze
- Capabilities Ansatz

(Thole 2012, S. 32ff.)

Eine alternative Vorgehensweise ist die geschichtsbezogene Darstellung von Personen, deren Ideen und theoretische Modelle, beispielsweise im Lehrbuch „Theorien der Sozialen Arbeit“ von Engelke et al. (2018): Aufgeführt werden dort die Theorieentwürfe u. a. von Thomas von Aquin, Juan Luis Vives, Johann Heinrich Pestalozzi und Johann Hinrich Wichern als Beispiele für frühe Theorien, sodann u. a. Jane Addams, Alice Salomon, Ilse von Arlt, Herman Nohl oder Hans Scherpner für Theorien der ersten Hälfte des 20. Jahrhunderts, weiterhin u. a. Carel B. Germain/Alex Gitterman, Klaus Mollenhauer, Marianne Hege und Karam Khella für die Zeit bis zur Jahrhundertwende; Hans Thiersch, Silvia Staub-Bernasconi, Lothar Böhnisch, Margit Brückner, Bernd Dewe, Hans-Uwe Otto, Rudolf Leiprecht, Paul Mecheril, Ulrich Deinet, Christian Reutlinger, Björn Kraus und Dieter Röh werden als zeitgenössische Theoretiker:innen vorgestellt.

Bei allen in diesem Abschnitt aufgeführten Theorien handelt es sich primär um Entwürfe aus der erziehungswissenschaftlichen Sozialpädagogik und der Wissenschaft Soziale Arbeit (Sozialarbeitswissenschaft), die sich im Sinne von Füssenhäuser/Thiersch auf ein ganzes Bündel von Dimensionen beziehen. Von diesem weitgefassten Theorienverständnis kann der Begriff „Handlungskonzepte“ abgegrenzt werden: Im Mittelpunkt stehen hier das professionelle Handeln von Sozialarbeiter:innen und Sozialpädagog:innen und der konkrete Praxisbezug mit den Adressat:innen der Sozialen Arbeit. „Handlungskonzepte“ können damit als eigene spezifische Theorieebene der Soziale Arbeit verstanden werden.

1.9 Soziale Arbeit als Profession und Disziplin

Die vorliegende Veröffentlichung richtet sich hauptsächlich an Studierende der Sozialen Arbeit und versteht sich als eine „Einführung“ im Bereich Handlungskonzepte. Aufgrund des Lehrbuchcharakters soll dieses Kapitel mit Erläuterungen zur Sozialen Arbeit und damit zu dem übergeordneten Rahmen professionellen Handelns enden. Dies trägt auch dem Umstand Rechnung, dass Soziale Arbeit sehr unterschiedlich verstanden werden kann und zumindest im deutschsprachigen Raum unterschiedliche Definitionen bestehen (vgl. Amthor et al. 2021, S. 753 ff.).

Soziale Arbeit wird in diesem Lehrbuch als ein wichtiger gesellschaftlicher Bereich mit einem überaus komplexen Arbeitsgebiet verstanden, das traditionelle Handlungsfelder umfasst, wie Kinder- und Jugendhilfe, Familienhilfe, Altenhilfe, Hilfen für Menschen mit Behinderung und psychischer Erkrankung, Gesundheitshilfe, Straffälligen- und Suchtkrankenhilfe, soziale Hilfen bei Armut, Arbeitslosigkeit, Bildungsbenachteiligung und Migration, darüber hinaus Ausbildung, Lehre und Forschung sowie Fort- und Weiterbildung. Soziale Arbeit wirkt in Handlungsfeldern, die sich in den letzten Jahrzehnten bildeten (u. a. Schule, Wohnen, Stadtentwicklung) und gewinnt durch gesellschaftliche Herausforderungen an weiterer Größe, so als gendersensible, rassismuskritische, diversitätsbewusste und ökologische Soziale Arbeit, als Hilfe für Geflüchtete und als internationale und transnationale Soziale Arbeit.

In diesen Arbeitsfeldern wirken insbesondere soziale Berufe, wie Erzieher:innen, Kindheitspädagog:innen, Kinderpfleger:innen, Heilerziehungspfleger:innen, Heilpädagog:innen, darüber hinaus die unterschiedlichsten Berufe mit akademischer Ausbildung bzw. Fachausbildung, u. a. Jurist:innen, Theolog:innen, Diakon:innen, Psycholog:innen, Lehrer:innen, Betriebswirtschaftler:innen, Pflegekräfte, Verwaltungsfachkräfte, Handwerksberufe, schließlich auch Helfer:innenberufe. Soziale Arbeit wird in einem hohen Maße von Ehrenamt, Bürgerschaftlichem Engagement und Selbsthilfe bestimmt. Charakteristisches Merkmal ist, insgesamt betrachtet, der hohe Frauenanteil.

Ohne jeden Zweifel steht der Begriff „Soziale Arbeit“ aber für eine besondere berufliche Nähe und richtet sich hierbei auf Sozialpädagog:innen und Sozialarbeiter:innen sowie die hierauf bezogene wissenschaftliche Disziplin aus. Berufsständisch sind diese im „Deutschen Berufsverband für Soziale Arbeit“ (DBSH) zusammengeschlossen, der wiederum Mitglied in der „International Federation of Social Workers“ (IFSW) ist. Die Mitglieder der IFSW kommen aus mehr als hundert Ländern, darunter europäische Länder wie Österreich, Schweiz, Großbritannien, Frankreich, Griechenland, Finnland und Schweden, darüber hinaus von allen Kontinenten, beispielsweise aus Kanada, USA, Australien, Brasilien, Chile, Argentinien, Philippinen, Thailand, Singapur, Japan, Russland, Indien, China, Israel, Südafrika, Nigeria, Ghana oder Kenia (vgl. IFSW 2022).

Für die Lehre und Forschung bestehen mit der „Deutschen Gesellschaft für Soziale Arbeit“ (DGSA), der „Kommission Sozialpädagogik der Deutschen Gesellschaft für Erziehungswissenschaft“ (DGfE) und dem „Fachbereichstag Soziale

Arbeit“ (FBTS) wichtige wissenschaftliche und akademische Fachgesellschaften in Deutschland, sowie mit der „European Association of Schools of Social Work“ (EASSW), der „International Association of Schools of Social Work“ (IASSW) und der European Social Work Research Association (ESWRA) internationale Zusammenschlüsse.

Global Definition of Social Work

Die zuletzt im Jahr 2014 von den Generalversammlungen der „International Federation of Social Workers“ (IFSW) und der „International Association of Schools of Social Workers“ (IASSW) angenommene „Global Definition of Social Work“ lautet:

> „Social work is a practice-based profession and an academic discipline that promotes social change and development, social cohesion, and the empowerment and liberation of people. Principles of social justice, human rights, collective responsibility and respect for diversities are central to social work. Underpinned by theories of social work, social sciences, humanities and indigenous knowledge, social work engages people and structures to address life challenges and enhance wellbeing. The above definition may be amplified at national and/or regional levels.“ (IFSW 2022).

In einem mehrseitigen Kommentar werden die Grundprinzipien, auf denen diese Definition beruht, näher erläutert: Demnach bergen geschichtliche, sozioökonomische, kulturelle, räumliche, politische und persönliche Faktoren Chancen, aber auch Hindernisse für das Wohlergehen von Menschen; strukturelle Hindernisse tragen zur Verfestigung von Ungleichheiten, Diskriminierung, Ausbeutung und Unterdrückung bei.

Soziale Arbeit wird im Rahmen dieser Ausführungen als eine an der Emanzipation ausgerichteten Praxis verstanden und hat die Aufgabe, sich einerseits für kritisches Bewusstsein in Bezug auf strukturelle Bedingungen für Unterdrückung auf der Grundlage von Kategorien wie Rasse, Klasse, Sprache, Religion, Geschlecht, Behinderung, Kultur und sexuelle Orientierung einzusetzen, andererseits angemessene Maßnahmen zur Beseitigung struktureller und persönlicher Hindernisse zu entwickeln. Soziale Arbeit erklärt sich in diesem Sinne mit all jenen solidarisch, die gesellschaftlich benachteiligt sind und zielt darauf ab, Armut zu bekämpfen, Schutzlose und Unterdrückte zu befreien und soziale Eingliederung und Zusammenhalt zu fördern.

Den beiden weltweiten Verbänden weiter folgend trägt Soziale Arbeit zum sozialen Wandel bei, indem sie auf verschiedenen Systemebenen eingreift, d.h. auf der persönlichen Ebene, aber auch in Familien, Gruppen, Gemeinschaften oder der Gesellschaft. Soziale Arbeit schöpft hierzu aus einem breiten Fundus wissenschaftlicher Theorien und Forschungsergebnisse, stützt sich auf eigene theoretische Grundlagen und Forschungsbefunde, bedient sich andererseits aber auch der Human- und Sozialwissenschaften. Mit dem Begriff des „indigenen Wissens" wird gefordert, den historisch bedingten westlichen Kolonialismus und die westliche Hegemonie im Bereich der Wissenschaft zu überwinden und den Beitrag von indigenen Völkern, deren eigene Werte und Wissensbestände zu respektieren und in die Soziale Arbeit einzubinden (s. ausführlich DBSH 2022; IFSW 2022).

Übungen

1. Gehen Sie in Ihre Hochschulbibliothek und recherchieren Sie zum Begriff „Soziale Arbeit". Worin unterschiedet sich dieser von den Begriffen „Sozialarbeit" und „Sozialpädagogik"? Orientieren Sie sich am „Wörterbuch Soziale Arbeit" (Amthor 2021, S. 753 ff.)!

2. Soziale Arbeit gibt es auf der ganzen Welt! Recherchieren Sie im Internet zu Studienmöglichkeiten im angloamerikanischen Sprachraum, z. B. zur Social Work in den USA, in Kanada, Großbritannien oder Australien. Suchen Sie nach Berufsverbänden in diesen Ländern auf der Homepage des IFSW (www.ifsw.org).

3. Setzen Sie sich mit anderen Studierenden zusammen und erklären Sie sich gegenseitig – auf der Grundlage dieses Kapitels – den Begriff „Handlungskonzept" und grenzen Sie hiervon die Begriffe „Methode" und „Theorie" ab. Diskutieren Sie: wo liegen die Unterschiede und wo gibt es Überschneidungen?

4. Im ersten Kapitel wurden verschiedene wissenschaftlich fundierte Handlungskonzepte bereits genannt. Mit welchen sind Sie bereits an der Hochschule oder in der praktischen Sozialen Arbeit in Berührung gekommen? Welche Erfahrungen haben Sie gemacht und wie beurteilen Sie diese Ansatze aktuell?

Zum Weiterlesen

- Amthor, R. C./Goldberg, B./Hansbauer, P./Landes, B./Wintergerst, T. (Hrsg.) (2021): Kreft/Mielenz. Wörterbuch Soziale Arbeit. Weinheim und Basel: Beltz Juventa.

Dieses Nachschlagewerk informiert breit zur Sozialen Arbeit: Dargestellt werden die fachlichen, ethischen, rechtlichen, historischen und strukturellen Grundlagen in den Kernbereichen der Sozialen Arbeit unter Berücksichtigung von aktuellen Entwicklungen in Forschung und Lehre. Im Mittelpunkt stehen die Arbeitsfelder der Sozialen Arbeit, also insbesondere die Kinder- und Jugendhilfe, die Familien- und Altenhilfe, die Hilfen für Menschen mit Behinderung oder psychischer Erkrankung, die Gesundheits-, Suchtkranken- und Straffälligenhilfe sowie die sozialen Hilfen bei Armut, Arbeitslosigkeit, Bildungsbenachteiligung, Migration und Flucht, einschließlich deren Sozialmanagement. Zudem werden wichtige Nachbarbereiche einbezogen, u. a. Arbeit, Ausbildung, Bildung, Entwicklungszusammenarbeit, Medien, Ökologie, Ökonomie, Politik, Stadtplanung, Wohnen u. a. m.

Ausgewählte Literatur

- Borrmann, S./Spatscheck, C./Pankofer, S./Sagebiel, J./Michel-Schwartze, B. (Hrsg.) (2016): Die Wissenschaft Soziale Arbeit im Diskurs. Opladen: Budrich.
- Engelke, E./Borrmann, S./Spatscheck, C. (2018): Theorien der Sozialen Arbeit. 7. Auflage. Freiburg: Lambertus.
- Füssenhäuser, C./Thiersch, H. (2015): Theorie und Theoriegeschichte – Theoriekonstruktion und Positionen der Sozialen Arbeit. In: Otto, H.-U./Thiersch, H. (Hrsg.): Handbuch Soziale Arbeit. 5. Auflage. München: Reinhardt. S. 1741–1769.
- Galuske, M. (2013): Methoden der Sozialen Arbeit. 10. Auflage. Weinheim und Basel: Beltz Juventa.
- Geißler, K. H./Hege, M. (2007): Konzepte sozialpädagogischen Handelns. 11. Auflage. Weinheim und München: Juventa.
- Müller, C. W. (2013): Wie helfen zum Beruf wurde. 6. Auflage. Weinheim und Basel: Beltz Juventa.
- Stimmer, F. (2020): Grundlagen des Methodischen Handelns in der Sozialen Arbeit. 4. Auflage. Stuttgart: Kohlhammer.
- Thole, W. (2012): Grundriss Soziale Arbeit. 4. Auflage. Wiesbaden: VS; hier verschiedene Beiträge im Kapitel „Theoretische Positionen und Konzepte", S. 133–321.
- Wendt, P. U. (2021): Lehrbuch Methoden der Sozialen Arbeit. 3. Auflage. Weinheim und Basel: Beltz Juventa.

Ausgewählte englischsprachige Standardliteratur

- Gray, M./Webb, S. A. (2013): Social Work Theories and Methods. 2. Auflage. Los Angeles: SAGE.
- Greene, R. R. (2009): Human Behavior Theory and Social Work Practice. 3. Auflage. New Brunswick: Aldine Transaction.
- Howe, D. (2009): A Brief Introduction to Social Work Theory. Basingstoke: Palgrave.

- Payne, M. (2020): Modern Social Work Theory. 5. Auflage. Basingstoke: Palgrave.
- Teater, B. (2013): Applying Social Work Theories and Methods. 2. Auflage. Maidenhead: Open Univ. Press.
- Turner, F.J. (2011): Social Work Treatment. New York: Oxford University Press.
- Walsh, J. (2013): Theories for Direct Social Work Practice. 3. Auflage. Stamford: Cengage.

Literatur- und Quellenverzeichnis

Amthor, R.C. (2016a): Einführung in die Berufsgeschichte der Sozialen Arbeit. 2. Auflage. Weinheim und Basel: Beltz Juventa.

Amthor, R.C. (2016b): Wissenschaftlich fundierte Handlungskonzepte. In: Borrmann, S./Spatscheck, C./Pankofer, S./Sagebiel, J./Michel-Schwartze, B. (Hrsg.): Die Wissenschaft Soziale Arbeit im Diskurs. Opladen: Budrich. S. 71–89.

Amthor, R.C./Goldberg, B./Hansbauer, P./Landes, B./Wintergerst, T. (Hrsg.) (2021): Kreft/Mielenz. Wörterbuch Soziale Arbeit. 9. Auflage. Weinheim und Basel: Beltz Juventa.

Braches-Chyrek, R. (2019): Soziale Arbeit. Opladen: Budrich.

Bührmann, A. (2007): Einführung in die Methoden der Sozialen Arbeit. Grundlagen der Handlungskonzepte Sozialer Arbeit. Berlin: http://opus.bsz-bw.de/kidoks/volltexte/2012/16/pdf/BuehrmannReader.pdf (Abfrage: 25.9.2022)

DBSH (2022): Homepage. In: www.dbsh.de (Abfrage: 25.9.2022)

Ehrhardt, A. (2013): Methoden der Sozialen Arbeit. 2. Auflage. Schwalbach: Wochenschau.

Engelke, E./Borrmann, S./Spatscheck, C. (2018): Theorien der Sozialen Arbeit. 7. Auflage. Freiburg: Lambertus.

Erath, P. (2006): Sozialarbeitswissenschaft. Stuttgart: Kohlhammer.

Füssenhäuser, C./Thiersch, H. (2015): Theoriekonstruktionen und Positionen der Sozialen Arbeit. In: Otto, H.-U./Thiersch, H. (Hrsg.): Handbuch Soziale Arbeit. München: Reinhardt. S. 1755–1769.

Galuske, M. (2013): Methoden der Sozialen Arbeit. 10. Auflage. Weinheim und Basel: Beltz Juventa.

Geißler, K.H./Hege, M. (2007): Konzepte sozialpädagogischen Handelns. 11. Auflage. Weinheim und München: Juventa.

Grüne Liste Prävention (2022): CTC – Datenbank empfohlener Präventionsprogramme. In: www.gruene-liste-praevention.de (Abfrage: 25.9.2022)

Hammerschmidt, P./Aner, K./Weber, S. (2019): Zeitgenössische Theorien der Sozialen Arbeit. Weinheim und Basel: Beltz Juventa.

Hansbauer, P. (2016): Methoden der Kinder- und Jugendhilfe. In: Schröer, W./Struck, N./Wolff, M. (Hrsg.): Handbuch Kinder- und Jugendhilfe. Weinheim und Basel: Beltz Juventa. S. 986–1005.

Hollstein-Brinkmann, H. (2012): Systemische Forschung in der Sozialen Arbeit. In: Ochs, M./Schweitzer, J. (Hrsg.): Handbuch Forschung für Systemiker. Göttingen: Vandenhoeck & Ruprecht. S. 71–88.

Howe, D. (2009): A Brief Introduction to Social Work Theory. Houndmills: Palgrave.

IFSW (2022): Homepage. In: www.ifsw.org (Abfrage: 25. 9. 2022)
James, S. (2015): Vom fallbezogenen Ansatz zur Implementationswissenschaft. In: Zeitschrift für Jugendkriminalrecht und Jugendhilfe, H. 2, S. 185–191.
James, S. (2016): Wirkungsmessung im Kontext der evidenzbasierten Praxis. In: Soziale Arbeit, H. 6/7, S. 218–225.
Janusz-Korczak-Schule (2022): Schulprogramm. In: www.jk-schule.de (Abfrage: 25. 9. 2022)
Jugert, G./Reder, A./Notz, P./Petermann, F. (2016): Soziale Kompetenz für Jugendliche. 9. Auflage. Weinheim und Basel: Beltz Juventa.
Jugert, G./Reder, A./Notz, P./Petermann, F. (2017): Fit-for-life. Module und Arbeitsblätter. 11. Auflage. Weinheim und Basel: Beltz Juventa.
Kirk, S./Reid, W. (2002): Science and Social Work. New York: Columbia University Press.
Kraus, E. J. (2017): Methoden der Sozialen Arbeit. In: Kreft, D./Mielenz, I. (Hrsg.): Wörterbuch Soziale Arbeit. Weinheim und Basel: Beltz Juventa. S. 651–657.
Kreft, D./Müller, C. W. (Hrsg.) (2019): Methodenlehre in der Sozialen Arbeit. 3. Auflage. München: Reinhardt.
Lambers, H. (2020): Theorien der Sozialen Arbeit. 5. Auflage. Stuttgart: UTB.
Lindsay, T. (2013): Social Work Intervention. Exeter: Learning Matters.
Maus, F./Nodes, W./Röh, D. (2010): Schlüsselkompetenzen der Sozialen Arbeit. 2. Auflage. Schwalbach: Wochenschau.
May, M. (2010): Aktuelle Theoriediskurse sozialer Arbeit. 3. Auflage. Wiesbaden: VS.
Michel-Schwartze, B. (Hrsg.) (2009): Methodenbuch Soziale Arbeit. 2. Auflage. Wiesbaden: VS.
Nestmann, F. (2007): Handbuch der Beratung. 2 Bände. Tübingen: DGVT.
Payne, M. (2020): Modern Social Work Theory. 5. Auflage. Basingstoke: Palgrave Macmillan.
Rauschenbach, T. (1997): Das sozialpädagogische Jahrhundert. Weinheim und München: Juventa.
Spiegel, H. v. (2018): Methodisches Handeln in der Sozialen Arbeit. 6. Auflage. München: Reinhardt.
Stimmer, F. (2020): Grundlagen des Methodischen Handelns in der Sozialen Arbeit. 4. Auflage. München: Reinhardt.
Sydow, K. v. (2015): Systemische Therapie. München: Reinhardt.
Teater, B. (2014): Applying Social Work Theories and Methods. 2. Auflage. Maidenhead: McGraw-Hill Education.
Thiersch, H. (2015): Soziale Arbeit und Lebensweltorientierung. Weinheim und Basel: Beltz Juventa.
Thimm, K. (2020): Methoden der Sozialen Arbeit an der Hochschule lehren und lernen. Weinheim und Basel: Beltz Juventa.
Thole, W. (Hrsg.) (2012): Grundriss Soziale Arbeit. 4. Auflage. Wiesbaden: VS.
Thyer, B. A. (2008): Human Behavior in the Social Environment. In: Sowers, K. M./Dulmus, C. N. (Hrsg.): Comprehensive Handbook of Social Work and Social Welfare. 2. Band. Hoboken, NJ.: Wiley.
Turner, F. J. (2011): Social Work Treatment. New York: Oxford University Press.
Walsh, J. (2013): Theories for Direct Social Work Practice. 3. Auflage. Stamford, CT: Cengage.
Wendt, P. U. (2021): Lehrbuch Methoden der Sozialen Arbeit. 3. Auflage. Weinheim und Basel: Beltz Juventa.

Kapitel 2
Psychodynamische Handlungskonzepte

Sigrid James

Die Psychoanalyse und die sich daraus entwickelnden psychodynamischen Theorien und Methoden haben die Soziale Arbeit seit ihren Anfängen nachhaltig beeinflusst und finden bis heute Anwendung in unterschiedlichen Arbeitsfeldern der Sozialen Arbeit. Psychodynamische Theorien bieten einen konzeptionellen und interpretativen Rahmen, um pädagogische und sozialarbeiterische Interaktionen und Institutionen zu verstehen und erweitern das Blickfeld auf unbewusste Prozesse und Dynamiken, die eine emotionale Wahrnehmung fördern. Sie untermauern die Zentralität der helfenden Beziehung als Teil des professionellen Handelns.

2.1 Einleitung

Sigmund Freuds Psychoanalyse und die sich daraus entwickelnden psychodynamischen Theorien und Methoden haben die Soziale Arbeit seit ihren Anfängen nachhaltig beeinflusst. Dieser Einfluss ist zum einen in der frühen Verbindung zwischen der Psychoanalyse und der Pädagogik deutlich, die Ausdruck in den Werken von Siegfried Bernfeld, August Aichhorn, Fritz Redl, Bruno Bettelheim, Ernst Federn, Vera Schmidt u. a. findet (vgl. Dörr 2011, S. 1164 ff.). In der angloamerikanischen Sozialen Arbeit, die sich zuvörderst in den USA und Großbritannien entwickelte, ist psychodynamisches Denken ebenfalls tief verankert und wird in der Literatur unter Begriffen wie *Psychosoziale Arbeit* (Goldstein 1984; Schnoor 2013), *Psychodynamische Sozialarbeit* (Brandell 2004; Quindeau 2016; Kirsch/Bauer 2017) und *Psychoanalytische Sozialarbeit* (Günter/Bruns 2010; Perner 2010) erfasst.

Gegenwärtig finden psychodynamische Konzepte Anwendung in unterschiedlichen Bereichen der Sozialen Arbeit, wie z. B. in der Beratung und Einzelfallarbeit (Schnoor 2011, 2013; Schneck 2017), Bereichen der Kinder- und Jugendhilfe (Naumann 2008), der Traumapädagogik (Weiß/Gahleitner 2020) und Gemeindepsychiatrie (Willmann 2011) sowie in der Flüchtlingssozialarbeit (Dörr 2008) und der Klinischen Sozialarbeit (Pauls 2013). Auch wenn psychodynamische Konzepte selten konsequent in der Sozialen Arbeit gelehrt oder angewandt werden, so haben sie überall dort Bedeutung, wo Beziehungen als Teil professionellen Handelns im Fokus sind (vgl. Trescher 1988, S. 455).

Trotz allem ist es schwierig den Einfluss der Psychoanalyse auf die Soziale Arbeit unmissverständlich zu beschreiben oder zu bestimmen, was eine genuin psychoanalytische bzw. psychodynamische Soziale Arbeit ausmacht, da „die Geschichte ihrer Theorieentwicklung […] voller Ausdifferenzierungen, Veränderungen und Erweiterungen“ ist (Gerspach 2018, o. S.). Die unterschiedlichen Begrifflichkeiten in der Fachliteratur, die sich u. a. aus den respektiven professionshistorischen Entwicklungen der (Sozial-)Pädagogik in Deutschland und der Sozialarbeit *(Social Work)* in den USA und Großbritannien ergeben, sorgen zudem für Verwirrung. Eine weitere Komplexität ist das Selbstverständnis der Sozialen Arbeit in Bezug auf ihre therapeutische Zuständigkeit. Die Sozialpädagogik, die sich im deutschsprachigen Raum entwickelte und traditionell mit der Jugendhilfe und der Pädagogik der frühen Kindheit verbunden wird, versteht sich gewöhnlich nicht als klinisch-therapeutische Disziplin. Hingegen entwickelte sich die angloamerikanische Sozialarbeit mit ihren Wurzeln in der Wohlfahrtspflege, der Sozialhilfe und der Armen- und Gesundheitsfürsorge insbesondere durch den Einfluss der Psychoanalyse in eine stark therapeutisch orientierte Disziplin, die heute in den Handlungsbereich der Spezialisierung der Klinischen Sozialen Arbeit fällt. Das heißt, die Anliegen, Zielsetzungen und Methoden der Sozialen Arbeit sind divers und somit haben auch psychodynamische Theorien die Soziale Arbeit in ihren Ausprägungen unterschiedlich beeinflusst.

In Anbetracht dieser Herausforderungen kann dieses Kapitel allenfalls als einführend verstanden werden. Für vertiefendes Lesen seien Studierende auf die vielen verfügbaren Texte und Fachbücher in der Primär- und Sekundärliteratur verwiesen (u. a. Günther/Heilmann/Kerschgens 2022). Nach einer Einführung in die theoretischen und methodischen Grundlagen der Psychoanalyse wird das Hauptaugenmerk dieses Kapitels auf der historischen Entwicklung der psychodynamischen Sozialen Arbeit insbesondere im deutschsprachigen Raum liegen sowie auf der Darstellung von psychodynamischen Konzepten und Methoden, die Relevanz für die Soziale Arbeit haben.

2.2 Erklärung zur Nutzung von Termini

Obgleich eine einheitliche Nutzung von Begriffen ideal wäre, so ist es aufgrund der unterschiedlichen Termini in diesem Wissensbereich kaum möglich sich auf eine durchgängige Formulierung zu einigen. In diesem Kapitel werden sowohl die Begriffe „Psychoanalyse“ (oder psychoanalytisch) als auch „Psychodynamik“ (oder psychodynamisch) genutzt. Der Begriff der Psychodynamik leitet sich von Freuds Drei-Instanzen-Modell ab, in dem das *Ich* im dynamischen Spannungsfeld zwischen dem *Über-Ich* und dem *Es* steht. Er wird gewöhnlich als umfassender Begriff verstanden, wonach psychodynamische Modelle an der Psychoanalyse orientiert sind, aus der sich darauffolgend die unterschiedlichen Schulen der Tiefenpsychologie entwickelten. Der Begriff der Psychoanalyse wird in diesem Kapitel in erster Linie eingesetzt, wenn es um Freuds Urtheorie und Grundlagen der psychoanalytischen Theorie geht. Mitunter wird er von Quellen übernommen, die ihn nutzen. Als psychodynamisch werden Ansätze oder Konzepte im allgemeineren Sinn bezeichnet, deren Grundlagen in der Psychoanalyse liegen, die aber umfassender und flexibler in ihrem Verständnis oder in ihrer Anwendung sein mögen.

Schwierigkeiten ergeben sich aus ähnlichen Gründen bei der Bestimmung der Begriffe Sozialpädagogik, Sozialarbeit und dem Überbegriff Soziale Arbeit, der seit den 1990er Jahren beide Fachrichtungen umfasst. Generell werden Bemühungen angestellt, den Überbegriff zu nutzen, da er die unterschiedlichen Entwicklungslinien der deutschen Sozialpädagogik und der angloamerikanischen Sozialarbeit integriert und somit das aktuelle Selbstverständnis der deutschen Sozialen Arbeit am ehesten reflektiert. Aber da die Psychoanalyse, wie schon in der Einleitung erwähnt, die (Sozial-)Pädagogik in Deutschland anders beeinflusst hat als die angloamerikanische Sozialarbeit, ist es in Teilen notwendig, sich auf die psychoanalytische Pädagogik oder Sozialarbeit zu beziehen. Dies spiegelt auch die sprachliche Nutzung in der historischen Literatur wider.

2.3 Grundlagen psychoanalytischer Theorie

Die Psychoanalyse ist eine psychologische Theorie und zugleich psychotherapeutische Behandlungsform, die von dem Wiener Neurologen Sigmund Freud um 1890 auf der Basis seiner therapeutischen Erfahrungen mit Patient:innen begründet wurde. Aus wissenschaftssoziologischer Sicht kann die Psychoanalyse als eine komplexe Disziplin bezeichnet werden (vgl. Günter/Bruns 2010, S. 15). Freuds Ausführungen über die Strukturen der menschlichen Psyche und der unbewussten psychischen Vorgänge, die Empfinden und Verhalten gestalten, waren wegweisend, historisch-gesellschaftlich bedeutsam und in Teilen revolutionierend, und ihre Reichweite bis in die heutige Zeit kann trotz vielfältiger Kritik kaum überbetont werden (vgl. Turner 2007, S. 398). Ausgehend von Freuds Psychoanalyse entwickelten sich in den Jahrzehnten danach unterschiedliche Schulen der Tiefenpsychologie, wie die psychoanalytische Ich-Psychologie (Anna Freud und Heinz Hartmann), Objektbeziehungstheorie (Melanie Klein und Donald Winnicott), Selbstpsychologie (Heinz Kohut) und Bindungstheorie (John Bowlby und

Mary Ainsworth) und damit auch diverse tiefenpsychologische Behandlungsformen. Diese theoretischen und therapeutischen Weiterentwicklungen grenzen sich mehr oder weniger von Freuds ursprünglicher Triebtheorie ab, formulieren unterschiedliche sowie eigene Konzepte, differenzieren und widersprechen sich (vgl. Günter/Bruns 2010, S. 45).

Was psychodynamische Theorien verbindet, ist das Bemühen auf systematische Weise die „Entwicklung innerer psychischer Strukturen und deren Bedeutung für unterschiedliche Formen des Erlebens und Verhaltens" zu untersuchen und zu verstehen (Kirsch/Bauer 2017, S. 13), und dies auf der Basis der Annahme „der Existenz des Unbewussten und seiner Bedeutung für das menschliche Denken, Fühlen und Handeln" (Günter/Bruns 2010, S. 45). Die Psychodynamik bezeichnet somit die Lehre vom Wirken innerseelischer Kräfte, wobei frühen konflikthaften oder traumatischen Erlebnissen eine besondere Bedeutung für die weitere Entwicklung der menschlichen Persönlichkeit zugewiesen wird.

Um die Bedeutung psychodynamischen Denkens für die Soziale Arbeit zu verstehen, ist es notwendig die Grundzüge psychoanalytischer Theorie und ihrer Entwicklungen wenigstens rudimentär vorzustellen.

Die Theorie des Unbewussten

Ein zentraler Aspekt psychoanalytischer Theorie ist die Funktion unbewusster Vorgänge, die sich zwischen den drei Instanzen der Psyche – dem *Es*, dem *Ich* und dem *Über-Ich* – abspielen (Freud 1923; s. graue Box). Freud unterschied in seinem topographischen Modell des Bewusstseins zwischen bewussten, vorbewussten und unbewussten Anteilen der Persönlichkeit, die Auswirkungen auf das menschliche Verhalten haben können. Die Ursache psychischer Erkrankungen und Persönlichkeitsstörungen liegt aus der Sicht des klassischen psychoanalytischen Triebmodells in der unvollkommenen oder fehlgeschlagenen Bewältigung von Konflikten zwischen „instinktgebundenen Trieben und Abwehrmechanismen" (Pauls 2013, S. 153), die bereits in der Kindheit liegen können. „Individuen werden vorwärtsgetrieben durch biologische Triebkräfte, die sich in konflikthafter Auseinandersetzung zwischen dem *Es* und dem *Ich* unter dem Einfluss biographischer Erfahrungen in der sozialen Umgebung verwirklichen" (Pauls 2013, S. 153 f.). Eine psychische Störung wird dabei als der (misslungene) Versuch des *Ichs* verstanden diese Konflikte auszugleichen.

Freuds Strukturmodell

Freud formulierte das sogenannte Strukturmodell oder Drei-Instanzen-Modell der Psyche. Er unterschied zwischen drei Instanzen der menschlichen Persönlichkeit:

- Das *Es* wird als die älteste psychische Instanz verstanden und beinhaltet alle primären Triebe (Verlangen nach Nahrung, Neigung zur Aggression, Sexualtrieb), wobei dem Sexualtrieb besondere Bedeutung zugemessen wird. Das *Es* ist impulsgesteuert, d. h. es folgt dem Lustprinzip und ist der Teil der Persönlichkeit, der für den Menschen weitgehend unbewusst ist.
- Das *Über-Ich* ist sozusagen das Gegenstück zum *Es*. Es erwächst im Laufe der Sozialisation und ist die Instanz, die sich an gesellschaftlichen Regeln und Moralvorstellungen orientiert. Somit repräsentiert es die Funktion von Eltern und Erziehenden. Das *Über-Ich* übt Kontrolle aus und zensiert das eigene Verhalten, reflektiert aber gleichzeitig eine Idealvorstellung vom Selbst.
- Das *Ich* vermittelt zwischen den häufig gegensätzlichen Bedürfnissen und Ansprüchen der zwei anderen Instanzen und befindet sich somit in ständigen Entscheidungsprozessen zwischen der Befriedigung eigener Bedürfnisse und den moralischen Erwartungen der Gesellschaft. Das *Ich* entsteht aus den Erfahrungen mit dem sozialen Umfeld und orientiert sich am Realitätsprinzip, d. h. bewusste Überzeugungen und Entscheidungen sind Teil des *Ichs* und Abwägungen in Bezug auf Handlungsmöglichkeiten und die damit verbundenen Konsequenzen finden auf dieser Ebene statt. Gelingt es dem *Ich* nicht, eine zufriedenstellende Balance zwischen den Ansprüchen des *Es* und des *Über-Ich* zu finden, kann dies zur Entstehung von unbewussten Abwehrmechanismen, Ängsten oder psychischen Störungen führen.

(vgl. Freud 1923, S. 291 ff.)

Abwehrmechanismen

Abwehrmechanismen spielen in der Bewältigung von Konflikten eine große Rolle. Sie werden als psychische Vorgänge verstanden, die den Zweck haben, miteinander in Konflikt stehende innerpsychische Prozesse wie Triebe, Wünsche, Motive, Werte, etc. so zu bewältigen, dass psychisches Stressempfinden reduziert wird bzw. eine positivere oder erträgliche Selbstwahrnehmung möglich ist (vgl. Pauls 2013, S. 154). In anderen Worten, sie halten unangenehme Gefühlszustände vom bewussten Erleben fern. Der Mensch ist sich normalerweise nicht bewusst, dass er Abwehrmechanismen nutzt. Haben beispielsweise belastende oder traumatische Ereignisse stattgefunden, so können sie verdrängt, kompensiert, rationalisiert, etc. werden (s. Tab. 2.1 für eine Übersicht über die wichtigsten Abwehrmechanismen). Obgleich diese unbewussten Reaktionen eine adaptive Funktion haben bzw. „Problemlöseverhalten bei inneren Konflikten" beinhalten (ebd., S. 154), so können sie später in Belastungssituationen als Symptome psychischer oder psychosomatischer Erkrankungen wieder auftauchen (vgl. ebd., S. 154). Dadurch entstehen emotionale Schwachstellen, die im Laufe des Lebens in Situa-

Tabelle 2.1: Wichtige Abwehrmechanismen

Verdrängung	Verlagerung von unerwünschten Triebimpulsen, Affekten oder Erinnerungen vom Bewussten in das Unbewusste.
Regression	Zurückgehen auf eine frühere Entwicklungsphase der Ich-Funktion (z. B. Trotzverhalten), der Befriedigungsform (z. B. Fresslust) oder der Beziehungsmuster (z. B. mütterliche Versorgung).
Projektion	Abzuwehrende Triebimpulse werden anderen Personen zugeschrieben, z. B. überträgt jemand seine Aggressivität auf die Mitmenschen und empfindet ihr Verhalten als Feindseligkeit.
Reaktionsbildung	Gegenteilige Motive oder Gefühle werden anstatt der erwarteten gezeigt, z. B. an Stelle aggressiver Regung erscheint bei dem Kind gegenüber seinem Bruder eine freundliche und hilfsbereite Haltung.
Verleugnung	Nichtanerkennung der Realität, z. B. werden Auswirkungen einer Erkrankung oder körperliche Veränderungen in ihrer Bedeutung nicht erlebt oder anerkannt.
Verschiebung	Verlagerung eines Triebimpulses von einem Objekt auf ein anderes, z. B. wird die Wut gegen den kränkenden Chef auf die Ehefrau verschoben. Ursprüngliche Zusammenhänge werden ausgeblendet und neu hergestellt.
Spaltung	Objekt und Selbst werden in Gut und Böse aufgeteilt, wobei ein Objekt auch wechselweise gut und böse erscheinen kann. Das gute Objekt wird idealisiert, das böse Objekt abgewertet.
Idealisierung/ Entwertung	Das Introjekt des Gegenüber wird in gute und böse Anteile gespalten, wobei in der Folge entweder nur die guten Anteile (Idealisierung) oder nur die bösen Anteile (Entwertung) wahrgenommen werden.
Introjektion/ Identifikation	Einverleibung der Einstellungs- und Verhaltensweisen von anderen Menschen, um Ängste und Bedrohungen von außen abzuwehren.
Rationalisierung	Rechtfertigung von Triebimpulsen oder Verhalten durch Scheinbegründungen.
Intellektualisierung	Emotional bedeutsame Impulse oder Konflikte werden durch theoretisches Analysieren ihres gefühlsmäßigen Anteils beraubt.
Sublimation	Gestalteter Ausdruck von Wünschen und Trieben, meist Umwandlung in sozial hoch bewertete Aktivität, so wird z. B. Aggression in sportliche Tätigkeit umgewandelt.
Affektisolierung	Abtrennung der Gefühle von dazugehörigen Gedanken, Erinnerungen und Verhalten, beides wird wahrgenommen, aber nicht als zusammengehörig erlebt.
Autoaggression	Aggressive Triebimpulse, die gegen ein Objekt gerichtet sind, werden in Form von autoaggressivem Verhalten (z. B. Selbstverletzungen) gegen die eigene Person gewendet
Somatisierung	Konflikte werde nicht in ihrer eigentlichen Gestalt wahrgenommen, sondern in Form von körperlichen Beschwerden erlebt.
Konversion	Wie bei der Somatisierung werden Konflikte als Körpersymptome spürbar, sie haben allerdings einen spezifischen Ausdrucks- oder Symbolgehalt.

(u. a. nach Doering/Schüßler 2006, S. 17)

tionen der Herausforderung, Belastung, Gefährdung oder Traumatisierung aufbrechen und zu regressivem Verhalten führen können.

Übertragung und Gegenübertragung
Übertragungen und Gegenübertragungen beinhalten die Reaktivierung von (positiven oder negativen) Bindungen, Gefühlen und Erwartungen, die vorherige zwischenmenschliche Beziehungen ausgezeichnet haben und auf aktuelle Beziehungen übertragen werden, was größtenteils unbewusst geschieht. Im therapeutischen Setting erleben Patient:innen bei der Übertragung frühkindliche Wünsche und Gefühle (Liebe, Wut, etc.) insbesondere gegenüber Eltern und Geschwistern und ‚übertragen' sie auf den:die Therapeut:in. Eine Gegenübertragung hingegen wird als die emotionale Reaktion des:der Therapeut:in auf die Übertragungen des:der Patient:in definiert. Im klassischen psychoanalytischen Verständnis finden diese Prozesse im therapeutischen Verhältnis statt und werden gedeutet und genutzt, um unverarbeitete Konflikte bewusst zu machen oder Einsicht in das psychische Erleben des:der Patient:in zu fördern.

Theoretische Weiterentwicklungen
Im Folgenden sollen Weiterentwicklungen der psychoanalytischen Theorie zusammenfassend in ihren Schwerpunkten vorgestellt werden. Alle haben zu unterschiedlichen Zeiten Einfluss auf die Soziale Arbeit ausgeübt.

- Die *Ich-Psychologie,* als dessen Begründer Anna Freud und Heinz Hartmann gelten, beschäftigt sich mit Aspekten der Ich-Entwicklung und ihren Funktionen, wie Denken, Wahrnehmen, Erinnern, d.h. all den Funktionen, die Menschen befähigen sich bewusst zu regulieren und im Umfeld, in dem sie leben, anzupassen, Beziehungen einzugehen, etc. Abwehrmechanismen, deren Aufgabe es ist, die Funktionalität der Psyche aufrechtzuerhalten, spielen eine besondere Rolle in der Ich-Psychologie. Auf die Sozialarbeit in den USA und Großbritannien hat die Ich-Psychologie starken Einfluss ausgeübt und zu vielen ‚ich-stärkenden' Interventionen, Behandlungen und Methoden beigetragen (vgl. Danto 2013, o. S.).
- Heinz Kohut entwickelte in den 1970er Jahren die Konzepte über das Selbst, das von Hartmann als eine übergreifende Instanz beschrieben wurde, weiter und bewirkte durch die *Selbstpsychologie* grundlegende Veränderungen in der Theorie und Praxis der Psychoanalyse. In der Selbstpsychologie wurde nicht der triebgeleitete Konflikt als zentral für Entwicklung und Störungen gesehen, sondern die Entwicklung und Stärkung des Selbsterlebens. „Diese hängt von der Präsenz, Empathie und Responsivität der Bezugspersonen ab. Aufgrund unzureichender elterlicher Empathie und geringer emotionaler

Verfügbarkeit kann sich ein brüchiges, unsicheres und fragmentiertes Selbsterleben und, als dessen Manifestationen, psychische Störungen entwickeln" (Wiener Kreis für Psychoanalyse und Selbstpsychologie o. J.). Konzepte der Selbstpsychologie haben in der Sozialarbeit in den USA große Anwendung gefunden (vgl. Danto 2013, o. S.).

- Die *Objektbeziehungstheorie* geht auf die Arbeit von Melanie Klein zurück und wurde von Donald Winnicott weiterentwickelt. Sie umfasst diverse Ansätze, in denen die zentrale Bedeutung der frühen Mutter-Kind-Beziehung betont wird. Klein lenkte die Aufmerksamkeit verstärkt auf die frühkindliche Entwicklung und deren Bedeutung für die spätere Beziehungsgestaltung und Persönlichkeitsentwicklung. Auch die Konzepte der Übertragung und Gegenübertragung in der Psychotherapie wurden betont. Walsh bezeichnete die Objektbeziehungstheorie als eine gute konzeptionelle Passung für die Soziale Arbeit, da sie Beziehungen und das Umfeld als bedeutsam für die individuelle Entwicklung ansieht (vgl. Walsh 2004, S. 93).
- Die *Bindungstheorie* von John Bowlby und Mary Ainsworth hat sich zwar von ihren psychoanalytischen Ursprüngen entfernt, hat aber zahlreiche Implikationen für die Soziale Arbeit und unterstreicht die Bedeutung von frühkindlichen Beziehungen und die Notwendigkeit einfühlsamer Interaktionen (Gahleitner 2017). Sie beruht auf der Annahme, dass Menschen ein genetisch angelegtes Bedürfnis haben, intensive emotionale Beziehungen zu Menschen aufzubauen, beginnend mit der Beziehung zwischen dem Neugeborenen und seiner Mutter. Die Nähe zur Bezugsperson wird durch Bindungsverhalten reguliert und die frühen Beziehungserfahrungen bilden die Grundlage für die Entwicklung von inneren Arbeitsmodellen, die nicht nur das Beziehungserleben zur primären Bezugsperson regulieren, sondern auch spätere Beziehungen abbilden.

Psychoanalyse und tiefenpsychologische Psychotherapien

Freud entwickelte die Psychoanalyse als eine Form der Behandlung für psychische Störungen, aus der sich später die psychoanalytische Psychotherapie sowie andere tiefenpsychologische Psychotherapien entwickelten. Auf der Annahme begründet, dass unerforschte und unbewusste Prozesse zu Störungsbildern führen können und damit menschliche Funktionalität in unterschiedlichen Lebensbereichen einschränken, werden Einsicht und Verständnis in diese Vorgänge als Voraussetzung für eine gesunde und reife Entwicklung gesehen. Es ist somit das Ziel der Psychoanalyse diese Konflikte und seelischen Vorgänge, die sonst kaum zugänglich sind, ins Bewusstsein zu rufen, ihre Bedeutung zu erkennen und sie zu verarbeiten. In diesem langwierigen Prozess verlieren Symptome, „die vermeintlich Schutz geboten haben vor den früheren negativen Erfahrungen […]

so ihren ursprünglichen Sinn" (Pauls 2013, S. 154). Mit verschiedenen Techniken versuchen psychoanalytische Therapeut:innen innere psychische Konflikte ins Bewusstsein zu holen. Klassische Methoden beinhalten beispielsweise die Freie Assoziation und die Deutung von Übertragungen. Grundlage dabei ist immer die Beziehung bzw. das Arbeitsbündnis zwischen Therapeut:in und Patient:in. Die klassische Psychoanalyse nach Freud wird heutzutage relativ selten praktiziert aufgrund ihrer langen Dauer und der Entwicklung von kürzeren psychodynamisch orientierten Therapien, die eine bessere Wirkung zeigen. Trotzdem bilden die theoretischen Grundlagen der Psychoanalyse das Fundament für diverse therapeutische und pädagogische Heilverfahren und Interventionen bis in die Gegenwart.

2.4 Psychoanalytische (Sozial-)Pädagogik und Sozialarbeit und ihre Entwicklungen

Seit den Anfängen der psychoanalytischen Bewegung besteht eine enge Verknüpfung zwischen der Psychoanalyse und der Sozialen Arbeit. Freuds Theorie von der Entwicklung des Menschen, in der die derzeitigen Erziehungsphilosophien fundamental hinterfragt wurden, legte eine Verbindung zwischen einer unangemessenen Erziehung und der Entstehung von psychischen Störungen nahe und richtete das Augenmerk einiger Vertreter:innen der Psychoanalyse auf die pädagogischen Kontexte und Settings, in denen die frühkindliche Sozialisation stattfand. Die Psychoanalyse des Kindes bot „Chancen zur Umgestaltung der Erziehungspraxis" (Dörr 2011, S. 1164) und zur Prävention von Störungen, was als Neurosenprophylaxe bezeichnet wurde. „Psychoanalytisch orientiertes Arbeiten in pädagogischen Handlungsfeldern wie Schule, Sozialpädagogik oder Erziehungsberatung wurde ebenso als psychoanalytische Praxis begriffen wie die psychoanalytische Kur" (Kirsch/Bauer 2017, S. 13).

Aber es gab gravierende Unterschiede zwischen der Psychoanalyse und der psychoanalytischen Pädagogik (vgl. Perner 2010, S. 13). Neben einer Ausweitung der psychoanalytischen Arbeit auf Patient:innengruppen, für die das klassische analytische Setting nicht angebracht oder nutzbar war, wie im Falle von Kindern und Jugendlichen, musste die Rolle der psychoanalytischen Pädagog:innen rekonzipiert werden (vgl. Freud 1925/2005, S. 8; A. Freud 1930/2011, S. 87 ff.). Zum einen wurde die Gefahr erkannt, dass Pädagog:innen durch ihre eigenen unverarbeiteten Kindheitserfahrungen dem Kind in seiner Entwicklung Schaden zufügen können, d.h. sie wurden nicht einfach als Vermittler von gesellschaftlichen Normen und Werten gesehen, sondern als Teil eines professionellen Beziehungsgefüges, in dem der:die Klient:in als Subjekt eine aktive Rolle spielt.

Zum anderen verlangte die Arbeit in pädagogischen Settings und speziell mit Kindern eine andere Methodik der Psychoanalyse, die eher handlungsorientiert als deutend angelegt war. „Während der Psychoanalytiker das Unbewusste des Analysanden auf sich wirken lasse, um es zu deuten, werden der Sozialpädagoge oder die Sozialarbeiterin den Wirkungen des Unbewussten (Re-Inszenierungen) ausgesetzt, die sich handelnd äußern" (Kirsch/Bauer 2017, S. 14). Das heißt, ein psychoanalytischer Ansatz in pädagogischen Kontexten war mit beträchtlichen Abweichungen oder Modifikationen bestehender Vorgehensweisen und einem Fokus auf entwicklungsfördernde pädagogische Interventionsmöglichkeiten verbunden (vgl. Trescher 1985a, S. 63). Neben einer Erweiterung des Handlungsrahmens in der Arbeit mit einzelnen Menschen, beinhaltete die Psychoanalyse auch eine explizite soziokulturelle Kritik bestehender Strukturen und Institutionen, die auf vielfache Weise repressives Verhalten fördern und reproduzieren. „Erziehung findet im Dienste der Mächtigen statt, die die Triebunterdrückung der Schwachen für ihre Zwecke funktionalisieren" (Dörr 2011, S. 1164). Pioniere der psychoanalytischen Pädagogik waren nicht nur davon motiviert Störungen vorzubeugen, sondern wollten letztendlich eine gerechtere und friedliche Gesellschaft schaffen. Je nach Vertreter:in der psychoanalytischen Pädagogik wurde die Balance zwischen dem inneren Erleben des Einzelnen und den Zwängen der realen Umwelt unterschiedlich verstanden.

Die psychoanalytische Pädagogik bietet somit einen konzeptionellen und interpretativen Rahmen, um sowohl pädagogische Interaktionen im Erziehungsgeschehen wie auch „die Bedeutung gesellschaftlicher und institutioneller Rahmungen für Erziehungs- und Bildungsprozesse" zu verstehen (Dörr 2011, S. 1163). Die Anerkennung des Unbewussten, das nach Freud menschliches Erleben und Verhalten beeinflusst und unterschiedliche Abwehrmechanismen und Bewältigungsstrategien aktiviert, „erweitert […] das pädagogisch bedeutsame Wahrnehmungsfeld über den Bereich rational kontrollierten oder begründbaren Denkens und Handelns hinaus auf den Bereich der emotionalen Wahrnehmungen in der Pädagogik" (ebd., S. 1163). Laut Perner (2010) sagt die Theorie „dem psychoanalytischen Sozialarbeiter nicht, was er zu tun hat, aber sie hilft ihm, zu begreifen, womit er es zu tun hat, was er tun könnte und was er tut" (S. 14).

Historische Bezüge

Schon 1908 referierte Sándor Ferenczi über „Psychoanalyse und Pädagogik" und die ersten Konzepte einer psychoanalytischen Pädagogik wurden in den Jahren zwischen den zwei Weltkriegen formuliert und in der Praxis angewandt. Auch die erste Fachzeitschrift – die *Zeitschrift für psychoanalytische Pädagogik* – erschien in dieser Zeit (1926). Diese Periode wird oft als die Blütezeit der psychoanalytischen Pädagogik beschrieben (vgl. Dörr 2011, S. 1164). Zunächst befassten sich praktizierende Psychoanalytiker:innen mit pädagogischen Fragestellungen, aber die Konzepte der Psychoanalyse verbreiteten sich auch in anderen Berufsgruppen und wurden von Lehrer:innen, Erzieher:innen und Pädagog:innen aufgegriffen, in der Hoffnung gängige pädagogische Methoden zu verbessern und somit Entwicklungsstörungen zu verhindern.

Bedeutsame erste psychoanalytische Pädagog:innen, die die Konzepte und Methoden der Psychoanalyse in unterschiedlichen Institutionen und mit diversen Zielgruppen anwendeten und weiterentwickelten, waren u. a. August Aichhorn, Alfred Adler, Siegfried Bernfeld, Hans Zulliger, Vera Schmidt, Dorothy Burlingham, Ernst Federn, Oskar Pfister, Rudolf Ekstein, Fritz Redl und Bruno Bettelheim (vgl. Dörr 2011, S. 1164). Durch ihre Arbeit insbesondere mit misshandelten, vernachlässigten und straffälligen Kindern und Jugendlichen in Heimeinrichtungen und anderen Institutionen wurde der Einfluss der sozialen Welt auf das innere Erleben und das Verarbeiten von frühen Kindheitserfahrungen und Traumata offensichtlich. Psychoanalytische Pädagog:innen nutzten das pädagogische Umfeld als Raum für korrigierende Erfahrungen, die das Kind oder der Jugendliche aufgrund seiner Erfahrungen benötigte (vgl. Krumenacker 1994, S. 266). So wird im Sinne Bettelheims beispielweise ein therapeutisch-pädagogisches Milieu geschaffen, wenn institutionelle, physikalische und menschliche Dimensionen „im Kontext der pädagogischen und therapeutischen Ziele systematisch reflektiert, gezielt gestaltet und miteinander integriert werden. Medium der Milieutherapie ist ein tiefenpsychologisch interpretierter und gestalteter Alltag, d. h. alltägliche Handlungen, wie Aufstehen, Essen, Lernen, Schlafengehen usw., bilden den Ausgangspunkt für Förderung und Therapie“ (ebd., S. 267). Diese Arbeit offenbarte auch die Bedeutung der Beziehung für Entwicklungs- und Veränderungsprozesse und die Rolle von Übertragungen und Gegenübertragungen in pädagogischen Settings.

Skizzen von fünf bedeutsamen psychoanalytischen Pädagog:innen

- ***August Aichhorn*** (1878–1949) war ein österreichischer Pädagoge und Psychoanalytiker. Seine Arbeit richtete sich insbesondere auf die Umsetzung von psychoanalytischen Konzepten bei Kindern und Jugendlichen, die Dissozialität, Delinquenz und Verwahrlosung erlebten. Er entwickelte eine Pädagogik, die sich durch empathisches Verstehen und authentisches Interesse auszeichnete und in seinem Buch „Verwahrloste Jugend“ beschrieben wird (u. a. Aichhorn 2011)
- ***Siegfried Bernfeld*** (1892–1953) war Reformpädagoge, Psychoanalytiker, Mitbegründer der modernen Jugendforschung und ein wichtiges Mitglied der Wiener Psychoanalytischen Gesellschaft. Er hatte jüdische Wurzeln und gründete 1919 das Kinderheim Baumgarten, das eine pädagogische Ein-

richtung für 300 jüdische Flüchtlingskinder aus Polen bot. Bernfeld war ein früher Vertreter vom Freudomarxismus und schrieb über die Zusammenhänge zwischen Psychoanalyse und Sozialismus (u. a. Dudek 2012).

- ***Bruno Bettelheim*** (1903–1990) war ein Psychoanalytiker und Kinderpsychologe, der aufgrund seiner jüdischen Abstammung in Dachau und Buchenwald fast ein Jahr lang interniert war und dann in die USA emigrierte. Er entwickelte u. a. das Konzept der Milieutherapie, das er in der Orthogenic School in Chicago zur Betreuung seelisch schwer gestörter Kinder umsetzte (u. a. Krumenacker 1998).
- ***Fritz Redl*** (1902–1988) war ein österreichischer Reformpädagoge und Kinderpsychoanalytiker, der als Halbwaise aufwuchs. Er setzte seine Erkenntnisse in diversen Erziehungseinrichtungen um und emigrierte 1936 in die USA, wo er als Professor für Soziale Arbeit in Detroit, Michigan, sozialpädagogisch-therapeutische Einrichtungen für belastete Kinder aufbaute. Er leistete wichtige Beiträge zur Milieutherapie, entwickelte das *Life-Space Interview* und betonte gruppenpsychologische Dynamiken (u. a. Rothballer 2019).
- ***Vera F. Schmidt*** (1889–1937) war eine sowjetische Psychoanalytikerin und Pädagogin, die das innovative Psychoanalytische Kinderheim-Laboratorium in Moskau eröffnete, in dem zwei- bis vierjährige Kinder nach psychoanalytischen und marxistischen Prinzipien erzogen wurden. Ziel der Erziehung im Kinderheim-Laboratorium war eine Erziehung ohne Zwang, Verbote und Bestrafungen. Die Bindung des Kindes an eine Bezugsperson und der korrigierende Einfluss des Kinderkollektivs wurden als Grundlage für eine positive Entwicklung gesehen. Vera Schmidts Erziehungskonzept inspirierte später die antiautoritäre Kinderladenbewegung in Deutschland (u.a. Schmidt 2010).

Der Nationalsozialismus und der Beginn des Zweiten Weltkrieges zwangen viele Vertreter:innen der Psychoanalyse und der psychoanalytischen Pädagogik in die Emigration, wo sie ihre Arbeit insbesondere in den USA fortsetzten und die sich dort professionalisierende Sozialarbeit durch die Einbindung von Konzepten der psychoanalytischen Pädagogik beeinflussten. Insbesondere in der Sozialen Einzelfallhilfe *(Social Casework)* entwickelte sich dadurch in den USA eine stark psychodynamisch ausgerichtete Klinische Sozialarbeit (Goldstein 1984, 2001; Danto 2013). Pychodynamische Theorien bildeten die Grundlage für die Entstehung von unterschiedlichen „Schulen" in der Sozialen Arbeit wie z. B. der diagnostischen Schule, der psychosozialen Schule, der funktionalen Schule und der problemlösenden Schule und der Entwicklung einer deutlich therapeutisch ausgerichteten Sozialen Arbeit. Die zunehmende therapeutische Orientierung kann „als Ausdruck der sowieso seit den späten 1920er Jahren in den USA begonnenen

Medizinalisierung der Psychoanalyse" und als Verengung der Psychoanalyse auf therapeutische Heilverfahren verstanden werden (Dörr 2011, S. 1166). Damit klafften seit den 1930er Jahren therapeutische und pädagogische Ansätze zunehmend auseinander und bestimmten auch die Fortentwicklung der psychoanalytischen Pädagogik im deutschen und der Sozialarbeit im angloamerikanischen Raum (vgl. Kirsch/Bauer 2017, S. 17).

Die Entwicklung der psychoanalytischen Pädagogik nach dem Zweiten Weltkrieg kann an dieser Stelle nur skizzierend dargestellt werden (für weitere Details zur Geschichte und Entwicklung der psychoanalytischen Pädagogik nach dem Zweiten Weltkrieg sei u. a. auf Trescher 1988; Büttner/Finger-Trescher/Scherpner 1990; Heinemann/Hopf 2010; Dörr 2011; Kirsch/Bauer 2017 verwiesen). Neben einer wachsenden Kritik der Psychoanalyse selbst und ihren Zielsetzungen und Methoden wurde die Beziehung zwischen Psychoanalyse und Pädagogik immer wieder hinterfragt und das Selbstverständnis dieser Beziehung diskutiert. Dies beinhaltete u. a. Fragen, ob die psychoanalytische Pädagogik eine Sonderform der Psychoanalyse ist, ob Psychoanalyse als Hilfswissenschaft oder als Bezugswissenschaft für die Pädagogik relevant ist, welche handlungsmethodischen Ansätze sich aus der Psychoanalyse für die Pädagogik ergeben und inwieweit eine medizinalisierte Psychoanalyse den gesellschaftskritischen Anliegen der Pädagogik gerecht werden kann oder ob sie nur Relevanz für die Soziale Einzelfallhilfe hat (u. a. Trescher 1988; Wagner-Winterhager 1988; Perner 2010; Göppel 2015; Schnelzer 2015). Indessen entwickelten sich Kinderpsychotherapie, Milieutherapie und Sozialisationsforschung als eigenständige Wissensgebiete (vgl. Kirsch/Bauer 2017, S. 19).

In den 1960er und 70er Jahren wurden die gesellschaftskritischen Positionen der frühen psychoanalytischen Pädagog:innen aufgegriffen und wurden Teil einer systematischen Kritik gegen bestehende repressive Erziehungspraktiken. Sie inspirierten eine Reihe von neuen Erziehungskonzepten, -bewegungen sowie -utopien (vgl. Dörr 2011, S. 1166), die zum einen zu offeneren und flexibleren Einstellungen gegenüber Erziehungsherausforderungen (z. B. Sauberkeitstraining) führten und zum anderen fragwürdige Entwicklungen wie die antiautoritäre Erziehung unterstützten. Aber Weiterentwicklungen in der Psychoanalyse in Richtung einer beziehungsorientierten Theorie (Objektbeziehungstheorie, Bindungstheorie, Szenisches Verstehen) bildeten auch eine Grundlage dafür, „psychoanalytische Pädagogik und Beziehungsgestaltung in der Sozialen Arbeit neu zu formulieren" (Kirsch/Bauer 2017, S. 20) und unterstützten ein größeres Verständnis für die Bedeutsamkeit der frühen Bindungserfahrungen. Es wurde u. a. dafür plädiert, psychoanalytische Konzepte für nichtklinische, pädagogische Arbeitsbereiche auszuarbeiten (Bittner 1973; Trescher 1988), da es bis dahin eine auf die Sozialarbeit und Sozialpädagogik zugeschnittene psychoanalytische Methodenlehre nicht gab. Auch der Verknüpfung von Psychoanalyse und Marxismus, die schon von Bernfeld und anderen diskutiert worden war, wurde erneutes Interesse geschenkt.

Die Wiederentdeckung der psychoanalytischen Pädagogik erhielt insbesondere durch die Arbeit von Günther Bittner, Aloys Leber und Hans-Georg Trescher neue Impulse. Leber und Trescher griffen das Konzept des *Szenischen Verstehens* auf, das von dem Psychoanalytiker, Psychiater und Soziologen Alfred Lorenzer konzipiert wurde (Lorenzer 1970) und adaptierten es für eine handlungsorientierte psychoanalytische Pädagogik. Sie sahen die psychoanalytische Pädagogik als Teil oder Sonderform der Psychoanalyse und plädierten für eine konsequente Einbindung von psychoanalytischen Konzepten in der pädagogischen Beziehungsgestaltung sowie deren Ausbildung durch Fallreflexion, Supervisionsgruppen, Gruppenprozessreflexion und Prozessdokumentation (Leber 1985; Trescher 1985b).

Seit Ende der 1960er Jahre institutionalisierte sich die psychoanalytische Pädagogik zunehmend durch neue Dachverbände, Sektionen und Publikationsorgane. Neuere Erkenntnisse aus der Bindungstheorie, der Traumaforschung und Adoleszenzforschung und dem Bereich der Mentalisierung sowie der Neurophysiologie haben die Psychodynamik seitdem bereichert. Ähnliches gilt für feministische, postmoderne und intersektionale Theorien, die in die psychoanalytische Theorie miteingeflossen sind und neue Diskurse entfacht haben. All diese Entwicklungen haben auch zu theoretischen und methodischen Weiterentwicklungen in der Sozialen Arbeit geführt.

Aktuell kann die psychodynamische Soziale Arbeit als „vielstimmig" beschrieben werden (vgl. Dörr 2011, S. 1167). Zahlreiche Anwendungsbereiche in der Sozialen Arbeit sind erkennbar, beispielsweise in der zunehmenden Einbindung von traumapädagogischen Konzepten in stationären Einrichtungen der Kinder- und Jugendhilfe, die u. a. auf psychodynamischen Konzepten beruhen (u. a. Gahleitner 2015). Doch insgesamt werden psychodynamische Konzepte „am ehesten in der Arbeit mit Kindern und Jugendlichen […] der Gemeindepsychiatrie sowie in Supervision und in der qualitativ-hermeneutischen Forschung" (Kirsch/Bauer 2017, S. 41) umgesetzt. Ein konsequent psychodynamischer Ansatz ist heutzutage jedoch in der Sozialen Arbeit eher selten erkennbar. Dazu ist im angloamerikanischen Raum insgesamt ein abnehmendes Interesse an psychodynamischen Ansätzen festzustellen, was sicherlich auf die wachsende Betonung von evidenzbasierten Interventionen, die zielspezifisch und oft zeitlich begrenzt sind, zurückzuführen ist.

2.5 Psychodynamische Konzepte und Methoden in der Sozialen Arbeit

Aufgrund der theoretischen und methodischen Vielfalt in der Sozialen Arbeit und den vielfachen Arbeitsbereichen und Settings, in denen Soziale Arbeit stattfindet, stellt sich die Frage, was psychodynamisches Arbeiten in der Sozialen Arbeit beinhaltet. Kirsch und Bauer (2017) beschreiben, dass die psychodynamische Soziale Arbeit im Gegenzug zur Psychoanalyse „kein formalisiertes Setting" hat (S. 42). Stattdessen ist sie „eingebettet in den Alltag der Klient:innen. Ihre Interventionen sind nicht Verstehen und Deutung, sondern eine Bandbreite unterschiedlicher alltagsweltlicher Interaktionen, die vom Blick über das Wort, von Handreichungen bis hin zu gemeinsamen Unternehmungen führen" (ebd., S. 42).

Psychodynamisches Handeln in der Sozialen Arbeit erwächst aus dem dynamischen Beziehungsgeschehen zwischen Adressat:in und der sozialarbeiterischen Fachkraft und ist abhängig von dem reflexivem Agieren des:der Sozialarbeiter:in und der Willigkeit des:der Adressat:in in ein Arbeitsbündnis einzutreten. Somit ist es wenig planbar und kann nicht durch eine Liste von spezifischen und sukzessiven Verfahrensweisen bestimmt werden, d.h. der Prozess ist induktiv und eindeutige handlungsmethodische Vorgaben lassen sich nicht ableiten (vgl. Dörr 2011, S. 1169).

Im Folgenden werden einige Konzepte und Methoden vorgestellt, die die Grundlage für eine psychodynamische Vorgehensweise in der Sozialen Arbeit bilden und erahnen lassen, wie sich diese Abläufe gestalten. Diese Methoden können genutzt werden, um die Entwicklung und Sozialisation von Adressat:innen – insbesondere Kindern und Jugendlichen – zu fördern, psychosoziale Krisen zu entschlüsseln und die Bedeutung von Strukturen und äußeren Zwängen für das emotionale Erleben zu verstehen. Sie können auch sinnvoll und wirksam in der Supervision eingesetzt werden (u.a. Möller/Träupmann 2011).

Szenisches Verstehen

Lorenzer beschrieb szenisches Verstehen als den Hauptweg eines psychoanalytischen Deutungsrahmens (vgl. Lorenzer 1970, S. 114). Es geht hierbei darum „äußerlich sichtbares Verhalten als Ausdruck der inneren Lebenswelt einer Person zu begreifen […]. Es geht also nicht um das sprachliche oder logische Verstehen, sondern darum, den Sinn einer Handlung oder eines Verhaltens herauszuarbeiten, der interpretativ erschlossen werden muss" (Kirsch/Bauer 2017, S. 22 f.). Szenen werden dabei als Teile von Narrativen oder Interaktionen verstanden, „die zu einem Ganzen gehören" und deren Bedeutung eingeordnet und entschlüsselt werden muss (ebd., S. 23). Auf die Pädagogik angewandt, die sich in der Lebenswelt der Adressat:innen abspielt, beinhaltet dieser Prozess die Willigkeit und Fähigkeit von Fachkräften sich in diese Szenen verwickeln zu lassen und darin mitzuwirken. Durch reflektierte Reaktionen, „ein emotionales Sich-Einlassen der Professionellen auf die gemeinsam hergestellten Interaktionen (Szenen), die Produktion von Assoziationen und Irritationen über die Situation mittels einer Haltung der gleichschwebenden Aufmerksamkeit, sowie die Wahrnehmung und Deutung von Strukturübereinstimmungen zwischen den verschiedenen lebenspraktischen Szenen" (Dörr 2011, S. 1170), können Sozialarbeiter:innen Zugang zu emotional belastenden Themen von Adressat:innen gewinnen und die Möglichkeit neuer und korrigierender Beziehungskonstellationen eröffnen.

Der fördernde Dialog

Der „fördernde Dialog" spielt eine wichtige methodische Rolle in der psychodynamischen Sozialen Arbeit, insbesondere im Kontext szenischen Verstehens, und wird statt der Methode der Deutung, die in der klassischen Psychoanalyse genutzt wird, eingesetzt, um Zugang zu Adressat:innen zu gewinnen und die gemeinsame Arbeit zu ermutigen (Trescher 1985b; Leber 1988). Er beinhaltet die Dialektik von „Halten und Zumuten", wobei „Halten" eine unterstützende und bedingungslose Einstellung dem:der Adressat:in gegenüber signalisieren soll und „Zumuten" die reflektierte Reaktion der Fachkraft ist, die auch negative Gefühle wie Frustration sowie das Setzen von Grenzen beinhalten kann. „Günstig ist es, die Kommunikationsweise aufzugreifen, die vom Kind benutzt wurde, sei es in der täglichen Interaktion, im Spiel oder in Geschichten. Das kann in verschiedenen Formen geschehen: durch die Deutung seines Verhaltens, die Übernahme von Hilfs-Ich-Funktionen (stellvertretend Aufgaben des Ich des Kindes angehen), die Konfrontation mit der Realität, eine symbolische Konfliktverarbeitung durch Märchen oder Parallelgeschichten sowie eine Wiedergutmachungsforderung" (Rauh 2011, S. 175).

Holding Environment und Containment

Die psychodynamischen Konzepte des *holding environment* (Winnicott 1976) und *containment* (Bion 1963/1992) sind auch bedeutsame Leitkonzepte in der psychodynamischen Sozialen Arbeit. Winnicott beschrieb, dass die Fähigkeit der Mutter Stress und Frustration vom Neugeborenen in dem Maße abzuhalten, wie es damit umgehen kann, Voraussetzung für eine gesunde kindliche Entwicklung ist. Durch dieses *Halten* und dem allmählichen und umsichtigen Zulassen von Situationen, die von dem Kind anfänglich als stressvoll erlebt werden mögen, lernt es zunehmend mit negativen Emotionen umzugehen. *Containment* hingegen beschreibt den Prozess der emotionalen *Eindämmung* dadurch, dass die Mutter bereit ist, „die noch nicht bewussten und unintegrierbaren Affekte und Empfindungen des

Säuglings wie Wut oder Angst eine zeitlang in sich zu bewahren, in sich stellvertretend zu verarbeiten und sie ihm dann entschärft zurückzugeben. Damit schützt sie das Kind davor, von seinen Affekten überflutet zu werden […]" (Gerspach 2018, o. S.). Durch die Prozesse des *Haltens* und der *Eindämmung* entwickelt das Kind mit der Zeit die Fähigkeit negative Erfahrungen zu ertragen und sich selbst zu regulieren. Bion erweiterte dieses Konzept auf soziale Gruppen und wies ihnen die Funktion eines *mütterlichen Containers* zu (vgl. Bion 1961/1977, S. 149).

Diese Konzepte sind in Handlungsfeldern der Sozialen Arbeit relevant, in denen die Biografien von Adressat:innen häufig durch Defizite in frühen Beziehungs- und Bindungserfahrungen gekennzeichnet sind und die oftmals unzureichende Fähigkeiten im Bereich der Selbstregulierung und Frustrationstoleranz aufweisen. Insbesondere in der Arbeit mit traumatisierten Kindern und Jugendlichen ist die Fähigkeit und professionelle Kompetenz zu halten und auch ‚auszuhalten' unabdinglich, um die Möglichkeit einer Verarbeitung schmerzhafter frühkindlicher Erfahrungen nachträglich zu ermöglichen. Insofern ist es Aufgabe psychodynamisch orientierter Sozialarbeiter:innen die Funktionen des *Haltens* und *Eindämmens* durch die pädagogische Beziehung zu vermitteln und dadurch die Möglichkeit einer korrigierenden Erfahrung zu eröffnen (vgl. Gerspach 2018, o. S.).

Darüber hinaus übertragen Trescher und Finger-Trescher (1992) das Konzept des *Haltens* auf gesellschaftliche Kontexte und Strukturen und betonen damit die Notwendigkeit einer *haltgebenden Umgebung*. „Das Ziel sei es, durch kalkulierbare und stabile Strukturen und Interaktionsprozesse innere belastbare Strukturen aufzubauen und damit die Selbststeuerung zu fördern" (Kirsch/Bauer 2017, S. 25). Die gravierenden Konsequenzen, wenn die Strukturen von sozialarbeiterischen Settings sowohl für Adressat:innen als auch für Mitarbeiter:innen unzureichend unterstützend sind, sollten ersichtlich sein.

Übertragung und Gegenübertragung

Ein Verständnis von den Konzepten der Übertragung und Gegenübertragung ist in allen Bereichen der Sozialen Arbeit wichtig und kann zu einer Deeskalation von Konflikten beitragen und damit Empathie für das Gegenüber fördern. Wie schon anfangs beschrieben, sind Übertragungen das Resultat von ungelösten Problemen und Konflikten und den damit einhergehenden emotionalen Reaktionen, die dann unbewusst später in ähnlichen aktuellen Beziehungskonstellationen übertragen werden. Beispielweise könnte ein Jugendlicher, der als Kind negative Erfahrungen mit einem autoritären und strafenden Vater hatte, mit Abwehr und Abneigung auf einen männlichen Heimpädagogen reagieren, der darauf bedacht ist, pädagogisch sinnvolle Grenzen zu setzen. Wissen um den Übertragungsprozess kann für Fachkräfte in der therapeutischen und pädagogischen

Arbeit entlastend wirken und davor schützen, unreflektiert auf eine Übertragung zu reagieren.

Das Erkennen von Gegenübertragungen hingegen erfordert Selbstverstehen und Selbstreflexivität und ist die Grundlage für empathisches Einfühlen in das Erleben der Adressat:innen. Gerspach (2018) beschreibt diesen Prozess als einen „Rollentausch" (o. S.). Indem die Fachkraft ihre eigenen negativen Reaktionen (z. B. Aggressivität, Frustration) auf die Übertragung des:der Adressat:in kontrolliert oder abwehrt, identifiziert sie sich unbewusst mit dem verinnerlichten Objekt, das der Grund für die ursprüngliche Übertragung war. „Werden sie z. B. als strafender Vater phantasiert und auch so behandelt, lassen sie sich nicht zuletzt unter dem Druck ihres oftmals zu engen Handlungsfeldes, nur allzu leicht zur Übernahme dieser Rolle drängen. So werden sie der Versuchung nachgeben, dem Kind oder Jugendlichen übermäßig restriktiv zu begegnen" (o. S.).

Auch wenn diese komplexen Prozesse in jeder Form von Kontakt zwischen Menschen auftreten, so haben sie eine besondere Funktion in der helfenden Beziehung und können im therapeutischen sowie im pädagogischen Prozess genutzt werden, wobei es im pädagogischen Setting in erster Linie um eine „gemeinsame, dialogische Herausarbeitung der Bedeutung der Geschehnisse" geht und weniger um psychoanalytische Deutung (vgl. Trescher 1985b, S. 87). Diese Dynamiken haben zudem besondere Bedeutung in der sozialarbeiterischen Supervision, wo Übertragungen und Gegenübertragungen genutzt werden können, um größeres Selbstverstehen der Fachkräfte zu fördern.

Der Soziale Ort

Ein zentrales Konzept, das die Psychoanalyse mit der Sozialen Arbeit verzahnt, ist das des *Sozialen Orts* – ein Begriff, der von Siegfried Bernfeld in die psychoanalytische Pädagogik eingeführt wurde (Bernfeld 1929/1974) und unter anderen Begriffen wie *Lebenswelt* (Thiersch 1992) und *Milieu* (Bettelheim 1971; Redl 1978) in der Sozialen Arbeit Eingang gefunden hat, weiterentwickelt und angewendet wurde. In diesem Verständnis wird den institutionellen und gesamtgesellschaftlichen Bedingungen große Bedeutung beigemessen, um die Milieuprägung von seelischen Vorgängen zu verstehen. „Das gesellschaftliche Unbewusste ist gleichsam ein Behälter, der all die Wahrnehmungen, Phantasien, Triebimpulse aufnehmen muss, die das Individuum in Opposition zu den Interessen der Herrschaft bringen könnte. Diese Produktion von Unbewusstheit muss gesellschaftlich organisiert werden, und der Ort, wo sie stattfindet, ist nicht so sehr die Familie, sondern es sind jene Institutionen, die das öffentliche und alltägliche Leben regulieren: die Schule, ebenso wie die Fabrik, das Gefängnis und das Fernsehen, die Politik und die Religion" (Erdheim 1994, S. 275).

Die Soziale Arbeit, die in Problemfeldern agiert, „wo alltägliche Kränkungen und Aggressionen (Erdheim) oder Machtspiele (Bourdieu) auftreten" (Kirsch/Bauer 2017, S. 29), versteht Institutionen und bestehende Strukturen als Ausdruck gesellschaftlicher und kultureller Deutungsmuster. In der Arbeit mit Adressat:innen rücken damit konkrete Lebensumstände im Kontext individueller, sozialer und institutioneller Grenzen in den Vordergrund. Dabei ist die Soziale Arbeit bemüht, neue Gestaltungs- und Teilhabemöglichkeiten zu eröffnen und Ungleichheiten und Disparitäten in der Verteilung von Ressourcen und Risiken abzubauen. Nach Berg kann „eine psychoanalytische Pädagogik in einer heterogenen Gesellschaft gegenüber gesellschaftlichen Wertvorstellungen nicht neutral bleiben" (Berg 2008, o. S.).

Mentalisieren

Das Mentalisierungskonzept ist Teil der neueren Weiterentwicklungen psychoanalytischer Theorie und wird in Beiträgen zur psychodynamischen Sozialen Arbeit wiederholt als ein wichtiges Konzept beschrieben (u. a. Dörr 2011; Kirsch/Bauer 2017; Gerspach 2018). Es wurde von Peter Fonagy und Mary Target entwickelt und integriert Erkenntnisse aus vielfachen Disziplinen (kognitive Psychologie, Neurowissenschaften, Psychoanalyse), die es ermöglichen affektive und kognitive Entwicklungsprozesse in ihren Verbindungen besser zu verstehen. Mentalisieren wird als eine psychische Aktivität verstanden, bei der es darum geht „das eigene Verhalten oder das Verhalten anderer Menschen durch Zuschreibung mentaler Zustände zu interpretieren" (Fonagy et al. 2002, S. 5). Im Kern geht es um die Fähigkeit aufgrund von beobachtetem Verhalten die Gefühle, Einstellungen und Motivationen, die einem Verhalten zugrunde liegen, ablesen und antizipieren zu können. Dies ist eng verknüpft mit der Fähigkeit zur Selbstregulierung von Emotionen und der Aufmerksamkeitskontrolle, ist zugleich wichtiger Bestandteil der menschlichen psychosozialen Entwicklung und bildet die Voraussetzung für empathisches Verstehen, reflektierende Problemlösungsfähigkeit und positives emotionales und soziales Erleben. Die Entwicklung von Mentalisierungskompetenzen ist von einer tragfähigen und einfühlenden Bindungsbeziehung mit einer Hauptbezugsperson abhängig und beginnt schon in den ersten Lebensmonaten. Ab dem vierten Lebensjahr weisen Kinder die grundlegende Fähigkeit zu mentalisieren auf. Störungen in der Entwicklung dieser Fähigkeit führen dazu, dass die Absichten des Gegenübers nicht verstanden oder missinterpretiert werden, wobei Missinterpretationen mit emotionalem Stress belastet sein und als Bedrohung erlebt werden können. So kann eine Mutter, die eine unzureichende Mentalisierungsfähigkeit aufweist, das Verhalten ihres zweijährigen Kindes (z. B. Unwilligkeit ins Bett zu gehen) als persönlichen Angriff erleben und ihm mit Aggressivität begegnen anstatt das Verhalten dem normalen Entwicklungsverlauf des Kindes zuzuschreiben.

Das Mentalisierungskonzept ist in vielfachen therapeutischen Interventionsmodellen mit Erfolg umgesetzt worden, die u. a. darauf abzielen selbstregulierende Funktionen zu verbessern. In der Sozialen Arbeit können mentalisierungsfördernde Interventionen durch die zielgerichtete Gestaltung von Beziehungen und Räumen umgesetzt werden.

2.6 Fallverstehen in der psychodynamischen Sozialen Arbeit

Fallverstehen beschreibt die systematische, regelgeleitete und wissensbasierte konzeptionelle Annäherung an einen „Fall", d. h. einen:eine Klient:in oder Klient:innengruppe (Paar, Familie, Gruppe). Es bildet die Grundlage für eine pädagogische Diagnose und die Planung von handlungsmethodischem Vorgehen und wird als eine zentrale Handlungskompetenz verstanden (vgl. Heiner 2012, S. 201). Fallverstehen ist Teil der sozialarbeiterischen Praxis, kann aber auch in Supervisionen und Teambesprechungen gezielt eingesetzt werden – für die verbesserte Planung eines Falls sowie als didaktisches Mittel um eine theoriegeleitete Vorgehensweise der sozialarbeiterischen Fachkräfte zu fördern. Fallverstehen ist ein Prozess, der sich über die gesamte Dauer eines Arbeitsbündnisses hinwegzieht. Neue Information, die sich im Zuge einer pädagogischen oder therapeutischen Beziehung eröffnet, kann das Fallverstehen modifizieren und schärfen. Welche Information im Austausch mit dem „Fall" gesammelt wird, richtet sich in großem Maße nach dem Kontext und Setting des Falls, der Rolle des:der Sozialarbeiter:in und der theoretischen Ausrichtung.

Die Grundlage psychodynamischen Fallverstehens in der Sozialen Arbeit ist eine umfassende biopsychosoziale Anamnese, die sich nicht nur auf die aktuelle Problematik und Situation im Hier und Jetzt bezieht, sondern auch Information zu Erlebnissen und Entwicklungen in der Kindheit und darüber hinaus einholt, die auslösende Situation für die gegenwärtige Situation versucht zu verstehen sowie Beziehungen zu wichtigen (frühen) Bezugspersonen. Zusätzlich werden Wahrnehmungen und Deutungen, (unbewussten) Konflikten, möglichen Abwehrmechanismen sowie Werten, Normen und Denkschemata der Klient:innen Beachtung geschenkt. Fragen, die eine psychosoziale Diagnostik ermöglichen, werden detailliert von Pauls beschrieben (vgl. Pauls 2013, S. 214). Beispiele für Fragen, die ein emotionales Verstehen fördern sind u. a.:

- Wie begegnet mir der:die Klient:in?
- Wie beschreibt der:die Klient:in das Problem?
- Was ist das erste Gefühl, das ich beim Zuhören verspüre?

- Welche Bilder und Fantasien entstehen in der Beziehung?
- Welche Szenen entwickeln sich in der Interaktion mit dem:der Klient:in?

Psychodynamisches Fallverstehen beruht auch auf Wissen über normale und abweichende Entwicklungsverläufe, das Fachkräfte „für die Themen, Phasen und etwaigen Schwierigkeiten kindlicher Entwicklung, insbesondere im Gruppenkontext" (Naumann 2008, S. 18) sensibilisiert. Entwicklungsmodelle von Freud, Erikson, Bowlby, Klein und/oder Hurrelmann können hierfür die Grundlage bilden. Darüber hinaus kann Fallverstehen aus einer psychodynamischen Perspektive der Sozialen Arbeit die Integration unterschiedlicher Konzepte beinhalten, d.h. neben Konzepten aus psychodynamischen Theorien werden Erkenntnisse aus der Neurobiologie und Kognitionsforschung, der Entwicklungs- und Bindungsforschung, der Mentalisierung und auch der Organisations- und Systemtheorie in Bezug auf die Zielsetzungen der Sozialen Arbeit integriert. Dieser Prozess sollte eine kohärente Fallbeschreibung und mögliche Diagnostik erlauben, die schriftlich, mündlich oder per Video dokumentiert und dann in der Hilfeplanung, Teamberatung und Supervision eingesetzt werden kann.

Prozessaufzeichnungen als Übung der Reflexivität

Prozessaufzeichnungen werden seit vielen Jahren in der Sozialen Arbeit als Methode zur Förderung des Selbstverstehens, der Reflexivität und des *fördernden Dialogs* sowie als didaktisches Instrument eingesetzt (Mullin/Canning 2007). Sie sind hilfreich, um Deutungsmuster des Lernenden in der Sozialen Arbeit in der Beziehung und im Austausch mit Adressat:innen nachzuvollziehen und alternative Interpretations- und Handlungsmöglichkeiten zu eröffnen und sind insbesondere im Erlernen und der Anwendung einer psychodynamischen Perspektive wertvoll.

Es gibt diverse Möglichkeiten des Vorgehens, aber grundsätzlich beinhalten Prozessaufzeichnungen zwei Schritte. Im ersten Schritt geht es darum, nach einem Gespräch den Dialog mit dem:der Klient:in wort- oder sinngetreu zu dokumentieren und dabei sowohl die Aussagen des:der Klient:in als auch die eigenen Antworten, Reaktionen oder Fragen wiederzugeben. Generell wird es als hilfreich erachtet, den Austausch in der Wortwahl sowie im Ablauf so akkurat wie möglich zu erfassen, um Deutungsmuster zu verstehen. Insbesondere hilfreich zum Lernen und zur Förderung des Selbstverstehens ist es, wenn innere Gedanken und Emotionen des Lernenden während des Austausches und auch Beobachtungen von nonverbalem Verhalten zusätzlich festgehalten werden. Die Dokumentierung des Austausches bildet dann die Grundlage für den zweiten Schritt, der eine detaillierte Analyse des Gesprächsablaufs aufgrund von generellen oder spezifischen Konzepten der psychodynamischen Sozialen Arbeit beinhaltet. So können Prozessaufzeichnungen genutzt werden, um Übertragungen und Gegenübertragungen, Abwehrmechanismen sowie Elemente eines fördernden Dialogs zu identifizieren.

Es folgt ein grobes Muster für eine Prozessaufzeichnung, die je nach Zweck und Zielsetzung modifiziert werden kann (s. auch Übung am Ende des Kapitels).

Datum:
Kurze Beschreibung des:der Klient:in (K):
Sozialarbeiter:in (SozArb):
Setting (z. B. Schule, Klinik):
Art des Gesprächs (z. B. Erstgespräch):

Gesprächsablauf	*Beobachtungen, Reaktionen*	*Analyse des:der Sozialarbeiter:in*	*Kommentare des:der Dozent:in oder Supervisor:in*
K: SozArb: K: SozArb:			

2.7 Empirische Grundlagen und Wirkungsnachweise

Die Disziplin der Psychoanalyse hat seit über 100 Jahren empirisches Wissen produziert, doch lange dominierte die Einstellung, dass die Wirkung psychodynamischer Interventionen aufgrund ihrer Eigenheiten (z. B. schwer zu validierende Konstrukte, langjährige Interventionen, diffuse Zielbestimmung, induktive interpretative Prozesse) nicht unabhängig überprüfbar ist (vgl. Shedler 2010, S. 965 ff.). Aber in den letzten drei Jahrzehnten hat sich eine neue Forschungskultur entwickelt, die die Wirkung und die Prozesse diverser psychodynamischer Kurzzeit- und Langzeitansätze durch qualitative und quantitative Methoden untersucht. Es gibt aktuell mehrere systematische Reviews und Metaanalysen, die die Wirkung psychodynamischer Methoden mit Erwachsenen in klinischen Settings nachweisen (u. a. Leichsenring/Leibing 2007; de Maat et al. 2009; Drisko/Simmons 2012; Town et al. 2012), und die empirische Evidenz in der klinischen Arbeit mit Kindern und Jugendlichen wächst (u. a. Midgley/Kennedy 2011; Mishna et al. 2012). Gerade im Bereich der Mentalisierung wird zunehmend geforscht und die positiven Effekte von mentalisierungsfördernden Interventionen aufgezeigt (u. a. Bo et al. 2017). Zudem hat die Psychodynamik durch Erkenntnisse aus den Neurowissenschaften Unterstützung erhalten. So gibt es inzwischen

Studien, die die biologische Basis für unbewusste Prozesse im menschlichen Gehirn bestätigen (u. a. Carhart-Harris 2007) und die zentrale Rolle der helfenden Beziehung aufzeigen (u. a. Cozolino 2010). Die Wirkungsforschung im Bereich der psychodynamischen Sozialen Arbeit in nichtklinischen Settings ist weniger entwickelt. Hier dominieren diverse qualitative und hermeneutische Studien, die in erster Linie Fragen der Deutung und Bedeutung nachgehen. Dies bedeutet, dass es weiterhin viel Raum für Entwicklung in der empirischen Untersuchung von psychodynamischen Ansätzen in der Sozialen Arbeit gibt.

Das Forschungsinteresse an psychodynamischen Interventionen in der Sozialen Arbeit hat insbesondere im angloamerikanischen Raum in den letzten zwanzig Jahren stark abgenommen. Aufgrund dessen gibt es Aufrufe, Forschung in diesem Bereich erneut aufzugreifen und den vielen Fragen nachzugehen, die sich für die Soziale Arbeit stellen (vgl. Mishna/van Wert/Asakura 2013, S. 299).

2.8 Kritische Würdigung

Psychodynamisches Verstehen und Vorgehen ist immer dort möglich, und mitunter auch notwendig, wo der Mensch im Mittelpunkt steht, wo es um professionelles Handeln im Umgang mit Menschen geht und wo Beziehungen und psychosoziale Entwicklungen von Bedeutung sind. Ein psychodynamischer Ansatz hat somit auch historische und gegenwärtige Bedeutung für die Soziale Arbeit, die sich intensiv mit den psychosozialen Problemen ihrer Adressat:innen in unterschiedlichen institutionellen Kontexten befasst. Aufgrund der Subjekt- und Beziehungsorientierung in der Sozialen Arbeit sowie ihrem ausgeprägten Fokus auf die frühkindliche Sozialisation können psychodynamische Konzepte insbesondere in pädagogischen Settings hilfreich und handlungsleitend sein, aber darüber hinaus sind sie in fast allen Arbeitsfeldern der Sozialen Arbeit erörtert und angewendet worden und haben weiterhin therapeutisch-pädagogische Relevanz sowie soziale und politische Bedeutung.

Trotzdem werden gegenwärtig Befürchtungen geäußert, dass die psychodynamische Perspektive in der Sozialen Arbeit an Einfluss verliert. Die Entwicklung hin zu zeitlich begrenzten zielgerichteten Interventionen und methodischen Programmen, bei denen Beziehungen in den Hintergrund zu rücken scheinen, haben teilweise das Interesse an psychodynamisch Ansätzen und Interventionen geschwächt. Die inhärenten Schwierigkeiten in der Vermittlung von psychodynamischen Inhalten im Kontext von Studiengängen der Sozialen Arbeit erschweren zudem die notwendige intensive Auseinandersetzung mit den komplexen Konzepten und Prozessen, die dem psychodynamischen Ansatz unterliegen. Diese muss aber stattfinden, damit Studierende der Sozialen Arbeit Wissen und Kompetenzen in diesem Bereich erlangen.

Übungen

1. Die folgende Übung kann als Grundlage für eine Gruppendiskussion, ein Referat oder eine Hausarbeit dienen: Beschäftigen Sie sich als Gruppe oder in Einzelarbeit mit der Biografie und dem Werk von einem:einer psychoanalytischen Pädagog:in. Was ist über dessen:deren Familiengeschichte und Biografie bekannt? Gab es nennenswerte Erlebnisse, die die Arbeit der Person beeinflussten? Was waren Kernanliegen und -konzepte in der Arbeit der Person? Auf welche Zielgruppe(n) richtete sich die Arbeit der Person? Welche Relevanz hat das Werk dieser Person für die heutige Soziale Arbeit?

2. Dokumentieren Sie einen zehnminütigen Austausch mit einem:einer Klient:in und erfassen Sie den Gesprächsablauf so wortwörtlich und akkurat wie möglich. Skizzieren Sie Beobachtungen von nonverbalem Verhalten sowie eigenen emotionalen und kognitiven Reaktionen während des Gesprächs. Nachdem der Ablauf der Situation oder des Gesprächs wiedergegeben wurde, beginnen Sie mit der Analyse (Was ist geschehen? Warum ist es geschehen? Was wurde beabsichtigt? Wie wurde das Gespräch erlebt? usw.). Die Prozessaufzeichnung sollte im Seminar besprochen werden.

Ausgewählte Literatur

- Dörr, M. (2011): Psychoanalytische Pädagogik. In: Otto, H.-U./Thiersch, H. (Hrsg.): Handbuch Soziale Arbeit. 4. Auflage. München: Ernst Reinhardt. S. 1163–1175.
- Gahleitner, S. B. (Hrsg.) (2015): Ein Trauma ist mehr als ein Trauma. Biopsychosoziale Traumakonzepte in Psychotherapie, Beratung, Supervision und Traumapädagogik. Weinheim und Basel: Beltz Juventa.
- Gahleitner, S. B. (2017): Soziale Arbeit als Beziehungsprofession. Weinheim und Basel: Beltz Juventa.
- Günther, M./Heilmann, J./Kerschgens, A. (Hrsg.) (2022): Psychoanalytische Pädagogik und Soziale Arbeit. Gießen: Psychosozial-Verlag.
- Günter, M./Bruns, G. (2010): Psychoanalytische Sozialarbeit. Praxis – Grundlagen – Methoden. Stuttgart: Klett-Cotta.
- Kirsch, H./Bauer, A. (2017): Psychodynamische Perspektiven in der Sozialen Arbeit. Göttingen: Vandenhoeck & Ruprecht.
- Pauls, H. (2013): Klinische Sozialarbeit. Grundlagen und Methoden psycho-sozialer Behandlung. 2. Auflage. Weinheim und Basel: Beltz Juventa.

- Schneck, U. (2017): Psychosoziale Beratung und therapeutische Begleitung von traumatisierten Flüchtlingen. Köln: Psychiatrie Verlag.
- Trescher, H.-G. (1985): Theorie und Praxis der psychoanalytischen Pädagogik. Frankfurt/M.: Campus.

Hilfreiche Quellen mit Fallbeispielen

- Buhmann, C./Kipp, H./Perner, A./Teuns, S. (Hrsg.) (2010): Zur Dissozialität geboren? Frankfurt/M.: Brandes & Apsel.
- Günter, M./Bruns, G. (2010): Psychoanalytische Sozialarbeit. Praxis – Grundlagen – Methoden. Stuttgart: Klett-Cotta.
- Heinemann, E./Hopf, H. (Hrsg.): Psychoanalytische Pädagogik. Theorien, Methoden, Fallbeispiele. Stuttgart: Kohlhammer.
- Kirsch, H./Bauer, A. (2017): Psychodynamische Perspektiven in der Sozialen Arbeit. Göttingen: Vandenhoeck & Ruprecht.
- Schnelzer, T. (2015): Tiefenpsychologisch fundierte Psychotherapie in der Erziehungsberatung. In: Praxis der Kinderpsychologie und Kinderpsychiatrie 64, S. 33–47.
- Schnoor, H. (Hrsg.) (2011): Psychodynamische Beratung. Göttingen: Vandenhoeck & Ruprecht.

Ausgewählte Internetlinks

- Arbeitsgemeinschaft Psychoanalytische Pädagogik Wien – www.app-wien.at
- Deutsche Gesellschaft für Soziale Arbeit – Sektion Klinische Sozialarbeit – www.dgsa.de/sektionen/klinische-sozialarbeit
- Deutscher Fachverband für Sozialtherapie e. V. – https://dfs-aktiv.de
- Die Kommission Psychoanalytische Pädagogik der Deutschen Gesellschaft für Erziehungswissenschaft (DGfE) – www.dgfe.de/sektionen-kommissionen-ag/sektion-13-differentielle-erziehungs-und-bildungsforschung/kommission-psychoanalytische-paedagogik
- Frankfurter Arbeitskreis für Psychoanalytische Pädagogik – www.fapp-frankfurt.de/

Literatur- und Quellenverzeichnis

Aichhorn, T. (Hrsg.) (2011): August Aichhorn: Pionier der psychoanalytischen Sozialarbeit Zur Geschichte der Sozialarbeit und Sozialarbeitsforschung Band 1. Wien: Löcker Verlag.

Berg, P. (2008): Handlungstheoretische Aspekte der Psychoanalytischen Pädagogik. In: Textor, M. R./Bostelmann, A. (Hrsg.): Das Kita-Handbuch. www.kindergartenpaedagogik.

de/fachartikel/paedagogische-ansaetze/moderne-paedagogische-ansaetze/1906 (Abfrage: 28.9.2022)

Bernfeld, S. (1929/1974): Der soziale Ort und seine Bedeutung für Neurose, Verwahrlosung und Pädagogik. In: Werder, L. v./Wolff, R. (Hrsg.): Antiautoritäre Erziehung. Bd. 1. Frankfurt/M.: Ullstein. S. 198–211.

Bettelheim, B. (1971): Liebe allein genügt nicht. Die Erziehung emotional gestörter Kinder. Stuttgart: Klett.

Bion, W. R. (1961/1977): Experiences in groups. London: Tavistock.

Bion, W. R. (1963/1992): Elemente der Psychoanalyse. Frankfurt/M.: Suhrkamp.

Bittner, G. (1973): Psychoanalyse und das Handeln des Erziehers. In: Zeitschrift für Pädagogik 19, S. 77–89.

Bo, S./Sharp, C./Beck, E./Pedersen, J./Gonzan, M./Simonsen, E. (2017): First empirical evaluation for outcomes for mentalization-based group therapy for adolescents with BPD. In: Personality Disorders: Theory, Research, and Treatment 8, H. 4, S. 396–401.

Brandell, J. (2004): Psychodynamic social work. New York: Columbia University Press.

Büttner, C./Finger-Trescher, U./Scherpner, M. (Hrsg.) (1990): Psychoanalyse und Soziale Arbeit. Mainz: Grünewald.

Carhart-Harris, R. (2007): Waves of the unconscious: the neurophysiology of dreamlike phenomena and its implications for the psychodynamic model of the mind. In: Neuro-Psychoanalysis 9, H. 2, S. 183–211.

Cozolino, L. (2010): The neuroscience of psychotherapy. 2. Auflage. New York: Norton.

Danto, E. A. (2013): Psychoanalysis. In: Encyclopedia of Social Work [Online]. National Association of Social Workers Press and Oxford University Press. (Abfrage: 15.9.2022)

de Maat, S./de Jonghe, F./Schoevers, R./Dekker, J. (2009): The effectiveness of long-term psychoanalytic therapy: A systematic review of empirical studies. In: Harvard Review of Psychiatry 17, S. 1–23.

Doering, S./Schüßler, G. (2006): Theorie und Praxis der psychodynamischen Diagnostik, Indikationsstellung und Therapieplanung. In: Leichsenring, F. (Hrsg.): Lehrbuch der Psychotherapie. Bd. 2: Psychoanalytische und tiefenpsychologisch fundierte Therapie. 3. Auflage. München: CIP-Medien.

Dörr, M. (2008): Psychosoziale Arbeit mit (traumatisierten) Flüchtlingen. In: Sozial Extra 32, H. 11/12, S. 33–34.

Dörr, M. (2011): Psychoanalytische Pädagogik. In: Otto, H.-U./Thiersch, H. (Hrsg.): Handbuch Soziale Arbeit. 4. Auflage. München: Ernst Reinhardt. S. 1163–1175.

Drisko, J. W./Simmons, B. M. (2012): The evidence base for psychodynamic psychotherapy. In: Smith College Studies in Social Work 82, S. 374–400.

Dudek, P. (2012): „Er war halt genialer als die anderen". Biografische Annäherungen an Siegfried Bernfeld. Gießen: Psychosozial-Verlag.

Erdheim, M. (1994): Psychoanalyse und Unbewusstheit in der Kultur. Frankfurt/M.: Suhrkamp.

Fonagy, P./Gergely, G./Jurist, E./Target, M. (2002): Affektregulierung, Mentalisierung und die Entwicklung des Selbst. Stuttgart: Klett-Cotta.

Freud, A. (1930/2011): Einführung in die Psychoanalyse für Pädagogen. Bern: Huber.

Freud, S. (1923): Das Ich und das Es. Leipzig: Internationaler Psychoanalytischer Verlag.

Freud (1925/2005): Vorwort. In: A. Aichhorn: Verwahrloste Jugend. 11. Auflage. Bern: Huber.

Gahleitner, S. B. (Hrsg.) (2015): Ein Trauma ist mehr als ein Trauma. Biopsychosoziale Traumakonzepte in Psychotherapie, Beratung, Supervision und Traumapädagogik. Weinheim und Basel: Beltz Juventa.

Gahleitner, S.B. (2017): Soziale Arbeit als Beziehungsprofession. Weinheim und Basel: Beltz Juventa.

Gerspach, M. (2018): Psychoanalytische Pädagogik [Online]. Socialnet Lexikon. https://www.socialnet.de/lexikon/Psychoanalytische-Paedagogik (Abfrage: 4.10.2022)

Günther, M./Heilmann, J./Kerschgens, A. (Hrsg.) (2022): Psychoanalytische Pädagogik und Soziale Arbeit. Gießen: Psychosozial-Verlag.

Göppel, R. (2015): Bin ich ein „Psychoanalytischer Pädagoge" – und falls, in welchem Sinne? In: Fürstaller, M./Datler, W./Wininger, M. (Hrsg.): Psychoanalytische Pädagogik: Selbstverständnis und Geschichte. Opladen: Budrich. S. 53–68.

Goldstein, E.G. (1984): Ego psychology and social work practice. New York: Free Press.

Goldstein, E.G. (2001): Object relations theory and self psychology in social work practice. New York: Free Press.

Günter, M./Bruns, G. (2010): Psychoanalytische Sozialarbeit. Stuttgart: Klett-Cotta.

Heinemann, E./Hopf, H. (Hrsg.) (2010): Psychoanalytische Pädagogik. Theorien, Methoden, Fallbeispiele. Stuttgart: Kohlhammer.

Heiner, M. (2012): Handlungskompetenz „Fallverstehen". In: Becker-Lenz, R./Busse, S./Ehlert, G./Müller-Hermann, S. (Hrsg.): Professionalität Sozialer Arbeit und Hochschule. Wiesbaden: VS. S. 201–217.

Kirsch, H./Bauer, A. (2017). Psychodynamische Perspektiven in der Sozialen Arbeit. Göttingen: Vandenhoeck & Ruprecht.

Krumenacker, F.-J. (1994): Heimerziehung als Milieugestaltung. Zur Aktualität Bruno Bettelheims. In: Kaufhold, R. (Hrsg.): Annäherung an Bruno Bettelheim. Mainz: Grünewald. S. 262–275.

Krumenacker, F.-J. (1998): Bruno Bettelheim. Stuttgart: utb.

Leber, A. (1985): Wie wird man psychoanalytischer Pädagoge? In: Bittner, G./Ertle, C. (Hrsg.): Pädagogik und Psychoanalyse. Beiträge zur Geschichte, Theorie und Praxis einer interdisziplinären Kooperation. Würzburg: Königshausen und Neumann. S. 151–165.

Leber, A. (1988): Zur Begründung des fördernden Dialogs in der psychoanalytischen Heilpädagogik. In: Iben, G. (Hrsg.): Das Dialogische in der Heilpädagogik. Mainz: Grünewald. S. 40–61.

Leichsenring, F./Leibing E. (2007): Psychodynamic psychotherapy: a systematic review of techniques, indications and empirical evidence. In: Psychology and Psychotherapy: Theory, Research and Practice 80, S. 218–228.

Lorenzer, A. (1970): Sprachzerstörung und Rekonstruktion. Frankfurt/M.: Suhrkamp.

Midgley, N./Kennedy, E. (2011): Psychodynamic psychotherapy for children and adolescents: A critical review of the evidence base. In: Journal of Child Psychotherapy 37, S. 232–260.

Mishna, F./Morrison, J./Besarke, S./Cook, C. (2012): Expanding the playroom: school-based treatment for maltreated children. In: Psychoanalytic Social Work 19, S. 70–90.

Mishna, F./Van Wert, M./Asakura, K. (2013): The best kept secret in social work: empirical support for contemporary psychodynamic social work practice. In: Journal of Social Work Practice 27, H. 3, S. 289–303.

Möller, F./Träupmann, S. (Hrsg.) (2011): Aspekte der psychodynamischen Supervision. Ein Kaleidoskop professioneller Perspektiven. Kassel: Kassel University Press.

Mullin, W.J./Canning, J.J. (2007): Process recording in supervision of students learning to practice with children. In: Journal of Teaching in Social Work 27, H. 3/4, S. 167–183.

Naumann, T. (2008): Prävention in der Kindertageseinrichtung. In: Psychosozial 111, S. 97–113.

Pauls, H. (2013): Klinische Sozialarbeit. Grundlagen und Methoden psycho-sozialer Behandlung. 2. Auflage. Weinheim und Basel: Beltz Juventa.

Perner, A. (2010): Bemerkung über den Unterschied von psychoanalytischer Sozialarbeit und Psychoanalyse. In: Buhmann, C./Kipp, H./Perner, A./Teuns, S. (Hrsg.): Zur Dissozialität geboren? Frankfurt/M.: Brandes & Apsel. S. 13–24.

Quindeau, I. (2016): Auffällige Unauffälligkeit. Psychodynamische Belastungen unbegleiteter minderjähriger Geflüchteter. In: Quindeau, I./Rauwald, M. (Hrsg.): Soziale Arbeit mit unbegleiteten minderjährigen Flüchtlingen. Traumapädagogische Konzepte für die Praxis. Weinheim und Basel: Beltz Juventa. S. 14–27.

Rauh, B. (2011): Handlungskonzepte zur Gestaltung tragfähiger Beziehungen im Förderschwerpunkt emotionale und soziale Entwicklung. In: Sonderpädagogische Förderung 2, S. 168–183.

Redl, F. (1978): Erziehung schwieriger Kinder. München/Basel: Reinhardt.

Rothballer, M. (2019): Kinder, die hassen, und Psychoanalytiker, die erziehen: zu Leben und Werk Fritz Redls (1902–1988). In: Jugendhilfe 57, H. 2, S. 121–128.

Schmidt, V. (2010): Sämtliche Werke. Freiburg: Ahrimann-Verlag.

Schneck, U. (2017): Psychosoziale Beratung und therapeutische Begleitung von traumatisierten Flüchtlingen. Köln: Psychiatrie Verlag.

Schnelzer, T. (2015): Tiefenpsychologisch fundierte Psychotherapie in der Erziehungsberatung. In: Praxis der Kinderpsychologie und Kinderpsychiatrie 64, H. 1, S. 33–47.

Schnoor, H. (Hrsg.) (2011): Psychodynamische Beratung. Göttingen: Vandenhoeck & Ruprecht.

Schnoor, H. (Hrsg.) (2013): Psychosoziale Beratung. Göttingen: Vandenhoeck & Ruprecht.

Shedler, J. (2010): The efficacy of psychodynamic psychotherapy. In: American Psychologist 65, S. 98–109.

Thiersch, H. (1992): Lebensweltorientierte Soziale Arbeit. 7. Auflage. Weinheim und Basel: Beltz Juventa.

Town, J. M./Diener, M. J./Abass, A./Leichsenring, F./Driessen, E./Rabung, S. (2012): A meta-analysis of psychodynamic psychotherapy outcomes: evaluating the effects of research-specific procedures. In: Psychotherapy 49, S. 276–290.

Trescher, H.-G. (1985a): Einige Überlegungen zur Frage: Was ist Psychoanalytische Pädagogik? In: Bittner, G./Ertle, C. (Hrsg.): Pädagogik und Psychoanalyse. Beiträge zur Geschichte, Theorie und Praxis einer interdisziplinären Kooperation. Würzburg: Königshausen und Neumann. S. 61–66.

Trescher, H.-G. (1985b): Theorie und Praxis der psychoanalytischen Pädagogik. Frankfurt/M.: Campus.

Trescher, H.-G. (1988): Erziehungswissenschaft und Psychoanalyse. In: Neue Praxis 18, S. 455–464.

Trescher, H.-G./Finger-Trescher, U. (1992): Setting and Holding-Function. Über den Zusammenhang von äußerer Struktur und innerer Strukturbildung. In: Finger-Trescher, U./Trescher, H.-G. (Hrsg.): Aggression und Wachstum. Mainz: Grünewald. S. 90–116.

Turner, F. J. (Hrsg.) (2007): Social work treatment. New York: Oxford University Press.

Wagner-Winterhager, L. (1988): Psychoanalytische Pädagogik in ihren Anfängen. In: Neue Praxis 18, S. 111–119.

Walsh, J. (2004): Object relations theory and self psychology in social work. In: Psychoanalytic Social Work 11, H. 2, S. 93–96.

Weiß, W./Gahleitner, S. B. (2020): Traumapädagogik: Grundlagen. In: Beck, N. (Hrsg.): Therapeutische Heimerziehung. Freiburg im Breisgau: Lambertus. S. 446–455.

Wiener Kreis für Psychoanalyse und Selbstpsychologie (o. J.): Psychoanalyse und Selbstpsychologie. www.selbstpsychologie.at/psychoanalyse-selbstpsychologie (Abfrage: 28. 9. 2022)
Willmann, M. (2011): „Helping the helpers not to harm". Mental Health Consultation als Beitrag zu einer Theorie der psychodynamischen Praxisberatung. In: Schnoor, H. (Hrsg.): Psychodynamische Beratung. Göttingen: Vandenhoeck & Ruprecht. S. 149–164.
Winnicott, D. (1976): Von der Kinderheilkunde zur Psychoanalyse. München: Kindler.

Kapitel 3 Handlungskonzepte der Verhaltensorientierten Sozialen Arbeit

Sigrid James

Die Verhaltensorientierte Soziale Arbeit beruht auf wissenschaftlich fundierten Konzepten und Methoden der klassischen Lerntheorien und integriert sie unter Berücksichtigung sozialarbeiterischer Normen und Werte, um spezifische Problemstellungen in der Sozialen Arbeit mit einzelnen Personen, kleineren Gruppen, aber auch im Gemeinwesen kontextspezifisch zu verstehen, Hypothesen zur Genese der Problematik zu überprüfen und sie zielgerichtet zu lösen oder zu mindern. Verhaltensorientierte Methoden sind Bestandteil von vielen sozialpädagogischen und therapeutischen Interventionen und finden Anwendung in allen Bereichen der Sozialen Arbeit. Zentrale Konzepte aus den wichtigsten Lerntheorien werden vorgestellt und ihre Anwendung verdeutlicht.

3.1 Einleitung

In der deutschen Sozialen Arbeit haben verhaltensorientierte Ansätze bisher vergleichsweise geringe Beachtung gefunden und werden mitunter äußerst kritisch diskutiert. Trotzdem verdienen sie einen Platz in theoretischen und methodischen Beiträgen der Sozialen Arbeit, da ihre konzeptuellen Grundannahmen und die Wirksamkeit der daraus abgeleiteten Interventionen in vielfachen Studien empirisch überprüft worden sind und ihre Methoden und Strategien als zentrale Bestandteile vieler Interventionen in unterschiedlichen Arbeitsfeldern der Sozialen Arbeit seit Jahrzehnten Anwendung finden (vgl. Angell 2013, S. 5 f.; Blanz/Como-Zipfel/Schermer 2013, S. 103 ff.). Insbesondere im angloamerikanischen Raum stellt die Verhaltensorientierte Soziale Arbeit einen etablierten handlungsmethodischen Ansatz dar, der durch seine Problemorientierung und zielgerichtete Vorgehensweise Fachkräften der Sozialen Arbeit ein nützliches, flexibles und evidenzbasiertes methodisches Werkzeug für diverse Problemstellungen bietet (vgl. Blanz/Como-Zipfel/Schermer 2013, S. 9).

Das theoretische Grundgerüst der Verhaltensorientierten Sozialen Arbeit beruht ursprünglich auf Konzepten des sog. Behaviorismus, der in seinen lerntheoretischen Ausprägungen einen bedeutsamen wissenschaftlichen Zweig der

Psychologie bildet und darüber hinaus starken Einfluss auf die Sozial- und Kulturwissenschaften genommen hat. Behavioristische Ideen entwickelten sich damals als Gegenstück zum psychodynamischen Ansatz, der in den ersten Jahrzehnten des 20. Jahrhunderts das Verständnis über menschliches Erleben und Verhalten dominierte und die Bedeutsamkeit subjektiver intrapsychischer Prozesse für die Persönlichkeitsentwicklung betonte (s. Kap. 2). Vertreter:innen des Behaviorismus unterstützten stattdessen ein Erklärungsmodell, das die Zentralität des Lernens betonte, sich mit beobachtbaren und in der theoretischen Weiterentwicklung später verstärkt mit kognitiven Verhaltensvorgängen beschäftigte und durch naturwissenschaftliche Methoden erschlossen und begründet und damit überprüfbar gemacht werden konnte. Die Lerngesetze, die diesen Ansätzen zugrunde liegen, bilden die Basis für die Abläufe der (kognitiven) Verhaltensmodifikation und führten zur Entwicklung von Methoden und Techniken, die empirisch fundiert, zielbezogen, strukturiert, zeitbegrenzt, planmäßig einsetzbar und überprüfbar sind und seit vielen Jahren in diversen therapeutischen sowie pädagogischen Settings genutzt werden (vgl. Blanz/Schermer 2013, S. 67). Auch wenn lerntheoretische Konzepte häufig individuumszentriert genutzt werden, so haben sie auch in der Arbeit mit Gruppen, Organisationen und Gemeinschaften Relevanz. In diesem Kapitel werden die Entwicklungen der Verhaltensorientierten Sozialen Arbeit skizziert und ihre Zielsetzungen beschrieben. Konzepte aus den primären lerntheoretischen Traditionen werden vorgestellt und durch sozialarbeitsrelevante Beispiele illustriert.

3.2 Entwicklung und Zielsetzung der Verhaltensorientierten Sozialen Arbeit

Die Verhaltensorientierte Soziale Arbeit hat ihre Wurzeln in der angloamerikanischen Sozialen Arbeit und die Verbreitung verhaltensorientierter Konzepte und Methoden innerhalb der Sozialen Arbeit ist historisch gesehen insbesondere mit drei Institutionen verbunden: der *Massachusetts Habit Clinics* in Boston (USA), der *School of Social Work, University of Michigan* (USA) sowie der *University of Leicester* (Großbritannien) und der im Umfeld dieser entstandenen *Behavioral Social Work Group* (vgl. Como-Zipfel 2013, S. 15 ff.). Im deutschsprachigen Raum wurde der erste Beitrag zur Thematik („Verhaltenstherapie in der Sozialarbeit") von Brunner und Welter-Enderlin veröffentlicht, die beide Absolventinnen der School of Social Work der University of Michigan waren (Brunner/Welter-Enderlin 1973). In den Folgejahren bis zur Jahrtausendwende erschienen nur wenige weitere Publikationen. Erneutes Interesse an den konzeptionellen und methodischen Grundlagen der Verhaltensorientierten Sozialen Arbeit ist an einer

Vielzahl von Veröffentlichungen zu erkennen, die in den letzten zwanzig Jahren erschienen sind (u. a. Schermer/Weber 2006; Mayer 2007; Bartmann 2010; Blanz/Como-Zipfel/Schermer 2013; Schermer et al. 2016), und es gibt Bemühungen an einigen Hochschulen, insbesondere der Technischen Hochschule für angewandte Wissenschaften Würzburg-Schweinfurt, verhaltensorientierte Konzepte in die akademische Ausbildung der Sozialen Arbeit zu integrieren (z. B. Como 2010; Löbmann/Como-Zipfel 2012; Amthor 2014; Kröger 2018) (s. Como-Zipfel 2013, S. 15 f. für eine detaillierte Darstellung der Entwicklungsgeschichte der Verhaltensorientierten Sozialen Arbeit und eine Auflistung der im deutschsprachigen Raum bis dahin erschienenen Publikationen).

Erath (2006) beschreibt die zögerliche Entwicklung der Verhaltensorientierten Sozialen Arbeit in Deutschland folgendermaßen: „[…] das Modell einer verhaltensorientierten Sozialarbeit ist in Deutschland insbesondere wegen der in den 1970er Jahren entwickelten Vorbehalte gegenüber den empirisch-rationalen Ansätzen im Bereich der Pädagogik/Sozialpädagogik theoretisch noch nicht sehr stark entwickelt, allerdings lassen sich in der Praxis immer mehr Konzepte finden, die – oftmals unausgesprochen – auf ein solches Bezug nehmen“ (S. 145). Trotz bleibender Kritik in der deutschen Sozialen Arbeit kann festgestellt werden, dass ein verhaltensorientierter Handlungsansatz die grundlegenden Zielsetzungen der Sozialen Arbeit verfolgt, die in der globalen Definition der Sozialen Arbeit als die Förderung und Unterstützung von einzelnen Menschen, Gruppen und Gemeinschaften in diversen Lebenslagen und Situationen unter Berücksichtigung von Prinzipien der sozialen Gerechtigkeit, der Menschenrechte, Solidarität und Diversität beschrieben werden (vgl. International Federation of Social Workers 2014, o. S.). Er unterscheidet sich jedoch in der Konzipierung der Problemstellung, der Gestaltung des Hilfeprozesses und einer methodischen Herangehensweise, die auf einer gegenwartsbezogenen und nicht wertenden Analyse einer Problemsituation oder eines Problemverhaltens beruht und empirische Überprüfbarkeit betont (vgl. Como-Zipfel 2013, S. 14 f.). Verhaltensmodifizierende Verfahren, die Anwendung in der Sozialen Arbeit finden, müssen zudem explizit von der Verhaltenstherapie unterschieden werden, die in psychotherapeutischen Kontexten stattfindet und klinische Zielsetzungen verfolgt (vgl. Weber 2016, S. 109).

Die Verhaltensorientierte Soziale Arbeit beruht auf Konzepten diverser Lerntheorien, deren Weiterentwicklung bis in die heutige Zeit reicht. Dabei gehören die klassische und operante Konditionierung, kognitive Ansätze sowie die sozial-kognitive Lerntheorie (Modelllernen) zu den wichtigsten Lerntheorien. Ein grundsätzliches Verständnis von Kernkonzepten aus den unterschiedlichen lerntheoretischen Bereichen ist für Fachkräfte der Sozialen Arbeit notwendig, um die Grundannahmen der Verhaltensorientierten Sozialen Arbeit zu verstehen und ihre Methoden erkennen und anwenden zu können. Die zentralen Annahmen, Konzepte und Methoden können in diesem Kapitel nur skizziert werden. Für weitere Ausführungen seien Studierende auf die vielen verfügbaren Online Ressourcen sowie auf Grundlagentexte in der Psychologie und Fachbücher zur Verhaltensorientierten Sozialen Arbeit verwiesen (s. Quellen und Ressourcen am Ende des Kapitels).

3.3 Klassische (oder Respondente) Konditionierung

Grundlegende Annahmen und Konzepte

Die klassische oder respondente Konditionierung beinhaltet den ersten behavioristischen Ansatz. Sie bezieht sich insbesondere auf die Versuche von Iwan Pawlov (1849–1936) und versteht Verhalten als eine Reaktion auf einen Reiz (oder Stimulus) im Umfeld. Viele Verhaltensweisen sind nicht konditioniert, d.h. sie geschehen instinktiv oder bilden eine natürliche oder biologisch determinierte Reaktion (auch unbedingte Reaktion genannt): Speichel wird produziert, wenn der Geruch einer leckeren Mahlzeit in die Nase steigt, Augen tränen im starken Wind, eine Hand wird zurückgezogen, wenn sie sich verbrennt (vgl. Payne 2014, S. 161). Konditionierung geschieht, wenn Reaktionen mit Reizen neu verbunden werden.

Die Kernprinzipien der klassischen Konditionierung wurden durch die bekannten Experimente mit dem sogenannten Pawlowschen Hund illustriert: Wenn dem Hund Futter gereicht wurde, erklang zugleich stets ein Glockenton. Nach einigen Fütterungen begann schon allein nach dem Glockenton der Speichel des Hundes zu fließen. Durch seine Experimente konnte Pawlov zeigen, dass ein unbedingter Reiz (das Futter im Maul des Hundes), dem als Reflex eine unbedingte Reaktion folgt (stärkerer Speichelfluss des Hundes), durch einen neutralen Reiz (Glockenton) ersetzt werden kann, wenn der unbedingte Reiz und bislang neutrale Reiz ausreichend lange gekoppelt werden; d.h. der nun bedingte Reiz löst schließlich ebenfalls die bedingte bzw. erlernte Reaktion aus, also alleine durch den Glockenton wird ein Speichelfluss ausgelöst (s. Tab. 3.1). Dabei spielt es eine Rolle, wie kurz die zeitlichen Abstände zwischen unbedingtem Reiz und neutralem Reiz sind (Kontiguität) und ob sie in regelmäßigen Intervallen miteinander verbunden werden (Kontingenz). Grundsätzlich gilt, dass kürzere Abstände für den Konditionierungsprozess förderlich sind. Weiterhin ist es möglich, dass erlernte Reize neue Lernprozesse auslösen können. Diese werden dann als Konditionierungen zweiter, dritter, etc. Ordnung bezeichnet. Zudem können Reizgeneralisierungen auftreten, wenn konditionierte Reaktionen durch Reize ausgelöst werden, die dem ursprünglichen bedingten Reiz ähneln (vgl. Schermer 2016, S. 30). Wiederum kann eine Löschung *(extinction)* des Verhaltens unternommen werden, indem Reiz und Reaktion voneinander abgekoppelt werden bzw. eine neue Reiz-Reaktions-Sequenz konditioniert wird.

Tabelle 3.1: Konzepte der Klassischen Konditionierung

Konzepte	Erklärung
unbedingter Reiz (unconditioned stimulus; UCS)	Reiz, der ohne vorangegangenes Lernen eine Reaktion auslöst
unbedingte Reaktion (unconditioned response; UCR)	angeborene Reaktion, die durch den unbedingten Reiz ausgelöst wird
neutraler Reiz (neutral stimulus; NS)	Reiz, der keine spezifische Reaktion nach sich zieht
bedingter Reiz (conditioned stimulus; CS)	neutraler Reiz, der aufgrund einer wiederholten Kopplung mit einem unbedingten Stimulus eine erlernte oder bedingte Reaktion hervorruft
bedingte Reaktion (conditioned response; CR)	erlernte Reaktion, die durch den bedingten Reiz ausgelöst wird

(nach Blanz/Como-Zipfel/Schermer 2013, S. 49f.)

Methoden und Techniken der Klassischen Konditionierung

Die Erkenntnisse über die Reiz-Reaktions-Prozesse können menschliches Verhalten in vielen Bereichen erklären. So konnte schon früh gezeigt werden, dass die Prinzipien der klassischen Konditionierung die Entwicklung von Angstzuständen in Kindern erklären (u.a. Watson/Raynor 1920). Modifikationsmaßnahmen, die auf den Prinzipien der klassischen Konditionierung beruhen, liegt die Erkenntnis zugrunde, dass situative Bedingungen eine Signalwirkung für ein bestimmtes Verhalten und/oder Verhaltenskonsequenzen haben können (vgl. Narciss 2011, S. 426). Dies bedeutet, dass es möglich ist, Situationen gezielt zu kreieren, die als Signalfunktion für ein erwartetes Verhalten wirken. Beispielsweise kann eine Mutter einem Kind, das dazu neigt in der Öffentlichkeit laut zu schreien, beibringen die Stimme zu senken, wenn sie dem Kind über den Kopf streicht. Ein weiterer Ansatz beinhaltet die Sensibilisierung für bereits vorhandene, aber nicht beachtete Stimuli. Ähnliches wird unternommen, wenn bestimmte Verhaltensweisen gelöscht werden sollen; nur würden in diesem Fall Verfahren der Desensibilisierung oder Gegenkonditionierung eingesetzt werden (vgl. ebd.).

Beruhend auf den Prinzipien der klassischen Konditionierung werden im Bereich der Psychotherapie Methoden und Techniken wie Aversionstherapie,

Desensibilisierung, Extinktion, Gegenkonditionierung und Überflutung genutzt, um Ängste, Zwangshandlungen oder Suchtprobleme zu behandeln. Aber auch in der Sozialen Arbeit und Pädagogik können diese Methoden wirkungsvoll eingesetzt werden. Als Beispiel seien Ängste vor Präsentationen aufgeführt. Wird eine angstinduzierende Situation (z. B. Referat halten) mit einem unterstützenden und angenehmen Umfeld gepaart, so können Studierende lernen, ihre erlernte Reaktion mit einem neuen Reiz zu verbinden, der zu einer Reduktion der Angst führen kann.

Auch im Elterntraining finden die Prinzipien der klassischen Konditionierung Anwendung, um Eltern verstehen zu helfen, wie situative Bedingungen als Signal für problematische Verhaltensweisen in ihren Kindern wirken und durch neue Signale ersetzt werden können. Eine weitere bekannte und häufig eingesetzte Methode ist das Entspannungsverfahren, das Veränderungen in psychophysiologischen Reaktionen hervorrufen soll (s. Jungnitsch 2016 für eine detaillierte Beschreibung des Ablaufs von Entspannungsverfahren mit Relevanz für die Soziale Arbeit).

Ein Fallbeispiel

Ben ist vier Jahre alt und er hat große Angst vor dem Zubettgehen. Für seine Eltern ist unklar, wovor Ben Angst hat, aber ihre Versuche, Ben ohne Geschrei ins Bett zu bringen, sind bisher fehlgeschlagen. Ein abendlicher Kampf hat sich entwickelt, der alle Beteiligten frustriert und erschöpft. Bei einer Elternberatungsstelle wird vorgeschlagen, das angsteinflößende Ritual des Zubettgehens (CR) mit positiven Reizen zu verkoppeln. Die Eltern sind mit der Unterstützung der Sozialarbeiterin bemüht, eine positive Routine herzustellen, die Bens Lieblingsstofftier, sanfte Musik und eine Gutenachtgeschichte (UCR) regelmäßig und zur gleichen Zeit abends einbindet. Nach drei Wochen bemerken die Eltern eine sichtbare Entspannung der Situation.

3.4 Operante (oder Instrumentelle) Konditionierung

Grundlegende Annahmen und Konzepte

Burrhus F. Skinner (1904–1990) war einer der wichtigsten Vertreter der operanten Konditionierung, dessen Grundprinzip das Bekräftigungslernen ist. Die operante Konditionierung beruht auf allgemeingültigen operanten Lerngesetzmäßigkeiten (vgl. Schermer 2016, S. 53 f.), die sowohl für normatives als auch maladaptives Verhalten gültig sind und in zahlreichen Experimenten bestätigt wurden. Im Gegenzug zur klassischen Konditionierung, die ein reaktives Verständnis von Verhalten beinhaltet, umfasst der Begriff „operant“ Verhaltensweisen, die aktiv auf die Umgebung einwirken und Konsequenzen verursachen. Verhalten bezieht sich hierbei auf offene oder verdeckte Verhaltensweisen sowie sprachliche, kognitive und affektive Prozesse. „Die zentrale Aussage dieser Lernpsychologie besagt, dass die auf ein Verhalten folgenden Konsequenzen weitgehend darüber bestimmen, ob dieses Verhalten in Zukunft beibehalten, intensiviert oder aber seltener geäußert werden wird“ (ebd., S. 53).

Die Gesetzmäßigkeiten, die der operanten Konditionierung zugrunde liegen, haben Anwendung in Verhaltensanalysen *(Applied Behavior Analysis)* gefunden, deren Ziel es ist, Verhaltensweisen beschreiben, erklären und voraussagen zu können. Im Folgenden werden die drei Komponenten beschrieben, die den Kern einer Verhaltensanalyse ausmachen (Dreiklang-Kontingenz). Sie werden als in Kontingenz zueinanderstehend konzipiert und können somit als eine „wenn … dann Beziehung“ verstanden werden.

- *Reaktion (Verhalten):* Eine Verhaltensanalyse beginnt mit einer präzisen, eindeutigen, objektiven und vollständigen Beschreibung bzw. Operationalisierung des unerwünschten Ausgangsverhalten sowie einer Präzisierung des Zielverhaltens (vgl. Schermer 2016, S. 55). Vage Beschreibungen, wie „er ist nicht hilfreich“, „sie übernimmt keine Verantwortung“, sind hierfür unzureichend. Verhaltensweisen müssen so beschrieben werden, dass sie beobachtbar und messbar sind. Beschreibungen sind grundsätzlich nicht wertend. Für „versteckte“ (nicht beobachtbare) Verhalten müssen Indikatoren festgelegt werden, die durch Beobachtung und/oder Befragung erfasst werden können. Zu einer Verhaltensanalyse gehören auch Aspekte wie der Zeitpunkt, die Dauer, Intensität und Auftretenshäufigkeit des Verhaltens. Eine umfassende Verhaltensdiagnostik ist somit die Grundlage für verhaltensmodifizierende Interventionen (für eine ausführliche Darstellung verhaltensdiagnostischer Methoden sei auf Schermers 2016 Beitrag verwiesen).
- *Stimulus (Auslöser):* Bei der Analyse der Stimuluskomponente ist es notwendig die Bedingungen oder situativen Konditionen zu verstehen, die einem Verhalten vorausgehen, also die auslösenden Faktoren oder sog. diskriminativen Stimuli. Diese umfassen alle externen und internen Reizbedingungen, die vor dem Verhalten präsent sind oder auftreten und in einem funktionalen Zusammenhang mit dem Verhalten stehen mögen. Insbesondere muss untersucht werden, ob Reizbedingungen, die eine Signalwirkung für das Ausgangsverhalten haben, erlernt sind. „Das Nachvollziehen solcher Konditionierungs- und Diskriminationsprozesse gehört zu den wesentlichen Aufgaben bei der Analyse der Stimuluskomponente, da es wichtige Ansatzpunkte für eine Verhaltensmodifikation aufzeigen kann“ (Narciss 2011, S. 426).

Tabelle 3.2: Operante Prinzipien

Operantes Prinzip	Erklärung	Beispiel
Positive Verstärkung	Die Häufigkeit eines Verhaltens nimmt aufgrund eines Reizes zu.	Ein Kind wird im Kindergarten jedes Mal gelobt, wenn es sein Spielzeug wegräumt. Seitdem räumt es sein Spielzeug regelmäßig weg.
Negative Verstärkung	Die Häufigkeit eines Verhaltens nimmt dadurch zu, dass ein Reiz nicht mehr oder schwächer dargeboten wird, d.h. es beinhaltet die Beendigung eines als unangenehm erlebten Zustandes.	Eine Studentin vermeidet Präsentationen, die Angst bei ihr auslösen, d.h. ihr Vermeidungsverhalten wird durch das Ausbleiben von Angstzuständen verstärkt.
Positive Bestrafung	Eine Verhaltensweise führt zu einer als unangenehm empfundenen Konsequenz.	Ein Student bereitet sich nicht auf seine Prüfung vor und fällt durch.
Negative Bestrafung	Eine Verhaltensweise führt dazu, dass eine angenehme Konsequenz ausbleibt.	Eine Mutter schenkt ihrer dreijährigen Tochter keine Aufmerksamkeit, wenn sie Wutanfälle hat.

(nach Blanz/Como-Zipfel/Schermer 2013, S. 52f.)

- *Konsequenzen:* Nach der Theorie der operanten Konditionierung werden die nachfolgenden Stimuli, d.h. die verstärkenden Konsequenzen, als entscheidend für die Aufrechterhaltung eines Verhaltens gesehen. Sie mögen unmittelbar oder verzögert auftreten und beeinflussen, ob das Verhalten weiterhin auftritt bzw. sich abschwächt oder vermehrt. Es gibt vier operante Prinzipien, auf denen Verhaltenskonsequenzen beruhen (s. Tab. 3.2). Verstärker, ob positiv oder negativ, tragen also zum Aufbau eines Verhaltens bei. Bestrafungen durch Verstärkerentzug (positiv) oder aversive Reize (negativ) hingegen vermindern Verhalten. Grundsätzlich werden positive Verstärker als besonders effektiv angesehen, da sie erwünschtes Verhalten ermutigen und die verstärkende Konsequenz vom Lernenden als positiv wahrgenommen und erlebt wird.

Abbildung 3.1 illustriert die beschriebene Dreiklang-Kontingenz. Je nach Sprache und Modell wird sie anders benannt, beispielsweise als A-B-C-Modell (vgl. Payne 2014, S. 157). Ein auslösendes Ereignis oder vorausgehende Umstände *(antecedent)* rufen ein Verhalten *(behavior)* hervor, welches zu einer Konsequenz *(consequence)* führt. In der experimentellen Psychologie werden die Begriffe Diskriminativer Stimulus/S^D – Reaktion/R – verstärkender Stimulus/S^R genutzt.

Abb. 3.1: Die Dreiklang-Kontingenz

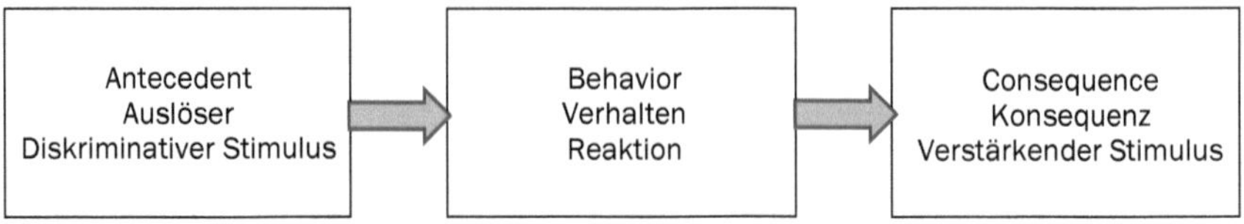

(nach Blanz/Como-Zipfel/Schermer 2013, S. 52; Payne 2014, S. 157)

Es gibt eine Reihe von verhaltensanalytischen Modellen, die auf Skinners Dreiklang-Kontingenz-Modell aufbauen (vgl. Batra/Wassmann/Buchkremer 2012, S. 54 f.) wie beispielsweise das in der verhaltenstherapeutischen Praxis häufig angewandte SORKC-Modell, das von Kanfer und Saslow (1969) entwickelt und seitdem zunehmend erweitert wurde. SORKC beinhaltet umfassende Methoden für eine gezielte Verhaltensveränderung, die auf einer detaillierten Verhaltensanalyse beruhen und auch horizontale oder situative Verhaltensanalyse genannt wird. Wie schon in dem Dreiklang-Kontingenz-Modell beschrieben, steht das S für die auslösenden Stimuli, das R für die Reaktion bzw. das Verhalten und das C für die Konsequenz. Im Folgenden werden die erweiterten Komponenten K und O kurz beschrieben.

- *Kontingenz:* Bei der Analyse der Kontingenz geht es darum zu untersuchen, wie konsequent und systematisch vorhergehende, situative Bedingungen und spezifische Verhaltenskonsequenzen mit dem Verhalten verknüpft sind. In diesem Zusammenhang wird der räumlich-zeitliche Abstand betrachtet. Auch wird die Struktur, Regelmäßigkeit und Vorhersagbarkeit des Zusammentreffens von Verhalten, Bedingungen und Konsequenzen analysiert. So spricht man von einer hohen Kontiguität, wenn die Konsequenz unmittelbar auf ein Verhalten folgt. Je größer der Zeitabstand, desto geringer die Kontiguität. Kontingenz liegt vor, wenn auf ein Verhalten immer eine bestimmte Konsequenz folgt. Die Kontingenz nimmt ab, wenn sie nicht jedes Mal eintrifft. „Liegt sowohl eine hohe Kontiguität als auch eine hohe Kontingenz vor, folgt also auf ein bestimmtes Verhalten immer unmittelbar eine bestimmte Konsequenz, spricht man von kontinuierlicher Verstärkung. Bei einer kontinuierlichen Verstärkung ändert sich die Verhaltensrate in der Regel schnell, die Stabilität, d. h. der Löschungswiderstand des Verhaltens ist jedoch gering“ (Narciss 2011, S. 427). Intermittierende Verstärkung liegt vor, wenn entweder eine geringe Kontiguität oder Kontingenz oder beides vorliegen. Intermittierende Verstärkung verlangsamt die Verhaltensrate, aber unterstützt Verhaltensstabilität. Viele problematische Situationen entstehen durch die inkonsequente Einsetzung von operanten Prinzipien, wodurch unerwünschtes Verhalten ungewollt stabilisiert werden kann.

- *Organismus:* Unter der Organismus-Variable O werden Faktoren auf der individuellen Ebene bezeichnet, die biologische Prädispositionen, Persönlichkeitseigenschaften, Erfahrungen und Einstellungen umfassen und das Verhaltensrepertoire einer Person beeinflussen mögen. Beispiele dafür mögen das Selbstkonzept oder Kontrollüberzeugungen sein, aber auch kulturelle Faktoren oder familiäre Umstände.

Verhaltensmodifizierende (operante) Techniken

Operante Prinzipien werden (oft implizit) in den meisten pädagogischen und therapeutischen Bereichen genutzt, um Verhalten sowohl zu verstehen als auch zu modifizieren. Insbesondere in der Kinder- und Jugendhilfe können verhaltensmodifizierende Techniken zielgerichtet und effektiv eingesetzt werden. Strategien, die auf operanten Prinzipien basieren, beruhen auf der lernpsychologischen Erkenntnis, dass die Konsequenzen unerwünschtes Verhalten aufrechterhalten, d.h. Verhalten wird über die Konsequenzkomponente (C) durch das Einsetzen von verhaltensverstärkenden oder -reduzierenden Maßnahmen modifiziert. Um effektiv zu sein, muss auf die Kontiguität und Kontinuität der Strategien geachtet werden. Da direktes Bestrafen schon von Skinner kritisch diskutiert wurde, keinen nachhaltigen Verhaltensabbau bewirkt und bestrafende Methoden im pädagogischen Kontext auch aus ethischen Gründen abgelehnt werden, werden im Folgenden nur Techniken beschrieben, die auf verstärkenden Prinzipien und/oder auf indirekter (negativer) Bestrafung basieren. „Bei allen Verfahren der indirekten Bestrafung ist es wichtig, gleichzeitig das erwünschte Verhalten gezielt zu verstärken, da sonst keine nachhaltige Verhaltensmodifikation stattfinden kann“ (Narciss 2011, S. 431).

- *Punkte-Wirtschaft (Token Programm):* Bei der Punkte-Wirtschaft geht es darum, ein Belohnungssystem (z.B. Ausflug, Taschengeld) aufzustellen, das mit erwünschten Verhaltensweisen verkoppelt wird (z.B. Hausaufgaben machen, Zimmer aufräumen, keinen Streit anfangen, keine Schimpfworte nutzen). Das Kind soll durch diese Strategie lernen, dass es mehr Vorteile und Privilegien erlangt, wenn es erwünschtes Verhalten zeigt.
- *Selbstverstärkung:* Ähnlich wie die Fremdverstärkung operiert die Selbstverstärkung als Grundlage für Handlungsabfolgen. Empfindungen wie Zufriedenheit, Stolz, etc. können dabei Verhaltensweisen motivieren oder stabilisieren. Dies kann sich positiv äußern (Beispiel: Ein Jugendlicher empfindet Stolz über seine Leistungen, was das vorhergehende Verhalten – Fleiß – verstärkt), kann aber auch dazu führen, dass innere Mechanismen entwickelt

werden, die negatives Verhalten verstärken (z. B. bei selbstverletzendem Verhalten).

- *Time-Out (Auszeit):* Das Time-Out zielt darauf ab, mögliche positive Konsequenzen, die auf ein unerwünschtes Verhalten folgen zu entfernen (negative Bestrafung). Dafür wird die Person unmittelbar nach dem Auftreten des Verhaltens aus der Situation entfernt. Die Time-Out Situation muss altersgerecht gestaltet werden und darf insbesondere für jüngere Kinder nicht zu lange andauern (als Regel wird empfohlen: Für jedes Jahr, dass das Kind alt ist, wird eine Minute berechnet). So können Jugendliche in ihr Zimmer oder einen neutralen Raum geschickt werden; ein jüngeres Kind kann für einige Minuten auf einem designierten Time-Out Stuhl sitzen.
- *Löschung:* Bei bestimmten Arten von Verhalten mag es angebracht sein, Verhaltensweisen zu „löschen“, in dem keine Konsequenzen mehr folgen, d. h. die von der Person empfundene Belohnung, die das Verhalten hervorrufen soll, wird ignoriert. Als Beispiel seien Verhalten oder Kommentare von Kindern genannt, die darauf abzielen, die Aufmerksamkeit der Erziehenden zu erhalten. In solchen Situationen wird das Verhalten ignoriert, aber durch ‚etwas‘ ersetzt. Das heißt, die Erziehenden gehen nicht auf das ursprüngliche Verhalten ein, sondern lenken das Thema in eine andere Richtung, als ob der Kommentar oder das Verhalten nicht gehört bzw. gesehen wurde. Meistens steigt das Verhalten bei Ausbleiben einer Konsequenz kurzfristig an, sinkt jedoch dann langfristig. Bei gefährdenden Verhaltensweisen sollte diese Technik allerdings nicht angewendet werden.

Abschließend sei betont, dass Methoden und Techniken der klassischen und operanten Konditionierung häufig miteinander verbunden werden (vgl. Reinecker 2005, S. 82).

Ein Fallbeispiel zur Dreiklang-Kontingenz

Wenn der vierjährige Max sich von seiner Mutter nicht beachtet fühlt (Auslöser), fängt er an zu quengeln und seinen jüngeren Bruder zu ärgern (Verhalten). Die Reaktion seiner Mutter (Konsequenz) ist entscheidend dafür, ob dieses Verhalten verstärkt wird. Schenkt sie Max sofort dann Aufmerksamkeit, wenn er quengelt und ärgert, wird die Wahrscheinlichkeit eines Wiederauftretens dieses unerwünschten Verhaltens erhöht. Wie könnte diese Kontingenz pädagogisch sinnvoll unterbrochen werden? Es wäre theoretisch möglich, zu versuchen, Max' Verhalten durch Verstärkerentzug (negative Bestrafung) zu reduzieren, d. h. Max könnte bspw. ein Time-Out erhalten. Wenn er sich beruhigt hat, könnte ihm dann die Mutter gezielte Aufmerksamkeit schenken (z. B. ein Buch mit ihm lesen). Das erwünschte Verhalten (Max beruhigt sich) würde also durch die darauffolgende

Aufmerksamkeit der Mutter positiv verstärkt werden. Eine neue Kontingenz wird hergestellt. Allerdings ist es gerade in der Kindererziehung häufig notwendig, die Interaktionen zwischen Kind und Elternteil zu verstehen, die Verhaltenssequenzen wechselseitig beeinflussen, d. h. es ist möglich, das Verhalten der Mutter in den Fokus zu rücken und zum Gegenstand der Modifizierung zu machen.

Übung: Wenden Sie das gesamte SORKC-Modell auf diese Fallsituation an.

1. Welche Fragen müssten für eine gründliche Analyse des Verhaltens gestellt werden?
2. Welche Fragen sollten für die Analyse des Stimulus (Auslösers) gestellt werden sowie zur Analyse von Kontingenz (K) und Organismus (O)?
3. Wenden Sie alle vier operanten Prinzipien auf diesen Fall an (positive und negative Verstärkung, positive und negative Bestrafung) und reflektieren/diskutieren Sie die Vor- und Nachteile unterschiedlicher verhaltensmodifizierender Techniken.
4. Analysieren Sie das Verhalten der Mutter mit dem SORKC-Modell. Welche Möglichkeiten der Verhaltensmodifikation bieten sich?

3.5 Kognitive Lerntheorien

Grundlegende Annahmen und Konzepte

Kognitive Lerntheorien, entwickelten sich als Teil der „kognitiven Wende" in den 1970er Jahren (vgl. Dember 1974, S. 161) und waren eine Reaktion auf die vorherrschende behavioristische Perspektive und ihre Methoden, die zunehmend als zu eng und einseitig angesehen wurden (vgl. Dozois/Dobson/Rnic 2019, S. 3 ff.). Bedeutsame Vertreter der frühen kognitiven Lerntheorien sind Albert Ellis (1913–2007), Aaron T. Beck (1921–2021) und Donald Meichenbaum (*1940).

Aus kognitiver Perspektive wird Verhalten nicht im unmittelbaren Reiz-Reaktions-Bezug verstanden, sondern umfasst auch mentale Abläufe, die nicht direkt beobachtbar sind und als „Kognitionen" beschrieben werden. Darunter versteht man „alle Vorgänge, welche die Information transformieren, reduzieren, ausarbeiten, abspeichern, abrufen, weiterverwenden und dergleichen mehr. Psychische Aktivitäten wie Wahrnehmen, Vorstellen, Erinnern, Denken, Problemlösen und Handeln werden als mögliche Schritte im Vorgang der Informationsverarbeitung aufgefasst" (Wimmer/Perner 1979, S. 11). Zudem wird zwischen kognitiven Ereignissen (Gedanken, Bilder, Erwartungen), kognitiven Prozessen (mentale Repräsentationen, die Konstruktion von Schemata, Aufmerksamkeitslenkung) und kognitiven Strukturen (Grundannahmen, Wertesysteme) unterschieden.

Allen kognitiven Theorien ist gemeinsam, dass sie den Kognitionen eine entscheidende Rolle in der Entstehung und Aufrechterhaltung von Verhalten und emotionalem Erleben zuschreiben. Drei zentrale Annahmen erfassen die theoretische Grundlage kognitiver Verfahren und beschreiben, warum kognitive Methoden wirksam sein können: 1. Kognitionen beeinflussen Verhalten; 2. kognitive Aktivität kann systematisch beobachtet und verändert werden; 3. Verhaltensmodifikationen lassen sich über die Veränderung von Kognitionen herbeiführen (vgl. Dozois/Dobson/Rnic 2019, S. 4).

Diese Grundannahmen können im Sinne eines A-B-C-Modells erfasst werden und sind Ausgangspunkt für die kognitive Verhaltensmodifikation. Neben dem auslösenden Ereignis *(activating event)* und den Verhaltenskonsequenzen *(consequences)*, gilt es die Kognitionen *(beliefs)* zu verstehen, die die Verbindung zwischen A und C vermitteln. Es wird davon ausgegangen, dass sich A, B und C wechselseitig beeinflussen und dass zudem komplexe neurobiologische Abläufe diesem Prozess unterliegen (s. Abb. 3.2). Ziel kognitiver verhaltensorientierter Verfahren ist es, die Verbindung zwischen A und C durch die Veränderung von dysfunktionalen Kognitionen (B) zu unterbrechen.

Abb. 3.2: Kognitiver Ablauf A-B-C-Modell

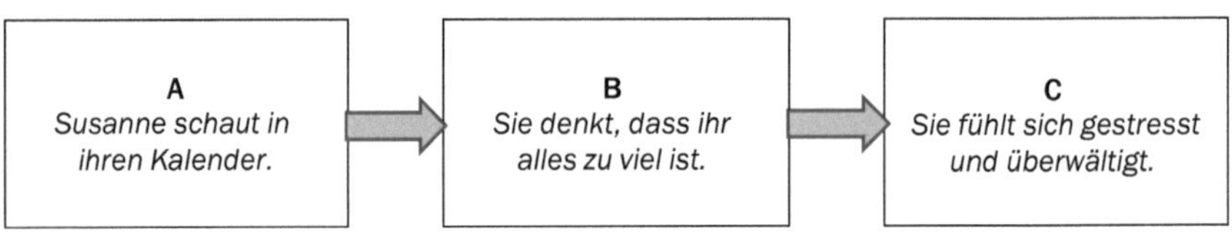

(nach Weber 2016, S. 116 f.)

Dysfunktionale kognitive Vorgänge werden je nach Vertreter:in als „irrationale Überzeugungen“, „Gedankenfehler“ oder „unangepasste Selbstverbalisationen“ beschrieben und umfassen kognitive Muster, „die zu belastenden Emotionen oder Verhaltensweisen führen und das Individuum an der Verwirklichung persönlicher Lebensziele hindern“ (Weber 2016, S. 118). Alle Menschen haben eine Neigung zu irrationalem Denken in diesem Sinne, welches sich in mangelnder kognitiver Flexibilität, einer unangemessenen Intensität und in unrealistischen, generalisierenden oder dogmatischen Überzeugungen ausdrücken kann (vgl. Ellis/David/Lynn 2010, S. 3 ff.). In Bezug auf kognitive Abläufe ist die Unterscheidung zwischen automatischen Gedanken *(automatic thoughts)*, bedingten Annahmen *(intermediate beliefs)* und Grundannahmen *(core beliefs)* hilfreich (vgl. Hautzinger 2008, S. 173 ff.).

- *Automatische Gedanken:* beinhalten schnell ablaufende (unfreiwillige bzw. automatische) Einschätzungen und Überzeugungen, innere Bilder und Abläufe, die von einer konkreten Situation ausgelöst werden. Beispiel: „Das hat ja schon wieder nicht geklappt".
- *Bedingte Annahmen:* umfassen Einstellungen, Regeln, Schlussfolgerungen und Prinzipien, die erlernt sind und die die Selbstwahrnehmung beeinflussen; sie sind dem Betroffenen meist nicht bewusst, steuern aber Interpretationen und damit Verhalten und emotionales Erleben. Beispiel: „Wenn ich um Hilfe frage, dann heißt das, ich bin unfähig".
- *Grundannahmen:* sind fundamentale, situationsübergreifende und überdauernde Überzeugungen in Bezug auf die Welt, andere Personen und sich selbst, die entscheidend dafür sind, wie eine Person ‚Information' beurteilt und strukturiert. Beispiel: „Ich bin ein Versager".

Die 10 kognitiven Verzerrungen

Burns (1999, S. 97 ff.) identifizierte zehn Formen der kognitiven Verzerrung, die Verhalten negativ beeinflussen können.

1. *Alles-oder-nichts-Denken:* Das Leben wird in Schwarz-weiß-Kategorien erlebt. Ereignisse werden als ‚Alles-oder-nichts' (z. B. als Erfolg oder Versagen) interpretiert.
2. *Übertriebenes Verallgemeinern:* Voreilige Schlussfolgerungen werden aufgrund von einzelnen Erlebnissen gezogen und als Muster verstanden.
3. *Mentales Filtern:* Einzelne negative Details werden fokussiert und trüben die Gesamtperspektive.
4. *Abwerten des Positiven:* Positive Erlebnisse werden abgewertet. Dadurch werden negative Überzeugungen aufrechterhalten.
5. *Voreiliges Schlussfolgern:* Schlussfolgerungen werden aufgrund unvollständiger oder nicht verfügbarer Information getroffen. Dies umfasst *Gedankenlesen* (Es wird angenommen, dass man von anderen negativ bewertet wird) sowie *Wahrsagen* (Eine negative Entwicklung wird vorausgesagt).
6. *Übertreiben („Katastrophieren") oder Untertreiben:* Erlebnisse, Fähigkeiten, Ereignisse, usw. werden als übertrieben wichtig dargestellt oder in ihrer Bedeutung unverhältnismäßig reduziert.
7. *Emotionales Argumentieren:* Situationen werden aufgrund von Emotionen nicht aufgrund von externer Evidenz bewertet.
8. *Sollte-Aussagen:* Motivation wird durch „ich sollte/du solltest" oder „ich sollte nicht/du solltest nicht" Aussagen erzeugt. Dies kann Schuldgefühle bewirken sowie Frustration und Groll, wenn die Erwartungen auf andere Personen gerichtet sind.

9. *Abstempeln:* Dies wird als eine extreme Form des Verallgemeinerns beschrieben. Der Fokus liegt nicht auf einzelnen Verhaltensweisen oder vermeintlichen Fehlschritten, sondern wird mit einem Stempel versehen. „Ich bin ein Versager"; „Er ist ein Rechter".
10. *(Sich selbst) Schuld zuweisen:* Die Person sieht sich als die Ursache für negative äußere Erlebnisse. Ereignisse werden personalisiert.

Kognitive (verhaltensorientierte) Methoden und Techniken

Auf der Grundlage der Annahme, dass es wichtige kognitive Filter gibt, die Verhalten auslösen und aufrechterhalten, wurden eine Reihe von kognitiven Methoden entwickelt, die auch Anwendung in der Sozialen Arbeit gefunden haben, wie bspw. Methoden aus Aarons T. Becks kognitiver Therapie, Albert Ellis Rational-Emotive Verhaltenstherapie und William Glassers Realitätstherapie (vgl. Payne 2014, S. 156). Auch wenn sich kognitive Interventionsmethoden anfänglich im Gegenzug zu den behavioralen Techniken entwickelten, so wurden kognitive Methoden schon bald mit verhaltensmodifizierenden Techniken zu kognitiv-verhaltenstherapeutischen Verfahren verbunden. Sie bilden eine Gruppe von therapeutischen Verfahren und Methoden, die im englischsprachigen Raum unter dem Schirmbegriff *Cognitive Behavior Therapy* (CBT) bekannt sind und deren Anliegen es ist, kognitive Prozesse umzustrukturieren und zugleich soziale und interpersonale Bewältigungsstrategien zu vermitteln (vgl. Weaver et al. 2014, S. 2).

Die kognitive Verhaltensmodifikation, die auch außerhalb therapeutischer Kontexte Anwendung finden kann und somit Relevanz für die Soziale Arbeit hat, wird „nicht als Therapieverfahren … sondern als ein Prozess" verstanden, „in dessen Verlauf Personen unterstützt werden, ihre problemrelevanten Kognitionen zu erkennen und zu verändern. Dieser Prozess umfasst alle Methoden, die eine Neugestaltung kognitiven Verhaltens (kognitive Umstrukturierung) oder die Änderung von Verhalten mittels kognitiver Methoden (kognitive Bewältigungsstrategien) ermöglichen, ohne dass damit bereits eine Therapie verbunden ist (z.B. zur Kontrolle von Ärger und aggressivem Verhalten oder zur Prüfungsvorbereitung)" (Weber 2016, S. 108).

Grundsätzlich unterliegen fünf Schritte kognitiven verhaltensmodifizierenden Verfahren: „1. Vermittlung des A-B-C-Modells; 2. Erfassung und Identifikation dysfunktionaler Kognitionen; 3. Veränderung dysfunktionaler Kognitionen; 4. Einübung situationsadäquater Kognitionen; 5. Überprüfung der Wirksamkeit" (ebd., S. 121). Der verhaltensmodifizierende Prozess beginnt mit einer funktionalen Analyse, um einen Ansatzpunkt für mögliche Veränderungen festzulegen. Jeder Schritt beinhaltet ein Spektrum an möglichen Strategien und Techniken, die von geschulten Fachkräften eingesetzt werden können. So werden unterschiedliche Formen der Befragung, Gedankenlisten, Selbstbeobachtungsmethoden, Tagebücher sowie imaginative Verfahren genutzt, um dysfunktionale Kognitionen zu erfassen und zu identifizieren. Verhaltensveränderungen werden durch eine systematische Infragestellung dysfunktionaler Kognitionen (z. B., logische Disputation, empirische Disputation, funktionale Disputation, Entkatastrophisieren) angeregt, die weiterhin durch „Hausaufgaben" wie Verhaltensexperimente, Realitätstests, Selbstprotokollierung, etc. unterstützt werden können. Funktionale Kognitionen werden darauffolgend eingeübt, wobei auch hier diverse Techniken eingesetzt werden wie Rollenspiele, Selbstanweisungen, „Gedanken-Stopp" sowie Verhaltensübungen in der Realität des Alltags (s. Weber 2016 für genauere Beschreibungen einzelner Techniken in den spezifischen Phasen der Verhaltensmodifikation). Die vielen Techniken und Verfahren, die für unterschiedliche Problemstellungen und Zielgruppen zur Verfügung stehen, sind spezifisch, unmittelbar und pragmatisch und werden – oft in Kombination – problembezogen und zielgerichtet eingesetzt. Sie können zudem mit diversen Bewältigungsverfahren, Entspannungstechniken sowie problemlösenden Ansätzen verbunden werden und finden vielfache Anwendung in unterschiedlichen Bereichen der Sozialen Arbeit (vgl. Weaver et al. 2014, S. 20 f.).

Beispiele kognitiver verhaltensmodifizierender Techniken
Beispiel 1: „Entkatastrophisieren"

Klient:in: Wenn ich die Abschlussarbeit nicht bestehe, ist mein Leben verpfuscht.
Sozialarbeiter:in: Was wäre, wenn dieser schlimmste Fall eintreten würde? Was würde passieren? Und dann …? Wie würden Sie in 20 Jahren darüber denken?

Beispiel 2: „Hausaufgaben" um negative Kognitionen zu hinterfragen/widerlegen

- Protokollieren positiver Rückmeldungen anderer Menschen
- Nutzung eines „positiven Tagebuchs": tägliche Auflistung positiver Rückmeldungen
- Auflistung von Aktivitäten, die einer allgemeinen negativen Selbsteinschätzung (z. B. „Ich bin ein Versager") widersprechen.

Beispiel 3: Unterstützende verhaltensbezogene Strategien zur Einübung funktionaler Kognitionen

- *„Gebetsmühle":* Selbstanweisungen immer wieder laut (später leise) vorsagen
- *„Gedanken-Stopp":* Klient:in wird instruiert laut „Stopp" zu sagen, wenn dysfunktionale Gedanken eintreten. Das „Stopp-Signal" soll den bisherigen, au-

tomatisierten Gedankeninhalt unterbrechen und eine aktive Gegenstrategie aktivieren.
- *Rollenspiel:* Einübung konkreter Situationen durch Rollenaustausch

(vgl. Weber 2016, S. 134 ff.)

3.6 Modelllernen

Grundlegende Annahmen und Konzepte

Die von Albert Bandura (1925–2021) entwickelte sozialkognitive Lerntheorie, die unter Begriffen wie „Modelllernen", „Lernen am Modell", „Imitationslernen", „Vorbildlernen", und „Beobachtungslernen" bekannt ist, beschreibt zentrale Lernprinzipien, die über die Reiz-Reaktions-Zusammenhänge der klassischen und operanten Konditionierung hinausgehen (u. a. Bandura 1994). Die Lernprozesse beruhen auf der Beobachtung von Modellen und ihren Verhaltensweisen, einer Identifikation des Beobachtenden mit dem Modell und den dadurch in Gang gesetzten Nachahmungseffekten. Der Lernprozess muss also nicht selbst erlebt werden. Das Modell kann eine Person sein, aber auch ein Trainingsbuch oder eine Person in einem Video. Auch die eigene Person kann gezielt durch Aufzeichnungen als Modell hinzugezogen werden. Durch das Modelllernen können selbst komplexe Verhaltensweisen oder Abläufe entweder neu erlernt oder schon bestehendes Verhalten ausgelöst oder enthemmt/gehemmt werden. Beim Modelllernen kommen unterschiedliche Lernprinzipien zum Tragen:

- *Der modellierende Effekt:* Ein modellierender Effekt beinhaltet das Erlernen einer Verhaltensweise durch Beobachtung und das darauffolgende Abrufen und Anwenden dieses Verhaltens in einer passenden Situation. Beispiel: Eine Grundschullehrerin zeigt Erstklässlern, wie sie sich melden sollen, wenn sie etwas sagen möchten. Dieses Verhalten wird danach von den Schüler:innen imitiert.
- *Der enthemmende/hemmende Effekt:* Das Beobachten eines Verhaltens kann enthemmend oder hemmend wirken. Je nach Wirkung (verstärkend oder strafend), ist es für eine Person mehr oder weniger wahrscheinlich, das Verhalten in einer ähnlichen Situation an den Tag zu legen. Das heißt, wenn das Verhalten beim ‚Modell' nicht zum erwünschten Erfolg führt und u. U. sogar negative Konsequenzen beinhaltet, dann verringert sich die Wahrscheinlichkeit der Nachahmung. Beispiel: Die Grundschullehrerin lobt einen Schüler, der sich als erster auf eine Frage gemeldet hat. Das Beobachten dieser Situation ermutigt seine Klassenkamerad:innen sich auch zu melden.

- *Der auslösende Effekt:* Ein bereits erlerntes Verhalten wird durch Beobachtung ausgelöst. Dieser Effekt kommt insbesondere in Gruppensituationen zu tragen. Beispiel: Eine Schülerin ist besonders schüchtern und nimmt selten am Klassenaustausch statt, obgleich sie das Verhalten des ‚Sich-Meldens' schon gelernt hat. Die Begeisterung und aktive Teilnahme ihrer Mitschüler:innen sowie die Ermutigung durch ihren Lehrer haben eine auslösende Wirkung bei ihr, was dazu führt, dass sie häufiger an den Klassengesprächen teilnimmt.

Bandura identifizierte zwei Phasen im Modelllernen: In der *Aneignungsphase* muss eine Aufmerksamkeitszuwendung stattfinden, die durch bestimmte Charakteristika des Modells oder gezielte Lenkung auf das Modell hervorgerufen werden kann. Ein weiterer Schritt in dieser Phase ist das ‚Behalten', d. h. beobachtetes Verhalten muss als neues kognitives Schema im Gedächtnis gespeichert werden. In der zweiten Phase, der *Ausführungsphase,* geht es um die Ausführung des erlernten Verhaltens. Die Ausführung ist abhängig von den antizipierten Erwartungen der beobachtenden Person, ihrer Motivation und möglichen Verstärkungsprozessen. Grundsätzlich gilt, dass imitatives Verhalten als kognitive Repräsentation für unbestimmte Zeit gespeichert werden kann und nicht unbedingt bewusst eingeübt werden muss. Um Lernprozesse zu optimieren, ist es von Bedeutung, welches Modell, d. h. welche Art der Darstellung, gewählt wird. Je mehr das Modell der beobachtenden Person ähnelt, desto größer ist der Lerneffekt.

Das Rollenspiel als Methode des Modelllernens

Das Rollenspiel ist eine der primären Methoden des Modelllernens und findet große Anwendung in der Sozialen Arbeit, u. a. in der Aus-, Fort- und Weiterbildung sowie der Supervision von Fachkräften. Neben Konzepten des Modelllernens beruht das Rollenspiel zudem auf operanten sowie kognitiven Lernprinzipien. In der Arbeit mit Klient:innen kann das Rollenspiel zielgerichtet in der sozialarbeiterischen Diagnostik, der Arbeits- und Evaluationsphase sowie in der Einzelfallhilfe oder auch Gruppenarbeit eingesetzt werden (vgl. Drinkmann 2016, S. 143 f.). Dies setzt Wissen und Fertigkeiten vonseiten der Trainer:innen (also der sozialarbeiterischen Fachkräfte) voraus, die beim Einsatz von Rollenspielen in Betracht gezogen werden müssen. Rollenspiele sind insbesondere angebracht, wenn Defizite im sozialen und kommunikativen Handeln vorliegen oder wenn soziale Kompetenzen gezielt gefördert werden sollen (vgl. Drinkmann/Schiebel 2004, S. 14 f.). Sie können der verbesserten Wahrnehmung sowie der Erweiterung des eigenen Verhaltensrepertoires dienen und beruhen auf einer sorgfältigen Diagnostik. Die Konzepte und Prozesse, die einem erfolgreichen Rollenspiel unterliegen, sind komplex (vgl. Drinkmann 2016, S. 146) und können in diesem Kapitel nur skizziert werden.

Im Rollenspiel steht die lernende Person (z.B. Klient:in, Student:in, Sozialarbeiter:in) als *Spieler* im Mittelpunkt. Im Gruppensetting können dabei weitere *Mitspieler* hinzugezogen werden, die auf Anweisung des Spielers Rollen übernehmen oder Verhaltensanweisungen bekommen. Teil eines Rollenspiels können beobachtende Personen sein, die eine aktive Rolle haben und die Übungssequenz erfassen, dokumentieren und Feedback erteilen. Das Rollenspiel kann auch durch eine Videoaufzeichnung erfasst werden und Grundlage für Feedback bieten. Der *Trainer* leitet und begleitet das Rollenspiel und kann zusätzlich durch einen *Co-Trainer* unterstützt werden. Es wird zwischen Spielbereich und Arbeitsbereich unterschieden, d.h. das Rollenspiel findet im *Spielbereich* statt, während im *Arbeitsbereich* (z.B. ein Stuhlkreis mit beobachtenden Personen) „Besprechungen, Diskussionen, flankierende Lerneinheiten, etc." stattfinden (Drinkmann 2016, S. 147). Weiterhin muss zwischen drei Realitätsebenen unterschieden werden: der *Als-Ob-Realität* der Rollenspielszenarios, der *Real-Situation,* die im Rollenspiel abgebildet wird, und der *Transfer- oder Hausaufgabensituation,* die die Ebene darstellt, auf der Reflexionen und Vorbereitungen hinsichtlich der anderen zwei Ebenen stattfinden (vgl. ebd., S. 147). Rollenspiele können kurze Szenen oder aufwändige Szenarien beinhalten. Trotz ihrer Flexibilität und der vielseitigen Anwendungsmöglichkeiten sind Rollenspiele nicht immer bei den teilnehmenden Personen beliebt, da sie gespielt wirken können.

Video Home Training® – eine Intervention des Modelllernens

Video Home Training® (VHT®) ist eine in den Niederlanden entwickelte sozialpädagogische Methode, die u.a. auf Konzepten des Modelllernens, der Ressourcenorientierung sowie der Lebensweltorientierung basiert. Die Methode wird als kurz, intensiv und aufsuchend verstanden und kann planvoll in der Lebenswelt von Familien eingesetzt werden, um Entwicklungsprozesse bei Kindern und Eltern anzuregen und zu unterstützen. Im Kern beinhaltet VHT® das Filmen von Alltagssituationen im familiären Kontext. Gelungene Interaktionen zwischen Eltern und Kindern werden fokussiert und dienen als „Modell" für Verhaltensabläufe, die gefördert werden sollen. Die Methode beinhaltet ein Einführungsgespräch, eine ca. zwölfwöchige Trainingsphase, ein Abschlussgespräch und eine drei- bis sechsmonatige Nachsorge. In der Trainingsphase werden die Aufzeichnungen von Video-Home-Trainer:innen gefilmt, auf gelungene Interaktionen zugeschnitten und in Zusammenarbeit mit der Familie analysiert und reflektiert. Das heißt, im VHT® dienen Eltern als ihre eigenen „Modelle" *(Self-Models),* was als besonders verstärkend gilt. Auf einer zweiten Ebene kann die Methode in der Schulung von Video-Home-Trainer:innen eingesetzt werden (Video-Interaktion-Begleitung), deren Interaktionen mit Klienten-Familien gefilmt werden. Gelungene Interaktionen werden fokussiert und als Grundlage für das Erlernen der VHT® Verfahren genutzt. Auch hier gelten die Prinzipien des Modelllernens und der Stärkenorientierung.

VHT® stärkt nachweislich Erziehungs-, Kommunikations- und Interaktionskompetenzen. Die Methode wird in Deutschland implementiert und findet mittlerweile Anwendung in unterschiedlichen Arbeitsfeldern und Settings (Kitas, Schule, Behindertenhilfe, Gesundheitswesen etc.) (u.a. Goltsche 2009; www.spindeutschland.de; www.eylarduswerk.de).

3.7 Weiterentwicklungen

In den letzten zwei Jahrzehnten gab es theoretische und methodische Weiterentwicklungen, die als die „dritte Welle" in der kognitiv-verhaltensorientierten Theorie bezeichnet werden (vgl. Hayes 2004, S. 639) und auch bedeutsam für die Soziale Arbeit sind (vgl. Angell 2013, S. 5; Turner 2017, S. 55). In dieser dritten Welle wurden Konzepte der Achtsamkeit und Akzeptanz den lerntheoretischen Konzepten und Methoden hinzugefügt. Diese bilden die Grundlage für neuere therapeutische Verfahren wie der Dialektischen Behavioralen Therapie, Akzeptanz- und Commitmenttherapie, der Achtsamkeitsbasierten Stressreduktion und Achtsamkeitsbasierten Kognitiven Therapie. „Die neueren, ‚post-behavioristischen' Vorstellungen betonen Komplexität, Vernetzung und Selbstregulation. Heute werden die übergeordneten Pläne, Lebensthemen und Ziele der Betroffenen beachtet (Lebensweise/Lebensstil und die systemischen Bedingungen bei der Verhaltensänderung mitberücksichtigt. Das Menschenbild geht nunmehr von aktiv handelnden, denkenden und fühlenden Menschen aus. Diese sind zur Selbstveränderung und Selbststeuerung fähig oder sollen dazu befähigt werden (Lebenskompetenzen und Kompetenzförderung)" (Franzkowiak 2018, o.S.).

Neurowissenschaften und Soziale Arbeit

Die konzeptionellen Weiterentwicklungen gehen einher mit rapiden Fortschritten in den Neurowissenschaften (u.a. Neuroimaging), die es ermöglichen erfahrungsabhängige Veränderungen im Gehirn und ihre Auswirkungen auf Verhalten zu messen. Neurophysiologisch gesehen beruhen Prozesse des Er- und Verlernens, der Gedächtnisbildung und des Vergessens auf der Neuroplastizität des Gehirns, die eine lebenslange Fähigkeit beschreibt, Funktionen und Strukturen an veränderte Voraussetzungen und neue Anforderungen anzupassen und ihre Effizienz zu erhöhen. Das heißt, Lernprozesse sind mit solchen messbaren Veränderungen verbunden (vgl. Fletscher 2008, S. 11).

Die Bedeutung und Relevanz neurowissenschaftlichen Wissens für die Soziale Arbeit wird seit einigen Jahren auf Fachtagungen und in schriftlichen Beiträgen kritisch diskutiert (u.a. Fletscher 2008; Knopf/Walther 2010; Roth/Grabner/Menck 2013; Schmitt 2022). Zunehmend wird in Studiengängen der Sozialen Arbeit Basiswissen über neurophysiologische Prozesse vorgestellt, insbesondere im Kontext der Traumapädagogik (u.a. Besser 2013).

Das Konzept der Achtsamkeit

Das Konzept der Achtsamkeit ist in einigen der neueren kognitiv-verhaltensorientierten Verfahren von zentraler Bedeutung. Achtsamkeit hat seinen Ursprung in der fernöstlichen Meditation und beschreibt einen Zustand von Geistesgegenwart oder Aufmerksamkeit, die absichtsvoll ist, sich auf den gegenwärtigen Moment bezieht und nicht wertend ist (vgl. Kabat-Zinn 1982, S. 33). Da, wie beschrieben, viele psychische Störungen auf verzerrte Denkmuster zurückzuführen sind, können Achtsamkeitsübungen nachgewiesen helfen, das Bewusstsein für körperliches und emotionales Empfinden im „Hier und Jetzt" zu erhöhen und damit dysfunktionale Denkmuster zu unterbrechen. Sie können u.a. zur Verbesserung von Konzentration, Selbstwahrnehmung und Selbstregulation führen. Als Form eines besonderen Wahrnehmungs- und Bewusstseinszustand soll Achtsamkeit zudem Akzeptanz fördern und damit auch zur Verminderung von Leiden beitragen. In Verbindung mit anderen Verfahren finden achtsamkeitsfördernde Methoden und Techniken in diversen therapeutischen und pädagogischen Settings zunehmend Anwendung (u.a. Lützenkirchen 2004; Heidenreich/Laging 2013). Ihre Wirkung konnte in vielen Studien mit unterschiedlichen Zielgruppen nachgewiesen werden (u.a. Linderkamp 2020; Tickell et al. 2020), und es gibt inzwischen eine Bandbreite an Ressourcen (inkl. Apps), die achtsamkeitsfördernde Übungen für die pädagogische/therapeutische Praxis sowie für den eigenen Gebrauch im täglichen Leben zugänglich machen.

Eine Achtsamkeitsübung für Kinder

Die *Fünf-Sinne-Übung* kann mit Kindern in unterschiedlichen Settings (z.B. Kita oder Schule) durchgeführt werden, kann aber auch für Jugendliche oder Erwachsene angepasst werden. Die Kinder werden instruiert auf ihren Stühlen oder auf dem Boden zu sitzen. Es ist möglich, die Übung auf einen Sinn zu beschränken. Folgend ist ein möglicher Ablauf:

Wir wollen heute unsere fünf Sinne besser kennenlernen. Unsere Sinne sind Sehen, Fühlen, Hören, Riechen und Schmecken.

1. *Sehen:* Schau herum und finde fünf Dinge, die dir normalerweise nicht auffallen, wie z.B. ein Schatten oder ein Kratzer im Boden.

2. *Fühlen:* Konzentriere dich auf das, was du fühlen kannst. Wie fühlt sich der Stoff deiner Hose an oder die Oberfläche des Tisches, an dem du sitzt? Nenne vier Dinge, die du jetzt fühlen kannst.
3. *Hören:* Konzentriere dich, auf die Geräusche, die du um dich herum hörst. Hörst du Geräusche im Hintergrund wie das Zwitschern von Vögeln oder den Verkehr? Nenne drei Geräusche, die du wahrnimmst.
4. *Riechen:* Gibt es Gerüche, die du wahrnimmst? Sie können gut oder schlecht riechen; sie können hier im Raum sein oder von draußen kommen. Kannst du zwei Gerüche feststellen?
5. *Schmecken:* Was schmeckst du in diesem Moment? Du kannst etwas trinken oder eines der Schokoladenstücke oder Bonbons, die vor dir liegen, nehmen und den Geschmack beschreiben. Oder kannst du einfach den Geschmack in deinem Mund beschreiben?

Die Übung sollte hinterher in der Gruppe besprochen werden.

3.8 Empirischer Wirkungsnachweis

Der Ablauf verhaltensorientierter Verfahren beruht auf der Logik der wissenschaftlichen Methode. Insofern sind diese Methoden insbesondere für eine wissenschaftliche Überprüfung geeignet: Ein Problem wird identifiziert und Hypothesen über beitragende Faktoren formuliert; Zielsetzungen und messbare Indikatoren werden klar benannt; einzelne Verfahrensschritte werden deutlich beschrieben; die Wirkung jedes Verfahrensschrittes wird evaluiert und das Verfahren geändert, wenn der Erfolg ausbleibt. In diesem Kapitel wurde wiederholt darauf hingewiesen, dass Wirksamkeitsstudien und Metaanalysen zu verhaltensorientierten Verfahren in diversen therapeutischen sowie pädagogischen Arbeitsfeldern mit unterschiedlichen Problemstellungen und Zielgruppen über Jahrzehnte hin Wirkungsnachweise erbracht haben. Auch wenn die Größe der Wirkungseffekte je nach Problemstellung, Zielgruppe und Setting variiert, beinhalten verhaltensorientierte Verfahren, im Vergleich zu Methoden, die auf anderen Handlungskonzepten beruhen, häufig den vielversprechendsten Ansatz, insbesondere im Bereich von psychischen Störungen (vgl. Tolin 2010, S. 710). Aber auch im Bereich der Pädagogik sowie der Kinder- und Jugendhilfe gibt es überzeugende Beweise, dass verhaltensorientierte Methoden wirksam eingesetzt werden können (u. a. Olin et al. 2010; Parsonson 2012; Mitchell/Hirn/Lewis 2017). Aufgrund ihrer Wirksamkeit sind sie zudem häufig ein integraler Bestandteil von evidenzbasierten, d. h. empirisch überprüften Interventionen und Programmen, die in einigen Ländern zunehmend Anwendung in der Sozialen

Arbeit finden und deren Nutzung z. T. kritisch diskutiert wird (s. Kap. 11 zur evidenzbasierten Sozialen Arbeit).

Die Forschung im deutschsprachigen Raum zur Wirkung von verhaltensorientierten Verfahren in der Sozialen Arbeit ist in einer frühen Entwicklungsphase. Jedoch gibt es durchaus eine Reihe von überprüften Programmen, insbesondere im Bereich der Prävention, die auf verhaltensorientierten Konzepten beruhen, evaluiert worden sind, Relevanz für die Soziale Arbeit haben und in pädagogischen Kontexten sowie der Kinder- und Jugendhilfe genutzt werden können (s. Grüne Liste Prävention). Allerdings werden die evaluativen Studien selten von Sozialarbeitsforscher:innen durchgeführt, und gemessen an ihrer Wirkung werden in Deutschland, laut Schermer, verhaltensorientierte Methoden in der Sozialen Arbeit viel zu selten genutzt (vgl. 2016, S. 54).

3.9 Kritische Würdigung

Die geringe und primär theoretische Auseinandersetzung mit verhaltensorientierten Ansätzen in der deutschen Sozialen Arbeit ist in Teilen auf die grundsätzliche Kritik zurückzuführen, die die Anfänge der Lerntheorien begleiteten. Fernerhin erklären die tiefen psychoanalytischen Wurzeln der deutschen Sozialen Arbeit sowie ihr starker Bezug auf hermeneutische Wissenstraditionen, warum der empirische Ansatz, der den verhaltensorientierten Verfahren unterliegt, häufig auf Ablehnung stößt. Auf einige dieser Kritikpunkte soll abschließend kurz eingegangen werden.

Verhaltensorientierte Methoden wurden schon immer als zu technologisch, mechanisch, reduzierend, linear, positivistisch, etc. kritisiert und als unzureichend in ihrer Beachtung von kontextuellen oder prozessorientierten Faktoren, wie der helfenden Beziehung (vgl. Como-Zipfel 2013, S. 25 f.). Jedoch scheint diese Kritik weitgehend ungerechtfertigt. So wurde die helfende oder therapeutische Beziehung schon früh in der Entwicklung kognitiv-verhaltensorientierter Verfahren als Gegenstand kooperativer Aushandlung zwischen Klient:in und Sozialarbeiter:in verstanden und die Rolle von Klient:innen als aktiv und selbstbestimmend (u. a. Ellis 1962; Beck 1976). Empowerment, eine stärkenorientierte Perspektive und ein kollaborativer Hilfeprozess werden betont, in dem Klient:innen und Sozialarbeiter:innen in jeder Phase zusammenarbeiten, um Probleme zu identifizieren, die Validität von Arbeitshypothesen zu überprüfen und gemeinsam einen Weg zu einer realistischeren und für Klient:innen hilfreichen Perspektive zu finden (vgl. González-Prendes/Brisebois 2012, S. 23). Grundsätzlich gilt, dass die helfende Beziehung Basis für alle Verfahren und methodischen Herangehensweisen in der Sozialen Arbeit ist.

Eine weitere Kritik, die insbesondere aus Sicht der Kritischen sowie Feministischen Theorie geübt wird (vgl. Payne 2014, S. 152 ff.), besteht darin, dass verhaltensorientierte Verfahren als zu vordergründig gesehen werden und nur kurzfristig an offensichtlichen Problemstellungen, die häufig einzelne Personen betreffen, zu arbeiten scheinen, ohne die ‚eigentlichen' gesellschaftlichen Ursachen zu adressieren, bzw. den Komplexitäten sozialer Problem gerecht zu werden. Auch diese Kritik scheint nicht berechtigt und reflektiert ein zu enges Verständnis des verhaltensorientierten Ansatzes in der Sozialen Arbeit. Sozialarbeiter:innen, die eine verhaltensorientierte Ausrichtung haben, unterliegen den ethischen und professionellen Ansprüchen der Profession (genauso wie alle Fachkräfte der Sozialen Arbeit), d. h. Hypothesen, die über die Ursachen einer Problemstellung anfänglich gestellt werden, müssen zwangsläufig strukturelle Bedingungen und Barrieren in den Blick nehmen, die die Problemsituationen von Klient:innen bedingen, verstärken oder verursachen. Mitunter müssen Methoden von unterschiedlichen Handlungskonzepten herangezogen werden, um strukturbedingte Probleme zu adressieren. Es gibt Hinweise, dass lerntheoretische Prinzipien zunehmend Anwendung im Kontext von Organisationen und Gemeinschaften finden und eingesetzt werden, um Strukturen zu verstehen und gezielt zu verändern (s. Löbmann/Bördlein 2021).

Kritisiert wird auch, dass verhaltensorientierte Methoden für Zwecke der Kontrolle und Verhaltenssteuerung (insbesondere im Bereich der Jugendhilfe) missbraucht (vgl. Payne 2014, S. 158 ff.) und als manipulierend und strafend erlebt werden können (vgl. Rauktis 2016, S. 96 ff.). In diesem Zuge werden die Herausforderungen in der Implementierung von verhaltensorientierten Methoden immer wieder diskutiert (u. a. Shafran et al. 2009; Halder/Mahato 2019). Wie bei allen Methoden der Sozialen Arbeit, ist eine gründliche Schulung und nachfolgende Supervision in den verhaltensorientierten Methoden unumgänglich, um den ungeschulten Einsatz und Missbrauch solcher Methoden zu verhindern und zuzusichern, dass die Methoden im Einklang mit den Werten und Zielsetzungen der Sozialen Arbeit genutzt werden. Dass dies möglich ist, ist durchaus belegt worden (u. a. González-Prendes/Brisebois 2012; Como-Zipfel 2013).

Verhaltensorientierte Methoden bieten Fachkräften der Sozialen Arbeit ein äußerst hilfreiches methodisches Werkzeug, das in der Diagnostik sowie in der Arbeitsphase in unterschiedlichen Arbeitsfeldern und Settings zu einem besserem Verständnis der Verhaltensmuster von Klient:innen führen kann und ein zielgerichtetes überprüfbares Arbeiten ermöglicht. Der empirische Prozess, der dem verhaltensorientierten Ansatz unterliegt (Beobachtung und Überprüfung von Arbeitshypothesen in Zusammenarbeit mit Klient:innen), impliziert eine Vorgehensweise, die vergleichsweise frei von individueller Interpretation, transparent und egalitär ist. Der Fokus auf Verhaltensweisen und Problemkonstellationen, die im Hier und Jetzt beobachtbar sind und die es zu mindern oder zu lösen gilt, beinhaltet zudem die Anerkennung des ethischen Rechts von Klient:innen auf schnelle Erleichterung einer Problemsituation. Die sichtbaren Erfolge, die durch verhaltensorientierte Methoden – oft in relativ kurzer Zeit – erzielt werden können, können für Klient:innen ermutigend sein und sie durch konkrete Strategien befähigen, problematische Verhaltensmuster zu durchbrechen.

Verhaltensorientierte Verfahren werden vermehrt als Bestandteil komplexerer modularer Interventionen und Programme (z. B. Multisystemische Therapie, Multidimensionale Familientherapie, Triple P) eingesetzt, die neben diversen verhaltensorientierten Methoden und Techniken auch familiensystemische (s. Kap. 5), ökosystemische (s. Kap. 7) und andere Handlungskonzepte einbeziehen. Insofern sollten Sozialarbeiter:innen grundsätzliche lerntheoretische Handlungskonzepte kennen, um ihr Potenzial und ihre Risiken einschätzen zu können.

Weitere Übungsfragen

1. Welche Konzepte der diversen Lerntheorien sind Ihnen bekannt? Welche sind schwer zu verstehen?

2. Führen Sie Beispiele an, um die folgenden Konzepte zu erklären: bedingter Reiz, bedingte Reaktion, positiver und negativer Verstärker, das A-B-C-Modell der kognitiven Theorie, die drei Lerneffekte des Modelllernens (modellierend, ent/hemmend, auslösend).

3. Welche verhaltensorientierten Methoden und Techniken waren Ihnen schon bekannt? Versuchen Sie ein Ihnen bekanntes Verfahren mit den Begriffen der jeweiligen Lerntheorie zu beschreiben.

4. Worin liegt die Kritik verhaltensorientierter Konzepte und Methoden?

5. Inwieweit stimmt der verhaltensorientierte Ansatz mit den Werten und Anliegen der Sozialen Arbeit überein? Wo gibt es Bedenken?

Ausgewählte Literatur

- Blanz, M./Como-Zipfel, F./Schermer, F. J. (Hrsg.) (2013): Verhaltensorientierte Soziale Arbeit. Grundlagen, Methoden, Handlungsfelder. Stuttgart: Kohlhammer.
- Blanz, M./Schermer, F. J. (2013): Methoden der Verhaltensorientierten Sozialen Arbeit. In: Blanz, M./Como-Zipfel, F./Schermer, F. J. (Hrsg.) (2013): Verhaltensorientierte Soziale Arbeit. Grundlagen, Methoden, Handlungsfelder. Stuttgart: Kohlhammer. S. 63–102.

- Heidenreich, T./Laging, M. (2013): Achtsamkeit in der Sozialen Arbeit: Ansatzpunkte und Potenziale. In: Knuf, A./Hammer, M. (Hrsg.): Die Entdeckung der Achtsamkeit in der Arbeit mit psychisch erkrankten Menschen. Bonn: Psychiatrie. S. 246–259.
- Kröger, C. (2018): Zur Bedeutung tiefenpsychologischer und verhaltensorientierter Konzepte für sozialtherapeutische Beratungsprozesse. In: Beratung Aktuell 19, H. 3, S. 37–51.
- Schermer, F. J./Weber, A. (Hrsg.) (2006): Methoden der Verhaltensänderung. Komplexe Interventionsprogramme. Stuttgart: Kohlhammer.
- Schmitt, T. (2022): Das soziale Gehirn. Eine Einführung in die Neurobiologie für psychosoziale Berufe. 2. Auflage. Bonn: Psychiatrie.
- Weber, A. (2016): Kognitive Verhaltensmodifikation. In: Schermer, F. J./Weber, A./Drinkmann, A./Jungnitsch, G. (Hrsg.): Methoden der Verhaltensänderung. Basisstrategien. Aschaffenburg: Alibri. S. 107–140.

Ausgewählte Internetlinks und Videomaterialien

- E-Journals für die verhaltensorientierte Soziale Arbeit (FHWS) – https://blog.bibkatalog.de/2017/03/01/e-journals-fuer-die-verhaltensorientierte-soziale-arbeit/
- Grüne Liste Prävention – www.gruene-liste-praevention.de
- Stiftung Jugendhilfe aktiv: Video-Home-Training in einer Familie – https://www.youtube.com/watch?v=DUNdBNOcfNI
- Widulle, W. (2020): Neurowissenschaften und die Soziale Arbeit – https://tube.switch.ch/videos/dce3fa39

Literatur- und Quellenverzeichnis

Amthor, R.-C. (2014): Handlungskonzepte der Sozialen Arbeit. Zur theoretischen Fundierung methodischen Handelns von SozialpädagogInnen und SozialarbeiterInnen. In: Unsere Jugend 66, H. 7/8, S. 290–299.

Angell, B. (2013): Behavioral Theory. In: NASW Press und Oxford University Press (Hrsg.): Encyclopedia of Social Work [Online]. (Abfrage: 22. 10. 2020)

Bandura, A. (1994): Lernen am Modell: Ansätze zu einer sozial-kognitiven Lerntheorie. Stuttgart: Klett-Cotta.

Bartmann, U. (2010): Verhaltensmodifikation als Methode der Sozialen Arbeit. Ein Leitfaden. Tübingen: DGVT.

Batra, A./Wassmann, R./Buchkremer, G. (2012): Verhaltenstherapie. Grundlagen – Methoden – Anwendungsgebiete. Stuttgart: Thieme.

Beck, A. T. (1976): Cognitive Therapy of the Emotional Disorders. New York: Penguin Books.

Besser, L. U. (2013): Wenn die Vergangenheit Gegenwart und Zukunft bestimmt. Wie Erfahrungen und traumatische Ereignisse Spuren in unserem Kopf hinterlassen, Gehirn und

Persönlichkeit strukturieren und Lebensläufe determinieren. In: Bausum, J./Besser, L.-U./ Kühn, M./Weiß, W. (Hrsg.): Traumapädagogik. Grundlagen, Arbeitsfelder und Methoden für die pädagogische Praxis. Basel und Weinheim: Beltz. S. 38–55.

Blanz, M./Como-Zipfel, F./Schermer, F. J. (Hrsg.) (2013): Verhaltensorientierte Soziale Arbeit. Grundlagen, Methoden, Handlungsfelder. Stuttgart: Kohlhammer.

Blanz, M./Schermer, F. J. (2013): Methoden der Verhaltensorientierten Sozialen Arbeit. In: Blanz, M./Como-Zipfel, F./Schermer, F. J. (Hrsg.) (2013): Verhaltensorientierte Soziale Arbeit. Grundlagen, Methoden, Handlungsfelder. Stuttgart: Kohlhammer. S. 63–102.

Brunner, V./Welter-Endelin, R. (1973): Verhaltenstherapie in der Sozialen Arbeit. Bern: Schweizer Berufsverband der Sozialarbeiter.

Burns, D. (1999): The Feeling Good Handbook (rev. Aufl.). New York: Plume.

Como, F. (2010): Verhaltensorientierte Soziale Arbeit. Wissenschaftshistorische Ausgangspunkte und aktuelle Perspektiven. In: Verhaltenstherapie und psychosoziale Praxis 42, H. 1, S. 146–160.

Como-Zipfel, F. (2013): Wissenschaftshistorische und berufsethische Grundlagen der Verhaltensorientierten Sozialen Arbeit. In: Blanz, M./Como-Zipfel, F./Schermer, F. J. (Hrsg.): Verhaltensorientierte Soziale Arbeit. Grundlagen, Methoden, Handlungsfelder. Stuttgart: Kohlhammer. S. 13–33.

Dember, W. N. (1974): Motivation and the Cognitive Revolution. In: American Psychologist 29, H. 3, S. 161–168.

Dozois, D. J. A./Dobson, K. S./Rnic, K. (2019): Historical and Philosophical Bases of the Cognitive-Behavioral Theories. In: Dobson, K. S./Dozois, D. J. A. (Hrsg.): Handbook of Cognitive-Behavioral Therapies. New York: The Guildford Press. S. 3–31.

Drinkmann, A./Schiebel, A. (2004): Soziale Kompetenzen in Theorie und Praxis der Sozialen Arbeit. In: Sozialmagazin 29, H. 2, S. 14–18.

Drinkmann, A. (2016): Sozial-kognitive Methoden: Rollenspiel. In: Schermer, F. J./Weber, A./ Drinkmann, A./Jungnitsch, G. (Hrsg.): Methoden der Verhaltensorientierten Sozialen Arbeit. Aschaffenburg: Alibri. S. 141–192.

Ellis, A. (1962): Reason and Emotion in Psychotherapy. New York: Citadel Press.

Ellis, A./David, D./Lynn, S. J. (2010): Rational and Irrational Beliefs: A Historical and Conceptual Perspective. In: David, D./Lynn, S. J./Ellis, A. (Hrsg.): Rational and Irrational Beliefs: Research, Theory, and Clinical Practice. New York: Oxford University Press. S. 3–22.

Erath, P. (2006): Sozialarbeitswissenschaft. Eine Einführung. Stuttgart: Kohlhammer.

Fletscher, K. (2008): Die Bedeutung neurowissenschaftlicher Aspekte in der Klinischen Sozialarbeit. In: Klinische Sozialarbeit 4, H. 4, S. 10–12.

Franzkowiak, P. (2018): Lern- und verhaltenspsychologische Perspektive (Abfrage: 18.7.2021)

Goltsche, I. (2009): Anwendungsbereiche des Video-Home-Trainings VHT. Leipzig: Klinkhardt.

González-Prendes, A./Brisebois, K. (2012): Cognitive-Behavioral Therapy and Social Work Values: A Critical Analysis. In: Journal of Social Work Values and Ethics 9, H. 2, S. 22–33.

Halder, S./Mahato, A. K. (2019): Cognitive Behavior Therapy for Children and Adolescents: Challenges and Gaps in Practice. In: Indian Journal of Psychological Medicine 41, H. 3, S. 279–283.

Hautzinger M. (2008): Grundüberzeugungen ändern. In: Linden M./Hautzinger, M. (Hrsg.): Verhaltenstherapiemanual. Berlin: Springer. S. 159–162.

Hayes, S. C. (2004): Acceptance and Commitment Therapy, Relational Frame Theory, and the Third Wave of Behavioral and Cognitive Therapies. In: Behavior Therapy 35, H. 4, S. 639–665.

Heidenreich, T./Laging, M. (2013): Achtsamkeit in der Sozialen Arbeit: Ansatzpunkte und Potenziale. In: Knuf, A./Hammer, M. (Hrsg.): Die Entdeckung der Achtsamkeit in der Arbeit mit psychisch erkrankten Menschen. Bonn: Psychiatrie. S. 246–259.

International Federation of Social Workers (2014): Global definition of social work. www.ifsw.org/what-is-social-work/global-definition-of-social-work/ (Abfrage: 22.9.2022)

Jungnitsch, G. (2016): Respondente Methoden: Entspannungsverfahren. In: Schermer, F. J./Weber, A./Drinkmann, A./Jungnitsch, G. (Hrsg.): Methoden der Verhaltensorientierten Sozialen Arbeit. Basisstrategien. Aschaffenburg: Alibri. S. 193–236.

Kabat-Zinn, J. (1982): An outpatient program in behavioral medicine for chronic pain patients based on the practice of mindfulness meditation: theoretical considerations and preliminary results. In: General Hospital Psychiatry 4, H. 1, S. 33–47.

Kanfer, F. H./Saslow, G. (1969): Behavioral diagnosis. In: Franks, C. (Hrsg.): Behavior therapy: Appraisal and status. New York: McGraw-Hill. S. 417–444.

Knopf, W./Walther, I. (Hrsg.) (2010): Beratung mit Hirn: Neurowissenschaftliche Erkenntnisse für die Praxis von Supervision und Coaching. Wien: Facultas.

Kröger, C. (2018): Zur Bedeutung tiefenpsychologischer und verhaltensorientierter Konzepte für sozialtherapeutische Beratungsprozesse. In: Beratung Aktuell 19, H. 3, S. 37–51.

Linderkamp, F. (2020): Die Effektivität achtsamkeitsbasierter Therapieverfahren bei Kindern und Jugendlichen mit ADHS – ein systematisches Review. In: Lernen und Lernstörungen 9, H. 1, S. 25–35.

Löbmann, R./Bördlein, C. (2021): Verhaltensorientierte Gemeinwesenarbeit als Kompetenz zukünftiger (klinischer) Sozialarbeiter*innen. In: Klinische Sozialarbeit 17, H. 1, S. 7–10.

Löbmann, R./Como-Zipfel, F. (2012): Verhaltensorientierte Soziale Arbeit „Zückerchenpraxis" oder Zukunftsmodell? In: Theorie und Praxis der Sozialen Arbeit 3, S. 230–238.

Lützenkirchen, A. (2004): Bedeutung und Nutzen von Achtsamkeit in der Sozialen Arbeit. In: Gruppendynamik und Organisationsberatung 35, H. 1, S. 27–36.

Mayer, K. (2007): Wenn Auftraggeber den Nachweis der Wirksamkeit verlangen. Verhaltensorientierte Methoden in der Sozialen Arbeit. In: Sozial Aktuell 4, S. 27–29.

Mitchell, B. S./Hirn, R. G./Lewis, T. J. (2017): Enhancing Effective Classroom Management in Schools: Structures for Changing Teacher Behavior. In: Teacher Education and Special Education 40, H. 2, S. 140–153.

Narciss S. (2011): Verhaltensanalyse und Verhaltensmodifikation auf der Basis lernpsychologischer Erkenntnisse. In: Wittchen, H. U./Hoyer, J. (Hrsg.): Klinische Psychologie & Psychotherapie. 2. Auflage. Berlin/Heidelberg: Springer. S. 419–434.

Olin, S. S./Hoagwood, K. E./Rodriguez, J./Ramos, B./Burton, G./Penn, M./Crowe, M./Radigan, M./Jensen, P. S. (2010): The Application of Behavior Change Theory to Family-Based Services: Improving Parent Empowerment in Children's Mental Health. In: Journal of Child and Family Studies 19, H. 4, S. 462–470.

Parsonson, B. S. (2012): Evidence-based Classroom Behaviour Management Strategies. In: Kairaranga 13, H. 1, S. 16–23.

Payne, M. (2014): Modern social work theory. 4. Auflage. Chicago, USA: Lyceum Books.

Rauktis, M. E. (2016): „When You First Get There, You Wear Red": Youth Perceptions of Point and Level Systems in Group Home Care. In: Child and Adolescent Social Work Journal 33, H. 1, S. 91–102.

Reinecker, H. (2005): Grundlagen der Verhaltenstherapie. 3. Auflage. Weinheim: Beltz.

Roth, G./Grabner, R. H./Menck, P. (2013): Welchen Nutzen haben die Erkenntnisse der Hirnforschung für die Pädagogik? In: Zeitschrift für pädagogische Psychologie 27, H. 3, S. 123–140.

Schermer, F. J./Weber, A. (Hrsg.) (2006): Methoden der Verhaltensänderung. Komplexe Interventionsprogramme. Stuttgart: Kohlhammer.

Schermer, F. J. (2016): Verhaltensdiagnostik. In: Schermer, F. J./Weber, A./Drinkmann, A./Jungnitsch, G. (Hrsg.): Methoden der Verhaltensänderung. Basisstrategien. Aschaffenburg: Alibri. S. 11–52.

Schermer, F. J./Weber, A./Drinkmann, A./Jungnitsch, G. (Hrsg.): Methoden der Verhaltensänderung. Basisstrategien. Aschaffenburg: Alibri.

Schmitt, T. (2022): Das soziale Gehirn. Eine Einführung in die Neurobiologie für psychosoziale Berufe. 2. Auflage. Bonn: Psychiatrie Verlag.

Shafran, R./Clark, D. M./Fairburn, C. G./Arntz, A./Barlow, D. H./Ehlers, A./Freeston, M./Garety, P. A./Hollon, S. D./Ost, L. G./Salkovskis, P. M./Williams, J. M. G./Wilson, G. T. (2009): Mind the gap: Improving the dissemination of CBT. In: Behaviour Research and Therapy 47, H. 11, S. 902–909.

Tickell, A./Ball, S./Bernard, P./Kuyken, W./Marx, R./Pack, S./Strauss, C./Sweeney, T./Crane, C. (2020): The effectiveness of mindfulness-based cognitive therapy (MBCT) in real-world health care services. In: Mindfulness 11, H. 2, S. 279–290.

Tolin, D. F. (2010): Is cognitive-behavioral therapy more effective than other therapies? A meta-analytic review. In: Clinical Psychology Review 30, H. 6, S. 710–720.

Turner, F. J. (2017): Social Work Treatment. 6. Auflage New York: Oxford University Press.

Watson, J. B./Raynor, R. (1920): Conditioned emotional reactions. In: Journal of Experimental Psychology 3, H. 1, S. 1–14.

Weaver, A./Himle, J./Steketee, G./Muroff, J. (2014): Cognitive behavioral therapy. In: NASW Press und Oxford University Press (Hrsg.): Encyclopedia of Social Work [Online]. (Abfrage: 22. 9. 2022)

Weber, A. (2016): Kognitive Verhaltensmodifikation. In: Schermer, F. J./Weber, A./Drinkmann, A./Jungnitsch, G. (Hrsg.): Methoden der Verhaltensänderung. Basisstrategien. Aschaffenburg: Alibri. S. 107–140.

Wimmer, H./Perner, J. (1979): Kognitionspsychologie: eine Einführung. Stuttgart: Kohlhammer.

Kapitel 4
Handlungskonzepte aus der Humanistischen Psychologie

Ralph-Christian Amthor

Die Soziale Arbeit wird seit Jahrzehnten durch zahlreiche Konzepte aus der Humanistischen Psychologie nachhaltig beeinflusst. Im Mittelpunkt des Kapitels steht zunächst der Personzentrierte Beratungsansatz von Carl Rogers, die damit verbundene Persönlichkeitstheorie, das besondere Menschenbild, die drei Berater:innenvariablen Empathie, Akzeptanz und Kongruenz als Voraussetzungen für die Selbstexploration der Klient:innen sowie die Methoden für die konkrete Anwendung dieses prozessorientierten Handlungskonzeptes. Auf dieser Basis werden weitere Konzepte aus dem Bereich der Humanistischen Psychologie vorgestellt; die Themenzentrierte Interaktion (TZI) nach Ruth Cohn wird gesondert beschrieben.

4.1 Zum Einfluss auf die Soziale Arbeit

Die Humanistische Psychologie entwickelte sich Mitte des 20. Jahrhunderts in den USA als „Dritte Kraft“ neben der Psychoanalyse und dem Behaviorismus und kam Ende der 1960er Jahre nach Deutschland und Europa. Interessanterweise wurden die unterschiedlichen Konzepte der Humanistischen Psychologie auch durch deutsche Psycholog:innen, die im Nationalsozialismus Deutschland verließen und in die Vereinigten Staaten emigrierten, mit beeinflusst; dazu zählen Persönlichkeiten wie Kurt Goldstein, Erich Fromm, Fritz Perls, Charlotte Bühler, Ruth Cohn und andere (vgl. Quitmann 1996, S. 12 ff.). Anfang der 1960er Jahre kam es zur Gründung der „American Association of Humanistic Psychology“; bekannte Gründungsmitglieder waren u. a. Abraham Maslow, Carl Rogers und Virginia Satir. Mit dieser Bewegung waren die vielfältigsten Handlungskonzepte und Psychotherapieverfahren verbunden, die bis heute großen Einfluss auf die professionelle Soziale Arbeit haben.

Im Mittelpunkt der Humanistischen Psychologie steht eine besondere Sicht, die der Kreativität, dem Wachstum und der Entscheidungsfreiheit breiten Raum gibt und die nachhaltig von der europäischen Tradition der Existenzphilosophie und Phänomenologie beeinflusst wurde: Der Mensch wird in seiner Einzigartigkeit gesehen, und das Ausschöpfen der eigenen Potenziale und das in jedem

Menschen innewohnende Bedürfnis nach konstruktiver Veränderung, Selbstverwirklichung und Selbstentfaltung treten in den Vordergrund. Es werden die Erfahrungs- und Erlebensprozesse einzelner Klient:innen in der Gegenwart hervorgehoben (vgl. Bühler/Allen 1983, S. 7 ff.; McLeod 2004, S. 130 f.).

Es war insbesondere der Verdienst des US-amerikanischen Psychologen Abraham Maslow, allgemeine theoretische Charakteristika für diese Bewegung auszuarbeiten; er war es auch, der die Humanistische Psychologie zuerst als „Dritte Kraft“ bezeichnete. Während er sich als naturwissenschaftlich orientierter Psychologe zu Beginn seiner wissenschaftlichen Laufbahn noch am Behaviorismus orientierte, wandte er sich zunehmend gegen eine Psychologie, die sich aus seiner Perspektive zuvörderst mit dem negativen Teil der menschlichen Persönlichkeit beschäftigt; dagegen setzte er die Erforschung des „Guten“ im Menschen mit dem Ziel der Selbstverwirklichung (vgl. Kollbrunner 1995, S. 203 ff.; Quitmann 1996, 224 ff.).

Der Psychologe Lawrence A. Pervin hob hervor, dass für Maslow „der Mensch grundsätzlich gut oder neutral und nicht böse oder schlecht ist, dass jeder einen Impuls zu Wachstum oder Ausschöpfung seines Potenzials in sich hat, und dass psychopathologische Erscheinungen das Ergebnis des Verbiegens und der Enttäuschung der eigentlichen Natur des menschlichen Organismus sind. „Die Gesellschaft“, so führt er weiter aus, „verursacht oft ein solches Verbiegen und eine solche Hemmung, und es ist problematisch, davon auszugehen, dass das Ergebnis dieses Verbiegens und dieser Hemmung die eigentliche Natur des Organismus sei. Wir sollten vielmehr erkennen, was geschähe, wenn diese Hindernisse beseitigt würden“ (2005, S. 270).

Nach Maslow hat der Mensch unterschiedliche Bedürfnisse, die in einer hierarchischen Anordnung zueinanderstehen: Auf der untersten Stufe stehen physiologische Bedürfnisse wie Hunger, Durst, Schlaf oder Sexualität im Vordergrund. Während der Mensch als biologischer Organismus nicht ohne Wasser und Nahrung überlebt, kann er sich als physischer Organismus nur entfalten, wenn elementare Bedürfnisse befriedigt werden. In der Hierarchie folgen so in aufsteigender Reihenfolge zunächst die Sicherheitsbedürfnisse wie Geborgenheit, Angstfreiheit, Schutz, Ordnung und Stabilität, sodann die Bedürfnisse nach sozialer Zugehörigkeit, Liebe und Zuneigung, sowie schließlich das Bedürfnis nach Achtung durch sich und andere, Wertschätzung und Anerkennung. Alle diese Bedürfnisse bezeichnete Maslow als Grundbedürfnisse („basic needs“), die sich von den Wachstumsbedürfnissen („growth needs“) unterscheiden. Auf der obersten Stufe steht ihm zufolge das Bedürfnis nach Selbstverwirklichung, dem menschlichen Verlangen nach Selbsterfüllung und der Entfaltung individueller Potenziale (vgl. Maslow 1997, S. 37 ff. und 2010, S. 62 ff.; ferner Hochgräfe 1988, S. 36 ff.).

Wenn in diesem Kapitel auf den Einfluss der Humanistischen Psychologie auf die Soziale Arbeit hingewiesen wird, muss zugleich festgehalten werden, dass mit dem Personzentrierten Ansatz ein Handlungskonzept aufzuführen ist, welches das berufliche Handeln von Sozialarbeiter:innen und Sozialpädagog:innen tiefgreifend über Jahrzehnte mit beeinflusst hat und immer noch beeinflusst. Dabei mag es erstaunen, dass diese Ausrichtung gerade in der Praxis und Lehre der Sozialen Arbeit weitaus größere Anerkennung erfahren hat als innerhalb der akademischen Psychologie selbst.

4.2 Zur Persönlichkeitstheorie von Carl Rogers

Rogers entwickelte das personzentrierte Beratungs- und Psychotherapiemodell über Jahrzehnte hinweg. Die Nähe zur Sozialen Arbeit war bereits während der ersten Berufsjahre gegeben: Ab 1928 war er 12 Jahre lang in der „Child Guidance Clinic", einer Erziehungsberatungsstelle in der Stadt Rochester im US-Bundesstaat New York, psychologisch und sozialpädagogisch tätig und entwickelte aus dieser Arbeit heraus grundlegende Annahmen zur Beratung und Psychotherapie. Bekannt ist zudem, dass Rogers sich in Berufsorganisationen von Sozialarbeiter:innen engagierte und während seiner frühen Berufskarriere durch den „funktionalen Ansatz" beeinflusst wurde, der sich ab den 1930er Jahren an der Pennsylvania School of Social Work durch die Sozialarbeiterin Jessie Taft herausbildete.

Im Gegensatz zur damaligen Zeit verbreiteten diagnostischen Schule, die sich stark an der Psychoanalyse orientierte, vertrat die funktionale Schule einen optimistischen Blick, der Klient:innen nicht ausschließlich als Produkte ihrer Vergangenheit, von Diagnosen und von Expert:innen vorgegebenen Behandlungen verstand, sondern als wertzuschätzende Persönlichkeiten, deren Potenzial, inneres Wachstum und Erneuerung in der Gegenwart und unter einer positiv gestalteten Beziehung zur sozialen Fachkraft gefördert werden konnte. Einfluss auf die Herausbildung der funktionalen Schule hatte zudem Otto Rank, damals Dozent an dieser School of Social Work, der eine eigene, von Sigmund Freud deutlich zu unterscheidende psychoanalytische Ausrichtung in den USA vertrat (vgl. Turner 2011, S. 58 ff.; Walsh 2013, 34 ff.; Hinz/Behr 2002).

Carl Rogers (1902–1987)
Rogers wuchs in einer streng religiös ausgerichteten Familie auf, widmete sich zunächst der Agrarwissenschaft und Theologie, fand aber in der Psychologie sein eigentliches Interessensgebiet. Nach seiner Tätigkeit in einer Erziehungsberatungsstelle wechselte er in den Hochschulbereich und forschte von 1940

bis 1963 in Ohio, Chicago und Wisconsin. Danach wirkte er in La Jolla, Kalifornien, begründete das „Center for Studies of the Person" mit und weitete seinen zunächst auf die Beratung und Psychotherapie ausgerichteten Ansatz auf weitere Felder aus, beispielsweise auf Erziehung, Partnerschaft und Familie, Minderheiten und Rassenkonflikte, aber auch Institutionen und Gemeinwesen bis hin zu politischen Fragen und interkulturellen und internationalen Beziehungen. Rogers blieb bis ins hohe Alter produktiv, u.a. führte er im Rahmen der Encounterbewegung unzählige Selbsterfahrungsgruppen durch (Hinz/Behr 2002).

Die dem Handlungskonzept zugrunde liegende Persönlichkeitstheorie lässt sich, orientiert an den Ausführungen in Galuskes „Methoden der Sozialen Arbeit" (vgl. 2014, S. 181 ff.), mit folgenden fünf Punkten grob skizzieren:

Aktualisierungstendenz

Als grundlegendes Axiom ging Rogers von einer jedem Organismus innewohnenden Tendenz aus, sich selbst zu erhalten und weiterzuentwickeln. Dabei geht es um weit mehr als nur um das Vorhandensein von Selbstheilungskräften oder die Darstellung eines Motivationsprinzips; mit der Aktualisierungstendenz wird vielmehr auf ein grundlegendes Entwicklungsprinzip des Menschen Bezug genommen, auf eine richtungsgebende Kraft, sein in ihm liegendes Potenzial und Wachstum zu entwickeln (vgl. Weinberger 2013, S. 24 f.). Rogers nahm an, dass der Organismus, verstanden als psychische und physische Ganzheit, eine „grundlegende Tendenz hat, den Erfahrung machenden Organismus zu verwirklichen, zu erhalten und zu erhöhen" (2016a, S. 422).

Selbstkonzept

Der menschliche Organismus mit seiner Tendenz zur Aktualisierung und Selbstentfaltung trifft auf die Umwelt und ihre Anforderungen und Reize und in der Auseinandersetzung von Organismus und Umwelt entwickelt sich ein individuelles Selbstkonzept; hierbei handelt es sich um ein wertendes Bild des Menschen von sich selbst, das sich im Laufe des Lebens herausbildet. Idealerweise ist dieses organisiert, beweglich und konsistent und kann flexibel auf Umwelterfahrungen und -reize reagieren. Das Selbst-Konzept „setzt sich zusammen aus Elementen wie den Wahrnehmungen der Charakteristika und den Fähigkeiten der Person; den Wahrnehmungen und Vorstellungen vom Selbst in Bezug zu anderen und zur Umgebung; den Wertgehalten, die als verbunden mit Erfahrungen und Objekten wahrgenommen werden; und den Zielen und Idealen, die als positiv oder negativ wahrgenommen werden" (Rogers 2016a, S. 135).

Subjektive Wahrnehmung

Rogers ging davon aus, dass die menschliche Wahrnehmung der Welt grundsätzlich subjektiv und das Resultat eines Filterungsprozesses ist: „Der Organismus reagiert auf das Feld, wie es erfahren und wahrgenommen wird. Dieses Wahrnehmungsfeld ist für das Individuum ‚Realität'. Das ist eine simple These, die wir alle aus unserer Erfahrung kennen, aber sie stellt einen Punkt dar, der häufig übersehen wird. Ich reagiere nicht auf irgendeine absolute Realität, sondern auf meine Wahrnehmung dieser Realität. Diese Wahrnehmung ist für mich Realität" (2016a, S. 419). Damit lebt jedes Individuum „in einer sich dauernd verändernden Welt, deren Mittelpunkt es selbst ist. Die Welt der Erfahrung eines Menschen bleibt in den letzten Tiefen seine ureigenste. Niemand wird sie ganz erfassen, weder durch Tests, noch durch Beobachtung, noch Überlegung" (GwG 1989, S. 66).

Kongruenz und Inkongruenz

Treten Erfahrungen im Leben eines Menschen auf, so werden diese entweder a) wahrgenommen und in eine Beziehung zum Selbst organisiert, b) ignoriert, weil keine Beziehung zum Selbst hergestellt werden kann, oder c) geleugnet oder verzerrt wahrgenommen, weil die Erfahrung nicht mit dem eigenen Selbstbild übereinstimmt. In diesem Zusammenhang sprach Rogers von gelungener psychischer Anpassung, wenn der Mensch erfahrene Umweltreize in das eigene Selbstkonzept zu integrieren vermag. Hingegen liegt eine psychische Fehlanpassung vor, wenn der Organismus vor dem Bewusstsein wichtige Körper- und Sinneserfahrungen leugnet, die demzufolge nicht in die Gestalt der Selbststruktur organisiert werden. Der Mensch reagiert auf eine derartige Situation mit Ängsten oder anderen Verteidigungsstrategien; nicht in das Selbstkonzept integrierbare Erfahrungen werden als Bedrohung empfunden und können sich zum Problem entwickeln (vgl. Rogers 2016a, S. 434 ff. und 440 ff.).

Zielsetzungen des Beratungsprozesses

Aufgabe der Beratenden ist es nun, Klient:innen zu einer gelingenden Anpassung an die lebensweltlichen Erfahrungen, zu einer Übereinstimmung zwischen Selbst und Erfahrung zu verhelfen, indem die Grenzen des Selbstkonzeptes flexibler gemacht und geleugnete und verfälschte Erfahrungen offengelegt werden. Rogers folgend ist hierfür eine positive und wertschätzende Beziehung von zentraler Bedeutung, und es gilt, für Klient:innen angemessene Schutzräume und Bedingungen zu schaffen, die Veränderungsprozesse fördern: „Ich bin dazu gekommen, Menschen zu vertrauen, ihrem Vermögen, sich selbst und ihre Schwierigkeiten zu erforschen und zu verstehen, und ihrer Fähigkeit, solche Probleme zu lösen. Voraussetzung ist nur eine enge, andauernde Beziehung, in der ich ein wirkliches Klima der Wärme und des Verstehens schaffen kann" (GwG 1989, S. 18).

Rogers legte seiner Arbeit ein besonderes Menschenbild zugrunde: „Eine der revolutionärsten Einsichten, die sich aus unserer klinischen Erfahrung entwickelt hat“, so formulierte er eindringlich, „ist die wachsende Erkenntnis: der innerste Kern der menschlichen Natur, die am tiefsten liegenden Schichten seiner Persönlichkeit, die Grundlage seiner tierischen Natur ist von Natur aus positiv – von Grund auf sozial, vorwärtsgerichtet, rational und realistisch“ (2016a, S. 99 f.). Er sah durchaus, dass Menschen sich auch völlig destruktiv, unsozial und irrational verhielten: So mochten wir „zwar mitunter so sein, aber wenn es so war, dann waren wir neurotisch und funktionierten nicht wie voll entwickelte Menschen. Wenn der Mensch frei und ungehemmt funktionierte, war er frei, seine grundlegende Natur als positiv und als soziales Wesen zu erfahren und zu verwirklichen“ (Pervin et al. 2005, S. 218).

Die Aufgabe der Sozialen Arbeit ist es folglich, den Adressat:innen angemessene Bedingungen zu verschaffen, die ihr natürliches Wachstum fördern und ihr innewohnendes Potenzial freilegen. Mit dem Blick auf die angeborene Aktualisierungstendenz und die Selbstheilungskräfte ist zudem davon auszugehen, dass Klient:innen über enorme eigene Ressourcen verfügen, um sich selbst und das eigene Handeln zu verändern.

4.3 Zentrale Haltungen und Bedeutung der Selbstexploration

Bedingt durch die jahrzehntelange Weiterentwicklung dieses Beratungs- und Psychotherapiemodells werden in der Fachliteratur unterschiedliche Begrifflichkeiten verwendet (vgl. Weinberger 2013, S. 22 ff.; Turner 2017, S. 59 ff.):

„Nicht direktiv“

Zunächst sprach sich Rogers dagegen aus, Klient:innen Ratschläge, Belehrungen und Interpretationen zu geben und wandte sich gegen jegliche Formen direktiver Beratung. Nicht das Problem sollte im Mittelpunkt stehen, sondern Klient:innen als einmalige Individuen verstanden werden, die fähig sind, im Rahmen eines speziellen Beziehungsangebotes zu einem besseren Verständnis über sich selbst zu kommen und dadurch Einstellungs- und Verhaltensänderungen herbeiführen zu können.

„Klientenzentriert“

Da Rogers die Erfahrung machte, dass das Wort „nicht-direktiv“ missverständlich dahingehend ausgelegt werden könnte, „nicht aktiv“ während des Beratungs- und Psychotherapieprozess zu sein, nannte er seinen Ansatz „client-centered“

(deutsch: „klientenzentriert"). Gleichzeitig sollte der neue Begriff auch auf das Neue hinweisen, nämlich die Zentrierung auf Klient:innen und deren Potenziale.

„Personzentriert"

Während der 1970er Jahre weitete Rogers sein Konzept über den Bereich der Beratung und Psychotherapie hinaus auf viele weitere Lebensbereiche aus. Mit der Bezeichnung sollte zum Ausdruck gebracht werden, dass die Person als *Mensch* im Mittelpunkt stehen sollte und nicht in ihrer Funktion als Klient:in. Gleichwohl werden heute die Begriffe „klientenzentriert" und „personzentriert" im deutschen und englischen Sprachraum oftmals synonym verwandt.

In diesen Begriffen spiegelt sich ein gewandeltes Selbstverständnis wider: Sozialarbeiter:innen und Sozialpädagog:innen verstehen sich im Rahmen dieses Handlungskonzeptes nicht mehr als distanzierte Expert:innen, die Wege und Lösungen vorgeben, sondern vielmehr als empathische Helfer:innen, die durch Empathie, Akzeptanz und Kongruenz auf die Äußerungen des Klient:innen eingehen und dadurch die Entfaltung selbstheilender Kräfte, positives Wachstum und Selbstentfaltung vorantreiben. Besonderes Augenmerk wird dabei auf die Einsichtsfähigkeit, den freien Willen und auf die Fähigkeit, selbstverantwortlich zu handeln, gelegt. In der Beratungssituation gilt es, den geschützten Raum so zu gestalten, dass Klient:innen über eigene Erlebnisse zu sprechen beginnen (vgl. Galuske 2013, S. 183 f.). Im Mittelpunkt der Beratung stehen dabei drei zentrale Haltungen:

Einfühlendes Verstehen (Empathie)

Die Fachkraft muss fähig sein, sich in die innere Gedanken-, Gefühls- und Erfahrungswelt von Klient:innen hineinzuversetzen, um den „inneren Bezugsrahmen des anderen möglichst exakt wahrzunehmen, mit all seinen emotionalen Komponenten und Bedeutungen, gerade so, als ob man die andere Person wäre, jedoch ohne jemals die ‚als ob'-Position aufzugeben" (Rogers 2016b, S. 44). Indem sich der/die Beratende auf die Empfindungen, Vorstellungen und Einstellungen des Gegenübers ausrichtet, sich in dessen Situation hineinversetzt und das Verstandene und Erlebte mitteilt und zur Verfügung stellt, nehmen Klient:innen sich selbst aus einer gewissen Distanz wahr und können eigene Gedanken und Emotionen hinterfragen. Trotzdem bleibt es bei der „Als-ob-Perspektive", das heißt der Trennung zwischen den beteiligten Personen, denn die Wirklichkeit der Klient:innen bleibt letztendlich ihre und ist nur zu einem gewissen Teil erfassbar (vgl. Weinberger 2013, S. 41; Sander/Ziebertz 2021, S. 68 ff.)

Unbedingte Wertschätzung (Akzeptanz)

Nach Rogers bedeutet unbedingte Wertschätzung, eine „Person zu schätzen, ungeachtet der verschiedenen Bewertungen, die man selbst ihren verschiedenen Verhaltensweisen gegenüber hat“ (2016b, S. 41). Die Beratungsfachkraft bemüht sich, Klient:innen unabhängig von ihren Äußerungen zu akzeptieren; abwertende oder missbilligende Stellungnahmen seitens der Fachkraft oder nur selektiv ausgedrückte Wertschätzung sind mit diesem Ansatz unvereinbar. Die große Bedeutung dieser Haltung erscheint nachvollziehbar, wenn die unterschiedlichen Lebensverhältnisse und die damit verbundenen Lebensentwürfe und -perspektiven der Adressat:innen in der Sozialen Arbeit berücksichtigt werden, denn diese können in Konflikt mit den Werten und Normen der Beratungsfachkraft stehen (vgl. Sander/Ziebertz 2021, S. 73 ff.).

Echtheit (Kongruenz)

Fachkräfte der Sozialen Arbeit sollen im Beratungsgespräch keine Rollen spielen und künstliche Fassaden aufbauen, sondern authentisch sein und eigene Empfindungen und subjektive Eindrücke einbringen, wenn es angemessen ist. Die Prämisse, Klient:innen mit Offenheit zu begegnen, war für Rogers von grundlegender Bedeutung, weil damit bei Klient:innen die Basis geschaffen werden konnte, um Vertrauen fassen zu können und über sich, die eigenen Gefühle und über Erlebnisse und Probleme zu sprechen. Die Formulierung „wenn es angemessen ist“ verweist darauf, dass die Fachkraft Gedanken und Emotionen nicht willkürlich, sondern gezielt dann einbringt, wenn es dem Beratungsprozess dienlich ist; berücksichtigt werden müssen hier zudem institutionelle Rahmenbedingungen sowie persönliche Grenzen der Offenheit der Fachkraft selbst (vgl. Weinberger 2013, S. 66 f.).

Wird eine Beziehung aufgebaut, die seitens der Berater:in durch einfühlendes Verstehen, unbedingte Wertschätzung und Echtheit gegenüber Ratsuchenden und deren Probleme gekennzeichnet ist, reduziert sich die Angst vor Rechtfertigung, Sanktionierung und Anklage oder fällt ganz weg – und das Gegenüber beginnt sich im Laufe des personzentrierten Prozesses zunehmend zu öffnen und gibt Einblick in die innere Erlebniswelt. Damit verbunden setzt die „Selbstexploration“ ein, das heißt, Klient:innen beginnen, über bedeutsame, emotionale Erfahrungen und Erlebnisse, Einstellungen, Bewertungen, Wünsche und Ziele zu sprechen und bemühen sich um Klärung wichtiger eigener Probleme. Sie äußern ihre Wahrnehmungen über sich selbst, wie sie von anderen gesehen werden, wie sie sein möchten und setzen sich mit negativen Anteilen im Selbst auseinander. Bestenfalls sind Klient:innen offen für das, was sie im Beratungsprozess erleben und gewinnen so neue Aspekte und Zusammenhänge für ihr Erleben und die konkrete Lebenssituation, mit der sie konfrontiert sind (vgl. Sander/Ziebertz 2021, S. 83 ff.).

4.4 Ausgewählte Techniken der Gesprächsführung

Rogers selbst hatte ein ambivalentes Verhältnis zu Methoden und Techniken, viel wichtiger waren ihm Haltungen: „Nach unserer Erfahrung ist ein Berater, der versucht, eine Methode anzuwenden, zum Mißerfolg verurteilt, solange diese Methode nicht mit seinen eigenen Grundeinstellungen übereinstimmt" (2016a, S. 34). Gleichwohl haben sich vor allem in der Sekundärliteratur eine Vielfalt methodischer Vorgehensweisen entwickelt, die im Rahmen der Hochschulausbildung sowie Fort- und Weiterbildung vermittelt werden, darunter Techniken und hierauf bezogene Übungen zur Selbst- und Fremdwahrnehmung, zum verbalen und nonverbalen Verhalten, zur Bedeutung der Körpersprache, zu Nähe und Distanz, zur konkreten Umsetzung der drei Haltungen Empathie, Akzeptanz und Kongruenz bis hin zum Aufbau und zur Strukturierung von Gesprächen oder abgrenzenden Hinweisen auf unangemessenes Verhalten gegenüber Klient:innen (vgl. Weinberger 2013; Weber 2017; Sander/Ziebertz 2006, 2021).

Eine wichtige Vorgehensweise, die sich zwischenzeitlich übergreifend in nahezu allen Handlungskonzepten im Beratungsbereich durchgesetzt hat, ist das „aktive Zuhören" als Grundbedingung eines jeden helfenden Gesprächs. Dazu zählt zunächst die Bereitschaft an sich, während der Beratung mit dem eigenen Denken, Fühlen und Handeln präsent zu sein. Die Beratungsfachkraft verhält sich gegenüber einzelnen Klient:innen zugewandt und zeigt dies durch verbale Rückmeldungen, aber auch auf der nonverbalen Ebene.

Dieses Zuhören ist dabei keineswegs passiv, sondern wird beim Personzentrierten Ansatz als ein aktives, an der zu beratende Person ausgerichtetes Verhalten beschrieben: „Mein Zuhören soll systematisch und umfassend sein, also nicht zufällig oder teilweise. Ziel ist es, ‚ganz Ohr zu sein'", formuliert Weber in seiner Veröffentlichung „Wege zum helfenden Gespräch" und führt weiter aus: „Zuhören geschicht nicht nur mit den Ohren, sondern auch durch Sehen und Fühlen. Ich begleite den Gesprächspartner hörend und sehend, verstehend und mitfühlend. Wenn ich zuhöre, so erfordert das ein Höchstmaß an Konzentration" (2017, S. 59). Dieses Zuhören erstreckt sich auf unterschiedliche Kommunikationskanäle und geht über sprachlich formulierte Inhalte hinaus, schließt ebenso emotionale Inhalte, versteckte Appelle und Selbstoffenbarungen mit ein und schenkt der Stimme, Mimik, Gestik und der gesamten Körpersprache Aufmerksamkeit.

Auszug aus dem Kinderbuch MOMO von Michael Ende

„Was die kleine Momo konnte wie kein anderer, das war: Zuhören.

Das ist doch nichts Besonders, wird nun vielleicht mancher (Leser) sagen, zuhören kann doch jeder. Aber das ist ein Irrtum. Wirklich zuhören können nur ganz wenige Menschen. Und so wie Momo sich aufs Zuhören verstand, war es ganz und gar einmalig.

Momo konnte so zuhören, dass dummen Leuten plötzlich gescheite Gedanken kamen. Nicht etwa, weil sie etwas sagte oder fragte, was den anderen auf solche Gedanken brachte, nein, sie saß nur da und hörte einfach zu, mit aller Aufmerksamkeit und aller Anteilnahme. Dabei schaute sie den anderen mit ihren großen, dunklen Augen an, und der Betreffende fühlte, wie in ihm auf einmal Gedanken auftauchten, von denen er nie geahnt hatte, dass sie in ihm steckten. Sie konnte so zuhören, dass ratlose oder unentschlossene Leute auf einmal ganz genau wussten, was sie wollten. Und dass Schüchterne sich plötzlich frei und mutig fühlten. Oder dass Unglückliche und Bedrückte zuversichtlich und froh wurden.

Und wenn jemand meinte, sein Leben sei ganz verfehlt und bedeutungslos und er selbst nur irgendeiner unter Millionen, einer, auf den es überhaupt nicht ankommt und der ebenso schnell ersetzt werden kann wie ein kaputter Topf – und er ging hin und erzählte alles das der kleinen Momo, dann wurde ihm noch während er redete, auf geheimnisvolle Weise klar, dass er sich gründlich irrte, dass es ihn genauso, wie er war, unter allen Menschen nur ein einziges Mal gab und dass er deshalb auf seine besondere Weise für die Welt wichtig war. So konnte Momo zuhören!“ (Ende 1973, S. 14).

Eine weitere Vorgehensweise zur Förderung der Selbstexploration stellt das einfühlende „Spiegeln“ dar: Die Beratungsfachkraft begegnet Gefühlen und Affekten, Wünschen und Zielen sowie Wertmaßstäben und Wertungen, indem sie diese mit eigenen Worten rückmeldet: „Es geht um ein einfühlendes, vielschichtiges und tiefgehendes Spiegeln: Ich bin für den Klienten ein menschlicher und lebendiger Spiegel. Ich spiegele nicht oberflächlich und äußerlich wie eine Spiegelglasscheibe. Ich fasse das in Worte, was der Gesprächspartner (noch) nicht deutlich sagen kann. Durch mein empathisches Spiegeln lernt er, sich klarer und differenzierter zu sehen …“ (Weber 2017, S. 69). Spiegeln meint demzufolge nicht einfach nur Gesagtes zu wiederholen – gespiegelt wird vor allem die innere Erlebniswelt (siehe hier ausführlich die praxisnahen Hinweise bei Weber 2017, S. 73 ff.).

Allgemein ist das personzentrierte Beratungsgespräch prozessorientiert und ergebnisoffen angelegt, d. h. es gibt keine bestimmte Abfolge von Interventionen; gleichwohl hat die Fachkraft die Aufgabe, das Gespräch zu strukturieren. Dies lässt sich nach Eckert et al. (2012, S. 290ff.) grob in folgende drei Phasen einteilen:

Der Beratungsprozess in der Anfangsphase

Die Fachkraft eröffnet das Gespräch, ermutigt Klient:innen, ihr Anliegen vorzubringen, wiederholt, paraphrasiert und fasst wichtige Äußerungen zusammen und spricht zudem nonverbales Verhalten an. Wichtig sind während dieser Phase sondierende, informationsorientierte Berater:innenäußerungen als Bestandteil des diagnostischen Prozesses. So werden offene Fragen gestellt, ggf. gezielt nachgefragt und zur Konkretisierung von Problemen, Erlebnissen und Verhaltensweisen angeregt. Es wird ein Problembereich, ein Beratungsziel und eine Zeitdauer festgelegt.

Der Beratungsprozess in der Mittelphase

Die Selbstexploration wird mit einer empathisch-erkundenden Grundhaltung gefördert. Je vertrauter und tragfähiger das Beratungsbündnis wird, desto mehr vertieft sich der selbstexplorative Prozess, im Rahmen dessen das gefühlsmäßige Erleben in Bezug auf Personen, Ereignisse und deren Umstände erkundet werden. Wichtige prozessunterstützende Fragen wären z. B.: „Was ist im Moment in Ihnen vorgegangen?“, „Wie denken Sie über Ihre Situation?“, „Was denken Sie, müssen Sie als nächstes tun?“ oder „Was ist für Sie, wenn Sie über das Geschehene nachdenken, das Wichtigste an der Situation?“. Weitere wichtige Vorgehensweisen wären beispielsweise Dilemmata ausloten, Feedback geben, Informieren, Übungen und Rollenspiele, aber auch Schweigen, Konfrontieren, Metaphern einführen bis hin zu Selbstmitteilungen des:der Berater:in.

Die Schlussphase der Beratung

Dem Ende der Beratung ist die gleiche Bedeutung wie dem Beginn beizumessen. Handelt es sich nur um einen einmaligen Kontakt, so ist eine Evaluation der Beratung vor Ablauf der verfügbaren Zeit einzuplanen; sind mehrere Gesprächskontakte vereinbart, wird am Ende der Stunde kein weiteres Thema mehr aufgegriffen, vielmehr steht die Zusammenfassung im Vordergrund. Der:die Ratsuchende wird beispielsweise aufgefordert, die abgelaufene Sitzung in einem Satz, einem Wort oder Bild zusammenzufassen oder gefragt, worauf bis zum nächsten Termin besondere Aufmerksamkeit geschenkt werden soll. Am Schluss der Beratung sollte das abschließende Feedback im Vordergrund stehen.

An dieser Stelle sei darauf verwiesen, dass sich der Personzentrierte Beratungsansatz in aller Deutlichkeit von unangemessenen Verhaltensweisen abgrenzt und diese auch problematisiert. Weinberger zählt hierzu beispielsweise das „Bagatellisieren", bei dem die soziale Fachkraft Probleme und Gefühle von Klient:innen taktlos herunterspielt, wodurch der beraterische Prozess stark beeinträchtigt werden kann (Beispiel: „Das ist doch gar nicht so schlimm, ich bitte Sie! Im Vergleich zu andern sind Sie doch wirklich noch ganz gut dran!"). Hierbei besteht die Gefahr, dass Klient:innen sich unverstanden fühlen und die Motivation, sich mit den eigenen Schwierigkeiten auseinanderzusetzen, deutlich abnimmt.

Auch das „Diagnostizieren" führt Weinberger mit auf, bei der die Fachkraft Probleme und Verhaltensweisen der Klient:innen ohne hinreichende Kenntnis vorschnell einer Kategorie zuordnet (Beispiel: „Wenn ich Sie mir so ansehe, wie Sie gerade heute bei unserem ersten Treffen vor mir sitzen: Sie neigen sicherlich zur Introversion und haben ausgeprägte Minderwertigkeitskomplexe."). Die soziale Fachkraft setzt sich nicht mit den Schwierigkeiten von Klient:innen auseinander, und an der Stelle einer gleichberechtigten Beziehung steht die Expert:innenrolle im Vordergrund.

Derartige unpassende Verhaltensweisen, die den beraterischen Prozess stark beeinträchtigen und hemmen können und deshalb aus der Perspektive des Personzentrierten Ansatzes abzulehnen sind, gibt es zahlreiche: Dazu gehören u. a. das Moralisieren, das Bewerten und das Verurteilen, das Herumdirigieren und das Aushören von Klient:innen bis hin zur Herausstellung und gar Überhöhung der eigenen Person als Fachkraft (vgl. Weinberger 2013, S. 71 ff.; siehe auch Sander/Ziebertz 2021, S. 221 ff.).

4.5 Beispiel aus der Beratungspraxis

Der Personzentrierte Ansatz findet bei zahlreichen Klient:innengruppen mit Marginalisierungs- und Diskriminierungserfahren wegen seiner ermutigenden und unterstützenden Ausrichtung Anwendung (vgl. Walsh 2013, 34). Nachfolgend werden Auszüge aus einem Beratungsgespräch mit einem 28-jährigen Mann abgedruckt, der sich wegen seiner Homosexualität scheiden ließ, wobei anzumerken ist, dass das geschriebene Wort selbstverständlich niemals die tatsächlich stattgefundene verbale und nonverbale Kommunikation abbilden kann. Der Textausschnitt wurde aus dem Lehrbuch „Klientenzentrierte Gesprächsführung" von Sabine Weinberger mit Zustimmung der Autorin und dem Verlag Beltz Juventa entnommen (vgl. 2013, S. 48 ff.).

Gesprächskontakt

Klient: Ja, es ist immer so, wenn er zu Besuch kommt, bin ich irgendwie glücklich. Sobald er weg ist, mhm, dann ist alles wieder vorbei.

Berater: Da ist so ein Gefühl des Wohligseins, des Aufgehobenseins da.

Klient: Ja genau. Er hat es mir oft bewiesen, schon so oft, er ist von X nach N gefahren, das hat jedes Mal unwahrscheinlich viel Geld gekostet und Urlaub und alles. Das sind schon alles Beweise, dass er es ernst nimmt und, mhm, er sagt das mir auch so oft, aber, mhm, ich weiß nicht, trotzdem kommen wir halt doch nicht so klar miteinander.
Berater: Sie haben das Gefühl: Irgendwie stimmt es einfach nicht so.
Klient: Ja, ich wusste das von Anfang an, dass das erste Aufflammen vorübergeht und dass dann das andere wichtiger ist: wie man sich versteht und miteinander auskommt und ob man die gleichen Interessen hat oder nicht. Das weiß ich, das kommt immer, das ist in jeder Beziehung so. Aber wir haben wenig gemeinsame Interessen und trotzdem …
Berater: Das wundert Sie, dass es trotzdem so gut geht.
Klient: Ja, ganz genau.
Berater: Dass Sie sich trotzdem so wohlfühlen.
Klient: Ja, das wundert mich wirklich. Ja. Vielleicht ist überhaupt diese Beziehung das Wichtigste, mhm, der wichtigste Punkt, denn wenn diese Beziehung klappen würde, dann würde ich auch zu der neuen Sexualität voll dastehen. Das wäre mir dann egal, was die andern sagen. Ich habe meinen Freund, ich fühle mich anerkannt, ich werde gemocht. Das ist schon ein Gefühl, das das andere überwiegt … Ich habe ihm mal gesagt, dass es mir nicht so viel ausmachen würde, wenn er mal fremdginge. Er war da ganz empört. Ich habe dann oft darüber nachgedacht und ich glaube, mhm, dass, dass meine Beziehung zu ihm fast so etwas wie eine, mhm, Vater-Sohn-Beziehung ist. Ich sehe in ihm jemanden, der mich beschützen soll, der für mich da sein soll, der mich mögen soll, aber sonst keine weiteren Ansprüche auf mich. Es ist vielleicht egoistisch von mir, aber es ist so, ich will das nicht irgendwie verheimlichen.
Berater: Dieses Gefühl, irgendwo Geborgenheit zu finden, unter die Fittiche genommen zu werden, das ist für Sie ganz wichtig, das gibt Ihnen sehr viel.
Klient: Ja, ja, das spielt eine ganz große Rolle. Wahrscheinlich hängt das damit zusammen, dass ich in der Kindheit, dass ich dort wenig Geborgenheit bekommen habe. Meine Eltern waren einfache Leute und hatten für uns Kinder ganz wenig Zeit. Wenn ich heute sehe, wie sich manche Eltern mit ihren Kindern abgeben, wie viel Mühe manche sich geben, dass die Kinder, was weiß ich, vorwärtskommen oder so. Manchmal, da … könnte ich heulen, wenn ich so was sehe. Ich habe nie solch eine Person gehabt (Pause). Vielleicht kommt es daraus, dass ich eigentlich mehr einen Vater suche als einen Freund. Ich weiß es nicht. Neulich hat eine Bekannte zu mir gesagt: Wenn du der Sache nachgehst, vielleicht brauchst du dann am Ende gar keinen Partner, sondern eine Partnerin. Ich war ganz erstaunt darüber. Möglich wäre es schon, ich weiß es nicht.

Berater: Das hat Sie sehr überrascht, die Homosexualität nicht als etwas so unbedingt Festgelegtes anzusehen.
Klient: Ja, so habe ich das vorher noch nie gesehen. Und ich glaube festgestellt zu haben, dass mir die Sexualität gar nicht so viel bedeutet.
Berater: Dass für Sie eigentlich wichtiger ist die Beziehung, dieses: Da kümmert sich jemand um mich.
Klient: Ja, das ist ganz wichtig.
Berater: Und das ist etwas, was Sie in Ihrer Beziehung nicht gefunden haben.
Klient: Ja, wenn ich das so überleg', meine Frau, die hat sich an mich angelehnt. Das war eine Belastung für mich, die ganze Zeit.
Berater: Da haben Sie so gespürt: eigentlich brauch' ich jemanden, an den ich mich anlehnen kann.
Klient: Ich musste immer alles entscheiden. Sie war da ganz hilflos. Manche mögen das ja, aber ich schiebe lieber die Verantwortung ab.
Berater: Da haben Sie so gespürt: eigentlich brauch' ich jemanden, an den ich mich anlehnen kann.
Klient: Ja, mhm, ich habe noch nie jemanden gehabt. Es hat sich noch nie jemand um mich gekümmert. Und jetzt ist da mein Freund.
Berater: Da bekommen Sie so eine Orientierung.
Klient: Orientierung – nein, das, glaube ich, ist es nicht. Wir haben ganz verschiedene Lebensvorstellungen und Ideale. Aber er ist, mhm, er ist irgendwie so offen zu mir. Ich geniere mich fast ein bisschen, dass ich ihn ausnütze, weil er mir so hilft.
Berater: Er gibt Ihnen so unwahrscheinlich viel, und Sie haben das Gefühl: ich kann ihm nicht so viel geben.
Klient: Ja genau. Von Anfang an habe ich gedacht, aber auch ihn gefragt: Was erwartest du von mir? Was kann ich Dir geben? Geld – sowieso nicht. Aber auch nichts, was man sonst in einer Beziehung sucht: einen schönen Partner, oder netten oder unterhaltsamen. Das war auch so quälend, dass ich, mhm, nicht wusste, was hat er denn an mir? Was kann ich ihm bieten? Und ich dachte, vielleicht ist es auch nur die erste Zeit, dass er so begeistert von mir ist und die Begeisterung geht dann vorüber. Aber nein, es wird sogar noch stärker, es wird noch mehr.

4.6 Weitere Anwendungsfelder und Ansätze

Weiterentwicklungen des Personzentrierten Ansatzes beziehen sich sowohl auf die Arbeit mit einzelnen Klient:innen, Familien und Gruppen als auch auf Gemeinwesen und Einrichtungen der Sozialen Arbeit (vgl. Turner 2011, S. 65 ff.);

an dieser Stelle werden ausgewählte Beispiele aufgeführt: Wie auch bei anderen Ansätzen wird die Online-Beratung zunehmend ausgebaut. Aus der personzentrierten Perspektive versteht sich das internetgestützte Angebot als ein Beziehungsangebot bezogen auf die drei Grundhaltungen unbedingte Wertschätzung, empathisches Verständnis und Echtheit. In der synchronen Beratung, z. B. Chats, wird mit bekannten Methoden, wie Paraphrasieren und Spiegeln, gearbeitet, während sich Empathie bei der asynchronen E-Mail-Beratung auf das Lesen und Verstehen des Textes und Schreiben der Antwort bezieht (ausführlich hierzu Gahleitner et al. 2013, S. 132 ff.).

Beispiele für Beratungsfelder und -aufgaben
Schüler- und Elternberatung, Beratung von Kindern und Jugendlichen, Beratung von jugendlichen Problem- und Randgruppen, Familien-, Erziehungs- und Partnerschaftsberatung, Schwangerschaftskonfliktberatung, Beratung von Frauen mit Gewalterfahrungen, Trennungs- und Scheidungsberatung, Laufbahnberatung, Berufs- und Studienberatung, Beratung zur beruflichen Wiedereingliederung, Beratung von Arbeitslosen und von Menschen mit einer körperlichen und geistigen Behinderung, psychisch erkrankten Menschen, Gesundheitsberatung, Seniorenberatung, medizinische Beratung, Altenpflege, Beratung mit demenzkranken Menschen, Suchtberatung, interkulturelle Beratung, Beratung von Migrant:innen, Beratung zur Trauer- und Hospizarbeit, Seelsorge, Selbsthilfeberatung, Organisationsentwicklung und -beratung, Krisen- und Konfliktberatung, Beratung von Teams, Supervision, Coaching (vgl. Eckert et al. 2006, S. 349; Weinberger 2013, S. 135 ff.).

Thomas Gordon, ein Schüler Carl Rogers, entwickelte auf der Basis des Personzentrierten Ansatzes neue Wege zur gewaltfreien Konfliktlösung für die Familie: In seinem Buch „Familienkonferenz“ (1972/2012) setzt er sich mit den Ursachen von Konflikten zwischen Eltern und Kindern auseinander und versucht anhand konkreter Fallbeispiele, alltagsnahen Hinweisen sowie Erziehungstechniken, beispielsweise „aktives Zuhören“, „Ich-Botschaften“ oder einer „Konfliktlösung ohne Niederlage“, Lösungswege zur Verbesserung des familiären Umfeldes anzubieten. In seinem Folgewerk „Neue Familienkonferenz“ zeigt er Alternativen zur strafenden Erziehung auf (2014). Gordon entwickelte Gruppenprogramme, so das „Gordon Familientraining“ (GFT) als Elterntraining sowie das auf die gesamte Familie ausgerichtete „Gordon Family Effectiveness Training“ (FET); es gibt weitere Gruppenprogramme für die Bereiche Partnerschaft, Schule und Erziehung, Gesundheitswesen sowie Management (vgl. Gordon 2022).

Insbesondere in der Hochschulausbildung sowie Fort- und Weiterbildung zur Sozialen Arbeit sind im Rahmen der Humanistischen Psychologie die Arbeiten des Kommunikationsforschers Schulz von Thun verbreitet: In seinem vierbändigen Werk „Miteinander reden" veröffentlichte er Modelle der zwischenmenschlichen Kommunikation und differenzierte so in einem „Nachrichtenquadrat" vier Ebenen zwischen Sender und Empfänger einer Nachricht, nämlich den „Sachaspekt", den „Beziehungsaspekt", den „Selbstoffenbarungsaspekt" sowie den „Appellaspekt". Weiterhin legte er sein Augenmerk auf die unterschiedlichsten Kommunikationsstile; mit dem Modell des „Inneren Teams" richtete er sich auf innere Verarbeitungsprozesse einer Person (2010a, 2010b, 2013, 2007).

In Deutschland steht die Humanistische Psychologie in großer Nähe zur Humanistischen Pädagogik und hier speziell der Reformpädagogik, die sich zu Beginn des 20. Jahrhunderts entwickelte und die Bedürfnisse, Interessen und Fähigkeiten und damit die Entwicklung der Persönlichkeit von Kindern und Jugendlichen zum Ausgangspunkt pädagogischer Überlegungen machte. Die Reformpädagogik hat im deutschen Sprachraum eine lange Tradition, die u.a. bis auf Johann Heinrich Pestalozzi und Friedrich Fröbel zurückgeführt wird. Bekannte Vertreter:innen sind, um nur wenige zu nennen, Herman Nohl, Rudolf Steiner, Karl Wilker oder Clara Grundwald. Dabei weist die Reformpädagogik eine internationale Dimension auf, so unter anderem mit Ellen Key aus Schweden, Maria Montessori aus Italien, Janusz Korczak aus Polen, Alexander Sutherland Neill aus England, John Dewey aus den USA oder Paolo Freire aus Brasilien (vgl. Dauber 2009).

Erwähnenswert erscheint schließlich, dass sich im Rahmen der Humanistischen Psychologie neben der Personzentrierten Gesprächstherapie weitere psychotherapeutische Verfahren entwickelt haben. Für die Soziale Arbeit sind hierbei vor allem die Gestalttherapie nach Fritz Perls, das Psychodrama nach Jakob Levi Moreno sowie die Logotherapie nach Victor Frankl relevant, ferner die Themenzentrierte Interaktion (TZI) nach Ruth Cohn, auf die im nächsten Abschnitt ausführlicher eingegangen wird. Der Beratungs- und Psychotherapieansatz nach Rogers wurde in Deutschland vor allem durch Reinhard und Anne-Marie Tausch bekannt, die an der Universität Hamburg wirkten (Tausch/Tausch 1990). Die US-Amerikanerin Virginia Aixline (2002) entwickelte bereits in den 1940er Jahren die „Klientenzentrierte Spieltherapie"; ab den 1970er Jahren wurde diese im deutschsprachigen Raum eingeführt (vgl. Schmidtchen 1974/1999; Weinberger 2015).

4.7 Themenzentrierte Interaktion nach Ruth Cohn

Die TZI ist ein von Ruth Cohn aus der Psychoanalyse und der Humanistischen Psychologie heraus entwickeltes Handlungskonzept zur Beratung und Leitung von Gruppen, welches u.a. in der beruflichen Sozialen Arbeit, Hochschulausbildung und Schule bis hin zur Jugend- und Erwachsenenbildung eingesetzt wird. Die Methode eignet sich für alle Bereiche, in denen Menschen in Teams, Gremien und Kleingruppen erfolgreich kooperieren sollen. Angestrebt wird eine differenzierte Wahrnehmung von Situationen und eine zielgerichtete Steuerung und Begleitung von kommunikativen Prozessen: „Die TZI unterstützt Menschen, die in sozialen Situationen Aufgaben wirkungsvoll bearbeiten und dabei gut zusammenarbeiten, führen, leiten, miteinander leben und lernen wollen – selbst unter schwierigen inneren oder äußeren Bedingungen“ (RCI 2015, S. 5; vgl. zudem Schneider-Landolf et al. 2009, S. 16).

Grundlegend für das Handlungskonzept der TZI sind drei „Axiome“, die deutlich erkennbar eine Nähe zur Humanistischen Psychologie aufweisen:

- Der Mensch ist eine psycho-biologische Einheit. Er ist auch Teil des Universums. Er ist darum autonom und interdependent. Autonomie (Eigenständigkeit) wächst mit dem Bewusstsein der Interdependenz (Allverbundenheit).
- Ehrfurcht gebührt allem Lebendigen und seinem Wachstum. Respekt vor dem Wachstum bedingt bewertende Entscheidungen. Das Humane ist wertvoll; Inhumanes ist wertbedrohend.
- Freie Entscheidung geschieht innerhalb bedingender innerer und äußerer Grenzen. Erweiterung dieser Grenzen ist möglich (vgl. Cohn 2004, S. 120).

Aus diesen Axiomen leiten sich zwei praxisorientierte „Postulate“ ab:

- Die Forderung „Sei Dein eigener Chairman, der Chairman Deiner selbst“ verweist jedes einzelne Gruppenmitglied darauf, sich seiner inneren Gegebenheiten und Umwelt bewusst zu sein, und jede Situation als Angebot für eigene Entscheidungen anzunehmen, damit für sich selbst Verantwortung zu tragen, sich selbstbewusst zu verhalten.
- Zum anderen führt Cohn das Gebot „Störungen haben Vorrang“ auf, d.h. eigene, aber auch fremde Hindernisse sollen besondere Beachtung erfahren: „Störungen haben de facto den Vorrang, ob Direktiven gegeben werden oder nicht. Störungen fragen nicht nach Erlaubnis, sie sind da: als Schmerz, als Freude, als Angst, als Zerstreutheit“ (ebd. 2004, S. 122).

Ruth Cohn (1912–2010)
Cohn kam aus einem großbürgerlichen jüdisch christlichen Elternhaus in Berlin. Ab 1931 studierte sie Nationalökonomie und Psychologie in Heidelberg und Berlin, floh 1933 vor dem nationalsozialistischen Terror nach Zürich, wo sie ihr Psychologiestudium fortsetzte und eine Ausbildung zur Psychoanalytikerin ab-

solvierte. 1941 emigrierte sie in die USA, erwarb den Masterabschluss in Psychologie, vertiefte ihre psychoanalytischen Kenntnisse und eröffnete eine psychotherapeutische Praxis in New York. Während sie begann, in der Arbeit mit Gruppen neue und innovative Wege zu beschreiten, engagierte sie sich für die Humanistische Psychologie. 1966 gründete sie mit dem „Workshop Institut for Living-Learning" das Institut für Ausbildung, Forschung und Praxis der TZI. Ab 1974 lebte sie wieder in der Schweiz (Cohn 2004; zudem Schneider-Landolf et al. 2009, S. 18ff.).

Dem TZI-Handlungskonzept weiter folgend, werden Prozesse und Interaktionen in Gruppensituationen durch vier Wirkfaktoren beeinflusst, nämlich dem „Ich", dem „Wir" und dem „Es", die zusammen ein Dreieck bilden, das wiederum eingebettet ist in eine Kugel, dem sogenannten „Globe": Während das „Ich" für einzelne beteiligte Personen mit ihren individuellen Kompetenzen, Anliegen, Gefühlen und Biografien steht, bezieht sich das „Wir" auf das Miteinander in der Gruppe, auf die Beziehungen und Interaktionen zwischen allen Beteiligten. Das „Es" bezeichnet hingegen die zu bearbeitende Sache, den Lernstoff, das Anliegen, dessentwegen eine Gruppe zusammenkommt. Unter „Globe" werden schließlich die Rahmenbedingungen, der Kontext, die Einflussfaktoren der Umwelt verstanden, unter der die Gruppe arbeitet. Die TZI befasst sich mit den Beziehungen der Dreieckspunkte zueinander und ihrer Einbettung in die Kugel (vgl. Cohn 2004, S. 113ff.; RCI 2015; s. Abb. 4.1).

Abbildung 4.1: Das „Vier-Faktoren-Modell" (vgl. Cohn 2004, S. 113ff.)

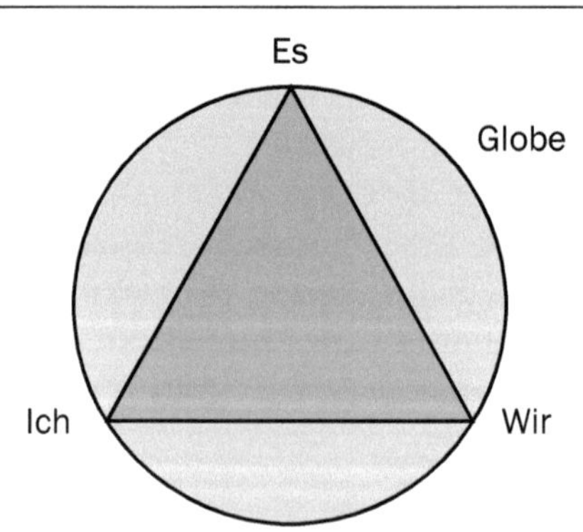

Für ein lebendiges und ganzheitliches Lernen im Hier und Jetzt sind alle vier Einflussgrößen gleichermaßen zu beachten: Kommunikative Prozesse werden bei der TZI nicht der spontanen Gruppendynamik überlassen, vielmehr nimmt die Gruppenleitung eine aktive, gestaltende Rolle ein. Aufgabe der Leitung ist es so, eine „Balance" zwischen diesen oben genannten Faktoren herzustellen und abhängig von der jeweiligen Gruppensituation nicht nur die Sacharbeit, sondern eben auch die Anliegen und Kompetenzen der einzelnen Personen, den Gruppenprozess oder die Umweltfaktoren zu beachten, und diese, wenn nötig, in der Gruppe zu thematisieren, beispielsweise dann, wenn Lern- und Arbeitsprozesse gestört oder behindert werden. Dieses „themenzentrierte" Vorgehen wird so zu einem zentralen Leitungsinstrument für die Gestaltung von Gesprächen und Gruppenprozessen, bezieht die einzelnen Individuen in den Prozess mit ein, ist sach- und menschenbezogen und regt Offenheit und Austausch untereinander an (vgl. RCI 2015, S. 8 ff.).

4.8 Bezug zu anderen Handlungskonzepten und kritische Würdigung

Hinsichtlich des Personzentrierten Ansatzes gilt zunächst festzuhalten, dass dieser in der Sozialen Arbeit den größten Verbreitungsgrad zweifellos in der Beratung gefunden hat und wichtige Annahmen und Vorgehensweisen Eingang in andere Beratungskonzepte gefunden haben; dies hat auch für den englischen Sprachraum Gültigkeit. Mit der „Motivierenden Gesprächsführung" (Motivational Interviewing) besteht beispielsweise ein eklektischer Ansatz, der Methoden aus verschiedenen Verfahren, insbesondere aus dem Personzentrierten Handlungskonzept und der Verhaltenstherapie, miteinander kombiniert, um die Eigenmotivation von Menschen zu erhöhen, damit problematisches Verhalten verändert werden kann. Der Ansatz wurde von Miller (USA) und Rollnick (Wales) entwickelt und ist international vor allem in der Suchtbehandlung weit verbreitet. Der Ablauf sieht in einer ersten Phase den Aufbau von Änderungsbereitschaft und in der zweiten Phase die Erarbeitung und Vereinbarung persönlich verbindlicher Ziele und Wege zur Veränderung vor, die in einen konkreten Änderungsplan einmünden (vgl. Körkel/Veltrup 2003).

Eine besondere Nähe hat der Personzentrierte Ansatz zu systemischen Ansätzen: Hier sei in historischer Perspektive zunächst auf die US-amerikanische Sozialarbeiterin Virginia Satir verwiesen, die gemeinhin als „Mutter der Familientherapie" gilt. Sie integrierte in ihrem Ansatz Kerngedanken der Humanistischen Psychologie und ging davon aus, dass nicht nur in einzelnen Individuen, sondern auch in der Familie als Ganzes Selbstheilungskräfte wirken und es darum geht,

Potenziale auszuschöpfen und Wachstum zu fördern (vgl. Baldwin/Satir 1999). Aber auch in der Gegenwart bestehen vielfältige Überschneidungen und Kombinationen beider Handlungskonzepte (s. bspw. Pallasch/Köln 2020; Gahleitner et al. 2013). Ähnliche Erweiterungen lassen sich auch im psychotherapeutischen Bereich festhalten: Stand beispielsweise im Rahmen der klientenzentrierten Spieltherapie bei der Behandlung von Kindern die Familie eher am Rande, so wurden als Folge der veränderten Sichtweisen aus der Familientherapie und Systemtheorie der Blick dafür geschärft, psychische Störungen eines Kindes immer als Reaktion auf eine psychische Störung im interaktionellen Familiengeschehen zu betrachten (vgl. Schmidtchen 1974/1999; GwG 2022).

Hinsichtlich der Bewertung des Personzentrierten Handlungskonzeptes sei nochmals auf dessen nachhaltigen Einfluss, insbesondere im Beratungsbereich, verwiesen. In der Fachliteratur werden oft die klare theoretisch-methodische Ausrichtung, das positive Menschenbild und die Werteorientierung sowie die Vielzahl an methodischen Vorgehensweisen hervorgehoben. Mit den drei Basisvariablen formulierte Rogers notwendige und für ihn hinreichende Aspekte der Beziehungsgestaltung in der Sozialen Arbeit, die allgemein anerkannt sind. Durch die Orientierung an den Klient:innen wird der Expertenstatus der Fachkraft hinterfragt; stattdessen rückt die empathische Hilfe in den Vordergrund, und Klient:innen werden als autonome und selbstständige Subjekte verstanden, die im Rahmen ihres in der Beratung entdeckten Potenzials stimmige Lösungen finden.

Vielfach wird die Kritik vorgetragen, dass der Beratungsansatz aus der Gesprächspsychotherapie übertragen wurde und so die Soziale Arbeit durch psychotherapeutische Konzepte „fremdgesteuert“ wäre (siehe ausführlich hierzu als Beispiel Galuske 2013, S. 135 ff. und 187 ff.); gleichwohl muss hier vorgebracht werden, dass Rogers selbst keinen zwingenden Unterschied zwischen Beratung und Psychotherapie sah (vgl. z. B. 2014, S. 17 ff.), zum anderen ist das personorientierte Konzept zwischenzeitlich seit Jahrzehnten in der Sozialen Arbeit beheimatet und hat sich in der Praxis der Sozialen Arbeit bewährt (siehe u. a. Weinberger 2013).

Andererseits gilt es auch Kritik und Grenzen festzuhalten, so beispielsweise mit der ausgeprägten Fokussierung der verbalen Ebene und der angestrebten Selbstexploration, die aber für Teile der Klient:innen der Sozialen Arbeit durchaus eine Überforderung darstellt, d. h. Klient:innen müssen sprachlich „fit“ sein und die Fähigkeiten haben, sich selbst reflektieren zu können. Die drei Basisvariablen sind zweifellos wichtige Strukturaspekte zur Gestaltung des Klient:innenkontaktes und der Beziehung; es bleibt die Frage offen, ob sie hinlänglich sind, oder aber ob ergänzende Elemente mit aufgenommen werden müssten, so z. B. beim Umgang mit Gewalt, Aggression und grenzüberschreitenden Verhalten in der Kinder- und Jugendhilfe oder anderen Arbeitsfeldern.

In der Praxis hat Soziale Arbeit aufgrund gesetzlicher Vorgaben auch Kontrollfunktionen und hoheitlichen Charakter, und muss ihn auch haben, beispielsweise bei Kindeswohlgefährdung oder in der Bewährungshilfe; ein gänzlich nicht-direktiver Ansatz ist demzufolge, anders als im psychotherapeutischen Bereich, in der Sozialen Arbeit nicht durchgehend zu realisieren. Schließlich: Der Ansatz richtet sich am einzelnen Klient:innen und dessen:deren inneren Erleben aus und setzt hier Veränderungsprozesse in Gang, während die soziale Umwelt (z. B. Familie, Freunde, Nachbarn), die Lebenswelt und die Gesellschaft vernachlässigt und hier, zumindest im ursprünglichen Verständnis des Konzeptes nach Rogers, auch keine Veränderungsprozesse angestrebt werden.

Die Humanistische Psychologie insgesamt wird abhängig vom wissenschaftlichen und professionellen Standpunkt unterschiedlich beurteilt: Anerkennung findet die Vielfalt an Ansätzen und Modellen, die sich im Zuge der Entwicklung dieser Bewegung herauskristallisierten und auch die Soziale Arbeit maßgeblich bereicherten. Dabei steht übergreifend der einzelne Mensch und sein individuelles Erleben im Vordergrund, sowie menschliche Eigenschaften wie die Fähigkeit, zu wählen, Kreativität, Wertsetzung und Selbstverwirklichung. Im Hinblick auf die oftmals diskriminierten und marginalisierten Zielgruppen der Sozialen Arbeit, beispielsweise verhaltensauffällige Kinder, Frauen mit Gewalterfahrungen, Menschen mit einer Behinderung oder psychischen Erkrankung bis hin zu Wohnungslosen, erhält das positive Menschenbild eine ganz besondere ethische Qualität: „Ein zentrales Anliegen ist die Aufrechterhaltung von Wert und Würde des Menschen, und das Interesse gilt der Entwicklung der jedem Menschen innewohnenden Kräfte und Fähigkeiten. In dieser Sicht nimmt der Mensch in der Entdeckung seines Selbst, in seiner Beziehung zu anderen Menschen und zu sozialen Gruppen eine zentrale Stellung ein“ (Bühler/Allen 1983, S. 7).

Gleichwohl wird die Humanistische Psychologie insgesamt auch erheblich kritisiert, u. a. wegen übertriebenem Idealismus, Intellekt-Feindlichkeit, der zumeist starken Ausrichtung auf den einzelnen Menschen und dessen Emotionalität, der durchgehenden Prozessorientierung, dem Dogmatismus bis hin zur fehlenden wissenschaftlichen Absicherung. Schlagwörter, wie zum Beispiel „Selbstentfaltung“, „Weisheit des Organismus“, „Wachstumsbedürfnisse“, „Encountergruppen“, „New Age“ sind Schlagwörter, die in der Praxis der Sozialen Arbeit unterschiedlich aufgenommen wurden und werden, im wissenschaftlichen Bereich heute aber eher auf Ablehnung stoßen, insbesondere in der akademischen Psychologie selbst, die sich heute primär empirisch und wertfrei versteht (vgl. ausführlich hierzu Kohlbrunner 1995, S. 139 ff.).

4.9 Empirischer Wirkungsnachweis

Die Würdigung empirischer Forschungsergebnisse zur Humanistischen Psychologie ist, insgesamt betrachtet, sehr widersprüchlich: Zum einen gilt festzuhalten, dass Ansätze wie Gestalttherapie, Emotionsfokussierte (Einzel-)Therapie und Emotionsfokussierte Paartherapie, Psychodrama, Logotherapie, Körperpsychotherapie, Integrative Therapie und Transaktionsanalyse in Deutschland als nicht wissenschaftlich anerkannte Psychotherapieverfahren eingestuft werden. Dies gilt auch für die Personzentrierte Gesprächspsychotherapie nach Rogers, für die zwar die Wirkung in den Anwendungsbereichen „Affektive Störungen", „Anpassungs- und Belastungsstörungen" und „Psychische und soziale Faktoren bei somatischen Erkrankungen" hinlänglich empirisch belegt ist, was aber, zumindest aktuell, noch nicht ausreicht, um die wissenschaftliche Anerkennung bei einem hinreichend breiten Spektrum von psychischen Erkrankungen nachzuweisen (siehe hierzu das Gutachten des WBB 2017; BPtK 2018).

Diesbezüglich kann das Anerkennungsverfahren als Bedingung für die Übernahme von Behandlungskosten über die Krankenkassen durchaus auch kritisch hinterfragt werden, welches einerseits eine langwierige, sich über Jahre erstreckende Überprüfung beinhaltet, anderseits der Wirkungsnachweis vor allem durch RCT-Studien („Randomized Controlled Trial") als sog. „Goldstandard" der evidenzbasierten Forschung sowie empirische Metaanalysen vorgenommen wird und andere empirische Nachweise nicht zugelassen werden. Damit erscheint es nicht nur fraglich, ob ein Teil der bereits anerkannten Therapien, namentlich psychodynamisch fundierte Verfahren, diesem Anspruch selbst überhaupt gerecht werden. Vielmehr verweist ein Blick auf andere Länder, dass auch andere Einschätzungen vorherrschen können: beispielsweise sind in Österreich derzeit über 20 unterschiedliche psychotherapeutische Verfahren anerkannt, darunter viele der soeben aufgeführten Verfahren aus der Humanistischen Psychotherapie (vgl. BMSGPK 2020).

Angesichts der Bewertung humanistischer Verfahren in Deutschland mag es überraschen, dass speziell der Personzentrierte Ansatz neben dem Verhaltensorientierten/Verhaltenstherapeutischen Konzept die umfangreichsten empirischen Forschungstraditionen im Bereich der Psychotherapie und Beratung aufweist: Sicherlich dadurch, dass Carl Rogers diesen Ansatz im universitären Bereich begründete, bemühte er sich von Anfang an um eine wissenschaftliche Fundierung, u. a. bereits damals auch mit Blick auf den Wirkungsnachweis – ein Ansatz, der in Deutschland durch Tausch bereits in den 1970er Jahren fortgesetzt wurde (vgl. als Beispiel Tausch 1973). Für die Beratung und die Soziale Arbeit, die in Deutschland ein umfassenderes empirisches Verständnis zur Grundlage hat und sich auch auf qualitative Studien erstreckt, lässt sich festhalten, dass die vorliegenden empirischen Ergebnisse gut die Wirksamkeit des Personzentrierten Handlungskonzeptes insbesondere für den Bereich der Beratung belegen (siehe hierzu ausführlich Biermann-Ratjen et al. 2016, S. 61 ff.; Biermann-Ratjen/Eckert 2017, S. 109 ff. und 120 ff.).

An dieser Stelle sei schließlich darauf verwiesen, dass der Personzentrierte Ansatz großen Einfluss hat. Insbesondere die zentralen Haltungen Empathie, Akzeptanz und Kongruenz sind nicht nur empirisch untersucht, sondern bereits seit Jahrzehnten im Bereich der Beratung, aber auch in vielen Arbeitsfeldern der Sozialen Arbeit und psychosozialen Berufen aufgenommen worden. Dies zudem international! Hierauf verweist beispielsweise Turner zur Social Work im englischen Sprachraum: „There is considerable agreement across a number of professions, including psychology, social work, and nursing, that the core conditions are demonstrably linked with effective counseling practices. As such, the core conditions remain one of the only substantive elements of effective counseling, and are supported by numerous studies“ (Turner 2011, S. 71; vgl. auch Walsh 2013, S. 33 ff.; Teater 2014, S. 108 ff.).

Interessant ist zudem die Integration von Elementen aus dem Personzentrierten Ansatz in neuentwickelte Handlungskonzepte und Verfahren, beispielsweise im Rahmen des „Motivational Interviewing“, das, aus der Suchtkrankenhilfe und Psychiatrie kommend, wegweisend für den Umgang mit Widerstand und im hohen Maße effektiv ist (vgl. hierzu Körkel/Veltrup 2003; Payne 2020, S. 2010 ff.).

Übungen

1. Diskutieren Sie im Hinblick auf die unterschiedlichen Zielgruppen der Sozialen Arbeit: Gibt es tatsächlich ein in jedem Menschen innewohnendes Potenzial an Fähigkeiten und Ressourcen, das es zu fördern gilt? Worin liegen der Nutzen, aber auch die Beschränkungen dieser Ausrichtung für die professionelle Soziale Arbeit?

2. Erläutern Sie die Bedeutung der drei zentralen Beratervariablen Empathie, Akzeptanz und Kongruenz für die Selbstexploration.

3. Welche Adressat:innen könnten in welchem Kontext nach Ihrer Einschätzung am meisten vom Beratungsansatz nach Rogers profitieren, und bei welchen sehen Sie hingegen Anwendungsprobleme oder sogar Kontraindikationen?

4. In welchen Bereichen sehen Sie Einsatzmöglichkeiten der TZI? Wo liegen die Stärken, aber auch die Grenzen?

Ausgewählte Literatur zum Personzentrierten Ansatz

- Behr, M./Hüsson, D./Luderer, H.-J./Vahrenkamp, S. (2017): Gespräche hilfreich führen. 2 Bände. Weinheim und Basel: Beltz Juventa.
- Galuske, M. (2013): Methoden der Sozialen Arbeit, Weinheim und Basel: Beltz Juventa, S. 180 ff.
- Howe, D. (2009): A Brief Introduction to Social Work Theory, Houndmills: Palgrave, S. 161 ff.
- Pallasch, W./Kölln, D. (2020): Pädagogisches Gesprächstraining. Weinheim und Basel: Beltz Juventa.
- Rogers, C. (1991): Der neue Mensch. Stuttgart: Klett-Cotta.
- Rogers, C. (2014): Die nicht-direktive Beratung. Frankfurt/M.: Fischer-TB.
- Rogers, C. (2016): Die klientenzentrierte Gesprächspsychotherapie. Frankfurt/M.: Fischer-TB.
- Sander, K./Ziebertz, T. (2021): Personzentrierte Beratung. Ein Lehrbuch für die Ausbildung und Praxis. Weinheim und Basel: Beltz Juventa.
- Teater, B. (2014): Applying Social Work Theories and Methods. 2. Auflage. Maidenhead: McGraw-Hill Education, S. 108 ff.
- Turner, F.J. (2011): Social Work Treatment. New York: Oxford University Press, S. 34 ff.
- Walsh, J. (2013): Theories for Direct Social Work Practice. 3. Auflage. Stamford, CT: Cengage, S. 33 ff.
- Walter, C. (2021): Personzentrierter Ansatz. In: Amthor, R.C./Goldberg, B./ Hansbauer, P./Landes, B./Wintergerst, T. (Hrsg.): Kreft/Mielenz – Wörterbuch Soziale Arbeit. 9. Auflage. Weinheim und Basel: Beltz Juventa, S. 641–644.
- Weinberger, S. (2013): Klientenzentrierte Gesprächsführung. Lern- und Praxisanleitung für psychosoziale Berufe. Weinheim und Basel: Bletz Juventa.

Ausgewählte Literatur zur Humanistischen Psychologie

- Cohn, R. (2004): Von der Psychoanalyse zur themenzentrierten Interaktion. Stuttgart: Klett-Cotta.
- Dauber, H. (2009): Grundlagen Humanistischer Pädagogik. Bad Heilbrunn: Klinkhardt.
- Gordon, T. (2012): Familienkonferenz. München: Heyne.
- Miller, B./Rollnick, S. (2015): Motivational Interviewing. Freiburg i. B.: Lambertus.
- Schulz von Thun, F. (2010): Miteinander reden. Band 1. Frankfurt/M.: Rowohlt.
- Spielmann, H./Zitterbarth, W. (2009): Handbuch der Themenzentrierten Interaktion (TZI). Göttingen: Vandenhoeck & Ruprecht.

Ausgewählte Internetlinks, Videomaterialien

- American Association for Humanistic Psychology – https://www.ahpweb.org
- Auf YouTube sind zahlreiche Videos eingestellt, z. B. Originalmitschnitte von Interviews mit Carl Rogers, zur Personzentrierten/Klientenzentrierten Beratung oder einzelnen Techniken, des Weiteren zu Ruth Cohn und der TZI oder allgemein zur Humanistischen Psychologie.
- Gesellschaft für Personzentrierte Psychotherapie und Beratung, Downloadbereich: u. a. Literaturlisten – http://www.gwg-ev.org
- Ziebertz, T. – Video zur Personzentrierten Beratung, Teil 1 und 2 – https://www.youtube.com/watch?v=cDBfrcpHE5I + https://www.youtube.com/watch?v=wTszjhXRqzQ

Literatur- und Quellenverzeichnis

Amthor, R. C./Goldberg, B./Hansbauer, P./Landes, B./Wintergerst, T. (Hrsg.) (2021): Kreft/Mielenz. Wörterbuch Soziale Arbeit. Weinheim und Basel: Beltz Juventa

Aixline, V. (2002): Kinder-Spieltherapie im nicht-direktiven Verfahren. München: Reinhardt.

Baldwin, M./Satir, V. (1999): Familientherapie in Aktion. Paderborn: Junfermann.

Biermann-Ratjen, E.-M./Eckert, J. (2017): Gesprächspsychotherapie. Stuttgart: Kohlhammer.

Biermann-Ratjen, E.-M./Eckert, J./Schwartz, H.-J. (2016): Gesprächspsychotherapie. 10. Auflage. Stuttgart: Kohlhammer.

BMSGPK – Bundesministerium Soziales, Gesundheit, Pflege und Konsumentenschutz (2020): Patientinnen/Patienten-Information über die in Österreich anerkannten psychotherapeutischen Verfahren. Wien. In: https://www.sozialministerium.at/dam/jcr:067ed3c8-aaea-4c84-84c2-a3afb9cef836/Patienteninformation_(BMGSPK),_Stand_29.04.2020.pdf (Abfrage: 14. 9. 2022)

BPtK – Bundespsychotherapeutenkammer (2018): Wann kann ein Psychotherapieverfahren als wissenschaftlich anerkannt gelten? In: www.bptk.de/wann-kann-ein-psychotherapieverfahren-als-wissenschaftlich-anerkannt-gelten/ (Abfrage: 14. 9. 2022)

Bühler, C./Allen, M. (1983): Einführung in die humanistische Psychologie. Frankfurt/M.: Klett-Cotta.

Cohn, R. (2004): Von der Psychoanalyse zur themenzentrierten Interaktion. 15. Auflage. Frankfurt/M.: Klett-Cotta.

Dauber, H. (2009): Grundlagen Humanistischer Pädagogik. 2. Auflage. Bad Heilbrunn: Klinkhardt.

Eckert, J. et al. (2012): Gesprächspsychotherapie. 2. Auflage. Berlin: Springer.

Ende, M. (1973): Momo. Stuttgart; Thienemann

Gahleitner, S. B. (2013): Personzentriert beraten: alles Rogers? Weinheim und Basel: Beltz Juventa.

Galuske, M. (2013): Methoden der Sozialen Arbeit. 10. Auflage. Weinheim und Basel: Beltz Juventa.

Gordon, T. (2022): Training Deutschland. In: www.gordonmodell.de (Abfrage: 12. 9. 2022)

Gordon, T. (1972/2012): Familienkonferenz. Hamburg, München: Hoffmann und Campe, Heyne.

Gordon, T. (2014): Familienkonferenz. München: Heyne.

GwG – Gesellschaft für wiss. Gesprächspsychotherapie (1989): Die klientenzentrierte Gesprächspsychotherapie. 4. Auflage. Frankfurt/M.: Fischer.

GwG – Gesellschaft für Personzentrierte Psychotherapie und Beratung (2022): Homepage. In: www.gwg-ev.org (Abfrage: 12.9.2022)

Hinz, A./Behr, M. (2002): Biografische Rekonstruktionen und Reflexionen. In: Gesprächspsychotherapie und Personzentrierte Beratung, H. 3, S. 197–210.

Hochgräfe, H. (1988): Das Erziehungskonzept in der humanistischen Psychologie Maslows. Pfaffenweiler: Centaurus.

Kollbrunner, J. (1995): Humanistische Psychologie. 3. Auflage. Frankfurt/M.: Klotz.

Körkel, J./Veltrup, C. (2003): Motivational Interviewing. In: www.drogenkonferenz.de/fileadmin/artikel/Koerkel_Veltrup.pdf (Abfrage: 12.9.2022)

Maslow, A. (1997): Psychologie des Seins. Frankfurt/M.: Fischer.

Maslow, A. (2010): Motivation und Persönlichkeit. 12. Auflage. Reinbek: Rowohlt.

McLeod, J. (2004): Counselling. Tübingen: dgvt.

Pallasch, W./Kölln, D. (2020): Pädagogisches Gesprächstraining. 10. Auflage. Weinheim und Basel: Beltz Juventa.

Pervin, L.A. et al. (2005): Persönlichkeitstheorien. 5. Auflage. München: Reinhardt.

Quitmann, H. (1996): Humanistische Psychologie. 3. Auflage. Göttingen: Hogrefe.

RCI – Ruth Cohn Institute (2015): Was ist die TZI? www.ruth-cohn-institute.org (Abfrage: 13.9.2022)

Rogers, C. (2014): Die nicht-direktive Beratung. 14. Auflage. Frankfurt/M.: Fischer.

Rogers, C. (2016a): Die klientenzentrierte Gesprächspsychotherapie. 20. Auflage. Frankfurt/M.: Fischer.

Rogers, C. (2016b): Eine Theorie der Psychotherapie. 2. Auflage. München: Reinhardt.

Sander, K./Ziebertz, T. (2006): Personzentriert Beraten. Berlin: Frank&Timme.

Sander, K./Ziebertz, T. (2021): Personzentrierte Beratung. 2. Auflage. Weinheim und Basel: Beltz Juventa.

Schmidtchen, S. (1974/1999): Klientenzentrierte Spieltherapie (1974); Klientenzentierte Spiel- und Familientherapie. Weinheim und Basel: Beltz.

Schneider-Landolf et al. (2009): Handbuch TZI. Göttingen: Vandenhoeck & Ruprecht.

Schulz von Thun, F. (2007ff.): Miteinander reden. Band 1 (2010a); Band 2 (2010b); Band 3 (2013); Band 4 (2007). Reinbek: Rowohlt.

Tausch, R. (1976): Ergebnisse und Prozesse der Klientenzentrierten Gesprächs-Psychotherapie. In: Jankowski P. et al. (Hrsg.): Klientenzentrierte Psychotherapie heute. Göttingen: Hogrefe.

Tausch, R./Tausch, A.M. (1990): Gesprächspsychotherapie: Göttingen: Hogrefe.

Teater, B. (2014): Applying Social Work Theories and Methods. 2. Auflage. Maidenhead: Open Univ. Press.

Turner, F.J. (2011): Social Work Treatment: Interlocking theoretical Approaches. 5. Auflage. New York: Oxford University Press.

Walsh, J. (2013): Theories for Direct Social Work Practice. 3. Auflage. Stamford, CT: Cengage Learning.

Weber, W. (2017): Wege zum helfenden Gespräch. 14. Auflage. München. Reinhardt.

Weinberger, S. (2013): Klientenzentrierte Gesprächsführung. 14. Auflage. Weinheim und Basel: Beltz Juventa.

Weinberger, S. (2015): Kindern spielend helfen – Einführung in die Personzentrierte Spielpsychotherapie. 6. Auflage. Weinheim und Basel: Beltz Juventa.

WPB – Wissenschaftlichen Beirats Psychotherapie (2017): Gutachten zur wissenschaftlichen Anerkennung der Humanistischen Psychotherapie. In: www.wbpsychotherapie.de/wissenschaftliche-beurteilungen-gutachten (Abfrage: 14. 9. 2022)

Kapitel 5 Systemisch-konstruktivistische Handlungskonzepte

Ralph-Christian Amthor

Systemische Konzepte sind in allen Arbeitsfeldern der Sozialen Arbeit weit verbreitet. Insbesondere systemisch-konstruktivistische Ansätze stellen die Selbstorganisation sozialer Systeme, beispielsweise einer Familie, in den Vordergrund. Auf den Grundlagen von Erkenntnissen aus der Biologie, theoretischen Positionen aus dem Radikalen Konstruktivismus, der Theorie sozialer Systeme, dem Sozialen Konstruktionismus und Konstruktivismus sowie postmodernen Entwürfen wird eine vielfältige und bunte Methodik entfaltet. Sozialpädagog:innen und Sozialarbeiter:innen verstehen sich dabei vor allem als Expert:innen für die Ingangsetzung hilfreicher kommunikativer Prozesse, was anhand der Systemischen Beratung als konkretes Praxisbeispiel veranschaulicht wird.

5.1 Erster Überblick zur systemischen Sozialen Arbeit

Systemische Konzepte haben seit Jahrzehnten Hochkonjunktur. Beginnend mit den 1990er Jahren lassen sich im deutschen Sprachraum vielfältige, zuweilen sogar heftige Diskurse festhalten, die maßgeblich von Hochschullehrer:innen, darüber hinaus von Vertreter:innen der Ausbildungsinstitute für systemisch orientierte Psychotherapie und Beratung bis hin zu Berufspraktiker:innen geführt werden. Im Vergleich zu anderen Handlungskonzepten lassen sich keine zentralen Gründerpersönlichkeiten benennen. Der systemische Ansatz entwickelte sich vielmehr „an vielen Orten und in vielen Köpfen fast gleichzeitig oder in rascher Folge, und es kennzeichnen ihn vielfältige Prozesse der wechselseitigen Befruchtung und der gegenseitigen Durchdingung und Abgrenzung“ (Stierlin in v. Schlippe/Schweitzer 2007, S. 12). Systemisches Denken in der Sozialen Arbeit integriert zudem Erkenntnisse aus den unterschiedlichsten Wissenschaftsbereichen, darunter Philosophie, Pädagogik, Psychologie und Psychotherapie, zudem Soziologie und Politikwissenschaft bis hin zur Biologie. Angesichts dieser Vielfalt mag es nicht verwundern, dass der Systembegriff nicht eindeutig ist, sondern sich die verwendeten Definitionen voneinander abgrenzen, sich zum Teil sogar widersprechen.

In historischer Perspektive kann zunächst darauf verwiesen werden, dass sich bereits seit den 1940er Jahren neue Wissenschaftskonzepte in den Naturwissenschaften und Sozialwissenschaften gleichermaßen entwickelten, mit denen komplexe technische Abläufe oder gesellschaftliche Prozesse besser beschrieben, analysiert und gesteuert werden sollten. Ein wegweisender Ansatz waren die Arbeiten an einer „General System Theory", die der Biologe Ludwig von Bertalanffy wie folgt definierte: „Die allgemeine Systemtheorie ist eine Disziplin, die sich mit den allgemeinen Eigenschaften und Gesetzen von Systemen beschäftigt. Ein System ist definiert als eine Menge von in Wechselbeziehungen stehenden Elementen oder durch eine ähnliche Proposition. Die Systemtheorie beschäftigt sich mit jenen Prinzipien, die für Systeme überhaupt gelten, unabhängig von der Natur des Systems, dessen Bestandteile und den Beziehungen oder ‚Kräften', die zwischen ihnen bestehen" (1970, S. 122 f.; vgl. auch König/Zedler 2007, S. 171 f.). Zum Durchbruch kam die Systemtheorie nach dem Zweiten Weltkrieg als sogenannte „Kybernetik", eine Bezeichnung des US-amerikanischen Mathematikers Norbert Wiener für eine neue, fachübergreifende Disziplin zur Beschreibung, Kontrolle und Steuerung komplexer Systeme.

Aus der Perspektive der Sozialen Arbeit waren insbesondere die Hilfen für Familien wegweisend. So wird beispielsweise in dem von v. Schlippe/Schweitzer abgefassten „Lehrbuch zur systemischen Therapie und Beratung" ein Zitat der US-amerikanischen Sozialarbeiterin Zilpa Smith, die von 1904 bis 1918 an der School for Social Worker in Boston lehrte, aufgeführt: „Die meisten von euch behandeln arme oder kranke Einzelpersonen, ohne ihre Familienbeziehungen zu sehen. Wir behandeln die Familie als Ganzes, meist mit dem Ziel, sie zu erhalten, manchmal aber auch, um bei der Auflösung zu helfen" (zit. nach v. Schlippe/Schweitzer 2007, S. 18). Aus dieser Tradition heraus ist es verständlich, dass gerade Konzepte der Familientherapie stets eine große Faszination innerhalb der Sozialen Arbeit hatten – und bis in die Gegenwart haben.

Die nachfolgenden Abschnitte fokussieren systemisch-konstruktivistische Ansätze; ergänzend werden im vorliegenden Lehrbuch gesonderte Kapitel zum systemischen Paradigma Sozialer Arbeit (SPSA der Züricher Schule) sowie zur systemisch-ökosozialen Richtung als alternative Handlungskonzepte aufgenommen. Während aber die systemisch-konstruktivistische Perspektive in der Sozialen Arbeit häufig als soziologisch ausgerichtete Theorieentwürfe in Anlehnung an den Soziologen Niklas Luhmann entfaltet wird (vgl. beispielsweise Thole 2012, S. 235 ff.; Merten in Amthor et al. 2021, S. 916 ff.), sind die nachfolgenden Ausführungen an der professionellen Praxis von Sozialpädagog:innen und Sozialarbeiter:innen und am Beispiel der Systemischen Beratung als konkrete Methode orientiert. Um diese konzeptionelle Ausrichtung nachvollziehen zu können, erscheint es grundlegend, zunächst ausgewählte klassische familientherapeutische Konzepte zu erwähnen.

5.2 Klassische Konzepte aus der Familientherapie

Mit dem Blick auf die Soziale Arbeit gilt es mit Virginia Satir zunächst eine Sozialarbeiterin aus den USA aufzuführen, die gemeinhin als „Mutter der Familientherapie" bezeichnet wird und Anfang der 1950er Jahre dazu überging, neue Wege in der Psychotherapie einzuschlagen. Überliefert sind so unter anderem Erlebnisse mit einer jungen Frau, die ihr als schizophren vorgestellt wurde und mit der sie nach einer sechsmonatigen Behandlung erfreuliche Veränderungen erreichen konnte. Anschließend rief die Mutter der jungen Frau an und warf Satir vor, sie hätte die Tochter von ihr entfremdet, und drohte mit einer Klage. Virginia Satir hörte die Not, die sich hinter den Worten der Mutter verbarg, und schlug ihr vor, mit der Tochter zur nächsten Therapiesitzung zu kommen. Allerdings musste die Therapeutin nun die Erfahrung machen, dass ihre Klientin in jenen Zustand zurückfiel, in dem sie sich zu Anfang des therapeutischen Prozesses befunden hatte.

Im weiteren Verlauf kam Satir der Gedanke, auch den Familienvater einzuladen; doch als dieser zu den Sitzungen erschien, wurde der therapeutische Fortschritt, der inzwischen erreicht worden war, erneut zunichtegemacht. Als letztes Familienmitglied holte Satir den Bruder der Klientin mit dazu, und als sich herausstellte, was für eine einflussreiche Position dieser in der Familie innehatte, begriff die Sozialarbeiterin, warum sich ihre Klientin in einer so machtlosen Position befand und auf welche Weise sie versuchte, in diesem Familiensystem zu überleben. Ermutigt durch derartige Erfahrungen begann Satir, mit Familien zu arbeiten (vgl. v. Schlippe/Schweitzer 2016, S. 33 ff.).

Virginia Satir (1916–1988)

Satir wuchs in einer ländlichen Gegend in Wisconsin, USA, auf. Nach einem pädagogischen Studium und mehrjähriger Tätigkeit als Lehrerin besuchte sie die School of Social Service Administration der University Chicago und erhielt 1948 ihren Masterabschluss in Sozialer Arbeit. In den nachfolgenden Jahren war sie in der Eltern-Kind-Beratung, verschiedenen sozialen Diensten sowie in privater Praxis tätig. Im Widerspruch zur damals weitverbreiteten Orientierung an Einzeltherapie und -beratung begann Satir, mit Familien zu arbeiten, und wird bis heute weltweit als „Pionierin" der Familientherapie wertgeschätzt. Anfang der 1960er Jahre leitete sie das erste familientherapeutische Ausbildungsprogramm am Mental Research Institute (MRI) in Palo Alto bei Stanford. Ab 1965 übernahm sie den Ausbildungsbereich am Esalen Institute, Big Sur in Kalifornien und engagierte sich im Rahmen der Humanistischen Psychologie, die sich damals als dritte große Psychotherapierichtung in Abgrenzung zu den bestehenden psychodynamischen und verhaltenstherapeutischen Ansätzen zu formieren begann (NASW 2022).

Wichtige kommunikationstheoretische Impulse für ihren „erlebnis- bzw. wachstumsorientierten Ansatz“ erhielt Satir durch ihre Tätigkeit am MRI, einem Institut zur Erforschung familialer Kommunikation und Familientherapie, welches der Psychiater Don Jackson 1959 begründet hatte und das mit weiteren bekannten Namen, darunter Gregory Bateson oder Paul Watzlawick, verbunden ist (vgl. MRI 2022). Als Familientherapeutin vertrat Satir ein an der Humanistischen Psychologie orientiertes Menschenbild und war davon überzeugt, dass jedes einzelne Familienmitglied und das Familiensystem insgesamt alle notwendigen Ressourcen für eine positive Entwicklung habe (Satir/Baldwin 1999, S. 153).

Satir wagte es, zu einer Zeit, als dies noch alles andere als selbstverständlich war, als Sozialarbeiterin in einer von Medizin und von Männern dominierten Wissenschaft neue Wege zu beschreiten: So lag der Fokus ihrer Arbeit auf Gesundheit und nicht auf der Pathologie des Menschen. Neu war auch, dass sie ihre Therapeutinnen- und Beraterinnenrolle als wertschätzend und emotional zugewandt verstand. Sie beschäftigte sich sehr mit der Verbindung der Beziehungen im Familiensystem und innerpsychischen Prozessen. Selbstwert und Kommunikation hingen in ihrer Sicht aufs Engste zusammen. Für sie galt alles destruktive und krank erscheinende menschliche Verhalten als Ausdruck niedrigen Selbstwerts. Dementsprechend war ihre gesamte Arbeit auf die Stärkung des individuellen und familiären Selbstwerts und gelingender, kongruenter Kommunikation ausgerichtet (Molter/Grabbe 2014; v. Schlippe/Schweitzer 2016, S. 40 f.).

Schließlich sei auf die Vielfalt an innovativen Methoden verwiesen: So entwickelte Satir über die verbale Ebene hinausgehende, aktionsorientierte Vorgehensweisen und Visualisierungen, darunter u. a. Kommunikationsübungen, das Malen gemeinsamer Bilder, kreative Umdeutungen, Meditationen und Familienrekonstruktionen. Die Methode der Familienskulptur („Sculpting“), bei der aufgefordert wird, die Familie szenisch darzustellen, wurde maßgeblich von ihr entwickelt (vgl. Satir 1995).

In diesem Abschnitt soll mit der „strukturellen Familientherapie“ und dem „Mailänder Modell“ auf weitere ausgewählte Konzepte hingewiesen werden, die den Weg für die heutige „systemische“ Beratung und Psychotherapie bahnten: Der Psychiater Salvador Minuchin entwickelte in den 1960er Jahren eine Therapieform, die davon ausgeht, dass jede Familie eine zu ihren jeweiligen Lebensbedingungen und Entwicklungsphasen passende Struktur, verstanden als Organisation der Interaktionen, benötigt. In der „strukturellen Familientherapie“ wird familiären Beziehungsmustern, gekennzeichnet durch Hierarchien, Distanz und Nähe, Koalitionen und Allianzen, besondere Aufmerksamkeit geschenkt. Das Familiensystem differenziert und vollzieht seine Funktionen durch „Subsysteme“, beispielsweise Dyaden, wie die Einheit von Mann/Frau oder von Mutter/Kind. Diese Subsysteme können auf der Grundlage von Generation, Geschlecht,

Interessen oder Funktionen gebildet werden. Von besonderer Bedeutung waren für Minuchin die „Grenzen" zwischen den Subsystemen, die im positiven Sinne funktional, andererseits auch starr und kaum durchlässig, oder aber diffus und nicht eindeutig sein können (vgl. Minuchin 2015, S. 69 ff.; v. Schlippe/Schweitzer 2016, S. 45 ff.).

Für Minuchin, der sich für gesellschaftlich benachteiligte Familien und Kinder engagierte, war es bedeutungsvoll, dass die Elternrollen mit einer hierarchischen Position verknüpft sind: „Dabei geht es in erster Linie nicht um Macht, sondern um die Verantwortungsübernahme der älteren, lebenserfahreneren und mit mehr Ressourcen ausgestatteten Eltern, die ihre Kinder behutsam und freundlich in das soziale Leben einführen sollten … Minuchin führt viele soziale Auffälligkeiten von Kindern und Jugendlichen darauf zurück, dass Eltern die ihrer Rolle zugehörigen Führungsaufgaben nicht übernehmen" (Ritscher 2006, S. 39). Therapieziel ist es, die Funktionsweise der Familie wiederherzustellen oder zu modifizieren, damit diese ihre Aufgaben besser erfüllen kann. Die Ausrichtung erfolgt dabei an der Gegenwart und nicht in der Erforschung und Deutung der Vergangenheit. Die therapeutische Fachkraft begibt sich in das System hinein und übernimmt eine aktive, leitende Position im therapeutischen Prozess – Minuchin verwendete zur Verdeutlichung dieser besonderen Rolle die Metapher des „Steuermanns" (vgl. Ritscher 2006, S. 36 ff.; Minuchin 2015).

Auch das „Mailänder Modell", das vor allem mit der italienischen Ärztin Mara Selvini Palazzoli verbunden wird, sah Therapeut:innen in einer leitenden Stellung und als fachliche Expert:innen, für die Disziplin, Technik und Genauigkeit als therapeutische Qualitäten bedeutungsvoller waren als Empathie, Wärme oder Kongruenz. Diese Ausrichtung zeigte sich bereits im Setting: Zwei Therapeut:innen arbeiteten mit der Familie, während zwei weitere hinter einer Einwegscheibe den Prozess beobachteten. Gegen Ende der Sitzung besprach sich das gesamte therapeutische Team und entwickelte eine Schlussintervention, die anschließend der Familie mitgeteilt wurde und von ihr umgesetzt werden musste.

Selvini Palazzoli war Psychoanalytikerin und suchte in ihrer klinischen Arbeit nach effektiveren Behandlungsmethoden. Im Rahmen des Mailänder Modells kam es in den 1970er Jahren zu wichtigen Innovationen, darunter auch zu grundlegenden Prinzipien für den psychotherapeutischen Prozess, wie „Hypothetisieren", „Zirkularität" und „Neutralität", ferner zur Entwicklung neuer methodischer Vorgehensweisen, wie dem „zirkulären Fragen". Im Vergleich zu vorangegangenen Ansätzen erfolgte bereits hier eine Veränderung des Systembegriffs dahingehend, dass das entscheidende System nicht mehr aus Personen, sondern vielmehr zusammengesetzt aus „Information" und „Kommunikation" verstanden wurde. Das Therapieziel bestand darin, das Familienspiel aus dem Gleichgewicht zu bringen und die Regeln der familiären Interaktion zu verstören und zu verändern (vgl. v. Schlippe/Schweitzer 2016, 49 ff.; Selvini Palazzoli 1995; Selvini Palazzoli et al. 1981, 1993).

Abschließend sei an dieser Stelle erwähnt, dass es sich bei den Konzepten von Satir, Minuchin und Selvini Palazzoli nur um einen kleinen Ausschnitt klassischer systemischer Konzepte handelt, die in der Sozialen Arbeit große Beachtung erfuhren. Wichtige weitere Namen und Ansätze sind u. a. die Strategische Familientherapie (Haley, Madanes), die Mehrgenerationentherapie (Boszormenyi-Nagy), die psychoanalytische Familientherapie (u. a. Stierlin, Richter) sowie die kognitiv-behaviorale Familientherapie (siehe zu allen Konzepten ausführlich v. Schlippe/Schweitzer 2016, S. 29 ff.).

5.3 Autopoietische Systeme und Radikaler Konstruktivismus

Im Mittelpunkt systemischer Ansätze steht zunächst eine spezifische Sichtweise, eine andere Art, die Welt zu sehen und zu kategorisieren. Betrachten wir soziale Probleme, beispielsweise Aggressivität oder Schulverweigerung von Jugendlichen, so versuchen wir üblicherweise nach Ursachen und Wirkungen zu fragen und „Wenn-dann-Verknüpfungen" herzustellen. In den in diesem Kapitel skizzierten Ansatz verabschiedet man sich von dieser Perspektive und führt das Systemmodell ein: Eine Familie oder andere soziale Gruppen als Systeme wahrzunehmen, bedeutet, die Verhaltensweisen einzelner Mitglieder als sinnvoll aufeinander bezogen zu definieren, und zwar auch dann, wenn diese zu destruktiven Folgen oder zu sozial unangepasstem, abweichendem Verhalten führen. Gleichwohl sind die theoretischen Strömungen, auf die in der systemisch-konstruktivistischen Sozialen Arbeit Bezug genommen wird, überaus vielfältig.

Zunächst: Die Familientherapie hat Modelle der Kybernetik als Steuerungslehre für komplexe Systeme frühzeitig aufgenommen. Aus der heutigen systemisch-konstruktivistischen Perspektive bezeichnen wir diese frühen Konzepte, auf die im vorangegangenen Abschnitt eingegangen wurde, als sogenannte „Kybernetik 1. Ordnung", da sie alle von der Vorstellung ausgehen, dass ein System objektiv erfasst werden kann, beispielsweise durch die Bestimmung von Grenzen, Regeln, Subsystemen oder Koalitionen. Angestrebt wird ein Gleichgewichtszustand (Homöostase), zudem gibt es konkrete Vorstellungen darüber, wie ein Familiensystem durch Interventionen von einem „dysfunktionalen" in einen „funktionalen" Zustand überführt werden kann (vgl. v. Schlippe/Schweitzer 2007, S. 53; 2016, S. 101 ff.).

Zunehmend traten jedoch kritische Fragen an die Plan- und Steuerbarkeit von Familiensystemen auf: Hinterfragt wurden so beispielsweise normative Vorstellungen darüber, wie eine „gut bzw. schlecht funktionierende" Familie auszusehen hätte und ob sich bei diesen Bewertungen nicht vielmehr eigene Wertmaßstäbe des:der Berater:in widerspiegeln würden. Kritisiert wurde auch die Vorstellung von der Homöostase als einem durchgängigen Orientierungsprinzip für alle therapeutischen-beraterischen Interventionen. Im Zuge der Expansion der Sozialen Arbeit, die in den 1970er Jahren einsetzte, sah man zudem die Ausrichtung auf Familien als zu eng an; erforderlich waren systemische Handlungskonzepte für weitere Zielgruppen und Arbeitsfelder (vgl. v. Schlippe/Schweitzer 2007, S. 92 ff.; Simmen et al. 2008, S. 11 ff.; Galuske 2013, S. 239 ff.).

Bedenken gegenüber frühen kybernetischen Konzepten kamen aber auch aus den Naturwissenschaften. Zunehmend wurde die „Selbstorganisation" hervorgehoben: Insbesondere aus der Biologie bewirkten Anfang der 1980er Jahre die erkenntnistheoretischen Überlegungen zur „Autopoiese" lebender Systeme der chilenischen Wissenschaftler Humberto Maturana und Francisco Varela einen Perspektivenwechsel (vgl. hierzu Maturana/Varela 2015, S. 39 ff.).

Autopoietische Systeme

„Autopoietische Systeme – Lebewesen – unterscheiden sich von Nichtlebendigem dadurch, dass sie die Bestandteile, aus denen sie bestehen, selbst erzeugen und gegen die Umwelt abgrenzen. Dies lässt sich am deutlichsten an der Zelle zeigen. Die Zelle verhält sich – metaphorisch gesprochen – wie eine ‚Molekülfabrik', deren wesentliche Aktivität darin besteht, die eigenen Bestandteile sowie die sie umgrenzenden Membranen zu erzeugen.

Diese Definition des Lebendigen ist weitaus umfassender als frühere Bestimmungen der empirischen Biologie, die sich auf die Kennzeichnung von Leben durch die Aufzählung von Eigenschaften wie Wachstum, Fortpflanzung, Beweglichkeit und Stoffwechsel beschränkten. Demgegenüber war Maturana daran interessiert, Leben als einen Prozess zu identifizieren, der aus der eigenen Autopoiese resultiert. Lebendiges ergibt sich hiernach aus Prozessen, die von den Operationen der Lebewesen selbst herrühren und sich auch darin erschöpfen …

Diese im Wesentlichen die Zelle betreffende Definition lässt sich auch auf multizelluläre Lebewesen – Autopoiese 2. Ordnung – anwenden" (Levold/Wirsching 2021, S. 61).

Autopoietische Systeme in diesem Sinne produzieren und reproduzieren beständig sowohl ihre einzelnen Elemente als auch die Organisation der Beziehungen zwischen diesen Elementen in einem selbstrückbezüglichen Prozess. Sie sind strukturell determiniert, d. h. ihre aktuelle Struktur gibt vor, in welchen Grenzen sie sich verändern können. Sie haben keinen anderen Zweck, als sich selbst zu reproduzieren; alle anderen Behauptungen über ihren Sinn werden durch Beobachter:innen an sie herangetragen. Sie sind operationell geschlossen, d.h. sie können nur mit ihren Eigenzuständen operieren und nicht mit systemfremden Komponenten. Lebende Systeme können Umweltinformationen aufnehmen, aber sie sind nicht unbegrenzt beeinflussbar.

Die Außenwelt wird nur soweit zur relevanten Umwelt, wie sie im System Eigenzustände anzustoßen und zu verstören mag, wobei sich damit gleichzeitig die Frage stellt, wie operationell geschlossene Systeme dennoch miteinander in Austausch treten können: Lebende Systeme vermögen sich „strukturell zu koppeln" und „gemeinsam zu driften"; sie können damit füreinander bedeutsame Umwelten darstellen und sich gegenseitig Anstöße vermitteln. Von „struktureller Koppelung" sprechen Maturana und Varela, wenn sich zwei oder mehrere autopoietische Einheiten so organisiert haben, dass Interaktionen einen rekursiven und stabilen Charakter erlangt haben (vgl. v. Schlippe/Schweitzer 2016, S. 111 ff.).

Die beiden chilenischen Wissenschaftler schlussfolgerten zudem aus einer kognitionstheoretische Perspektive, dass das menschliche Erkennen als biologisches Phänomen viel weniger durch die Objekte der Außenwelt bestimmt sei als durch die Strukturen des wahrnehmenden Organismus. Diese Perspektive führt zu den Positionen des sogenannten „Radikalen Konstruktivismus", wie er beispielsweise von Ernst v. Glasersfeld oder Heinz v. Foerster ausgearbeitet wurde. Als Erkenntnistheorie leugnet dieser nicht, dass es „da draußen" eine Realität gibt, verweist aber darauf, dass die Wahrnehmungen eines:r Beobachter:in und persönliche Aussagen und Beschreibungen über die Realität grundsätzlich immer eine Konstruktion der eigenen Sinnesreize und Gedächtnisleistung unseres Gehirns und damit subjektgebunden sind, wir also Wirklichkeit stets selbst konstruieren.

Objektivität im Sinne einer Übereinstimmung des wahrgenommenen Bildes mit einer gegebenen Realität ist hingegen unmöglich. Der Radikale Konstruktivismus geht vielmehr davon aus, dass „Erkenntnis nicht als eine bildgleiche Erklärung einer externen Realität möglich ist, sondern stets auf der Grundlage von niemals vollständigen und bildgleichen Beobachtungen und damit als Konstruktion zustande kommt. Im Sinne von v. Foerster und Luhmann kann festgehalten werden: „,Die Welt enthält keine Informationen, die Welt ist, wie sie ist'. Realität kann nicht enthüllt und damit objektiv entdeckt werden" (Lambers 2010, S. 24). Der:die Beobachter:in und das Beobachtete sind untrennbar miteinander verknüpft.

Der Mensch als nichttriviales System nach Heinz v. Foerster

„Der Unterschied zu *trivialen* Maschinen, die – solange sie nicht defekt sind – aufgrund ihrer Konstruktionsweise auf spezifische Impulse immer mit dem gleichen Output reagieren (etwa ein Motor oder ein Lichtschalter), beschreibt

v. Foerster Organismen als *nichttriviale* Maschinen, bei denen der Output nicht durch den vorangegangenen Input bestimmt wird, sondern durch ihn in Verbindung mit dem ‚zuvor erzeugten Output der Maschine'… Da der Begriff der Maschine hier rein formal (als zwischengeschaltete Struktur zwischen Input und Output) verwendet wird, sind Menschen ebenso wie alle anderen Organismen nichttriviale Maschinen, da sie aus Erfahrungen lernen und ihrer Erfahrungseindrücke vermittels ihres Gedächtnisses und vor dem Hintergrund ihrer Entwicklungsgeschichte verarbeiten, was allein den Output determiniert (Verhalten, Handeln, Kommunikation), der damit eben nicht trivial, vorhersagbar und linearkausal erklärbar ist … Organismen sind aufgrund der Nichtdeterminierbarkeit ihrer inneren Zustände durch ihre Umgebung *autonom*, d. h. sie organisieren und regeln sich selbst in einer kreiskausalen (zirkulären) Weise, die den eigenen Output zur Eingangsgröße macht" (Levold/Wirsching 2021, S. 56).

5.4 Theorie sozialer Systeme, Sozialer Konstruktionismus, Postmoderne

In den Sozialwissenschaften und der Sozialen Arbeit sind konstruktivistische Perspektiven umfangreich ausgearbeitet. Der Soziologe Niklas Luhmann stellte dabei die Funktionsweise, d. h., wie Realität in einer Gesellschaft erzeugt wird, in den Vordergrund und verwendete hierfür den Begriff „Operativer Konstruktivismus": Zur Beantwortung der Frage, wie eine Gesellschaft operiert, sah er nicht das Subjekt mit seinen jeweiligen Eigenschaften (Einstellungen, Fähigkeiten und Ausstattungen) als entscheidende Instanz sozialer Wirklichkeit, sondern die vielfältige, nicht mehr überschaubare „Kommunikation", aus der Versuche einer sozialen Ordnung entstehen. Luhmann bezeichnete sich auch nicht als radikalen, sondern als „operativen Konstruktivisten": Die Welt in ihrer vielfältigen Erscheinung sah er als ein Produkt menschlicher Kommunikation, oder genauer: der „Kommunikation sozialer Systeme".

Während Maturana und Varela den Autopoiese-Begriff auf organische Systeme bezogen, erweiterte Luhmann den biologischen Bezugsrahmen dahingehend, dass nicht nur organische Systeme in ihren inneren Operationen selbsterzeugend und zirkulär sind, sondern auch die psychische und soziale Ebene nach den Mechanismen der Selbsterzeugung operieren (Lambers 2010, S. 21 ff.). Relevante Bezugsmerkmale von Systemen sind bei Luhmann die Differenz zwischen System und Umwelt sowie die Festlegung von spezifischen „Systemoperationen" als Elemente, aus denen Systeme bestehen; diesbezüglich differenziert er zwischen folgenden Systemtypen:

- „*Technische Systeme*" (Maschinen und Technik) sind einfache, triviale Systeme, die keine Fähigkeit der Selbstorganisation und Selbststeuerung besitzen („allopoietische Systeme"); im Gegensatz hierzu sind alle nachfolgenden Systeme komplex, nichttrivial und autopoietisch.
- „*Biologische Systeme*" (Organismen, Zellen, Nerven) sind insofern selbsterzeugend, als sie die Elemente, aus denen sie bestehen, mit den Elementen, aus denen sie bestehen, produzieren. Ein Beispiel wäre das Zellwachstum: Aus Zellen entstehen neue Zellen. Der Operationsmodus ist „Leben" (Leben produziert Leben).
- „*Psychische Systeme*" (Wahrnehmen, Denken, Fühlen, Wollen, Aufmerksamkeit) sind autopoietische und sinnkonstituierende Systeme mit „Bewusstsein" als Operationsmodus (Gedanken produzieren neue Gedanken).
- „*Soziale Systeme*" (Interaktion, Organisation, gesellschaftliche Funktionssysteme) sind ebenfalls autopoietische und sinnkonstituierende Systeme. Sie operieren selbsterzeugend über den Modus „Kommunikation" (Kommunikation produziert Kommunikation) (vgl. Lambers 2010, S. 91 ff.; v. Schlippe/Schweitzer 2016, S. 117 ff.).

Zielsetzung dieser Differenzierung ist es, körperliche Prozesse und individuelles Bewusstsein von sozialen Systemen abzugrenzen: Für Luhmann war der Mensch keine soziologisch brauchbare Kategorie. Menschen als Einheiten lebender und psychischer Systeme gehören demzufolge für ein System (z. B. für eine Familie, für die Gesellschaft) zu dessen Umwelt. Damit verbunden ist ein umfassender Perspektivenwechsel, der für Studierende, aber auch für Berufstätige durchaus eine Herausforderung darstellt: Die „Elemente" sozialer Systeme sind nicht mehr Personen, sondern ausschließlich „Kommunikation" (vgl. Levold/Wirsching 2021, S. 64 ff.; Kleve 2010, S. 69).

Luhmann folgend, der eine komplexe und umfassende Gesellschaftstheorie entwarf und „soziale Systeme" in den Mittelpunkt seiner Betrachtungen stellte, operieren biologische, psychische und soziale Systeme unabhängig voneinander. Obwohl sie wechselseitig miteinander in Verbindung stehen, sind sie jeweils nach innen geschlossen, nach außen offen und entscheiden selbst, was sie von ihrer Umwelt einbeziehen und was nicht („operative Geschlossenheit"), d. h. jedes dieser drei Systeme operiert für sich und bearbeitet eigene Aufgaben der Komplexitätsbewältigung. Kein System kann außerhalb seiner Grenzen operieren, d. h. biologische, psychische und soziale Systeme steuern sich selbst, operieren selbstreferenziell und voneinander unabhängig. Als autopoietische Systeme, die füreinander Umwelten darstellen, können sie sich zwar wechselseitig anstoßen, anregen, aber nicht gezielt beeinflussen (v. Schlippe/Schweitzer 2016, S. 117 ff.).

Bewusstsein und Kommunikation sind allerdings als Sinnsysteme eng strukturell gekoppelt, wobei Sinn hierbei nicht inhaltlich bestimmt wird, wie etwa über den Unterschied von „Sinn“ und „Unsinn“. Sinnsysteme reduzieren vielmehr Komplexität, d. h. sie wählen jederzeit aus einer Vielzahl von möglichen Anschlussoperationen eine spezifische aus: „Bewusstsein und Kommunikation nehmen auf Sinn Bezug und sind daher über das Medium Sinn strukturell miteinander gekoppelt, d. h. sie ‚interpenetrieren‘. Jedes kommunikative Ereignis ist gleichzeitig auch ein Bewusstseinsereignis, ohne Bewusstsein ist Kommunikation unmöglich … Dabei spielt bei Luhmann Sprache für beide Systeme eine ausschlaggebende Rolle. Während Kommunikationen beobachtet werden können, entziehen sich aber psychische Systeme grundsätzlich einer empirischen Untersuchung – sie haben in der Systemtheorie den Status einer Blackbox“ (Levold/Wirsching 2021, S. 65; siehe zudem Barthelmess 2005, S. 80 ff. und Kleve 2010, S. 69 ff., 75 ff.).

Auch der „Soziale Konstruktionismus“, als einer deren Hauptvertreter der US-amerikanische Psychologe Ken Gergen gilt, geht davon aus, dass „Realität“ nicht objektiv erfassbar ist, stellt aber die soziale Bezogenheit in den Vordergrund: „Alles, was wir für real erachten, ist sozial konstruiert. Oder, spannungsgeladener formuliert: Nichts ist real, solange Menschen nicht darin übereinstimmen, dass es real ist“ (Gergen/Gergen 2009, S. 10). So wird die menschliche Wirklichkeit in Prozessen menschlicher Kommunikation gesellschaftlich konstruiert, womit die Bedeutung der Sprache hervortritt. Ideen, Bilder und Erinnerungen werden durch sozialen Austausch und zwischenmenschliche Beziehungen hervorgebracht und durch gemeinsam erzählte Geschichten vermittelt. Im Mittelpunkt steht die fortwährende Konversation mit Interaktionspartner:innen – und im Dialog entsteht das, was wir als Wirklichkeit bezeichnen (vgl. v. Schlippe/Schweitzer 2016, S. 122 ff.). Besonders bedeutsam sind diese Überlegungen für die Soziale Arbeit, wenn es um das Verständnis abweichenden Verhaltens, beispielsweise psychischer Auffälligkeiten, geht, die oft schnell als „Krankheiten“ bezeichnet werden (s. hierzu u. a. auch Watters 2010; Frances 2016).

Psychische Krankheiten als Defizit-Diskurs

„Interessant ist, dass wir im Jahr 1900 nur eine Handvoll Begriffe hatten, die ‚psychische‘ Krankheiten bezeichneten. Bis zum Jahr 2000 hatten die Professionellen des Gesundheitssektors über 400 Formen psychischer Krankheit ‚entdeckt‘. So zählt psychische Krankheit mittlerweile zu den führenden Kategorien US-amerikanischer Gesundheitsausgaben. Psychopharmaka sind ein Multi-Billionen-Dollar-Geschäft. In dem Maße, in dem der Diskurs über persönliche Defizite wissenschaftliche Glaubwürdigkeit erhält und die Defizite zum Allgemeinwissen werden, fangen wir an, uns selbst auf diese Art und Weise zu konstruieren. Aus sozialkonstruktionistischer Perspektive befindet sich psychische Krankheit

> nicht einfach ‚dort draußen', darauf wartend, entdeckt zu werden. Vielmehr konstruieren wir bestimmte Handlungen als ‚Krankheit' … oder nicht. Eine Person, die ‚traurig' ist, ‚betrübt' oder ‚eine Flaute durchmacht', muss nicht als ‚krank' diagnostiziert werden" (Gergen/Gergen 2009, S. 38 f.).

Wenn es um die zwischenmenschliche und gesellschaftliche Konstruktion der Wirklichkeit geht, wird in der Sozialen Arbeit synonym der Begriff „Sozialer Konstruktivismus" verwendet. Soziale Probleme, wie beispielsweise die Diskriminierung von Menschen mit einer geistigen oder körperlichen Behinderung, die mangelnde Wertschätzung der Erziehungsleistung Alleinerziehender, die Stigmatisierung, Ausgrenzung und Anfeindung von Homosexuellen, Obdachlosen, Flüchtlingen und Migrant:innen, Arbeitslosen oder anderen Adressat:innen Sozialer Arbeit, werden als zwischenmenschlich und gesellschaftlich konstruiert verstanden. Die Konstruktivismusdebatte ist so beispielsweise „auch ein wichtiger Bestandteil der Geschlechterforschung und der Feministischen Theorie, denn Männlichkeits- und Weiblichkeitsbilder' sind nicht einfach gegeben, sondern werden, so der Ausgangspunkt, von beiden Geschlechtern konstruiert" (Miller 2001, S. 64 f.; vgl. auch Payne 2020, S. 285 ff. sowie Berger/Luckmann 2007).

Systemisch-konstruktivistische Handlungskonzepte wurden schließlich durch postmodernes Denken beeinflusst, das sich auf den französischen Philosophen Jean-François Lyotard zurückführen lässt, der für das postindustrielle Zeitalter das „Ende der großen Metaerzählungen" postulierte, wozu er beispielsweise die großen Schöpfungsmythen und heilsversprechenden Zukunftsentwürfe aus Religion, Philosophie und Politik zählte. Die Gegenwart zeichnet sich hingegen durch eine heterogene Vielfalt an Theorien und Entwürfen aus, die nebeneinanderstehen und sich nicht mehr auf eine große und integrierende Metatheorie zurückführen lassen.

Ähnlich argumentiert Wolfgang Welsch, der die Postmoderne als Ausdruck „radikaler Pluralität" auf den unterschiedlichsten Ebenen der Gesellschaft sieht. Postmoderne Entwürfe eröffnen den Blick dafür, mit ganz unterschiedlichen Wirklichkeitsentwürfen in Familie, Gruppen oder Organisationen zu spielen, keine für richtiger als die andere zu halten und durch das Erzählen zusätzlicher Geschichten Komplexität zu ermöglichen, aus denen sich Ratsuchende neuen Sinn erschließen können.

Schließlich sei mit Michel Foucault und Jacques Derrida auf zwei Denker des französischen Poststrukturalismus verwiesen, die sich vor allem mit der Sprache beschäftigten und dabei analysierten, welche gesellschaftliche Machtstrukturen sich hinter der Sprache und unserer Sprachverwendung verbergen (v. Schlippe/Schweitzer 2016, S. 124 ff.).

5.5 Berater:innenrolle und Haltungen in der Systemischen Beratung

Vor dem Hintergrund der dargestellten Theoriebezüge, insbesondere der inneren, autonomen Selbstorganisation psychischer und sozialer Systeme, werden die Grenzen der externen professionellen Einflussnahme Sozialer Arbeit offensichtlich. Im Gegensatz zu klassischen systemischen Konzepten wird daher in der Beratung eine „konstruktivistische Bescheidenheit" (Barthelmess 2005, S. 128 ff.; 2016, S. 89 ff.) als grundlegende Haltung vertreten: Berater:innen verstehen sich nicht mehr in einer interventionsmächtigen Position; vielmehr sehen sie sich nur noch in der Lage, Systeme anzustoßen, anzuregen, zu verstören und in Eigenschwingung zu versetzen. Damit wird die Idee, das kontrollieren zu können, was in Systemen geschieht, aufgegeben.

In diesem Sinne sind soziale Fachkräfte „nun weniger Experten für ‚die Sache' – niemand kennt die Situation besser als die Klienten selbst –, sondern eher Experten für die Ingangsetzung hilfreicher Prozesse, sie sind eher diejenigen, die Dialoge ermöglichen, in denen unterschiedliche Wirklichkeitskonstruktionen beschrieben werden und in denen mit alternativen Konstruktionen gespielt wird. Sie sind eher neugierig auf die (oft eigentümliche) Eigen-Logik ihrer Klientensysteme und versuchen deren Nützlichkeit für die Lebenspraxis ihrer Klienten wertzuschätzen" (v. Schlippe/Schweitzer 2007, S. 52). Die Hilfesuchenden werden aus dieser Perspektive heraus als autonome Expert:innen ihres eigenen Lebens betrachtet.

Damit werden die Aussagen auf der Ebene der Kybernetik 1. Ordnung konsequent in Frage gestellt, weil diese ein Denken in Begriffen von Kontrolle, Steuerung und Regelung beinhalten. Bei der „Kybernetik 2. Ordnung" werden die kybernetischen Prinzipien hingegen auf die Kybernetik selbst bezogen und hinterfragt, wie menschliche Erkenntnis an sich organisiert ist. So wird bezweifelt, dass es von der Fachkraft unabhängige, objektiv erkennbare Systeme gibt. Vielmehr müssen die Berater:innen und deren Erkenntnismöglichkeiten als Teil des Kontextes, der beobachtet wird, mitkonzeptualisiert werden (vgl. v. Schlippe/Schweitzer 2007, S. 53; 2016, S. 92 ff.).

Das Technologiedefizit in der Sozialen Arbeit

„Bezeichnet das grundsätzliche Nichtvermögen, soziale Systeme in einer technologischen Weise so zu steuern, dass die intendierten Steuerungseffekte auch steuerungsgemäß eintreten. Entsprechend fehlen Technologien der Steuerung. Dieser Sachverhalt bedeutet für die Sozialisation, Pädagogik und Therapie, dass die von ihnen angestrebten Zielzustände nicht linear herstellbar sind" (Lambers 2010, S. 190 f.).

Neben der „Konstruktivistischen Bescheidenheit“ bestehen weitere zentrale Haltungen, die sich direkt aus den theoretischen Bezügen heraus ableiten lassen (vgl. nachfolgend v. Schlippe/Schweitzer 2016, S. 199 ff.; ferner Barthelmess 2005, 2016; Ritscher 2013, S. 248 ff.). Dazu zählen insbesondere:

„Kooperation und Beziehung“
Die Bedeutung, die der Beziehung beigemessen wird, hat sich über Jahrzehnte hinweg gewandelt. Heute werden dem Kooperationsmodell und einer vertrauensvollen Beziehung hohe Bedeutung zugemessen. Eine kontinuierliche, freundlich-sorgende, affektive Rahmung der Situation wird als Grundlage darüber gesehen, dass sich Ratsuchende, einzelne Klient:innen, aber auch Paare, Gruppen oder Teams mit den Herausforderungen einer Veränderung auseinandersetzen können.

„Den Möglichkeitsraum erweitern“
Der Austausch über Wirklichkeitsbeschreibungen wird in den Mittelpunkt gerückt. Diese Haltung richtet sich dabei weniger an dem aus, was nicht gut funktioniert oder als problematisch angesehen wird; vielmehr sollen neue kognitive Möglichkeitsräume erschlossen werden, und zwar ganz im Sinne des ethischen Imperativs nach v. Foerster: „Handle stets so, dass Du die Anzahl der Möglichkeiten vergrößerst!“ Überlegt wird, wie Wirklichkeitskonstruktionen aussehen, die eher geeignet sind, das Bewusstsein für Möglichkeiten zu vergrößern (beispielsweise in dem nach Ausnahmen gefragt wird, d. h. Situationen, in denen das Problem nicht aufgetreten ist). Zugleich werden bisherige Wirklichkeitsbeschreibungen skeptisch hinterfragt.

„Hypothesenbildung“
In Abgrenzung zum herkömmlichen Verständnis geht es nicht um die Überprüfung, Bestätigung oder Verwerfung einer Hypothese, vielmehr soll diese auf das System anregend wirken; beispielsweise sollen in einer Familie neue Sichtweisen, neue Möglichkeiten der Wirklichkeitskonstruktion aufgeworfen und untersucht werden. Eine Hypothese ist aus systemischer Perspektive umso passender und nützlicher, je mehr Mitglieder eines Problemsystems sie umfasst und je mehr sie die Handlungen aller Beteiligten in wertschätzender Weise zu verbinden vermag.

„Zirkularität“
Zirkuläres Denken umfasst den Versuch, Verhaltensweisen und Wirklichkeitskonstruktionen von Menschen, die in einem System kommunikativ eingebunden sind, als aufeinander bezogen zu verstehen. Im Gegensatz zum herkömmlichen Ursache-Wirkungs-Modell wird dabei von einer fortlaufenden kreisförmigen

Kommunikation ausgegangen. In Abgrenzung zu früheren systemischen Konzepten wird Zirkularität zudem im Sinne selbstorganisierender Systeme als ein autonomer und dynamischer Kommunikationsprozess verstanden, der nicht durch die Beratungsfachkraft steuerbar ist.

„Neutralität" und „Neugier"

Während „Allparteilichkeit" darauf abzielt, für alle Beteiligten gleichermaßen Partei zu ergreifen, wird „Neutralität" von deren Wirkung heraus verstanden und erstreckt sich in dieser Hinsicht auf Personen, Probleme und Ideen gleichermaßen: Neutralität kann als erfolgreich umgesetzt verstanden werden, wenn allen Teilnehmer:innen einer Beratung hinterher unklar ist, auf wessen Seite die:der Beratende gestanden hat. Offen bleibt auch, wie ein Problem bewertet wird oder welche Verhaltensweisen und Wirklichkeitskonstruktionen von der sozialen Fachkraft persönlich als gut oder schlecht betrachtet werden. Schließlich bleibt offen, welche Problemerklärungen, Lösungsideen und Werthaltungen bevorzugt werden. Neutralität begünstigt eine Haltung respektvoller „Neugierde", verstanden als eine Offenheit gegenüber der Suche nach der jedem System innewohnenden Eigenlogik.

„Ressourcen- und Lösungsorientierung"

Durch das Prinzip der Lösungsorientierung, das durch die Gruppe um den US-amerikanischen Sozialarbeiter und Psychotherapeuten Steve de Shazer hervorgehoben wurde, wird angenommen, dass jedes System bereits über alle Ressourcen verfügt, die es zur Lösung seiner Probleme benötigt; es nutzt diese nur derzeit nicht. Um diese Ressourcen herauszufinden, ist es nicht zwingend nötig, sich umfassend mit dem Problem zu beschäftigen; vielmehr liegt der Fokus von vornherein auf der Konstruktion von Lösungen. Für die Betroffenen ist es oftmals nützlicher, davon auszugehen, dass Menschen an jedem Punkt ihrer Entwicklung über eine Vielzahl an Möglichkeiten verfügen können, dass sie sich aber aus unterschiedlichen Gründen dafür entschieden haben, vieles von dem, was sie eigentlich tun könnten, zumindest vorläufig noch nicht oder nur manchmal zu tun.

„Die andere Seite der Ethik: Verhindern und Begrenzen"

Vertreter:innen dieses Handlungskonzepts verstehen ihre Tätigkeit in erster Linie als „Ermöglichungsarbeit", wobei insbesondere das Prinzip der Neutralität systemisch-konstruktivistischer Konzepte im fachlichen Diskurs der Sozialen Arbeit heftig kritisiert wurde: So ist, gerade in der Sozialen Arbeit – im Gegensatz zum psychotherapeutischen Setting –, das bewusste Einschränken der Handlungsmöglichkeiten der Adressat:innen unter Umständen zwingend erforderlich.

Als Beispiele wären hier zu nennen der Umgang mit Kindeswohlgefährdung und sexuellem Missbrauch, suizidgefährdeten Klient:innen, gewaltbereiten Jugendlichen oder körperlichen oder sexuellen Übergriffen in der Beziehung zwischen Berater:in und Klient:in.

5.6 Systemische Fragen

Wie auch bei anderen Beratungsansätzen wird zu Beginn der Herstellung eines angemessenen Beratungssettings und Arbeitsbündnisses der Informationssammlung und Auftragsklärung Aufmerksamkeit geschenkt. An dieser Stelle sei einführend auf die Bedeutung verbaler Verfahren hingewiesen: Im Gegensatz zu linearen Fragen, die von klaren und eindeutigen Zuordnungen ausgehen (beispielsweise durch die Kategorisierung in „wenn – dann", „entweder – oder", „gut – schlecht") zielen systemische Fragetechniken auf komplexe, mehrdeutige Informationen ab. In den Vordergrund rücken das Beziehungsnetzwerk und die zwischen den Interaktionspartner:innen stattfindenden kommunikativen Rückkopplungsprozesse, was gut anhand der sogenannten „zirkulären Fragen" veranschaulicht werden kann. Das charakteristische formale Muster ist hierbei, dass eine Person nicht über sich selbst, sondern über eine andere bzw. die Beziehungen zwischen anderen Personen befragt wird. Nach Ritscher (2013, S. 273 ff.) kann hier wie folgt differenziert werden:

„Dyadische zirkuläre Fragen"
Es wird eine Person über eine andere und die Beziehung zwischen ihr und der anderen Person befragt – beispielsweise wird der Sohn von einer Sozialarbeiterin im Rahmen eines Familienberatungsgesprächs gefragt: „Was antwortet Vater, wenn du ihn um Hilfe bei den Hausaufgaben bittest?"

„Triadische zirkuläre Fragen"
Hierbei wird der Bezugsrahmen im Beratungsgespräch erweitert, d.h. eine Person wird nun über die Beziehung zwischen zwei anderen Personen befragt – im Beispiel fragt die Fachkraft den Sohn: „Was tut deine Mutter, wenn dein Vater sie anschreit?"

„Tetradische zirkuläre Fragen"
Dieses Vorgehen verbindet vier Personen in der Beratung miteinander, d.h. die befragte Person sowie drei andere, über deren Beziehung gesprochen wird – im Beispiel wird der Sohn gefragt: „Was tut deine Mutter, wenn dein Vater deine Schwester angreift?"

Bei zirkulären Fragen wird davon ausgegangen, dass alles in einem sozialen System gezeigte Verhalten immer auch als „kommunikatives Angebot" verstanden werden kann. Gedanken und Gefühle, aber auch geäußerte Probleme und Krankheitssymptome werden nicht nur als in einem Menschen ablaufende Ereignisse, sondern vielmehr in deren Funktion und Bedeutung im wechselseitigen Beziehungsgefüge gesehen. Statt einzelne Klient:innen nach deren Empfindungen und Gedanken direkt zu fragen, erscheint es interessanter, die kommunikativen Bedeutungen und Wirklichkeitskonstruktionen innerhalb des Systems sichtbar zu machen. Mit dieser Fragetechnik entsteht neue Information im System, so dass bei allen Beteiligten neue Sichtweisen und Denkprozesse angeregt und die gewohnte Art des Denkens verstört werden (vgl. v. Schlippe/Schweitzer 2016, S. 251 ff.; siehe auch Ritscher 2013, S. 272 ff.).

Eine weitere typische Form des systemischen Fragens besteht in der Herstellung und Verdeutlichung von Unterschieden: So werden bei „Skalierungsfragen" und „Prozentfragen" Sichtweisen und Beziehungen in eine Rangreihe gebracht, etwa durch Fragen wie „Wer ist über die Arbeitsleistung des Teams am zufriedensten?", „Wer ist heute mit dem meisten Optimismus hergekommen, wer ist am skeptischsten?", „Für wie felsenfest halten Sie auf einer Skala von 0 bis 100 % die Kündigungsabsicht Ihrer Kollegin?" (vgl. v. Schlippe/Schweitzer 2016, S. 255 ff.).

Unterschiede sind Informationen, Information ermöglicht Veränderung

„Als Systemiker gehen wir davon aus, dass es wertvoll ist, Unterschiede zu erfassen, weil diese als Information verstanden werden, die Systeme anregen kann, sich zu verändern. …

Wir versuchen auf die Betroffenen einzuwirken, dass diese in der Lage sind, etwas anderes zu machen. Das können sie nur machen, wenn sie etwas neu und anders sehen als bisher, wenn sie ihre bisherigen Sichtweisen mindestens ansatzweise aufgeben und neue entwickeln. Dazu brauchen die Systeme, mit denen wir arbeiten, neue Informationen. Weil aber Information Unterschied ist, interessieren wir uns für die Unterschiede in den Sichtweisen der Mitglieder des Systems. Wir produzieren sogar aktiv alternative Sichtweisen, formulieren selbst neue Sichtweisen oder fragen so, dass Mitglieder des Systems neue Einsichten entwickeln können. Deshalb sind die Fragen zu den unterschiedlichen Sichtweisen so wesentlich und mindestens so wichtig wie die Fragen zu den Fakten" (Schwing/Fryszer 2017, S. 31 f.).

Angemerkt werden kann an dieser Stelle, dass es neben dieser Vorgehensweise eine Fülle weiterer Fragetechniken gibt, wobei grob zwischen zwei großen Fragekomplexen differenziert werden kann:

- „Fragen zur Wirklichkeitskonstruktion" dienen dazu, aktuelle Beziehungsmuster zu verdeutlichen, und befassen sich vor allem mit dem Kontext des präsentierten Problems, d. h. den vielen verschiedenen Perspektiven aller Beteiligten, die zusammengenommen das Problem erst erschaffen.
- „Fragen zur Möglichkeitskonstruktion" beziehen sich hingegen auf das, was sein könnte. Berater:innen sind zumeist empathisch dem Leid von Klient:innen gegenüber, mit denen sie arbeiten; sie sollten aber mindestens genauso empathisch gegenüber den Lösungen sein, die diese Menschen bislang noch nicht gefunden haben, d. h. für die Möglichkeiten, die ihnen noch offenstehen (vgl. v. Schlippe/Schweitzer 2016, S. 257 ff.).

Beispiele für lösungsorientierte Fragen („Verbesserungsfragen")

Fragen nach den Ausnahmen vom Problem:

- Wie oft (wie lange, wann) ist das Problem nicht aufgetreten?
- Was haben Sie und andere in diesen Zeiten anders gemacht?
- Wie haben Sie es geschafft, in diesen Zeiten das Problem nicht auftreten zu lassen?

Fragen nach den Ressourcen:

- Was möchten Sie in Ihrem Leben gern bewahren, so wie es ist?
- Was gefällt Ihnen an sich selbst (Partner:in, Familie)?
- Was müssten Sie tun, um mehr davon zu machen?

Die Wunderfrage:

- Wenn das Problem plötzlich weg wäre (z. B. nach einer Operation, durch Gottes Wirken oder aus sonstigen Gründen): Was würden Sie am Morgen danach als Erstes anders machen? Was danach?
- Wer wäre am meisten überrascht davon?
- Was würden Sie am meisten vermissen in Ihrem Leben, wenn das Problem plötzlich weg wäre?

(v. Schlippe/Schweitzer 2016, S. 266 ff.)

Die grundsätzlich anders ausgerichtete Sichtweise auf die Probleme von Klient:innen kann auch an zwei anderen Vorgehensweisen verdeutlicht werden: Mit dem Fachbegriff „Positive Konnotation" werden alle Formen der positiven Bewertung von bislang als „problematisch", „auffällig" oder „krank" bezeichnete Verhalten übergreifend zusammengefasst. Diese Umbewertung „fokussiert auf die Ressourcen der Menschen, sich in schwierigen Lebens- und Problemlagen entsprechend ihren eigenen Möglichkeiten zu behaupten, auch wenn die dabei gezeigten Verhaltensweisen und Handlungspläne von den sozialen anderen nicht verstanden oder abgewertet werden“ (Ritscher 2013, S. 280).

Ähnlich wird mit dem „Reframing“ ein möglicher positiver Sinn eines Problems oder Symptoms in Bezug auf ein soziales System betont, indem eine negative Bedeutungszuschreibung in eine positive überführt und dadurch der zugrunde liegende Sinn neu bestimmt wird: Statt beispielsweise ein Kind in einem Elternberatungsgespräch als „hyperaktiv“ zu beschreiben, kann eine Fachkraft auch positivere Zuschreibungen verwenden und das Kind u. a. als „bewegungsfreudig“, „kreativ“, „willensstark“, „körperbetont“, „selbstbewusst“ oder „sportlich veranlagt“ bezeichnen. Mit diesen positiven Umdeutungen „wird in der systemischen Praxis versucht, bisherige Muster von negativen Beschreibungen, von Selbstanklage und Kritik zu unterbrechen, indem etwa auf bislang unbemerkte ‚gute Nebenwirkungen‘ dieser Störungen hingewiesen wird, manchmal sogar ein ‚Problem‘ eventuell als (derzeit noch) bestmögliche ‚Lösung‘ zu sehen“ (v. Schlippe/Schweitzer 2016, S. 312).

5.7 Weitere Anwendungsbereiche

Anzumerken gilt speziell für die Systemische Beratung im deutschsprachigen Raum, dass diese eine Vielzahl weiterer theoretischer Bezüge und methodischer Ansätze integriert. Hinzuweisen gilt in dieser Hinsicht insbesondere auf „darstellende Methoden“ (vgl. nachfolgend Wirth/Kleve 2012; siehe u. a. auch Ritscher 2013, S. 289 ff.):

Genogrammarbeit

Hier handelt es sich um eine grafische Darstellungsform für Familienkonstellationen („Familienstammbaum“) üblicherweise über drei Generationen hinweg: Typischerweise werden Männer und Jungen durch Quadrate und Frauen und Mädchen durch Kreise symbolisiert. Besonderheiten werden ausgewiesen, z. B. Adoption, Schwangerschaften, Tot- und Fehlgeburt, Zwillinge. Eheliche Verbindungen werden durch durchgezogene, nichteheliche durch gestrichelte horizontale Verbindungslinien hervorgehoben. Weiterhin können symbolische Hinweise zur Qualität der Beziehung (z. B. besonders enge oder konflikthafte Beziehung) sowie weitere Informationen und Daten (z. B. zum Beginn bzw. Ende einer Partnerschaft oder Ehe, besondere Belastungszeiten) mit aufgenommen werden.

Skulpturarbeit

Das Beziehungsgeflecht eines Systems, z. B. einer Familie, wird durch die beteiligten Personen nachgestellt. Darstellungsformen sind u. a. „räumlicher Abstand" als Symbol für emotionale Nähe (z. B.: Welche Personen stehen sich nahe? Wer steht am Rande?), „oben und unten" als Symbol für hierarchische Strukturierung (z. B.: Wer ordnet sich wem unter?), „Mimik und Gestik" als weitere Differenzierungsformen (z. B.: Wer berührt wen und wie? Wer drückt welche emotionale Befindlichkeit aus? Wer sieht wen an und wen nicht?). Anwendung finden zudem weitere kreative Visualisierungen, beispielsweise das „Familien- bzw. Systembrett", bei dem anstelle von Personen Holzklötze zur Nachstellung der Beziehungskonstellation verwendet werden; alternativ finden Spielfiguren, Bausteine oder anderes Material Verwendung.

Weitere Beispiele für Methoden und Techniken für die Beratungsarbeit, die an dieser Stelle nur benannt und auf Literaturbeispiele verwiesen wird, sind zahlreiche Visualisierungstechniken für Systeme, wie Familien-Maps, Familienhelfer-Maps, Soziogramme, Netzwerkkarten, VIP-Karten bis hin zum Zeitstrahl, weiterhin die Methode des reflektierenden Teams, des Auftragskarussells und Tetralemma, die Arbeit mit Metaphern, Humor oder Cartoons (vgl. Levold/Wirsching 2021; v. Schlippe/Schweitzer 2016, 2019; Schwing/Fryszer 2017; Wirth/Kleve 2012; Kleve 2011a).

An dieser Stelle sei zudem auf den Einfluss narrativer Therapieansätze auf die Beratung hingewiesen, welche die identitätsbildende Kraft von Erzählungen über eigenes Erleben hervorheben: Selbsterzählungen von Klient:innen enthalten häufig eine Fülle von negativen Bewertungen von Alltagserfahrungen und das Leben einschränkende Geschichten. In der Beratung soll durch Neu- und Wiederfassen alternativer Sichtweisen der Zugang zu solchen Geschichten ermöglicht werden, die narrative Ressourcen für die Bereicherung des Lebens und seiner Beziehungen bereitstellen (vgl. Levold/Wirsching 2021, S. 71 ff.; Jakob et al. 2022).

Die systemisch-konstruktivistische Perspektive findet in einer Reihe weiterer Arbeitsmethoden Anwendung, so in der von Johannes Herwig-Lempp entwickelten „Ressourcenorientierten Teamarbeit", die er als ein Modell der kollegialen Beratung versteht: Auf der Grundlage der systemisch-konstruktivistischen Theorie und Methodik begreift er ein Team als ein sich selbst organisierendes System. Die Kollegiale Beratung bezieht die Ressourcen aller Teammitglieder mit ein und nutzt diese für die Qualität der Arbeit (2016). Diese systemische Ausrichtung stellt darüber hinaus auch in der Supervision, in der Mediation, im Coaching sowie in der Organisationsberatung und -entwicklung eine wichtige Bezugsgroße dar (vgl. zum Beispiel Krall et al. 2008; Schibli/Supersaxo 2009; Wirth/Kleve 2012; DGSF 2022).

Systemische Ansätze werden in der Kinder- und Jugendhilfe weitverbreitet eingesetzt, sei es im Rahmen von Familien-, Ehe- und Erziehungsberatung, der Elternarbeit bis hin zum Allgemeinen Sozialdienst oder der aufsuchenden Sozialpädagogischen Familienhilfe (vgl. als Beispiele Simmen 2008; Erler 2011; Ritscher 2007, 2011, 2013; Müller/Bräutigam 2011; Conen 2011; Winkelmann 2014). Eger beschreibt den Paradigmenwechsel von der intensiven Problemanalyse hin zur in diesem Kapitel bereits erwähnten konsequenten „Lösungsorientierung“ mit der Ausrichtung auf Ziele, Ressourcen und Kompetenzen anhand wichtiger Handlungsfelder der Kinder- und Jugendhilfe, darunter Hilfen zur Erziehung, stationären Jugendhilfe und Schulsozialarbeit (vgl. 2015, 2016).

Gleichwohl erstrecken sich die Einsatzbereiche systemischer Ansätze heute auf die gesamte Soziale Arbeit quer durch sämtliche Arbeitsfelder, beispielsweise auf die Frühförderung und Behindertenhilfe, Flüchtlingshilfe, Altenhilfe, Krankenhaus, Psychiatrie, Suchthilfe, Sozialarbeit mit Multiproblemfamilien, mit unmotivierten Klient:innen sowie in Zwangskontexten, darüber hinaus auch auf den Bereich des Sozialmanagements (vgl. hierzu etwa die zahlreichen Veröffentlichungen im Vandenhoeck & Ruprecht Verlag sowie im Carl-Auer-Verlag).

Miller veröffentlichte bereits 2003 zur „Sozialarbeitsorientierten Erwachsenenbildung“, die sie als eine spezifische Arbeitsform der Sozialen Arbeit identifizierte und vor dem Hintergrund eines systemischen Sozialarbeits- und Erwachsenenbildungsverständnisses begründete. Schließlich bleibt festzuhalten, dass das Interesse von Sozialpädagog:innen und Sozialarbeiter:innen an einer systemisch orientierten, psychotherapeutischen Weiterbildung nach wie vor ungebrochen ist; insbesondere im Rahmen der Ausbildung zur Familientherapie ist deren Anteil im Vergleich zu anderen Berufsgruppen überproportional hoch (vgl. Galuske 2013, S. 233 ff.; Rotthaus 2013; Ohling 2015, S. 118 ff.; v. Schlippe/Schweitzer 2015, S. 237 ff.; 2016, S. 83 ff.).

5.8 Bezug zu anderen Handlungskonzepten und kritische Würdigung

Zwischen der Humanistischen Psychologie und systemisch-konstruktivistischen Handlungskonzepten besteht eine besondere Nähe, die sich bis zur familientherapeutischen Arbeit von Virginia Satir zurückverfolgen lässt (vgl. Baldwin/Satir 1999). Diese Erweiterung findet sich in der Gegenwart u. a. in der Berücksichtigung systemischer Perspektiven im Rahmen der klientenzentrierten Spiel- und Familientherapie (vgl. Schmidtchen 1974/1999; GwG 2022). Als weiteres Beispiel sei an dieser Stelle auf das „Pädagogische Gesprächstraining“ von Pallasch/Köln verwiesen: Die Autoren weisen die Humanistischen Psychologie und Humanistischen Pädagogik sowie die Systemtheorie und den Radikalen Konstruktivismus als erkenntnisleitende Grundtheorien ihres Trainings aus (vgl. 2020; siehe allgemein Gahleitner et al. 2013).

Überschneidungen lassen sich zudem zum Case Management festhalten, das im vorliegenden Lehrbuch als eigenes Handlungskonzept dargestellt wird: Im „Systemischen Case Management" integrieren beispielsweise Kleve et al. (2011b) die vielfältigen Methoden und Techniken aus der Systemischen Beratung und Therapie, behalten aber gleichwohl mit der vermittelnden Organisation von Hilfsmaßnahmen und einem auf mehreren Phasen beruhenden Modell zur Falleinschätzung und Hilfeplanung für Klient:innen diese charakteristische Ausrichtung bei (vgl. ferner Wirth/Kleve 2012; Kleve 2016; DGCC 2022).

Bezüglich der Bewertung des systemisch-konstruktivistischen Ansatzes gilt es, zunächst das Systemmodell an sich zu würdigen, das in der Sozialen Arbeit dazu beigetragen hat, den Entstehungskontext sozialer Probleme über Individuen hinaus auf einen größeren sozialen Kontext zu beziehen und damit eine komplexere Perspektive einzunehmen. Für dieses Handlungskonzept spricht die mittlerweile große Verbreitung über alle Arbeitsfelder hinweg sowie dessen theoretisch-methodische Fundierung. Für die berufliche Praxis brachte die Methodenvielfalt wertvolle Anregungen, die wiederum vielfach in andere Handlungskonzepte mitaufgenommen werden.

Im Gegensatz zu dem in der Praxis der Sozialen Arbeit verbreiteten Berufsverständnis, das Sozialpädagog:innen und Sozialarbeiter:innen als hauptverantwortlich für den Hilfeprozess und dessen erfolgreichen Verlaufs sieht, hinterfragt der systemisch-konstruktivistische Ansatz kritisch diese „Interventionsmacht" von Helfenden. Positiv zu würdigen gilt zudem die Bedeutung „sozialer Konstruktionen" für die Entstehung, Bewertung, Aufrechterhaltung und Behandlung sozialer Probleme. Es sei darauf verwiesen, dass systemische Inhalte und Methodik heute durchgängig zum Ausbildungsangebot in den Bachelor- und Masterstudiengängen Soziale Arbeit zählen und durch vielfältige Fort- und Weiterbildungsmöglichkeiten ergänzt werden. Schließlich sei erwähnt, dass es zu diesem Handlungskonzept mittlerweile einen umfassenden Veröffentlichungsstand innerhalb der Profession und Disziplin Soziale Arbeit gibt.

Allerdings lassen sich auch Kritikpunkte feststellen: Die vielfältigen Theoriebezüge des Handlungskonzeptes, die im Rahmen dieses Kapitels einführend behandelt wurden, ergeben insgesamt betrachtet ein äußerst unübersichtliches und heterogenes Bild mit dem Ergebnis, dass sich Interessierte in Veröffentlichungen zunächst durch unterschiedliche, sich zum Teil auch widersprechende Erklärungen aus der Psychotherapie, Psychologie, Biologie, Soziologie, Philosophie und anderen Wissenschaftsbereichen durcharbeiten müssen.

Im Gegensatz zu dieser allumfassenden Theorienperspektive im deutschsprachigen Raum sei darauf verwiesen, dass im englischen Sprachraum im Rahmen der Social Work unterschiedliche Handlungskonzepte nebeneinander stehen: So führt beispielsweise Francis J. Turner konstruktivistische Konzepte, die allgemeine Systemtheorie, narrative Ansätze, soziale Netzwerkarbeit, lösungsorientierte Konzepte unabhängig voneinander auf (2017), wohingegen die Systemtheorie von Niklas Luhmann völlig unbekannt ist (s. hierzu auch Walsh 2013; Teater 2014; Payne 2020).

Mit dem Blick auf die Soziale Arbeit muss die unzureichende Reflexion des Werte- und Normenbereichs festgehalten werden: So stehen der „Neutralität“ als Grundhaltung der sozialen Fachkraft die Realitäten in der Sozialen Arbeit entgegen: Sozialpädagog:innen und Sozialarbeiter:innen sind aufgefordert, für Klient:innen, beispielsweise mit Gewalt- und Diskriminierungserfahrungen oder Benachteiligungen, parteilich Position zu ergreifen, andererseits aber auch Klient:innen bei Grenzüberschreitungen Einhalt zu gebieten. Insofern „müssen“ Angehörige dieses Berufsstandes, nicht zuletzt aufgrund rechtlicher Bestimmungen, eine Experten- und Führungsrolle einnehmen. Die systemisch-konstruktivistische Ausrichtung steht damit der Züricher Schule um Obrecht/Staub-Bernasconi entgegen, die im Rahmen des Tripel-Mandats mit der Orientierung an der ethischen Basis (Berufskodex) und den Menschenrechten eine klare Bezugsgröße des beruflichen Handelns in der Sozialen Arbeit innehat (Staub-Bernasconi 2018, S. 111 ff.).

5.9 Empirischer Wirkungsnachweis

Da im Rahmen des systemischen Handlungskonzeptes zwischen Sozialer Arbeit, Systemischer Beratung und Systemischer Psychotherapie/Familientherapie erhebliche Überschneidungen vorliegen (vgl. Hollstein-Brinkmann 2012; v. Schlippe/Schweitzer 2016), soll zunächst auf die Ergebnisse von Metaanalysen zu randomisierten, kontrollierten Studien (RCT) hingewiesen werden, die im Hinblick auf die Anerkennung als wissenschaftliche Psychotherapieverfahren in Deutschland erstellt wurden; die Ergebnisse beziehen sich hierbei sowohl auf klassische systemische als auch systemisch-konstruktivistische Therapieformen, u. a. nach Boszormeny-Nagy, de Shazer, Haley, Minuchin, Satir, Selvini-Palazzoli, Sterlin, Watzlawick.

Die empirische Forschung ist gerade im Bereich systemischer Konzepte überaus rege, so dass eine Übersicht stets nur einführenden Charakter haben kann. Die nachfolgende Darstellung orientiert sich an den Untersuchungen v. Sydow (2015, S. 115 ff.; 2017, S. 929 ff.):

Forschungsstand zu Störungen des Kinder- und Jugendalters

Untersucht wurden 85 RCTs zur systemischen Familientherapie, davon 38 RCTs zu internalisierenden und gemischten Störungen und 47 zu externalisierenden

Störungen. Systemische Ansätze schnitten hinsichtlich der Wirksamkeit durchweg erfolgreich ab, d.h. besser als oder ebenso gut wie andere Interventionen, beispielsweise Verhaltenstherapie oder besser als Wartegruppen/medizinische Routinebehandlungen. Eindeutig belegt ist die Wirksamkeit bei Depressionen und Suizidalität, Essstörungen, psychosozialen Faktoren bei somatischen Krankheiten (Asthma, Diabetes, Adipositas), Störungen des Sozialverhaltens, Substanzstörungen und ADHS. Belegt ist die langfristige Wirksamkeit der Intervention über sechs Monate bis ca. vier Jahre. Hingewiesen werden kann an dieser Stelle, dass im englischen Sprachraum eine Vielzahl von Metaanalysen und Cochrane Reviews sowie Leitlinien zur Wirksamkeit von Systemischer Therapie/Familientherapie allgemein, bestimmten Formen Systemischer Therapie sowie Indikationsbereichen (z.B. Substanzstörungen oder dissoziale Störungen) vorliegen.

Forschungsstand zu Störungen des Erwachsenenalters

Hier liegen 43 RCT-Studien vor: Belegt ist die Wirksamkeit bei Depressionen, Angststörungen, somatoformen Störungen, Essstörungen, psychosozialen Faktoren bei somatischen Krankheiten (z.B. Krebs, HIV/AIDS), Substanzstörungen (Alkohol, Heroin) und bei Schizophrenie (kombiniert mit Medikation und Psychoedukation). Die Ergebnisse sind meist zeitlich bis zu fünf Jahren stabil. Im englischen Sprachraum gibt es weitere Metaanalysen, beispielsweise zur Alkoholabhängigkeit: Paar- und Familientherapie erwies sich als signifikant wirksamer als Einzeltherapie oder Warteliste-Kontrollgruppen in Bezug auf Konsum, Drop-out-Rate, Therapieerfolg und Wohlbefinden der Familienmitglieder. Auch in Bezug auf Störungen des Erwachsenenalters gibt es Reviews und Leitlinien; beispielsweise empfehlen die britischen NICE Guidelines für Schizophrenie, dass Paar-/Familientherapie allen Betroffenen und deren Familien zugänglich sein sollte.

Die Ergebnisse von RCT-Studien, die in der Medizin, Psychologie und anderen Wissenschaftsbereichen international als „Goldstandard" der Wirkungsforschung gelten und auch positiv in Bezug auf die Wirksamkeit Systemischer Beratung interpretiert werden sollten, werden indessen als quantitativ ausgerichtete Verfahren von systemisch-konstruktivistisch ausgerichteten Forscher:innen selbst zum Teil skeptisch bis ablehnend betrachtet, was verständlich wird, wenn wir die theoretischen Ausführungen in diesem Kapitel, beispielsweise zum Radikalen Konstruktivismus, zur Systemtheorie nach Luhmann bis hin zu den postmodernen Entwürfen, rekapitulieren. Denn im Grunde müsste diese Theorienperspektive auch für die systemische Wirkungsforschung leitend sein und dementsprechend qualitative Verfahren bevorzugt oder gar jegliche empirische Forschung generell abgelehnt werden. Tatsächlich liegt aktuell jedoch eine beträchtliche Variationsbreite unterschiedlichster qualitativer und quantitativer Methoden bis hin zu deren Kombination („Mixed-Methods") vor (vgl. Ochs/Schweitzer 2012; https://systemisch-forschen.de; siehe am Beispiel der Schulsozialarbeit Just 2021).

Nachfolgend sei ergänzend auf einige wenige weiterführende Evaluationsergebnisse hingewiesen: In einem Überblicksbeitrag zur Sozialen Arbeit im „Handbuch Forschung für Systemiker" werden verschiedenste systemische Verfahren vorgestellt, weiterhin verschiedene empirische Evaluations- und Forschungsprojekte, beispielsweise zur Aus- und Weiterbildung und zur systemischen Professionalität. Interessant erscheint in diesem Zusammenhang der Hinweis auf mehrere Studien aus der Kinder- und Jugendhilfe, die in die Richtung deuten, dass systemisch ausgebildete Fachkräfte weniger stationäre Unterbringungen einleiten (vgl. Hollstein-Brinkmann 2012, S. 78 ff.).

Als besondere Stärke werden immer wieder die Vernetzungs-, Partizipations- und Ressourcenorientierung systemischer Ansätze hervorgehoben, so beispielsweise bei Ochs, der auf der Basis verschiedener Jugendhilfestudien gelungene Kooperations- und Partizipationsprozesse, Ressourcenorientierung, soziale Kontextorientierung und Techniken zur Kooperationsgestaltung als wesentliche Wirkfaktoren systemisch orientierter Erziehungshilfen ausmachte (vgl. 2008; Hollstein-Brinkmann 2012). Die soeben aufgeführten RCT-Studien bestätigen dieses Bild: Für den Erfolg einer Beratung/Therapie ist es wichtig, dass die Fachkraft Veränderungen der Interaktionen innerhalb der Familie sowie mit deren sozialen Umwelt in den Vordergrund stellt; zudem wird die Ressourcenorientierung, ferner der Aufbau einer Vertrauensbeziehung, eine klare Zielorientierung sowie die Technik des positiven Umdeutens herausgestellt (vgl. v. Sydow 2015, S. 122 ff.).

Übungen

1. Versuchen Sie sich untereinander in der Kleingruppe gegenseitig folgende Begriffe zu erklären: Autopoiese, Radikaler Konstruktivismus, Sozialer Konstruktionismus, soziale Systeme.

2. Was wird in systemisch-konstruktivistischen Konzepten unter „Kybernetik 1. Ordnung", was unter „Kybernetik 2. Ordnung" verstanden?

3. Stellen Sie die Rolle der:des Therapeut:in und Berater:in in den klassischen systemischen Konzepten den systemisch-konstruktivistischen Erweiterungen gegenüber: Welche Unterschiede lassen sich aufführen? Wo liegen Gemeinsamkeiten?

4. Erklären Sie sich gegenseitig, was unter „zirkulären Fragen“ verstanden werden kann. Versuchen Sie, ein Praxisbeispiel zu finden. Erklären Sie den Hintergrund: Was soll mit dieser Fragetechnik überhaupt bezweckt werden?

5. Finden Sie Praxisbeispiele für das „Reframing“ aus den Arbeitsfeldern der Sozialen Arbeit.

Ausgewählte Literatur zu klassischen systemischen Ansätzen

- Minuchin, S. (2015): Familie und Familientherapie. 11. Auflage. Freiburg: Luchterhand.
- Ritscher, W. (2006): Einführung in die systemische Soziale Arbeit mit Familien. Heidelberg: Carl-Auer.
- Satir, V./Baldwin, M. (1999): Familientherapie in Aktion. Paderborn: Junfermann.
- Selvini Palazzoli, M./Boscolo, L./Cecchin, G./Prata, G. (1993): Paradoxon und Gegenparadoxon. Stuttgart: Klett-Cotta.

Ausgewählte Literatur zur systemisch-konstruktivistischen Beratung

- Barthelmess, M. (2005): Systemische Beratung. 3. Auflage. Weinheim und Basel: Beltz Juventa.
- Levold, T./Wirsching, M. (2021): Systemische Therapie und Beratung – das große Lehrbuch. 4. Auflage. Heidelberg: Carl-Auer.
- Michel-Schwartze, B. (Hrsg.) (2009): Methodenbuch Soziale Arbeit. Wiesbaden: VS, S. 155–206.
- Schlippe, A. v./Schweitzer, J. (2016): Lehrbuch der systemischen Therapie und Beratung. 2 Bände. Göttingen: Vandenhoeck & Ruprecht.
- Schlippe, A. v./Schweitzer, J. (2019): Systemische Interventionen. 4. Auflage. Göttingen: Vandenhoeck & Ruprecht.

Ausgewählte Literatur zu weiteren Methoden

- Eger, F. (Hrsg.) (2015): Einführung in die lösungsorientierte Soziale Arbeit. Heidelberg: Carl-Auer.
- Eger, F. (Hrsg.) (2016): Lösungsorientierte Soziale Arbeit. Heidelberg: Carl-Auer.
- Kleve, H. (2011): Aufgestellte Unterschiede. Heidelberg: Carl-Auer.
- Kleve, H./Haye, B./Hampe-Grosser, A./Müller, M. (2011): Systemisches Case Management. Heidelberg: Carl-Auer.
- Miller, T. (2003): Sozialarbeitsorientierte Erwachsenenbildung. Neuwied: Luchterhand.
- Ritscher, W. (2013): Systemische Modelle für die Soziale Arbeit. Heidelberg: Carl-Auer.

- Schwing, R./Fryszer, A. (2017): Systemisches Handwerk. 8. Auflage. Göttingen: Vandenhoeck & Ruprecht.
- Wirth, J. V./Kleve, H. (Hrsg.) (2012): Lexikon des systemischen Arbeitens. Heidelberg: Carl-Auer.

Ausgewählte Literatur zu theoretischen Entwürfen

- Gergen, K./Gergen, M. (2009): Einführung in den sozialen Konstruktionismus. Heidelberg: Auer.
- Hosemann, E./Geiling, W. (2013): Einführung in die Systemische Soziale Arbeit. München: Reinhardt.
- Kleve, H. (2010): Konstruktivismus und Soziale Arbeit. 4. Auflage. Wiesbaden: VS.
- Lambers, H. (2012): Systemtheoretische Grundlagen Sozialer Arbeit. Opladen: Budrich.
- Watzlawick, P. (2007): Wie wirklich ist die Wirklichkeit? München: Piper.

Ausgewählte Internetlinks, Videomaterialien

- Arbeitskreis für systemische Sozialarbeit, Beratung und Supervision – www.asys.ac.at
- Auf YouTube sind zahlreiche Videos zur Systemischen Beratung, aber auch zu vielen in diesem Text genannten Persönlichkeiten oder Begriffen, wie „Autopoiese", „Radikaler Konstruktivismus" oder „zirkuläre oder lösungsorientierte Fragen" eingestellt.
- Deutsche Gesellschaft für systemische Sozialarbeit – www.dgssa.de
- Deutsche Gesellschaft für systemische Pädagogik – www.dgsp.org
- Deutsche Gesellschaft für systemische Therapie, Beratung und Familientherapie – www.dgsf.org
- Systemische Gesellschaft – https://systemische-gesellschaft.de

Literatur- und Quellenverzeichnis

Amthor, R. C./Goldberg, B./Hansbauer, P./Landes, B./Wintergerst, T. (Hrsg.) (2021): Kreft/Mielenz. Wörterbuch Soziale Arbeit. Weinheim und Basel: Beltz Juventa.

Baldwin, M./Satir, V. (1999): Familientherapie in Aktion. 5. Auflage. Paderborn: Junfermann.

Barthelmess, M. (2005): Systemische Beratung. 3. Auflage. Weinheim und München: Juventa. – hier 4. Auflage von 2014.

Barthelmess, M. (2016): Die systemische Haltung. Göttingen: Vandenhoeck & Ruprecht.

Berger, P. L./Luckmann, T. (2007): Die gesellschaftliche Konstruktion der Wirklichkeit. Frankfurt/M.: Fischer.

Bertalanffy, L. v. (1970): … aber vom Menschen wissen wir nichts. Düsseldorf: Econ.

Conen, M. L. (2011): Wo keine Hoffnung ist, muss man sie erfinden. Heidelberg: Carl-Auer.
DGCC (2022): Deutsche Gesellschaft für Care und Case Management. In: www.dgcc.de (Abfrage: 9. 9. 2022)
DGSF (2022): Deutsche Gesellschaft für Systemische Therapie, Beratung und Familientherapie (Abfrage: 9. 9. 2022)
Eger, F. (2016): Einführung in die lösungsorientierte Soziale Arbeit. Heidelberg: Carl-Auer.
Eger, F. (Hrsg.) (2015): Lösungsorientierte Soziale Arbeit. Heidelberg: Carl-Auer.
Erler, M. (2011): Systemische Familienarbeit. Weinheim und München: Juventa.
Frances, A. (2016): Eine entfesselte Diagnose-, Test- und Therapiewut. In: Familiendynamik. H. 2, S. 142–148.
Gahleitner, S. B. et al. (Hrsg.) (2013): Personzentriert beraten: alles Rogers? Weinheim und Basel: Beltz Juventa.
Galuske, M. (2013): Methoden der Sozialen Arbeit. 10. Auflage. Weinheim und Basel: Beltz Juventa.
Gergen, K. J./Gergen, M. M. (2009): Einführung in den sozialen Konstruktionismus. Heidelberg. Carl-Auer.
GwG (2022): Gesellschaft für Personzentrierte Psychotherapie und Beratung. In: www.gwg-ev.org (Abfrage: 9. 9. 2022)
Herwig Lempp, J. (2016): Ressourcenorientierte Teamarbeit. 3. Auflage. Göttingen: Vandenhoeck & Ruprecht.
Hollstein-Brinkmann, H. (2012): Systemische Forschung in der Sozialen Arbeit. In: Ochs, M./Schweitzer, J. (Hrsg.): Handbuch Forschung für Systemiker. Göttingen: Vandenhoeck & Ruprecht, S. 71–83.
Jakob, P./Borcsa, M./Olthof, J./Schlippe, A. v. (2022): Narrative Praxis. Göttingen: Vandenhoeck & Ruprecht.
Just, A. (2021): Systemische Schulsozialarbeit. 2. Auflage. Heidelberg: Carl-Auer.
Kleve, H. (2010): Konstruktivismus und Soziale Arbeit. 4. Auflage. Wiesbaden: VS.
Kleve, H. (2011a): Aufgestellte Unterschiede. Heidelberg: Carl-Auer.
Kleve, H./Haye, B./Hampe-Grosser, A./Müller, M. (2011b): Systemisches Case Management. Heidelberg: Carl-Auer.
Kleve, H. (2016): Komplexität gestalten. Heidelberg: Carl-Auer.
König, E./Zedler, P. (2007): Theorien der Erziehungswissenschaft. 3. Auflage. Weinheim: UTB.
Krall, H./Mikula, E./Jansche, W. (Hrsg.) (2008): Supervision und Coaching. Wiesbaden: VS.
Lambers, H. (2010): Systemtheoretische Grundlagen Sozialer Arbeit. Opladen: UTB.
Levold, T./Wirsching, M. (Hrsg.) (2021): Systemische Therapie und Beratung. 4. Auflage. Heidelberg: Carl-Auer. (hier neue Auflage von 2021)
Maturana, H. R./Varela, F. J. (2015): Der Baum der Erkenntnis. 6. Auflage. Frankfurt/M.: Fischer.
Miller, T. (2001): Systemtheorie und Soziale Arbeit. Stuttgart: Lucius und Lucius.
Miller, T. (2003): Sozialarbeitsorientierte Erwachsenenbildung. Neuwied: Luchterhand.
Minuchin, S. (2015): Familie und Familientherapie. 11. Auflage. Freiburg: Luchterhand.
Molter, H./Grabbe, M. (2014): Virginia Satir. In: Zeitschrift Familiendynamik. 39. Jg., H. 4, S. 284–294.
MRI (2022): Mental Research Institut. In: https://mri.org (Abfrage: 9. 9. 2022)
Müller, M./Bräutigam, B. (Hrsg.) (2011): Hilfe, sie kommen! Heidelberg: Carl-Auer.
NASW Foundation (2022): NASW Pioneers Biography Index. In: www.naswfoundation.org/Our-Work/NASW-Social-Work-Pioneers/NASW-Social-Workers-Pioneers-Bio-Index (Abfrage: 9. 9. 2022)

Ochs, M. (2008): Kooperation und Partizipation als Kernprozesse in der Jugendhilfe. In: Zeitschrift für Systemische Therapie und Beratung, H. 3, S. 175–186.

Ochs, M./Schweitzer, J. (2012): Systemische Forschung. In: Bock, K./Miethe, I. (2012): Handbuch der Qualitativen Methoden in der Sozialen Arbeit. Opladen: Budrich, S. 163–173.

Ohling, M. (2015): Soziale Arbeit als Psychotherapie. Weinheim und Basel: Beltz Juventa.

Pallasch, W./Kölln, D. (2020): Pädagogisches Gesprächstraining. 10. Auflage. Weinheim und Basel: Beltz Juventa.

Payne, M. (2020): Modern Social Work Theory. 5. Auflage. Basingstoke: Palgrave Macmillan.

Ritscher, W. (2006): Einführung in die systemische Soziale Arbeit mit Familien. Heidelberg: Carl-Auer.

Ritscher, W. (2007): Soziale Arbeit: systemisch. Göttingen: Vandenhoeck & Ruprecht.

Ritscher, W. (2011): Erkunden, erinnern, erzählen. Göttingen: Vandenhoeck & Ruprecht.

Ritscher, W. (2013): Systemische Modelle für die Soziale Arbeit. 3. Auflage. Heidelberg: Carl-Auer.

Rotthaus, W. (2013): Systemische Kinder- und Jugendlichenpsychotherapie. Heidelberg. Carl-Auer.

Satir, V. (1995): Das Satir-Modell. Paderborn: Junfermann.

Satir, V./Baldwin, M. (1999): Familientherapie in Aktion. Paderborn: Junfermann.

Schibli, S./Supersaxo, K. (2009): Einführung in die Supervision. Bern: UTB.

Schlippe, A. v./Schweitzer, J. (2007): Lehrbuch der systemischen Therapie und Beratung. Göttingen: Vandenhoeck & Ruprecht.

Schlippe, A. v./Schweitzer, J. (2015/2016): Lehrbuch der systemischen Therapie und Beratung. Band I: Grundlagenwissen (2016), Band II: Störungsspezifisches Wissen (2015). Göttingen: Vandenhoeck & Ruprecht.

Schlippe, A. v./Schweitzer, J. (2019): Systemische Interventionen. 4. Auflage. Göttingen: Vandenhoeck & Ruprecht.

Schmidtchen, S. (1974/1999): Klientenzentrierte Spieltherapie (1974); Klientenzentierte Spiel- und Familientherapie. Weinheim: Beltz.

Schwing, R./Fryszer, A. (2017): Systemisches Handwerk. 8. Auflage. Göttingen: Vandenhoeck & Ruprecht.

Selvini Palozzoli, M. (1995): Magersucht. 6. Auflage. Stuttgart: Klett-Cotta.

Selvini Palazzoli, M./Boscolo, L./Cecchin, G./Prata, G. (1981): Hypothetisieren – Zirkularität – Neutralität. In: Familiendynamik, H. 6, S. 123–139.

Selvini Palazzoli, M./Boscolo, L./Cecchin, G./Prata, G. (1993): Paradoxon und Gegenparadoxon. Stuttgart: Klett-Cotta.

Simmen, R. et al. (2008): Systemorientierte Sozialpädagogik. 2. Auflage. Bern: UTB.

Staub-Bernasconi, S. (2018): Soziale Arbeit als Handlungswissenschaft. 2. Auflage. Bern: Haupt.

Sydow, K. v. (2015): Systemische Therapie. München.

Sydow, K. v./Borst, U. (2017): Systemische Therapie in der Praxis. Weinheim.

Teater, B. (2014): Applying Social Work Theories and Methods. 2. Auflage. Maidenhead: McGraw-Hill Education.

Thole, W. (Hrsg.) (2012): Grundriss Soziale Arbeit. 4. Auflage. Wiesbaden: VS.

Turner, F. J. (2017): Social Work Treatment. New York: University Press.

Walsh, J. (2013): Theories for Direct Social Work Practice. 3. Auflage. Stamford, CT: Cengage Learning.

Watters, E. (2010): Die Amerikanisierung von psychischen Erkrankungen. In: Familiendynamik. H. 3, S. 230–238.
Winkelmann, I. (2014): Systemisch-ressourcenorientiertes Arbeiten in der Jugendhilfe. Heidelberg: Carl-Auer.
Wirth, J. V./Kleve, H. (Hrsg.) (2012): Lexikon des systemischen Arbeitens. Heidelberg: Carl-Auer.

Kapitel 6
Konzepte des systemischen Paradigmas der Sozialen Arbeit

Ralph-Christian Amthor

Mit dem „Systemischen Paradigma der Sozialen Arbeit“ (SPSA) besteht im deutschen Sprachraum eine weitere große systemische Richtung, die sich mit ihrer Erkenntnis- und Wissenschaftstheorie in aller Deutlichkeit von konstruktivistischen Perspektiven abgrenzt und hierbei von einer erkennbaren Wirklichkeit ausgeht, die unabhängig von menschlichem Denken existiert und erforschbar ist (Wissenschaftlicher Realismus). Zentrale Bestandteile des SPSA als mehrstufiges theoretisches Rahmenkonzept sind a) eine transdisziplinäre Beschreibungs- und Erklärungsbasis für soziale Probleme, b) mit der allgemeinen und speziellen Handlungstheorie wissenschaftsbegründete Arbeitsweisen und Methoden, sowie c) die Orientierung an ethischen Prinzipien (Berufskodex) und Menschenrechten.

6.1 Einführung

Das „Systemische Paradigma der Sozialen Arbeit“ ist eine weitere große Richtung im deutschsprachigen Raum. Wie die Ausführungen der nachfolgenden Abschnitte aufzeigen werden, grenzen sich deren Vertreter:innen mit einem gänzlich anders ausgerichteten wissenschaftlichen Ansatz von systemisch-konstruktivistischen Konzepten ab, so dass es zwischen den beiden Positionen immer wieder zu heftigen Kontroversen kam (s. hierzu u. a. Merten 2000; Klassen 2004; Hollstein/Staub-Bernasconi 2005; Sagebiel 2012). So werden die im letzten Kapitel skizzierten Postulate des Radikalen Konstruktivismus, die soziologische Systemtheorie von Luhmann und die systemisch-konstruktivistisch ausgerichteten psychotherapeutischen Konzepte, beispielsweise von Watzlawick bis hin zum lösungsorientierten Ansatz, an sich und bezüglich deren Integration in die Soziale Arbeit in Frage gestellt.

Die vorgebrachten Kritikpunkte sind diesbezüglich äußerst vielfältig und beziehen sich auf disziplinäre und professionelle Aspekte gleichermaßen, beispielsweise darauf, dass sich Vertreter:innen systemisch-konstruktivistischer Konzepte trotz anders ausgerichteter erkenntnistheoretischer Prämissen dennoch auf empirische Befunde u. a. aus der Hirnforschung, der Biologie und der Wirkungsforschung beziehen. Zudem wird „Machtblindheit" vorgehalten und argumentiert: „Macht, Gewalt und Ausbeutung in Gesellschaft und Familie sind – bei der Annahme von Wechselseitigkeit und Zirkularität von Beziehungen – ‚semantisch produzierte Mythen'. Die Gewalt des Täters wird geleugnet, das Opfer wird unbesehen zum Mittäter gestempelt und die Verantwortung für das Vergehen wird ebenso unbesehen und ohne gesellschaftlichen Bezug auf die ganze Familie und ihre Kommunikationsstrukturen abgewälzt" (Staub-Bernasconi 1995a, S. 119; Merten 2000, S. 225 ff.). Dieser Vorwurf wiegt im Hinblick auf die Praxis Sozialer Arbeit schwer, zumal sich ähnlich gelagerte Beispiele für alle Arbeitsfelder Sozialer Arbeit leicht aufzählen lassen.

Das SPSA, vielfach auch als „Züricher Schule" bezeichnet, wurde ab den 1980er Jahren von Lehrenden der Züricher Hochschule auf der Basis der Arbeiten des argentinisch-kanadischen Philosophen und Physikers Mario Bunge entwickelt und wird gemeinhin vor allem mit Gründerpersönlichkeiten wie Silvia Staub-Bernasconi, Werner Obrecht und Kaspar Geiser verbunden (zu deren Forschungsgebieten sowie zu Mario Bunge siehe Klassen 2004 und 2009, S. 78). Gleichwohl gilt anzumerken, dass viele Lehrende anderer Hochschulen, Promovend:innen und berufstätige Fachkräfte im deutschsprachigen Raum an der Weiterentwicklung, Verbreitung und praktischen Umsetzung mitwirken, beispielsweise gut ablesbar an den Sammelbänden „Liebe, Macht und Erkenntnis" von Schmoker (2006) und „Professionelles Handeln in der Sozialen Arbeit – Schwerpunkt Menschenrechte" von Leideritz/Vlecken (2016), die jeweils anlässlich runder Geburtstage von Silvia Staub-Bernasconi herausgegeben wurden.

Vom Entstehungshintergrund entwickelte sich der Ansatz aus der Hochschullehre heraus, anknüpfend an Problemstellungen, die bis heute nichts an Aktualität verloren haben: Das Studium der Sozialen Arbeit wurde bis in die 1990er Jahre hinein im deutschen Sprachraum von den Erklärungs- und Handlungstheorien der sogenannten „Bezugswissenschaften" dominiert, hier vor allem von der Medizin, der Psychologie, der Pädagogik, der Soziologie, der Rechtwissenschaft, der Philosophie und der Politikwissenschaft. Diese Kritikpunkte führten letztendlich ab den 1990er Jahren zu fachlichen Debatten und Erneuerungsprozessen, verbunden mit einer Infragestellung der an Universitäten etablierten Sozialpädagogik als Leitdisziplin und der Forderung nach einer unabhängigen Sozialarbeitswissenschaft/Wissenschaft Soziale Arbeit (vgl. hierzu u. a. Engelke et al. 2016; ferner Mühlum 2004; Amthor 2006, 2008, S. 229 ff.).

Aus dem Blickwinkel des SPSA wird die Disziplin Soziale Arbeit als „Handlungswissenschaft" mit einer eigenen Beschreibungs- und Erklärungsbasis verstanden, die systematisch Theorien und Forschungsergebnisse zu sozialen Problemen aus anderen Wissenschaften integriert. Argumentiert wird hierbei, dass komplexe Fragestellungen, wie eben die Entstehung sozialer Probleme, heute nicht mehr alleine aus einzelnen Wissenschaften heraus beantwortet werden können. Die Vielfalt der Bezugswissenschaften im Studium Sozialer Arbeit wird konsequenterweise ausdrücklich bejaht; andererseits verweisen Begriffe wie „Transdisziplinarität“ und „Interdisziplinarität“ darauf, dass das unverbundene Nebeneinander von Wissensbeständen unterschiedlicher Disziplinen für eine zeitgemäße Forschung ebenfalls nicht ausreichend sein kann. Und selbst für die Lehre erscheint es aus dem Blickwinkel der Studierenden betrachtet absurd, wenn ihnen im Hinblick auf die späteren Anforderungen in der beruflichen Praxis die Verantwortung für die Integration der unterschiedlichen Erklärungs- und Handlungsmodelle in Bezug auf soziale Probleme alleine überlassen wird (vgl. Staub-Bernasconi 2018, S. 167 ff.; Geiser 2015, S. 7 ff.; Obrecht in Pfaffenberger 2000, S. 115 ff.).

Zugleich wird die ethische Orientierung als wichtiges Element der professionellen Fachlichkeit hervorgehoben: So ist es zweifellos der Verdienst der Züricher Schule, dass die Menschenrechte während der letzten Jahrzehnte in der Sozialen Arbeit nachhaltig an Bedeutung gewonnen haben und als Arbeitsfeld und Träger übergreifende Wertebezüge auf breiter Ebene sowohl an Hochschulen als auch in der Praxis wahrgenommen und diskutiert werden. Schließlich gilt es zu würdigen, dass sich Vertreter:innen der Züricher Schule in vielen Bereichen nachhaltig für die Entwicklung der Profession Sozialer Arbeit einsetzen. In historischer Perspektive sehen sie sich in der Linie namhafter Persönlichkeiten, darunter die US-Amerikanerin und Friedensnobelpreisträgerin Jane Addams oder die Fürsorgewissenschaftlerin Ilse von Arlt aus Österreich (vgl. u. a. Staub-Bernasconi 1995a, S. 21 ff.; 2016, 2018, S. 19 ff., 45 ff.).

6.2 Metatheoretischer Bezugsrahmen

Mit dem systemischen Paradigma der Sozialen Arbeit entwickelte die Züricher Schule ein theoretisches Rahmenmodell, in das Forschungsbefunde aus unterschiedlichen Wissensbereichen und Disziplinen im Rahmen einer inter- und transdisziplinären Beschreibungs- und Erklärungsbasis für soziale Probleme systematisch integriert und bei der Entwicklung wissenschaftsbegründeter Arbeitsweisen und Methoden zur Lösung sozialer Probleme berücksichtigt werden.

Interdisziplinarität/Transdisziplinarität

„Multidisziplinäre Erklärungen sind additiv zu einem bestimmten Problem zusammengetragene Erklärungen aus mindestens zwei Einzeldisziplinen. Die Erklärungen stehen nebeneinander, was sich bspw. in der Formulierung von disziplinär geprägten Perspektiven ausdrückt (‚aus psychologischer Sicht …‘, ‚aus soziologischer Sicht …‘).“

„In interdisziplinären Erklärungen wird das Wissen aus zwei Einzeldisziplinen mit dem Fokus auf einen gemeinsamen Gegenstand verknüpft. Die Grenzen der Disziplinen werden dabei (meist in Zusammenhang mit Forschung) überschritten, bleiben aber weiter bestehen. Es geht vor allem um kooperative Zusammenarbeit im Sinne eines Austausches und in diesem Zusammenhang um theoretische Synthesenbildung.“

„Transdisziplinäre Erklärungen sind dadurch gekennzeichnet, dass sie Erklärungswissen aus mehreren Einzeldisziplinen integrieren und so als Synthese aus der Pluralität relevanter Theorien eine umfassendere Erklärungstheorie entsteht. Es gibt ein Konzept, welches zur Wissensintegration genutzt wird“ (Leidereitz/Vlecken 2016, S. 140 f.).

Das SPSA wurde über Jahrzehnte hinweg kontinuierlich als Modell zur Wissensintegration weiterentwickelt, so dass zahlreiche Veröffentlichungen vorliegen. Gleichwohl kann es in diesem Kapitel, ähnlich wie bei der Darstellung zu systemisch-konstruktivistischen Ansätzen, nur darum gehen, eine erste theoretische Einführung zu geben – bezüglich komplexerer Darstellungen sei insbesondere auf die Arbeiten von Obrecht verwiesen (2001; ferner Pfaffenberger 2000, S. 115 ff.; Merten 2000, S. 207 ff.; Geiser 2015, S. 39 ff.). Charakteristisch für das SPSA ist dessen mehrstufiger Aufbau, wobei sich die ersten vier Stufen auf die Sozialarbeitswissenschaft und die fünfte Stufe auf das professionelle Handeln in der Praxis beziehen (vgl. Borrmann 2005, S. 15 ff.; Leidereitz/Vlecken 2016, S. 128 ff.).

Stufe der Metatheorie

Hierzu zählen u. a. philosophische Theorien wie Ontologie (Wirklichkeitstheorie), Erkenntnistheorie, Wissenschaftstheorie, Semantik, Logik, Axiologie und Moralphilosophie (Ethik), mittels derer grundsätzliche Fragen zum Wesen der Welt, ihrer Erkennbarkeit und Veränderbarkeit beantwortet werden. Die Basis bildet der „Emergentistische Systemismus“.

Stufe der Objekttheorien

Diese Ebene integriert Beschreibungs- und Erklärungswissen aus den Objektwissenschaften als Bezugswissen für die Soziale Arbeit, beispielsweise aus der (Human-)Biologie, Psychologie, Soziologie, Politologie, Ökonomie und Kulturtheorie, und zwar in Bezug auf den Gegenstand der Sozialen Arbeit, d. h. wenn es um den Menschen innerhalb sozialer Systeme bzw. um soziale Systeme geht, die aus Menschen bestehen. Nach Staub-Bernasconi sind „soziale Probleme" der Gegenstand Sozialer Arbeit.

Stufe der Allgemeinen normativen Handlungstheorie

Diese Theorien enthalten allgemeine, Arbeitsfelder übergreifende Beschreibungen und Erklärungen zum professionellen Handeln. Hierzu zählen die „W-Fragen", der „Transformative Dreischritt" und die „Systemische Denkfigur". Normativ ist die Handlungstheorie deshalb, weil die Veränderungsziele auf normativen Annahmen beruhen und damit mit Werteentscheidungen verbunden sind.

Stufe der Speziellen Handlungstheorien

Methoden sind in den Begriffen des SPSA „Spezielle Handlungstheorien". Hier handelt es sich um Regeln, Anweisungen und Empfehlungen für das Handeln in der Praxis. Sie konkretisieren die allgemeinen Formen des problemorientierten Handelns im Hinblick auf die Lösung spezifischer sozialer Probleme. Im Rahmen der Züricher Schule wurden vielfältige methodische Verfahren entwickelt, zudem Methoden aus anderen Handlungskonzepten integriert.

Stufe der Wirklichkeit

Die fünfte Stufe bezeichnet die Ebene, auf der die Profession Soziale Arbeit auf der Grundlage des Allgemeinen Handlungstheorie und Speziellen Handlungstheorie an der Lösung spezifischer sozialer Problemstellungen in der Praxis arbeitet. Die Wirklichkeit besteht aus konkreten physikalisch-chemischen, biologischen, psychischen, sozialen und kulturellen Systemen.

Um die Besonderheiten der Systemtheorie der Züricher Schule gegenüber anderen Handlungskonzepten aus diesem Lehrbuch abzugrenzen, erscheint es sinnvoll, sich an Staub-Bernasconi zu orientieren, die zwischen drei großen Paradigmen der Sozialen Arbeit differenziert (vgl. 2012, S. 268 ff.): So wird zunächst im „individuum- oder subjektzentrierten Paradigma" davon ausgegangen, dass die Wirklichkeit aus isolierten und unverbundenen Einheiten besteht (Atomismus). Übertragen auf soziale Probleme und die Soziale Arbeit stehen das Individuum, dessen Probleme und Selbstentfaltung im Vordergrund, wohingegen das Gesellschaftsbild vernachlässigt wird. Beispiele dafür wären kognitiv-behaviorale, psychoanalytische oder personzentrierte Handlungskonzepte – Staub-Bernasconi spricht in diesem Zusammenhang auch von „Menschen ohne Gesellschaft".

Im Gegensatz hierzu besteht beim „Soziozentrierten Paradigma" die Wirklichkeit aus Ganzheiten (Holismus), d. h. untergeordnete Einheiten sind dazu da, dem Zweck und der Bestandserhaltung des Übergeordneten zu dienen. Übertragen auf die Soziale Arbeit stehen soziale und kulturelle Ganzheiten im Vordergrund, während der Stellenwert einzelner Menschen vernachlässigt wird („Gesellschaft ohne Menschen"). Beispiele wären marxistische Ansätze, aber auch die Luhmannsche Vorstellung sozialer Systeme; in historischer Perspektive könnte ergänzend u. a. die nationalsozialistische Volkspflege oder die sozialistisch/kollektive Ausrichtungen der Jugendhilfe in der DDR benannt werden.

Aufbauend gilt es nun, einige Bestimmungselemente des systemtheoretischen Paradigmas der Züricher Schule aufzuführen (vgl. hierzu insbesondere auch Obrecht in Holstein-Brinkmann/Staub-Bernasconi 2005, S. 98 ff.):

Systemismus

„Es gibt eine Realität schon bevor und unabhängig davon, ob Menschen – insbesondere TheoretikerInnen – an sie denken oder sie beobachten. Systemismus ist eine Sicht, die besagt, dass alles, was existiert, entweder ein System oder eine Komponente eines Systems ist.

Ein System ist ein komplexes Gebilde, dessen Teile durch Bindungen verschiedenster Art zusammengehalten werden. Es gibt verschiedene Arten von Systemen, nämlich physikalische, chemische, biologische, psychische, soziale und kulturelle, und jede Art unterscheidet sich von den anderen durch eine Gruppe von für sie spezifischen emergenten Eigenschaften und Gesetzmäßigkeiten.

Jedes Individuum ist Mitglied von mindestens einem sozialen System (Familiensystem), aber in der Regel mehrerer Systeme und jede ‚Ganzheit' besteht und ändert sich in Abhängigkeit von den Aktivitäten ihrer Mitglieder. Mitglieder handeln unterschiedlich in verschiedenen Systemen. SystemikerInnen analysieren soziale Systeme auf Grund ihrer Zusammensetzung, ihrer Umwelt, Struktur und Prozesse" (Staub-Bernasconi 2012, S. 269 f.).

Im Hinblick auf die Soziale Arbeit bezieht sich dieses theoretische Verständnis

- einerseits auf *„soziale Systeme"*, deren Mitglieder eine gemeinsame Umwelt teilen und miteinander interagieren. Beispiele hierfür wären Familien, kleine soziale Gruppen, Teams, Nachbarschaften, Gemeinwesen, Organisationen oder Netzwerke von Freiwilligen (zur „Theorie sozialer Systeme" siehe Geiser 2015, S. 48 ff.);
- andererseits nehmen menschliche *„Individuen"* einen zentralen Platz ein: sie werden als neugierige, aktive, beziehungsorientierte, lern-, sprach- und selbstwissensfähige Biosysteme verstanden. Angemerkt sei, dass Obrecht hierzu das „Psychobiologische Erkenntnis- und Handlungsmodell des Individuums" entwickelt hat (vgl. Borrmann 2005, S. 18 f.; Geiser 2015, S. 52 ff.).

Mit der Ausrichtung auf „*Individuen und soziale Systeme*" gleichermaßen spricht Staub-Bernasconi denn auch von „Menschen in der Gesellschaft". Schließlich wird aus den Bestimmungsmerkmalen des systemischen Paradigmas ersichtlich, dass von einer unabhängig vom Beobachter real existierenden Welt ausgegangen wird, die mit Hilfe von wissenschaftlichen Forschungsmethoden untersucht werden kann und dass eine Orientierung an den wissenschaftstheoretischen Positionen des „Wissenschaftlichen Realismus" erfolgt.

Wissenschaftlicher Realismus

„Der wissenschaftliche Realismus geht nun davon aus, dass für wissenschaftliches Denken und Arbeiten alle Fähigkeiten, die es einem Menschen ermöglichen, die Welt zu erkunden, wahrzunehmen, zu erklären, handelnd zu gestalten und sich darüber zu verständigen – nämlich Intuition und Erfahrung, vernunftgeleitetes Denken und Tun, mentale Konstruktionsprozesse, ferner zwischenmenschliche Verständigung – notwendig, aber im Einzelnen nicht hinreichend sind. Es muss das Bemühen dazukommen, Fakten mit Hilfe von Theorien und Daten zu beschreiben, zu erklären und die dadurch entwickelten theoretischen Hypothesen auf ihren empirischen Gehalt hin zu untersuchen" (Staub-Bernasconi 2018, S. 148).

„Bunge geht von der Grundidee aus, dass es eine real existierende Welt gibt, die mit Hilfe wissenschaftlicher Methoden erkannt und beschrieben werden kann. Die wissenschaftliche Methode ist nicht unfehlbar, sie kann jedoch – ihre wissenschaftlich erhobenen Ergebnisse miteingeschlossen – verbessert und verfeinert werden" (Klassen 2010, S. 33).

6.3 Menschliche Bedürfnisse und soziale Probleme

Zur Systemtheorie der Züricher Schule gehört die Orientierung an „Bedürfnissen" als spezielle interne Zustände des menschlichen Organismus, der für deren Befriedigung auf den Austausch mit seiner gesellschaftlichen Umwelt angewiesen ist. Menschen sind in einem Zustand des Wohlbefindens, wenn sie möglichst alle Bedürfnisse befriedigen können oder aber das Fehlen von Bedürfnissen in anderer Form kompensieren können. Ein Mensch fühlt sich konsequenterweise gänzlich glücklich, wenn alle Bedürfnisse befriedigt werden oder worden sind. Bedürfnisse haben eine bestimmte Sättigungsgrenze, wodurch sie von „Wünschen" abgegrenzt werden können: Wünsche sind bewusst gewordene Bedürfnisse, die sich im kulturellen Kontext und der individuellen Sozialisation herausbilden, und sind als Fantasievorstellungen grenzenlos, beispielsweise in Bezug auf den Besitz von Luxusgütern und anderen materiellen Gütern oder bezüglich der Kontrolle über Menschen (Staub-Bernasconi 2018, S. 177 f.). Nachstehend erfolgt in Anlehnung an die „Biopsychosoziokulturelle Theorie menschlicher Bedürfnisse“ nach Obrecht eine einführende Übersicht (vgl. 2005, S. 46 f.; wobei hier streng genommen zwischen biologischen, biopsychischen und biopsychosozialen Bedürfnissen differenziert wird):

Biologische Bedürfnisse
Hierzu zählen das Streben nach physischer Integrität, d.h. die Vermeidung von Verschmutzung und Beeinträchtigungen durch Hitze, Kälte und Nässe, Verletzungen und Gewalterfahrungen. Wichtig sind u.a. die Bedürfnisse nach Nahrung, Wasser und Sauerstoff, sexueller Aktivität und Fortpflanzung sowie nach Erholung.

Psychische Bedürfnisse
Dazu zählt das Bedürfnis nach sensorischer Stimulation (durch Gravitation, Licht, Schall, taktile Reize), nach schönen Formen (z.B. Landschaften, Gesichter, unversehrte Körper), nach Abwechslung und Stimulation, nach orientierungs- und handlungsrelevanter Information, nach „Sinn“, d.h. nach dem Verstehen dessen, was in einem und um einen vorgeht und mit einem geschieht, weiterhin nach subjektiv relevanten Zielen und Hoffnung auf deren Erfüllung, nach effektiven Fertigkeiten, Regeln und sozialen Normen zur Bewältigung von Situation in Abhängigkeit subjektiv relevanter Ziele.

Soziale Bedürfnisse
Hierzu zählt das Bedürfnis nach emotionaler Zuwendung (Liebe, Freundschaft), nach spontaner Hilfe (Bedürfnis zu helfen), weiterhin nach sozialer/kultureller Zugehörigkeit durch Teilnahme im Sinne einer Funktion (Rolle) innerhalb eines sozialen Systems, z.B. als Mitglied einer Familie, Gruppe, Gesellschaft, weiterhin die Bedürfnisse nach Unverwechselbarkeit, Autonomie, aber auch sozialer Anerkennung (als Mensch, aber auch in Bezug auf Leistung, sozialem Status und Rang), weiterhin nach Fairness im Sinne von Verfahrensgerechtigkeit und Austauschgerechtigkeit.

Von Geburt an sind Menschen Mitglieder sozialer Systeme und lernen, im Rahmen ihrer vorgegebenen Strukturen Funktionen zu übernehmen, bis sie als Erwachsene in aller Regel Mitglieder mehrerer sozialer Systeme sind und einen hierauf bezogenen Rollenstatus haben. Die Struktur der Systeme ermöglicht einen mehr oder weniger großen Spielraum für die Realisierung von Zielen und Verhaltensweisen; andererseits kann sie die Erreichung von legitimen oder illegitimen Zielen auch erschweren, verunmöglichen oder bestimmte Verhaltensweisen ausschließen. Aufgrund ihrer Bedürfnisse und Kompetenzen werden Menschen versuchen, eigene Ziele zu verfolgen und die vorgegebenen Handlungsmöglichkeiten zu nutzen, was grundsätzlich positiv bleibt, solange die Struktur ihnen erlaubt, ihre Bedürfnisse und Ziele zu befriedigen bzw. Ziele ihren Möglichkeiten anzupassen. Ist dies nicht der Fall, so erleben Menschen die vorgegebenen Strukturen als behindernd und nicht legitim, was zu unterschiedlichen Versuchen führen kann, die Ziele über individuelle, aber auch über kollektive Prozesse dennoch zu verwirklichen (Staub-Bernasconi 1995a, S. 132; 2018, S. 210 ff.).

Soziale Probleme sind im systemischen Paradigma demnach „Bündel von praktischen Problemen, die sich für ein Individuum im Zusammenhang mit der Befriedigung seiner Bedürfnisse nach einer befriedigenden Form der Einbindung in die sozialen Systeme in seiner Umwelt ergeben“ (Hollstein-Brinkmann/Staub-Bernasconi 2015, S. 132). Staub-Bernasconi folgend können sich soziale Probleme auf folgende Bereiche beziehen (vgl. 2018, S. 181 ff., ferner 1983, S. 119 ff. und 1998, S. 12 ff., 109 ff.):

Individuelle Ausstattungsprobleme

Soziale Probleme beziehen sich hier auf individuelle Problemstellungen in deren Beziehung zur sozialen Umwelt bzw. als Mitglieder sozialer Systeme. Dazu zählen die körperliche Ausstattung (z. B. Krankheit, Behinderung, Alter, Geschlecht, Hautfarbe, bestimmte Körpermerkmale, Folgen von Gewalt, auch Selbstverletzungen), die sozioökonomische Ausstattung (z. B. Bildung, Arbeit, Erwerbslosigkeit, Armut, Verschuldung, Einkommen und Vermögen), die sozioökologische Ausstattung (z. B. Wohnsituation, soziale Infrastruktur, Arbeitsplatz) und individuellen Erkenntniskompetenzen (emotional, kognitiv, moralisch-ethisch), weiterhin problematische Selbst-, Fremd- und Gesellschaftsbilder, fehlende oder mangelnde Handlungskompetenzen bzw. abweichendes Verhalten bis hin zu mangelhafter Ausstattung in Form von Beziehungen zu anderen Menschen und sozialen Mitgliedschaften (z. B. soziale Isolation, Ausschluss aus Systemen).

Austauschprobleme

Zur Befriedigung ihrer Bedürfnisse sind Individuen auf andere Menschen angewiesen. Soziale Probleme können insofern Resultat asymmetrischer, ungerechter Tauschbeziehungen sein. Hierzu zählen unter anderem der ungleiche Austausch physischer Bedürfnisse (z. B. sexuelle Belästigung am Arbeitsplatz), von Gütern und Ressourcen aller Art (z. B. Eltern und Kindern, Arbeitnehmer und Arbeitgeber), be- oder verhinderte gemeinsame Prozesse des Erkennens, der Empathie und Reflexion (z. B. bei Ehepartnern, Arbeitskolleg:innen), weiterhin kulturelle

Verständigungsbarrieren, ein- oder gegenseitige Etikettierung und Stigmatisierung sowie be- oder verhinderte Kooperationsprozesse.

Machtprobleme
Soziale Probleme können Folge von Unrechtserfahrungen, Ohnmacht und Hilflosigkeit in Abhängigkeitsbeziehungen bzw. dem Fehlen von Machtmitteln sein. Auf der individuellen Ebene können Ausstattungsmerkmale zu Machtquellen werden, beispielsweise kann die sozioökonomische Ausstattung in Form von Kapital oder Bildung zur sozioökonomischen Macht werden, die Ausstattung von informellen sozialen Beziehungen und formellen Mitgliedschaften zur Quelle von Organisationsmacht. Auf der Ebene sozialer Systeme sind es hingegen Problematiken der Sozial- bzw. Machtstruktur und Kultur: Beispiele hierfür wären soziale Regeln der Ressourcenverteilung, die Diskriminierung/Privilegierung bestimmter Bevölkerungsteile bewirken, ferner soziale Regeln der Kontrolle und Erzwingung der Einhaltung bestimmter sozialer Regeln einschließlich des Einsatzes willkürlicher Verfahren und ausschließlich repressiver Sanktionsmittel.

Kriterienprobleme
Mit „Kriterien" werden Werte und Normen bezeichnet, die nicht nur von der Mehrheit der Menschen geteilt, sondern institutionalisiert und verrechtlicht wurden, so dass sie für alle Mitglieder eines bestimmten sozialen Systems gelten (z. B. Menschen- und Sozialrechte, Sozialleistungsgesetze). Soziale Probleme beziehen sich hier auf die Nichterfüllung von Kriterien (z. B. Missachtung von Menschen- und Verfassungsrechten), auf das Fehlen von Kriterien (z. B. Fehlen eines existenzsichernden Grundeinkommens) oder auf die willkürliche Definition und Anwendung von Kriterien (z. B. missbräuchliche Kündigungen von Miet- und Arbeitsverhältnissen, willkürliche Gewährung von Sozialleistungen, Benachteiligung von gesellschaftlichen Minderheiten).

Silvia Staub-Bernasconi (*1936)
Geboren in Zürich studierte Staub-Bernasconi nach der Ausbildung zur Sozialarbeiterin als UNO-Stipendiatin an Universitäten in den USA sowie nachfolgend Soziologie, Sozialethik und Pädagogik an der Universität Zürich und schloss mit der Promotion ab. Als Sozialarbeiterin war sie in der Streetwork, im Sozialdienst sowie in Projekten im Jugend- und Migrationsbereich tätig. 1967 wurde sie Dozentin an der Schule für Soziale Arbeit in Zürich, begann ihre Vortragstätigkeit und übernahm Lehraufträge an Universitäten. Ab 1991 war sie im Vorstand der Deutschen Gesellschaft für Soziale Arbeit (DGSA) aktiv. 1996 habilitierte sie sich an der TU Berlin und arbeitete dort von 1998 bis 2003 als Professorin. Ab 2002 leitete sie den Masterstudiengang „Soziale Arbeit als Menschenrechtsprofes-

sion", ebenfalls in Berlin. Staub-Bernasconi entwickelte in zahlreichen Publikationen Kernelemente der Systemtheorie der Züricher Schule und setzte sich seit den 1990er Jahren nachhaltig für Menschenrechtsfragen in der Sozialen Arbeit ein (vgl. Heitkamp/Plewa 2002, S. 273ff.; Engelke et al. 2018, S. 445ff.).

6.4 Allgemeine Handlungstheorie

Um soziale Probleme von Individuen und sozialen Systemen lösen und lindern zu können, sollten Fachkräfte in der Sozialen Arbeit über professionelle Verfahren verfügen, mit deren Hilfe sie fallbezogene Handlungen durchführen können. Bestandteil des systemischen Paradigmas ist deshalb eine allgemeine Handlungstheorie, die in Form von sogenannten „W-Fragen" den Hilfeprozess systematisch und für alle Beteiligte nachvollziehbar strukturiert. Die nachfolgenden Ausführungen stellen hierbei lediglich eine einführende und vereinfachte Übersicht dar und orientieren sich hierbei an Leideritz/Vlecken (2016, S. 102ff.; siehe auch Geiser 2015, S. 292ff.; Sagebiel/Vlecken 2005).

Phase I: Situationsanalyse

Die „Was?-Frage" (Beschreibungen)

Bezogen auf ein konkretes Ausgangsproblem muss sich die:der Sozialarbeiter:in ein Bild von der Situation der Individuen und sozialen Systeme verschaffen. Hierzu zählt die Klärung u. a. folgender Fragen: Was berichten Klient:innen über ihre Situation und welche Aussagen machen Dritte hierüber? Was sind die Eigenschaften der beteiligten Individuen und wie interagieren diese miteinander? Unter welchen Bedingungen leben sie und welche Positionen nehmen die Beteiligten im sozialen System ein? Zu welchen sozialen Systemen zählen die Individuen bzw. welche Mitgliedschaften bleiben ihnen verwehrt?

Die „Woher?-Frage" (Beschreibung der Vorgeschichte)

Erfasst werden soll die Vorgeschichte eines Individuums und sozialer Systeme. Fragen sind z. B.: Welches Wissen ist aus der Vorgeschichte des:der Klient:in von Bedeutung? Welche biografischen Elemente von Einzelnen, der Familiengeschichte oder bisheriger Prozesse einer Gruppe oder eines Gemeinwesens sind wichtig? Wie hat sich das aktuelle Problem entwickelt und welche Lösungen wurden bislang unternommen?

Die „Warum?-Frage" (Erklärungen)

Die soziale Fachkraft versucht die Mechanismen zu bestimmen, die zur aktuellen Situation geführt haben und bezieht hierbei die Erklärungen zur Problementstehung der Klient:innen sowie von Dritten mit ein. Weiterhin wird Erklärungswissen aus den Bezugswissenschaften mit herangezogen. Wichtige Fragen sind u. a.: Welche Erklärungen lassen sich für die aktuelle Situation von Individuen und sozialen Systemen aufführen? Welche Bedingungen führen zur festgestellten Situation und welche Faktoren beeinflussen diese? Welche individuellen Faktoren haben Einfluss auf die Interaktionen im sozialen System? Was beeinflusst das Handeln von Individuen und welchen Einfluss haben Umweltbedingungen? Wie wirken sich gesellschaftliche Einflüsse auf die beteiligen Individuen und soziale Systeme aus?

Phase II: Bewertung und Problembestimmung
Die „Wohin?-Frage 1" (Prognose „ohne Intervention")
Auf der Grundlage der Beschreibung der Vorgeschichte und des Erklärungswissens aus der Situationsanalyse wird eine Prognose (Trend) „ohne" professionelle Intervention formuliert: Wie würde sich die Ausgangssituation weiterentwickeln, wenn keine Hilfeleistung in Anspruch genommen würde? Wie würde das soziale System in einem Jahr aussehen? Was wäre dann die Situation der beteiligten Individuen?

Die „‚Was ist (nicht) gut?'-Frage" (Bewertung)
Professionelle Praxis muss auch in ethischer Hinsicht begründen, warum ein Problem überhaupt als veränderungswürdig bezeichnet wird. Bezugspunkte sind hier die Orientierung an menschlichen Bedürfnissen, den Menschenrechten sowie dem ethischen Berufskodex. Fragen sind u. a.: Welche Werte sind relevant und welche Bedürfnisse von Klient:innen werden nicht befriedigt? Welche kulturellen und gesellschaftlich geteilten Werte können in der aktuellen Situation nicht erfüllt werden? Wie wichtig und dringlich ist die Bearbeitung des Problems? Ebenso ist mit Hilfe der Frage nach dem „was nicht gut ist" zu begründen, warum etwas als problematisch bewertet wird.

Phase III: Zielsetzung und Planung
Die „Woraufhin?-Frage" (Ziele)
Hier werden Fragen zur zukünftigen Situation von Individuen und sozialen Systemen formuliert. Dazu zählen u. a.: Welche Eigenschaften und Ausstattungen werden einzelne Klient:innen haben, wenn ihre eigenen Bedürfnisse befriedigt werden bzw. wenn sie die Bedürfnisse der von ihnen abhängigen Personen befriedigen können? Welche Mitgliedschaften in sozialen Systemen sollten gegeben sein, damit Werte wie Bildung, Teilhabe, Gesundheit und Wohlbefinden erfüllt sind? Wie sollten die Beziehungen gestaltet sein? Das Ergebnis sind Zielvereinbarungen mit Klient:innen.

Die „Wie?-Frage" (Methoden)
Im Mittelpunkt stehen einerseits Handlungsleitlinien, andererseits Methoden und Arbeitsweisen zur Zielerreichung. Fragen sind u.a.: Was muss getan werden, um das soziale System zu verändern, damit möglichst alle Individuen ihre Bedürfnisse erfüllen können? Aufgrund welcher allgemeiner Handlungsleitlinien soll das Ziel erreicht werden? Mit welchen Methoden und Verfahren sollen diese Handlungsleitlinien konkret umgesetzt werden? Allgemeine Handlungsleitlinien werden über den sogenannten „Transformativen Dreischritt" abgeleitet (siehe gesonderte Beschreibung in diesem Abschnitt). Hieraus ergeben sich erste direkte Interventionen; zudem stehen „Spezielle Handlungstheorien" zur Verfügung (siehe nächster Abschnitt).

Die „Womit?-Frage" (Mittel)
Hierbei geht es um die Bestimmung der Mittel, die für die Durchführung der Methode erforderlich sind. Fragen sind beispielsweise: Welche Ressourcen sind verfügbar bzw. müssten erschlossen werden, um die Hilfe durchführen zu können? Welche vorhandenen und notwendigen ökonomischen und personalen Ressourcen müssen im Rahmen des Hilfeplans berücksichtigt werden?

Phase IV: Entscheidung und Implementierung des Planes
Die „Wohin?-Frage 2" (Prognose)
Diese zweite Prognose bezieht sich auf Ereignisse, von denen zu erwarten ist, dass sie eintreten, wenn die geplante Hilfe oder das Projekt tatsächlich durchgeführt wird. Fragen wären u.a.: Wie wird die Situation der Individuen und des sozialen Systems nach einem bestimmten Zeitraum bzw. nach Beendigung der Hilfe aussehen? Was wären möglicherweise unerwünschte Nebenwirkungen und nicht angestrebte Effekte?

Die „Welche?-Frage" (Entscheidung)
Zusammen mit den Klient:innen wird eine Entscheidung zur Umsetzung des Plans getroffen. Wichtige Kriterien sind hierbei Effektivität, Wünschbarkeit und Effizienz. Es muss geprüft werden, ob die vermuteten Nebeneffekte bei der Planrealisierung tragbar sind und ob sie das formulierte Ziel in jedem Fall rechtfertigen.

Phase V: Realisierung
Durchführung der Intervention entsprechend dem Plan. Hierzu zählen alle Handlungen, die von Sozialarbeiter:innen im Rahmen des Interventions-, Projekt- oder Hilfeplans in Zusammenarbeit mit den Klient:innen und andern Beteiligten erbracht werden müssen.

Phase VI: Ergebniskontrolle/Evaluation
Die „Wirksamkeits-Frage"
Im Anschluss an die Intervention wird überprüft, ob mit dem Einsatz der zur Verfügung stehenden Mittel und Kompetenzen die festgelegten Ziele erreicht werden konnten. Die soziale Fachkraft wertet zusammen mit den Klient:innen den Hilfeprozess im Hinblick auf Wirksamkeit, Wirtschaftlichkeit und Wünschbarkeit aus. Fragen sind u.a.: Wurde das festgelegte Ziel erreicht? Wenn nicht, welche Erklärungen lassen sich hierfür aufführen? Welche nicht beabsichtigten Nebenwirkungen haben sich ergeben und wie sind diese zu bewerten? Kann die Hilfe beendet werden oder ist eine Fortsetzung notwendig?

Im Rahmen dieses phasenförmigen Hilfeplanverlaufs werden Befunde aus empirischen Studien aus den Bezugswissenschaften, beispielsweise der Psychologie, Sozialpsychologie oder Soziologie, integriert und im weiteren Verlauf der sogenannte „Transformative Dreischritt" vorgenommen. Dabei geht es um die Frage, wie aus Forschungsergebnissen zu sozialen Problemen auf konkretes professionelles Handeln geschlossen werden kann. Zielsetzung des Dreischritts ist es, „Handlungsleitlinien" (Empfehlungen/Aufforderungen) aufzustellen (vgl. Staub-Bernasconi 2018, S. 234 ff., ferner 2007, 252 ff.).

Eine konkrete Anwendung findet sich beispielsweise bei Borrmann, der in seiner Studie zur „Sozialen Arbeit mit rechten Jugendcliquen" auf der Basis empirischer Studien zahlreiche wissenschaftlich begründete Handlungsleitlinien differenziert nach unterschiedlichen sozialen Niveaus (u.a. Cliquen, Familien, Schule und Arbeitsplatz) formulierte. Die nachfolgende Darstellung orientiert sich an dieser Arbeit, ist jedoch stark vereinfachend und zeigt lediglich die Schritte für die Erstellung einer Handlungsleitlinie auf.

Transformativer Dreischritt – „Soziale Arbeit mit rechten Jugendlichen"
1. Schritt: Erhebung der ein soziales Problem erklärenden Gesetzmäßigkeiten
Zunächst geht es um die Beschreibung des konkreten sozialen Problems und der Erfassung des hierzu vorliegenden Forschungsstandes (empirische Studien, aber auch theoretische Modelle). Aus dem vorliegenden Erklärungsmodell werden nomologische Aussagen im Sinne von „Wenn-dann"-Verknüpfungen abgeleitet, die den Ausgangspunkt für die Entwicklung der Leitlinien bilden.

Beispiel: „Wenn Jugendlichen durch Erwachsene, Politiker:innen, Medien suggeriert wird, dass Nationalsozialismus und Ethnozentrismus legitim sind, dann bestehen für die Jugendlichen bei rechtsextremen und gewalttätigen Handlungen keine moralischen Konflikte".

2. Schritt: Formulierung von nomopragmatischen Aussagen
Hier werden handlungstheoretische Hypothesen aufgestellt, die sich auf die Einwirkungen eines handelnden Subjektes beziehen. Es werden Aussagen gemacht zu Zusammenhängen zwischen menschlichen Absichten, Plänen sowie zu den dazugehörigen Handlungen und erwartbaren Folgen für die soziale Problemstellung (Wer wirkt mit welchem Verhalten auf welche Bestimmungselemente des sozialen Problems ein?)

Beispiel: „Wenn man im Umfeld der Jugendlichen eine deutlich sichtbare zivilgesellschaftliche Gegenkultur aufbaut, dann stehen rechtsextreme und gewalttätige Jugendliche mit ihren Handlungen im Widerspruch dazu, und die von den Jugendlichen subjektiv empfundene Legitimität ihrer Handlungen wird brüchig".

3. Schritt: Formulierung von „Handlungsleitlinien"
Aus den nomopragmatischen Aussagen werden nunmehr Leitlinien festgelegt, die Handlungsabläufe aufführen, die für die Erreichung eines Zieles notwendig sind. Möglich sind zwei Arten von Leitlinien: a) „Um B herbeizuführen, tue A!" sowie b) „Um zu verhindern, dass B entsteht oder herbeigeführt wird, unterlasse oder vermeide A!"

Beispiel:
- *Erste Leitlinie:* „Um bei rechten Jugendlichen bezüglich ihrer Handlungen moralische Ambivalenzen auszulösen, sorge dafür, dass sie in ihrem direkten Umfeld keine Unterstützung für ihre Positionen erhalten."
- *Zweite Leitlinie:* „Um rechte Jugendliche in ihren Handlungen zu unterstützen, sorge dafür, dass ihr direktes Umfeld ihre Positionen unterstützt."

Da zu jeder Leitlinie eine gegenteilige Leitlinie formuliert werden kann, ist es wichtig, das geplante Handeln ethisch zu reflektieren und eine Entscheidung für eine Leitlinie zu treffen (Ethischer Berufskodex, Menschenrechte). Im Beispiel sind die betroffenen Werte „Nicht-Diskriminierung" und „Gewaltfreiheit", daher erfolgt die Entscheidung für die erste Leitlinie.

(vgl. Borrmann 2005, S. 30ff., 215ff.)

6.5 Spezielle Handlungstheorien

Im Rahmen des diagnostischen Prozesses richtet sich die Auswahl der Methoden und Arbeitsweisen an konkreten sozialen Problemen von Individuen und/oder sozialen Systemen aus. Die Entscheidung für eine bestimmte Intervention wird im Rahmen der Vorgehensweise der Allgemeinen Handlungstheorie (W-Fragen) getroffen. Ausgegangen wird dabei von einem „mehrniveaunalen Interventionsspektrum“ professioneller Sozialer Arbeit: Abhängig von der Problemdiagnose und -klärung können Interventionen im Zusammenhang mit Individuen, Familien, Kleingruppen, aber auch mit Nachbarschaften, Gemeinwesen oder sogar Organisationen in Frage kommen.

Im Rahmen des SPSA ergibt sich damit ein großer Spielraum für die Kombination von Ressourcen, Beteiligten, sozialen Ebenen, Arbeitsweisen und Methoden. In ihrer Veröffentlichung „Soziale Arbeit als Handlungswissenschaft“ führt Staub-Bernasconi insgesamt sieben Arten von speziellen Handlungstheorien auf, die aus dem besonderen Blickwinkel des systemischen Paradigmas als bedeutungsvoll für die professionelle Soziale Arbeit erachtet werden; angemerkt sei, dass eine Vielzahl von methodischen Vorgehensweisen aus anderen Handlungskonzepten integriert werden (vgl. 2018, S. 271 ff. sowie ausführlich S. 315 ff.; ferner 1998, S. 54 ff.):

Ressourcenerschließung

Staub-Bernasconi bezeichnet diese Form der Hilfe als die älteste Arbeitsweise professioneller Sozialer Arbeit überhaupt. Sie bezieht sich auf Probleme der körperlichen, sozioökomischen und sozialökologischen Ausstattung und zielt auf die ressourcenmäßige Besserstellung von Individuen oder sozialen Systemen wie Familien, gesellschaftlichen Gruppen und Gemeinwesen. Die Hauptmittel sind vielfältig und reichen von Geldleistungen, Entschuldungsaktionen, Arbeits- und Wohnraumbeschaffung über Bildungsangebote und Rechtsauskünfte bis hin zur Vermittlung von Pflege-, Heim- und Klinikplätzen, Haushalts- und Pflegeleistungen oder Therapien. Methodisch wird u. a. mit Bedürfnisabklärungen, Expertisen, Gutachten, Kompetenzen in den Bereichen Planung, Organisation, Kooperation und Fundraising oder Verhandlungstechniken gearbeitet. Ressourcenerschließung erfolgt auf verschiedenen Ebenen, u. a. für einzelne Klient:innen, Familien oder Kleingruppen, auf der Straße, in Gemeinwesen, von oder für Organisationen.

Bewusstseinsbildung

Diese Arbeitsweise Sozialer Arbeit bezieht sich auf Probleme der Informationsverarbeitung von Individuen, d. h. auf beeinträchtigte Wahrnehmung-, Bewertungs- und kognitive Interpretationskompetenzen, beispielsweise aufgrund familiärer und schulischer Sozialisation oder als Folge monoton-abstumpfender Arbeit. Ziel ist die Erweiterung und Veränderung der Informationsverarbeitungskompetenz. Im Sinne des brasilianischen Pädagogen Paulo Freire soll einzelnen Personen oder Gruppen zu einem anderen Bewusstsein in Bezug auf ihre Problemsituation verholfen und deren Artikulationskompetenzen gesteigert werden. Methodisch wird mit den W-Fragen im Hinblick auf die Reflexion von Lebensphasen, Alltagssituationen, kritischen Lebensereignissen und Erfahrungen im Zusammenhang mit sozialen Mitgliedschaften gearbeitet; bedeutungsvoll sind Kompetenzen in der nicht-direktiven Gesprächsführung. Eingesetzt werden zudem künstlerische Ausdrucksformen, u.a. Zeichnungen, Collagen, Fotografien, Musik sowie das Forumtheater, weiterhin das Aufsuchen von wichtigen biografisch-historischen oder aktuell bedeutsamen Orten.

Identitäts- und Kulturveränderung

Diese Arbeitsweise bezieht sich auf Subkultur bezogene Identitätskonflikte oder negativ definierte Identität von Individuen; hierzu zählt aber auch misslungener Austausch zwischen Mitgliedern unterschiedlicher Kulturkreise. Hier kann es sich u.a. um beleidigende Äußerungen, Über- und Unterlegenheitsvorstellungen oder Unvereinbarkeiten handeln, die eine Verständigung erschweren oder verunmöglichen. Bespiele wäre Vorurteile über Menschen mit anderen Merkmalen (u.a. Hautfarbe, Alter, Behinderung, Erwerbslosigkeit) oder Minderwertigkeitszuschreibungen aufgrund von Rassismus oder Sexismus. Im Gegensatz zur Bewusstseinsbildung geht es um die gezielte Veränderung von problematischen Bildern, unangemessenen Überzeugungen oder Überheblichkeit. Mittel und Methoden sind beispielsweise informelle Bildung, Biografiearbeit und Zukunftswerkstätten, Begegnungen im halböffentlichen Raum, sozial durchmischtes Wohnen, gemeinsame Projekte sowie Methoden der interkulturellen Verständigung.

Handlungskompetenz-Training und Teilnahmeförderung

Die Veränderung und Verbesserung von Handlungskompetenzen und des Teilnahmeverhaltens in sozialen Systemen bezieht sich auf vielfältige Probleme, u.a. mangelnde Kompetenzen der Alltagsbewältigung, abweichendes Verhalten bis zu Schwierigkeiten beim Übergang von einem System in ein anderes. Soziale Arbeit muss auch hier berücksichtigen, dass Beeinträchtigungen auch gesellschaftlich bedingt sein können. Zielsetzung ist die Erweiterung von Handlungskompetenzen, die Befähigung zu problemlösungsrelevanten Tätigkeiten und die Erhöhung von Teilnahmechancen in sozialen Systemen. Hierzu werden mit Individuen u.a. Verhaltens- und Verfahrensweisen eingeübt, beispielsweise durch Bewerbungs- und Arbeitstraining, Erledigung von Schulaufgaben, Anleitung zu selbstständigem Wohnen oder zur Haushaltsführung und Kindererziehung. Bei kollektiven Akteuren stehen u.a. die Reflexion und Vermittlung von organisatorischen, kooperativen und konfliktlösenden Kompetenzen und das Einüben in Konsensbildung und Mitbestimmung im Vordergrund.

Soziale Vernetzung und Ausgleich von Rechten und Pflichten

Diese Arbeitsweise Sozialer Arbeit bezieht sich auf Probleme der sozialen Isolation im Sinne von Fehlen von befriedigenden mitmenschlichen Beziehungen. Zielsetzung ist die soziale Integration über soziale Mitgliedschaften, zum Beispiel in der Nachbarschaft, am Arbeitsplatz, in der Schule oder im Gemeinwesen. Andererseits geht es auch um unfaire asymmetrische Austauschbeziehungen, beispielsweise zwischen Kindern, Gleichaltrigen, Ehepartnern, oder aber zwischen verschiedenen sozialen Systemen, wie Familien, Gruppen, Gemeinwesen; hier zielt Soziale Arbeit auf die Herstellung von Symmetrie zwischen den Beteiligten ab. Die konkreten Vorgehensweisen sind wiederum vielfältig, beziehen sich u. a. auf das Einüben fairer Kommunikationsregeln und Aushandeln von Rechten und Pflichten, weiterhin Vereinbarungen und Verträge, beispielsweise bei Familienproblemen oder Scheidungspaaren, bis hin zur Vermittlung von Konfliktparteien, insbesondere in Mediationsverfahren.

Umgang mit Machtquellen und Machtstrukturen

Hier stehen einerseits Probleme der Ohnmacht, andererseits solche der Übermacht von gesellschaftlichen Ungleichheitsordnungen im Vordergrund, sei dies in sozialen Interaktionsbeziehungen oder auf der Grundlage institutionalisierter Regeln und Werte, welche die Chancengleichheit in Bezug auf den Zugang zu sozialen Teilsystemen Bildung, Wirtschaft, Kultur und Rechtsprechung systematisch verletzen. Allgemeine Zielsetzung ist es, diskriminierende, repressive und gewaltlegitimierende Regeln der Machtausübung in sozialen Systemen abzubauen („Behinderungsmacht“) und menschengerechte und soziale Regeln legitimer Macht als Bedingung für Bedürfnisbefriedigung, Partizipation und Mitbestimmung zu gewährleisten („Begrenzungsmacht“). Auch hier sind die Mittel und Methoden vielfältig, u. a. Diagnose von Machtstrukturen, Unterstützung bei individuellen Befreiungsprozessen, Unterstützung von Individuen beim Zugang zu gesellschaftlichen Teilsystemen, Maßnahmen der Prävention, weiterhin Aufbau von Gegenmacht, Advocacy, Schaffung von Ombudsstellen, bis hin zur Einmischung in öffentliche Diskurse und Öffentlichkeitsarbeit.

Kollegiale Beratung, Supervision, Forschung und Sozialmanagement

Neben Methoden, die für die direkte Arbeit mit Individuen und sozialen Systemen ausgelegt sind, gibt es eine Reihe von „indirekten Methoden“ zur Sicherstellung der Rahmenbedingungen der Non-Profit-Organisationen. Zum Sozialmanagement zählen beispielsweise Personalmanagement, Umgang mit Aufsichts- und Kontrollgremien, Finanzmanagement, Beurteilung von Zielerfüllung, Wirksamkeit und Effizienz, Kooperation mit anderen Organisationen. Relevant ist betriebswirtschaftliches, rechtliches, politisches und psychologisches Wissen und

Kenntnisse der öffentlichen Verwaltung. Bedeutungsvoll ist, dass eine Organisation so strukturiert und geleitet wird, dass ihre sozialen Zielsetzungen nicht wirtschaftlichen Zielen untergeordnet werden. Weitere Bereiche sind die Kollegiale Beratung (Intervision) und Supervision als Reflexionsmethoden sowie die Einbindung in wissenschaftliche Vorhaben und Projekte.

6.6 Soziale Arbeit als Menschenrechtsprofession

Anfang der 1990er Jahre entwickelten die International Federation of Social Workers (IFSW) und die International Association of Schools of Social Work (IASSW) gemeinsam mit der UNO das Trainingsmanual „Human Rights and Social Work", in dem die Menschenrechte als untrennbarer Bestandteil Sozialer Arbeit bezeichnet werden (vgl. UNO 1994). Hierauf bezugnehmend führte Staub-Bernasconi das Konzept der „Sozialen Arbeit als Menschenrechtsprofession" im deutschsprachigen Raum ein, das im Rahmen der Züricher Schule zugleich zu einem festen Bestandteil des systemischen Ansatzes wurde: Nach ihrem Verständnis sind die Menschenrechte Antworten auf Unrechtserfahrungen und Machtlosigkeit und dabei für die Soziale Arbeit richtungsweisend, weil diese nahezu gänzlich mit Menschen zu tun hat, die man als „vulnerabel" bezeichnen kann.

Deren Verletzbarkeit ist darauf zurückzuführen, dass Menschen für die Befriedigung ihrer biologischen, psychischen und soziokulturellen Bedürfnisse auf andere Menschen als Mitglieder sozialer Systeme angewiesen sind. „Vulnerable groups" zeichnen sich dadurch aus, dass sie sich besonders gut als Sündenbock für erfahrene oder befürchtete strukturelle Bedrohungen, sozialen Abstieg und eine Machtpolitik der eigenen Überlegenheit bzw. Entwertung anderer eigenen. Sie können als so machtlos und schwach betrachtet werden, dass sie sich im Fall einer Menschenrechtsverletzung nicht angemessen wehren oder dagegen protestieren können. Damit verbunden sind gesellschaftliche und staatliche Instanzen, die Entwertungs- und Stigmatisierungsprozesse nicht verhindern oder diese kulturell billigen oder gar legitimieren (vgl. Staub-Bernasconi 2008, S. 12 f.).

In diesem Sinne bilden die Menschenrechte im Rahmen der Züricher Schule einen ethischen und berufspolitischen Referenzrahmen, der als Teil eines eigenen Mandats Sozialer Arbeit verstanden wird. Staub-Bernasconi kritisiert dementsprechend vehement das in der Sozialen Arbeit weit verbreitete Verständnis eines „Doppelmandats" von Sozialpädagog:innen und Sozialarbeiter:innen, welches sich einerseits an der Hilfe für die Adressat:innen und andererseits am Auftrag gesellschaftlicher Instanzen auszurichten hat, und fordert mit der Einführung eines dritten Mandats und der Rede vom „Tripel-Mandat", die professionelle Fachlichkeit stärker zu berücksichtigen. Staub-Bernasconi zählt zu diesem dritten Mandat einerseits eine inter- und transdisziplinäre, wissenschaftliche Beschreibungs- und Erklärungsbasis im Hinblick auf soziale Problemstellungen und hierauf bezogenen wissenschaftsbegründeten Arbeitsweisen und Methoden, andererseits eine ethische Basis in Form eines Berufskodex, wie er vom DBSH oder auf internationaler Ebene von der IFSW aufgestellt wird, sowie die Menschenrechte (vgl. Staub-Bernasconi 2018, S. 111 ff.).

Während Vertreter:innen systemisch-konstruktivistischer Handlungskonzepte die Möglichkeit, moralische Urteile über Fakten und Zustände zu fällen und ethische Werte und Normen für die Profession Soziale Arbeit aufzustellen, ablehnen, wird im Rahmen der wirklichkeitstheoretischen Basis des Emergentistischen Systemismus davon ausgegangen, dass es nicht nur eine konkrete Welt gibt, die erforscht werden kann, sondern dass auch die Suche nach moralischen Urteilen und verallgemeinerbaren ethischen Standards möglich und notwendig ist. Dem systemischen Ansatz der Züricher Schule folgend bekommt die Profession Soziale Arbeit durch die Auseinandersetzung mit menschlichen Bedürfnissen und deren Befriedigung bzw. mangelnder Befriedigung oder Nichtbefriedigung einen zentralen Fokus. Die Menschenrechte können als weltgesellschaftlich relevante Normen angesehen werden, die eine Schutzfunktion für menschliche Bedürfnisse haben, und stellen deshalb einen relevanten normativen Bezugsrahmen für die Profession der Sozialarbeiter:innen und Sozialpädagog:innen dar (vgl. ausführlich Leideritz/Vlecken 2016, S. 32 ff.; Borrmann 2005, S. 179 ff.).

Der Blick in die Geschichte zeigt indessen auf, dass die Entwicklung der Sozialen Arbeit sehr vielfältige ethisch-philosophische, weltanschauliche, politische und religiöse Wertebezüge begleitete, und auch in der Gegenwart gibt es in der Frage nach dem ethischen Selbstverständnis professioneller Sozialer Arbeit im deutschsprachigen Raum keinen Konsens. Das Verständnis der Sozialen Arbeit als Menschenrechtsprofession knüpft nun an nationale und internationale berufliche Standards an: „Expliziter normativer Bezugsrahmen sind die Menschenrechte. Der professionelle Gegenstand sind Menschen innerhalb von sozialen Systemen und soziale Systeme, deren Komponenten Menschen sind. Bezogen auf diese Objekte ist der Auftrag für die Soziale Arbeit darauf hinzuwirken, Menschen ein menschenwürdiges Leben zu ermöglichen" (Leideritz/Vlecken 2016, S. 49).

Nach Staub-Bernasconi ist „die Frage der Menschenrechte nicht als eines der vielen – auch – wichtigen Themen der Sozialen Arbeit zu betrachten, sondern Soziale Arbeit von ihrem Auftrag her als Human Rights Profession zu definieren" (1995b, S. 68). In diesem Sinne gilt es, eine Vielzahl von weltweiten Übereinkommen und Konventionen aktiv als „Menschenrechtsinstrumente" in der professionellen Sozialen Arbeit mit den Adressat:innen Sozialer Arbeit zu berücksichtigen (vgl. hierzu auch Schmoker 2016, S. 525 ff.; Staub-Bernasconi 2008, S. 29).

Wichtige UN-Menschenrechtsabkommen
Nach der Allgemeinen Erklärung der Menschenrechte kam es zur Verabschiedung der völkerrechtlich verbindlichen Menschenrechtspakte zu den wirtschaftlichen, sozialen und kulturellen Rechten (Sozialpakt) sowie zu den politischen und bürgerlichen Rechten (Zivilpakt). Nachfolgend sind wichtige Abkommen aufgeführt:

- Allgemeine Erklärung der Menschenrechte (1948)
- Zivilpakt – Internationaler Pakt über bürgerliche und politische Rechte (in Kraft seit 1976)
- Sozialpakt – Internationaler Pakt über wirtschaftliche, soziale und kulturelle Rechte (in Kraft seit 1976)
- Europäische Menschenrechtskonvention (in Kraft seit 1953)
- Genfer Flüchtlingskonvention – Abkommen über die Rechtsstellung der Flüchtlinge (in Kraft seit 1954/1967)
- Anti-Rassismus-Konvention – Internationale Übereinkommen zur Beseitigung jeder Form von rassistischer Diskriminierung (in Kraft seit 1969)
- Frauenrechtskonvention – Übereinkommen zur Beseitigung jeder Form von Diskriminierung der Frau (in Kraft seit 1981)
- Anti-Folter-Konvention – Übereinkommen gegen Folter und andere grausame, unmenschliche oder erniedrigende Behandlung oder Strafe (in Kraft seit 1987)
- Kinderrechtskonvention – Übereinkommen über die Rechte des Kindes (in Kraft seit 1990)
- Wanderarbeiterkonvention – Internationale Konvention zum Schutz der Rechte aller Wanderarbeitnehmer („migrant workers“) und ihrer Familienangehörigen (in Kraft seit 2003)
- Behindertenrechtskonvention – Übereinkommen über die Rechte von Menschen mit Behinderungen (in Kraft seit 2008)
- Konvention gegen Verschwindenlassen – Internationales Übereinkommen zum Schutz aller Personen vor dem Verschwindenlassen (in Kraft seit 2010)
- Erklärungen über die sexuelle Orientierung und geschlechtliche Identität (2008, 2011)

(vgl. Deutsches Institut für Menschenrechte 2022)

6.7 Überblick zu weiteren methodischen Ansätzen

Zur diagnostischen Beschreibung von sozialen Problemen hat Staub-Bernasconi (1983, S. 119 ff.) die sogenannte „Systemische Denkfigur“ eingeführt, die maßgeblich von Geiser (2015) weiterentwickelt wurde: Dabei handelt es sich um eine grafische Hilfe in Form eines rautenförmigen Bildes (Rhombus), deren Ecken die Beschreibungsdimensionen repräsentieren, die für ein aktuelles Bild über ein bestimmtes Individuum („Individuelle Ausstattung") erforderlich sind; die „Kürzel" beziehen sich auf dessen biologische, psychische, sozioökonomische, sozioökologische und soziokulturelle Eigenschaften bzw. Ausstattung. Abbildung 6.1 vermittelt eine grobe und sehr vereinfachte Einführung.

Abb. 6.1: Systemische Denkfigur nach Geiser (2015, 2018)

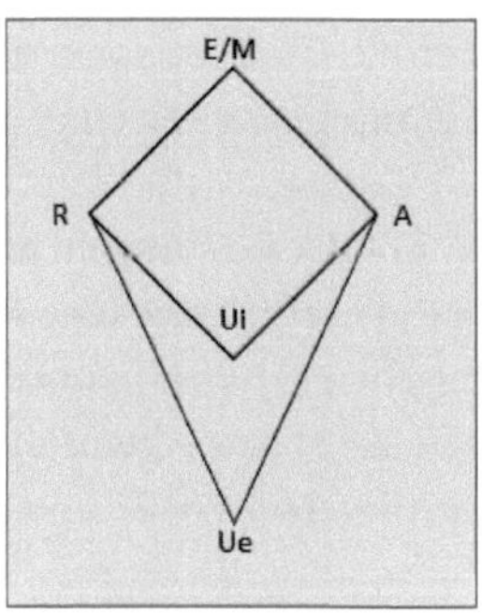

Ausstattung Individuum

Ui = „Umwelt intern", der menschliche Organismus ist ein biologisches System. Biologische Eigenschaften, z. B. Alter, Geschlecht, Hautfarbe.

Ue = „Umwelt extern", sozioökomische Güter (z. B. Bildung, Beruf, Einkommen, Arbeitsplatz) und gesellschaftliche Position, soziokulturelle Umgebung (z. B. ethnische und religiöse Zugehörigkeit), sozioökologische Umwelt (z. B. Wohn- und Arbeitsumgebung), Mitgliedschaften und soziale Rollen.

R = „Rezeptoren", Informationsaufnahme z. B. durch Sinnesorgane. Nimmt Reize aus dem Organismus und der Umwelt auf und leitet diese an das Zentralnervensystem weiter.

E/M = „E = Erlebnismodi", Informationsverarbeitung (Erkennen und Erleben); „M = internes Modell" (Codes, Bilder und Werte), Bedürfnisse und Wünsche, Wissensformen.

A = „Aktivitäten", äußeres, sichtbares Verhalten bzw. absichtsvolles Handeln.

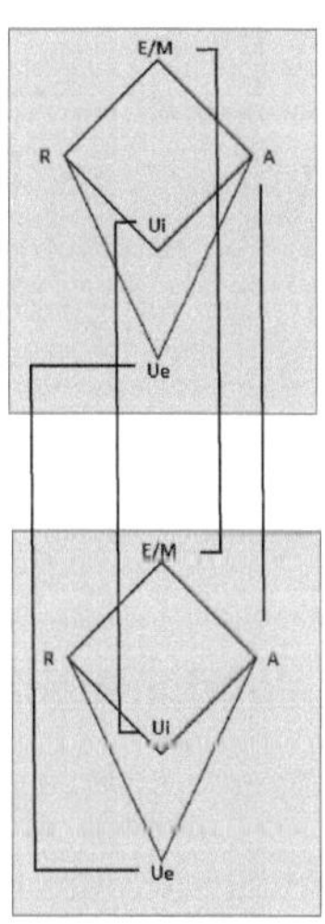

Macht-/Abhängigkeitsbeziehungen

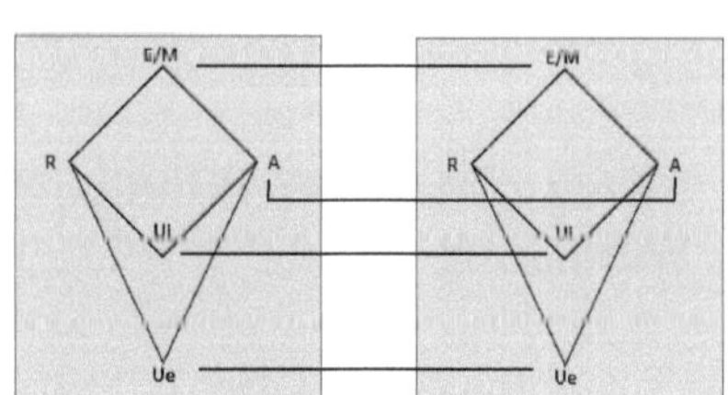

Austauschbeziehungen

Wie aus der Übersicht entnehmbar, können nicht nur Individuen, sondern auch Beziehungen bzw. soziale Systeme erfasst und beschrieben werden, indem ihre Positionen zueinander grafisch dargestellt werden, dies entweder mittels „horizontal strukturierter Austauschbeziehungen“ oder aber „vertikal strukturierter Machtbeziehungen“. Die systemische Denkfigur hat Geiser in eine „Problem- und Ressourcenanalyse“ als diagnostisches Instrumentarium für die professionelle Soziale Arbeit integriert und auf rund 400 Seiten umfassend ausgearbeitet (vgl. 2015). Anzumerken gilt, dass diese Methode u. a. in der Bezirkssozialarbeit der Stadt München ab 2004 eingeführt wurde (vgl. Sagebiel/Vlecken 2005; Pantuček/Röh 2009, S. 267 ff.).

Wie aus der bereits dargestellten Kategorisierung der speziellen Handlungstheorien nach Staub-Bernasconi entnommen werden kann, wird im Rahmen des systemischen Paradigmas Sozialer Arbeit eine große Offenheit gegenüber Arbeitsweisen und Methoden auch aus anderen Handlungskonzepten eingenommen; deren konkrete Auswahl ist Gegenstand der Ressourcen- und Problemanalyse (vgl. Staub-Bernasconi 2012, S. 277 f.; 2018, S. 271 ff.). Gleichwohl gibt es neben dem Vorgehen im Rahmen der allgemeinen Handlungstheorie eine Reihe weiterer Methoden, die speziell aus diesem systemischen Ansatz heraus entstanden sind, so beispielsweise zur Beratung (Gregusch 2013), zur Aktenführung (Brack/Geiser 2009; Brack 2002), zur Teamberatung (Sagebiel 2012) und zum Case- und Sozialmanagement (Klassen 2010).

Das Lese- und Lehrbuch von Leideritz/Vlecken (2016) führt mit dem Schwerpunkt auf Menschenrechte in das professionelle Handeln im Rahmen des systemischen Ansatzes der Züricher Schule ein und veranschaulicht dies mit Darstellungen zur konkreten Vorgehensweise in der Kinder- und Jugendhilfe, Obdachlosenarbeit, der Migrationsarbeit, der Arbeitsverwaltung und Wohnungslosenhilfe. An dieser Stelle sei auf den Masterstudiengang „Soziale Arbeit als Menschenrechtsprofession“ in Berlin hingewiesen, der von unterschiedlichen Hochschulen mitgetragen wird (vgl. www.mrma-berlin.de; Schmoker 2006, S. 110 ff.; weitere Anregungen zu Methoden und Arbeitsfeldern finden sich bei Klassen 2004, S. 225 ff.; 2009, S. 144 ff., sowie Schmoker 2006, S. 158 ff. und Pantuček/Röh 2009, S. 303 ff.).

6.8 Bezug zu anderen Handlungskonzepten und kritische Würdigung

Es ist zweifellos der Verdienst der Vertreter:innen der Züricher Schule, allen voran Silvia Staub-Bernasconis, dass die Menschenrechte in der gesamten Sozialen Arbeit im breiten Umfang diskutiert und an Bedeutung gewonnen haben, gut ablesbar an den vielfältigen Publikationen und Lehrangeboten an Hochschulen, nicht zuletzt aber auch an aktuellen Tagungen: Beispielsweise richtete die Deutsche Gesellschaft für Soziale Arbeit (DGSA) im Jahr 2017 eine ganze Jahrestagung zu „Menschenrechten und Soziale Arbeit“ an der Alice-Salomon-Hochschule aus; als zweites Beispiel lassen sich die seit 2014 jährlich organisierten Menschenrechtswochen an der Hochschule Würzburg-Schweinfurt aufführen (vgl. Spatscheck/Steckelberg 2018; www.menschenrechtswoche.de).

Die Auseinandersetzung mit den Menschenrechten hat indessen eine weltweite, das heißt Länder und Kontinente übergreifende Bedeutung: So ist einerseits darauf zu verweisen, dass sich in der Geschichte der Sozialen Arbeit Sozialpädagog:innen und Sozialarbeiter:innen ausmachen lassen, die sich explizit für die Umsetzung der Menschenrechte einsetzten, beispielsweise Jane Addams, Eglantine Jebb, Janusz Korczak (vgl. ausführlich Staub-Bernasconi 2019, S. 17 ff.) und dass die UNO bereits 1992 in dem bereits erwähnten Trainingsmanual festhielt: „More than many professions, Social Work practitioners are conscious that their concerns are closely linked to respect for Human Rights. They accept the premise that Human Rights and fundamental freedoms are indivisible, and that the full realization of civil and political rights is impossible without enjoyment of economic, social and cultural rights“ (United Nations 1994, S. 5). Zwischenzeitlich ist die einschlägige internationale Fachliteratur nahezu unüberschaubar und der Bezug auf Menschenrechte findet sich in allen wichtigen Grundsatzdokumenten internationaler Organisationen der Sozialen Arbeit (vgl. beispielsweise www.ifws.org; www.iassw-aiets.org).

An dieser Stelle sei darauf verwiesen, dass diese Ausrichtung zunehmend von anderen Handlungskonzepten mit aufgenommen wird; so fordert u. a. Herriger im Rahmen seines Empowermentkonzepts eine Orientierung an der „Rechte-Perspektive“ und ein parteiliches Eintreten für Selbstbestimmung und soziale Gerechtigkeit und verweist darauf, dass die Adressat:innen Sozialer Arbeit Träger von unveräußerlichen Freiheitsrechten sind (vgl. 2020, S. 82 f.). Aufgrund der politischen Ausrichtung des Ansatzes liegen Überschneidungen zur Kritischen Sozialen Arbeit vor (s. bspw. Staub-Bernasconi 2016; vgl. auch Seithe 2012, S. 384 f., 392 f., 414). Schließlich sei angemerkt, dass das SPSA zwar eine unverwechselbare eigene theoretische Ausrichtung und Methodik vorweist und sich hierbei von anderen Handlungskonzepten, insbesondere von systemisch-konstruktivistischen Konzepten abgrenzt, jedoch durch die inter- und transdisziplinäre Ausrichtung auch andere Methoden aus der Sozialen Arbeit und den Bezugswissenschaften integriert (vgl. u. a. Staub-Bernasconi 2012).

Welche Argumente lassen sich nun in Bezug auf eine Bewertung dieses Handlungskonzeptes aufführen? Bezüglich der Menschenrechte fällt die Würdigung leicht, denn mittels dieser ethischen Ausrichtung erscheint eine übergreifende gemeinsame ethische Orientierung für alle Träger, Verbände, Einrichtungen und Dienste in den unterschiedlichen Arbeitsfeldern der Sozialen Arbeit möglich, zu der sich diese unabhängig von ihrer jeweiligen politischen, religiösen und philosophischen Ausrichtung oder sonstiger Werteorientierung zuordnen können; gleichzeitig wird eine weltweite, internationale Verständigung und Vernetzung innerhalb der Sozialen Arbeit vorgenommen.

Hervorzuheben ist zweifellos das unermüdliche Engagement und parteiliche Eintreten von Vertreter:innen der Züricher Schule für die Weiterentwicklung der Profession und Disziplin Soziale Arbeit. Im Hinblick auf die theoretische Orientierung ist darauf zu verweisen, dass sich die Bewältigung sozialer Probleme nicht nur am Individuum ausrichtet, sondern dieses mit Hilfe des Systemmodells in einem größeren sozialen Kontext betrachtet wird; im Vergleich zu systemisch-konstruktivistischen Konzepten richtet dieser Ansatz einerseits den Blick auch auf das Individuum „und“ soziale Systeme gleichermaßen als zentrale Bezugspunkte; thematisiert werden aber zudem gesellschaftliche Bezüge, so u. a. sozioökonomische und -kulturelle Rahmenbedingungen und der Einfluss von Macht in der Sozialen Arbeit.

Hervorzuheben gilt auch die integrierende Funktion: Mit dem SPSA wurde ein mehrstufiges theoretisches Rahmenmodell entwickelt, das wissenschaftliche Befunde aus der Disziplin Soziale Arbeit in den Mittelpunkt stellt, hierbei die Forschungsergebnisse aus den Bezugswissenschaften systematisch integriert und mit der allgemeinen und speziellen Handlungstheorie konkrete Hinweise zu Methoden und Verfahrensweisen für die professionelle Soziale Arbeit mit den Adressat:innen aufzeigt. Insofern gibt dieses Modell insbesondere den Hochschulen eine brauchbare Orientierung für die Gestaltung der Bachelor- und Masterstudiengänge an die Hand.

Gleichwohl liegt darin auch zugleich deren Begrenzung, denn diese überschäumende Komplexität kann für berufstätige Fachkräfte durchaus eine Überforderung darstellen: Verwiesen sei hier beispielsweise auf die voluminöse Arbeit von Geiser zur „Problem- und Ressourcenanalyse“, in der er auf rund 400 Seiten die systemische Diagnostik inklusive metatheoretischer Betrachtungen zum SPSA-Modell beschreibt; während aber bei Geiser letztendlich eine konkrete Vorgehensweise für die Praxis der Sozialen Arbeit nachvollziehbar erkennbar ist, bleibt die weitere vorliegende Literatur überwiegend zu wenig am konkreten Handeln ausgerichtet (vgl. beispielsweise Staub-Bernasconi 2018, S. 315 ff.; zudem Gregusch 2013).

Mit der Vorgehensweise im „Transformativen Dreischritt“, Handlungsleitlinien aus empirischen Studien abzuleiten, ist ein wichtiger und brauchbarer Schritt entstanden, um eine Brücke zwischen Wissenschaft und Praxis herzustellen. Gleichwohl stehen wir heute in der Wissenschaft Soziale Arbeit vor der gewaltigen Herausforderung, Wissensbestände im deutschen, englischen und internationalen Raum miteinander zu vernetzen: Allein für die Soziale Arbeit wird dies sicherlich zukünftig nur mehr über Datenbanken zu bewältigen sein; dazu kommt, wie von der Züricher Schule zurecht gefordert, die Berücksichtigung empirischer Ergebnisse aus den Bezugswissenschaften. Bereits aktuell ist es für die berufstätige Fachkraft in den konkreten Arbeitsvollzügen nicht mehr zu leisten, den aktuellen Wissensstand zu einer sozialen Problemstellung angemessen zu überblicken. Aufgabe der Hochschulen und wissenschaftlichen Institute muss es hier sein, der Praxis diese Wissensbestände als Grundlage für professionelles Handeln zur Verfügung zu stellen; ein Beispiel hierfür wäre wiederum die Arbeit von Borrmann, die auf wissenschaftlicher Basis Handlungsempfehlungen für die Soziale Arbeit mit rechten Jugendcliquen aufzeigt (vgl. 2005).

6.9 Empirischer Wirkungsnachweis

Diesbezüglich gilt zunächst festzuhalten, dass der systemische Ansatz der Züricher Schule in Anlehnung an Mario Bunge davon ausgeht, dass es eine real existierende Welt gibt, die mit Hilfe wissenschaftlicher Methoden erkannt und beschrieben werden kann. Insofern werden empirische Bezüge, insbesondere aus den Bezugswissenschaften, auf allen Ebene integriert. Die Evaluation bildet im Rahmen der allgemeinen Handlungstheorie einen wichtigen abschließenden Baustein für die Zielüberprüfung der Maßnahmen: So gibt Geiser im Rahmen seiner Problem- und Ressourcenanalyse an, dass die im Handlungsplan formulierten Ziele von Bedeutung für die Ergebniskontrolle sind. Gefragt wird danach, ob diese erreicht, teilweise, vollständig oder gar nicht erreicht wurden (Wirksamkeit), die Wirtschaftlichkeit gewährleistet war und schließlich, ob die aufgestellten Ziele erstrebenswert waren (Wünschbarkeit). Zur Ergebniskontrolle gehört auch die Selbstreflexion der sozialen Fachkraft (vgl. 2015, S. 302 ff.). Da im Rahmen des SPSA eine Vielzahl von unterschiedlichen Methoden und Verfahren aus anderen Handlungskonzepten integriert werden (Spezielle Handlungstheorien), wird bei der Auswahl auf deren empirischen Wirkungsnachweis geachtet.

Hingegen liegen aussagekräftige Wirksamkeitsstudien zu methodischen Ansätzen, die speziell im Rahmen der Züricher Schule entwickelt wurden, nicht vor, womit dieses Handlungskonzept hinter den eigenen wissenschaftlichen Ansprüchen zuruckbleibt.

Übungen

1. Grenzen Sie den Ansatz der Züricher Schule von systemisch-konstruktivistischen Konzepten anhand folgender Fragen ab: Worin unterscheidet sich das Systemverständnis? Welche Rolle nimmt der:die Sozialarbeiter:in ein? Was sind die zentralen Methoden?

2. Staub-Bernasconi differenziert zwischen unterschiedlichen Arten von sozialen Problemen: Wo finden sich diese Differenzierung in der „Systemischen Denkfigur" bei Geiser?

3. „Soziale Arbeit als Menschenrechtsprofession" – diskutieren Sie: Mit welchen gravierenden Menschenrechtsverletzungen kommen Fachkräfte in der Sozialen Arbeit in Berührung? Was spricht für den Bezug auf die Menschenrechte in den Einrichtungen und sozialen Diensten der unterschiedlichen Arbeitsfelder?

4. Erklären Sie die Begriffe „Doppeltes Mandat" und „Tripel-Mandat". Welche Argumente sprechen für das Tripel-Mandat?

Ausgewählte Literatur zu den theoretischen Grundlagen

- Amthor, R.C./Goldberg, B./Hansbauer, P./Landes, B./Wintergerst, T. (Hrsg.) (2021): Kreft/Mielenz. Wörterbuch Soziale Arbeit. 9. Auflage. Weinheim und Basel: Beltz Juventa; hier folgende Stichwörter: „Systemistisches Paradigma der Sozialen Arbeit", S. 913ff.; „Macht und Soziale Arbeit", S. 549ff.; „Multidisziplinarität/Transdisziplinarität", S. 590ff.; „Soziale Probleme", S. 810ff.
- Engelke, E./Borrmann, S./Spatscheck, C. (2018): Theorien der Sozialen Arbeit. Freiburg: Lambertus, S. 443ff.
- Klassen, M. (2009): (System)Theorie der Sozialen Arbeit. Innsbruck: Studia Univ.
- Leideritz, M./Vlecken, S. (Hrsg.) (2016): Professionelles Handeln in der Sozialen Arbeit. Opladen: Budrich, Teil 1, S. 29ff.
- Obrecht, W. (2000): Das Systemische Paradigma der Sozialarbeitswissenschaft und der Sozialen Arbeit. In: Pfaffenberger, H. et al. (Hrsg.): Von der Wissenschaft des Sozialwesens. Rostock: Neuer Hochschul-Schriften-Verlag. S. 115–143.
- Staub-Bernasconi, S. (1998): Soziale Probleme. In: Heiner, M. et al. (Hrsg.): Methodisches Handeln in der Sozialen Arbeit. Freiburg: Lambertus, S. 11ff.
- Staub-Bernasconi, S. (2018): Soziale Arbeit als Handlungswissenschaft. Bern: Budrich, Teile II und III.

Ausgewählte Literatur zur Handlungstheorie

- Brack, R./Geiser, K. (2009): Aktenführung in der Sozialarbeit. Bern: Haupt Verlag.
- Geiser, K. (2015): Problem- und Ressourcenanalyse in der Sozialen Arbeit. Luzern: Interact.
- Leideritz, M./Vlecken, S. (2016): Professionelles Handeln in der Sozialen Arbeit. Opladen: Budrich, S. 102 ff. (allgemein), sowie in sechs Kapiteln am Beispiel verschiedener Arbeitsfelder.
- Sagebiel, J. (2012): Teamarbeit in Unternehmen, Verbänden und Vereinen. Stuttgart: ibidem.
- Staub-Bernasconi, S. (2018): Soziale Arbeit als Handlungswissenschaft. Bern: Budrich, S. 195 ff., 271 ff. und 315 ff.

Ausgewählte Literatur zu Menschenrechten in der Sozialen Arbeit

- Ife, J. (2012): Human Rights and Social Work. 3. Auflage. Cambridge: Cambridge Univ. Press.
- Journal of Human Rights and Social Work (international ausgerichtete Fachzeitschrift)
- Spatscheck, C./Steckelberg, C. (Hrsg.) (2018): Menschenrechte und Soziale Arbeit. Opladen: Budrich.
- Staub-Bernasconi, S. (2019): Menschenwürde – Menschenrechte – Soziale Arbeit. Opladen: Budrich.
- Walz, H. et al. (2012): Menschenrechtsorientiert. Luzern: Interact.

Ausgewählte Internetlinks, Videomaterialien

- Freies Institut für Theorie und Praxis Sozialer Arbeit: www.freies-institut-tpsa.com
- Interview mit Werner Obrecht: www.freies-institut-tpsa.com/film.html
- Interview mit Staub-Bernasconi „Menschenrechte und Soziale Arbeit“, Jahrestagung der DGSA 2017: www.youtube.com/watch?v=x6WU5UkAN4g
- Studiengang „Soziale Arbeit als Menschenrechtsprofession“: www.mrma-berlin.de
- Vortrag von Nivedita Prasad „Soziale Arbeit als Menschenrechtsprofession: www.youtube.com/watch?v=W3dno22Zcul

Literatur- und Quellenverzeichnis

Amthor, R.C. (2006): Quo Vadis, Wissenschaft Soziale Arbeit? In: Sozialmagazin, H. 6, S. 45–56.

Amthor, R.C. (2008): Soziale Berufe im Wandel. Baltmannsweiler: Schneider Verlag Hohengehren.

Amthor, R.C./Goldberg, B./Hansbauer, P./Landes, B./Wintergerst, T. (Hrsg.) (2021): Kreft/Mielenz. Wörterbuch Soziale Arbeit. Weinheim und Basel: Beltz Juventa.

Borrmann, S. (2005): Soziale Arbeit mit rechten Jugendcliquen. Wiesbaden: VS Verlag.

Brack, R. (2002): Minimalstandards für die Aktenführung in der Sozialarbeit. Luzern: Interact.

Brack, R./Geiser, K. (2009): Aktenführung in der Sozialarbeit. Bern: Haupt Verlag.

Deutsches Institut für Menschenrechte (2022): www.institut-fuer-menschenrechte.de (Abfrage: 8.9.2022)

Engelke, E./Borrmann, S./Spatscheck, C. (2018): Theorien der Sozialen Arbeit. 7. Auflage. Freiburg: Lambertus.

Engelke, E./Spatscheck, C./Borrmann, S. (2016): Die Wissenschaft Soziale Arbeit. 4. Auflage. Freiburg: Lambertus.

Geiser, K. (2015): Problem- und Ressourcenanalyse. 6. Auflage. Luzern: Interact.

Geiser, K. (2018): Soziale Diagnostik im Systemtheoretischen Paradigma Sozialer Arbeit. In: Buttner, P. et al. (Hrsg.): Handbuch Soziale Diagnostik. Frankfurt/M.: Deutscher Verein, S. 196–209.

Gregusch, P. (2013): Auf dem Weg zu einem Selbstverständnis von Beratung in der Sozialen Arbeit. https://www.socialnet.de/materialien/materialien/154.php (Abfrage: 8.9.2022)

Heitkamp, H./Plewa, A. (Hrsg.) (2002): Soziale Arbeit in Selbstzeugnissen. Band 2. Freiburg: Lambertus.

Herriger, N. (2020): Empowerment. 6. Auflage. Stuttgart: Kohlhammer.

Hollstein-Brinkmann, H./Staub-Bernasconi, S. (Hrsg.) 2005): Systemtheorien im Vergleich. Wiesbaden: VS Verlag.

Klassen, M. (2004): Was leisten Systemtheorien in der Sozialen Arbeit? Bern: Haupt Verlag.

Klassen, M. (2009) (System) Theorien der Sozialen Arbeit. Innsbruck: STUDIA Universitätsverlag.

Klassen, M. (2010): Soziale Problemlösung. Innsbruck: STUDIA Universitätsverlag.

Leideritz, M./Vlecken, S. (2016): Professionelles Handeln in der Sozialen Arbeit. Opladen: Budrich.

Merten, R. (2000): Systemtheorie Sozialer Arbeit. Opladen: Leske + Budrich.

Mühlum, A. (Hrsg.) (2004): Sozialarbeitswissenschaft. Freiburg: Lambertus.

Obrecht, W. (2001): Das Systemtheoretische Paradigma der Disziplin und der Profession der Sozialen Arbeit. Zürich: Zürcher Fachhochschule.

Obrecht, W. (2005): Umrisse einer biopsychosoziokulturellen Theorie menschlicher Bedürfnisse. Skript. www.freies-institut-tpsa.com

Pantuček, P./Röh, D. (Hrsg.): Perspektiven Sozialer Diagnose. Münster: LIT.

Pfaffenberger, H./Scherr, A./Sorg, R. (Hrsg.) (2000): Von der Wissenschaft des Sozialwesens. Rostock: Neuer Hochschulschriftenverlag.

Sagebiel, J. (2012): Teamberatung in Unternehmen, Verbänden und Vereinen. Stuttgart: ibidem.

Sagebiel, J./Vlecken, S. (2005): Soziale Arbeit m(M)acht Diagnose. In: Engelfried, C. (2005): Soziale Organisationen im Wandel. Frankfurt/M.: Campus. S. 219–248.

Schmoker, B. (Hrsg.) (2006): Liebe, Macht und Erkenntnis. Luzern: Interact.
Seithe, M. (2012): Schwarzbuch Soziale Arbeit. 2. Auflage. Wiesbaden: VS Verlag.
Spatscheck, C./Steckelberg, C. (Hrsg.) (2018): Menschenrechte und Soziale Arbeit. Opladen: Budrich.
Staub-Bernasconi, S. (1983): Soziale Probleme. Diessenhofen: Verlag Rüegger.
Staub-Bernasconi, S. (1995a): Systemtheorie, soziale Probleme und Soziale Arbeit. Bern: Haupt Verlag.
Staub-Bernasconi, S. (1995b): Das fachliche Selbstverständnis Sozialer Arbeit. In: Wendt, W. R. (Hrsg.): Soziale Arbeit im Wandel ihres Selbstverständnisses, S. 57–104.
Staub-Bernasconi, S. (1998): Soziale Probleme. In: Heiner, M. et al.: Methodisches Handeln in der Sozialen Arbeit. Freiburg: Lambertus. S. 11–137.
Staub-Bernasconi, S. (2007/2018): Soziale Arbeit als Handlungswissenschaft. 1./2. Auflage. Opladen: Budrich.
Staub-Bernasconi, S. (2008): Menschenrechte in ihrer Relevanz für die Soziale Arbeit. In: Widersprüche, H. 107, S. 9–32.
Staub-Bernasconi, S. (2012): Soziale Arbeit und soziale Probleme. In: Thole, W. (Hrsg.): Grundriss Soziale Arbeit. Wiesbaden: VS Verlag. S. 267–282.
Staub-Bernasconi, S. (2016): Jane Addams als Begründerin einer „kritischen Sozialen Arbeit“. In: Soziale Passagen, H. 2, S. 405–418.
Staub-Bernasconi, S. (2019): Menschenwürde – Menschenrechte – Soziale Arbeit. Opladen.
United Nations (1994): Human Rights and Social Work. New York: UN.

Kapitel 7
Die Person-in-Environment-Perspektive und ökosystemische Konzepte

Sigrid James

Der duale Fokus der Sozialen Arbeit, der sich simultan auf die Person und ihr Umfeld richtet, wurde schon in den Anfängen der Sozialen Arbeit deutlich und wird unter dem Begriff Person-in-Environment (PIE) erfasst. Die PIE-Perspektive gilt als ein bedeutsames „Sensibilisierungs- und Betrachtungsraster“ für die Soziale Arbeit und ist zentral für ihr konzeptionelles Selbstverständnis. Durch die Entwicklung von ökosystemischen Konzepten, insbesondere durch die Studien und Beiträge von Urie Bronfenbrenner, erhielt die PIE-Perspektive theoretische Substanz. Das *Life Model* von Germain und Gitterman konkretisierte die Anwendung ökosystemischer Konzepte für die Soziale Arbeit. Dieses Kapitel beschreibt die historische Bedeutung der PIE-Perspektive für die Soziale Arbeit, gibt einen Einblick in die Grundlagen von Bronfenbrenners ökosystemischer Entwicklungstheorie sowie Kernkonzepten des *Life Models* und verdeutlicht deren Anwendung in der Sozialen Arbeit.

7.1 Einleitung

Die Person-in-Environment-(PIE-)Perspektive beinhaltet das Kernanliegen der Sozialen Arbeit, das seit den Anfängen der Profession im angloamerikanischen Raum zu Beginn des 20. Jahrhunderts als handlungsleitendes Prinzip den Blick simultan auf die einzelne Person und ihr Umfeld richtet. „… [T]he person-in-environment perspective has been a central influence in the formation of the profession's knowledge base, as well as its approach to practice, providing a perspective on how individuals and social systems interact“ (Greene 2008, S. 1). Auch wenn die Beziehung zwischen sozialen Systemen und dem Individuum zweifelsohne seit Jahrzehnten Gegenstand des wissenschaftlichen Diskurses auch in anderen Disziplinen ist, so hat der duale Fokus die Soziale Arbeit in ihrer historischen Entwicklung von Anfang an stark beeinflusst und wurde schon als Unterscheidungsmerkmal zu anderen Hilfsprofessionen bezeichnet (vgl. Karls/O'Keefe 2008, S. 2).

Theoretisch wurde die PIE-Perspektive insbesondere durch die Arbeit von Urie Bronfenbrenner vorangetrieben. Sein ökosystemisches Entwicklungsmodell nimmt in der internationalen Lehre der Sozialen Arbeit eine bedeutsame Stellung ein und wurde, wenn auch oft kontrovers diskutiert, schon als die „einflussreichste Perspektive“ für die Soziale Arbeit bezeichnet (vgl. Wakefield 1996, S. 2). Das ökosystemische Modell wird auch (mit konzeptionellen Weiterentwicklungen und Anpassungen) unter den Begriffen ökosozialer Ansatz oder Perspektive, ökologische Systemtheorie, Ökologie der menschlichen Entwicklung oder Sozialökologie behandelt und wird in der Sozialen Arbeit gewöhnlich im Zusammenhang mit der PIE-Perspektive und dem *Life Model* nach Germain und Gitterman angeführt. Wendt (2010) beschreibt die Grundannahmen des Modells als ein „metatheoretisches Rahmenwerk“ (S. 7), „in dem natürliche und gesellschaftliche Lebenszusammenhänge Platz haben“ und in dem soziale Problemlagen und vorhandene Ressourcen betrachtet werden können, um „individuelles, gemeinsames und gesellschaftliches Wohlergehen“ zu erreichen (S. 11).

In wohl allen anerkannten Sozialarbeitsstudiengängen in den USA wird der ökosystemische Ansatz in den ersten Semestern gelehrt und immer wieder als Leit- oder Orientierungsmodell für ein ganzheitliches Verständnis von menschlichem Verhalten und Sozialisierungsprozessen vorgestellt. In der deutschen Sozialen Arbeit spielt die ökosystemische Perspektive als theoretischer Ansatz oder Handlungskonzept hingegen eine vergleichbar geringe Rolle und findet vielfach kaum oder keine Erwähnung in Fachbüchern zu Theorien der Sozialen Arbeit. Doch ihr Beitrag zum Verständnis der Bedeutung der realen Lebenswelt für die menschliche Entwicklung wird auch hierzulande gewürdigt (u. a. Wendt 1982; Mühlum et al. 1986; Wendt 1990; Ditton 2006; Wendt 2010; Ritscher 2017; Epp 2018). Insbesondere Wolf Rainer Wendt hat ökosystemische bzw. ökosoziale Konzepte in den Theorie- und Methodendiskurs der deutschen Sozialen Arbeit eingeführt und weiterentwickelt sowie ihre Umsetzung für die Sozialarbeitspraxis eingehend erläutert. Und auch Silvia Staub-Bernasconi bezieht sich in ihren Ausführungen zur systemischen Bedürfnistheorie immer wieder auf die Belastungen und Ausstattungen der einzelnen Person vis-à-vis bestehender gesellschaftlicher Ressourcen und Machtverhältnisse und greift somit zentrale Konzepte der ökosystemischen Perspektive auf (s. Kap. 6). Im Zuge dessen erscheint ein Kapitel über die PIE-Perspektive und ökosystemische Konzepte gerechtfertigt.

7.2 Historische Wurzeln

In den Professionalisierungsprozessen der Sozialen Arbeit entwickelten sich von Beginn an Konzepte und Methoden, die mit unterschiedlicher Gewichtung die einzelne Person und ihr Umfeld in den Fokus nahmen. Hierbei wird das Umfeld als die diversen und vielschichtigen Kontexte, in denen eine Person lebt und agiert, verstanden und umfasst die „sozialen, wirtschaftlichen, politischen, kommunalen, historischen, religiösen, physikalischen, kulturellen und familialen" Systeme, in die eine Person eingebettet ist (vgl. Kondrat 2013, S. 1; übersetztes Zitat). Die Beziehung zwischen Person und Umfeld wird als wechselseitig oder reziprok beschrieben, d. h. das Individuum steht in einem dynamischen und stetigen Austauschprozess mit seinem Umfeld, wobei nicht nur das Umfeld einen fördernden, einschränkenden oder gefährdenden Einfluss auf die Person ausüben kann, sondern auch die Person Einfluss auf das Umfeld nimmt.

Dieser duale Fokus hat in der Geschichte der Sozialen Arbeit immer wieder zu Spannungen hinsichtlich der „richtigen" Balance zwischen Person und Umfeld geführt. Schon in den öffentlichen Debatten zwischen den Sozialarbeitspionierinnen Jane Addams, Begründerin der *Settlement House* Bewegung, und Mary Richmond, Begründerin der *Charity Organization Society*, war diese Spannung ersichtlich. Addams legte primäre Betonung auf die sozialen, kulturellen und politischen Umstände und Faktoren, die Einfluss auf das Leben von einzelnen Personen nahmen und sah strukturelle Reformen auf gesellschaftlicher Ebene als notwendig an, um komplexe Probleme wie Armut, Obdachlosigkeit und Gewalt zu lösen (vgl. Germain/Hartman 1980, S. 323 ff.). Zwar verstand auch Mary Richmond menschliches Verhalten als ein Zusammenspiel zwischen der einzelnen Person und seiner Umwelt und zog den Kontext einer Person in der Diagnosebildung in Betracht, aber die Soziale Einzelfallhilfe *(Social Casework)*, die Richmond als Methode entwickelte, bezog sich stark auf das *Medical Model* und betonte in erster Linie die ‚Diagnose' und ‚Behandlung' einzelner Personen. Trotz der heftigen Debatten, die zwischen Addams und Richmond und ihren Vertreter:innen in den Anfängen der Profession geführt wurden, weist die historische Literatur darauf hin, dass sowohl Addams als auch Richmond mit Einzelsystemen, Familien und größeren Systemen wie Nachbarschaften und Kommunen arbeiteten (vgl. Germain/Hartman 1980, S. 325).

Entwicklungen im Bereich der Psychoanalyse und Psychotherapie in den ersten Jahrzehnten des 20. Jahrhunderts verschärften vorerst den Blick auf das Individuum und führten zur Entstehung einer psychodynamisch orientierten psychosozialen Perspektive der Sozialen Arbeit (s. auch Kap. 2). Dieser Einfluss prägte die Soziale Arbeit in den USA und darüber hinaus über vier Jahrzehnte hinweg – von Anfang der 1920er bis in die 1960er Jahre – und stärkte die Position der Sozialen Einzelfallarbeit als primäre Methode der Sozialen Arbeit. Aber auch zu dieser Zeit gab es Stimmen, die weiterhin auf die Bedeutsamkeit des Umfeldes hinwiesen. Zum Beispiel betonte Ada Sheffield (vgl. 1931, S. 465 ff.) die „ganze Situation" *(total situation)* von Klient:innen, in der die Person und ihr Umfeld als zusammenhängend verstanden werden müssten, und auch andere Vertreter:innen der Sozialen Arbeit wiesen auf gesellschaftliche Faktoren hin, die als Ursache von sozialen Problemen zu verstehen sowie handlungsleitend seien (u. a. Shriver 1987a, 1987b).

Gleichzeitig gab es aus professionstheoretischer Sicht ernsthafte Bemühungen das Aufgabenfeld und die Zielsetzungen der Sozialen Arbeit sowie ihre Methoden zu definieren. In den USA wurde 1955 die *National Association of Social Workers* (NASW) gegründet – der weltweit größte Dachverband für die Soziale Arbeit heutzutage – und eine Arbeitsgruppe unter der Leitung von Harriett Bartlett beauftragt eine Definition für die Soziale Arbeit zu formulieren. Drei Zielsetzungen der Sozialen Arbeit wurden von dieser Arbeitsgruppe in einem ersten Entwurf skizziert: (1) die Veränderung bzw. Anpassung der Person an ihr Umfeld; (2) die Veränderung des Umfelds in Bezug auf die Bedürfnisse und Bedarfe der Person; und (3) die simultane Veränderung von Person und Umfeld mit Blick auf die wechselseitige Wirkung beider (vgl. Bartlett 2003, S. 267 ff.). Auch wenn diese anfängliche Definition immer wieder kritisch diskutiert wurde (u. a. Wakefield 2003), so blieb die PIE-Perspektive das zentrale Konzept aller nachfolgenden Definitionen.

Die aktuelle globale Definition der Sozialen Arbeit, die im Juli 2014 auf der Generalversammlung der International Federation of Social Workers (IFSW) in Melbourne, Australien vorgelegt und in diesem Lehrbuch schon mehrfach angeführt wurde, reflektiert diesen Fokus:

> „Soziale Arbeit ist eine praxisorientierte Profession und eine wissenschaftliche Disziplin, deren Ziel die Förderung des sozialen Wandels, der sozialen Entwicklung und des sozialen Zusammenhalts sowie die Stärkung und Befreiung der Menschen ist. Die Prinzipien der sozialen Gerechtigkeit, die Menschenrechte, gemeinsame Verantwortung und die Achtung der Vielfalt bilden die Grundlagen der Sozialen Arbeit. Gestützt auf Theorien zur Sozialen Arbeit, auf Sozialwissenschaften, Geisteswissenschaften und indigenem Wissen, werden bei der Sozialen Arbeit Menschen und Strukturen eingebunden, um existenzielle Herausforderungen zu bewältigen und das Wohlergehen zu verbessern. Die obige Definition kann auf nationaler und/oder regionaler Ebene noch erweitert werden“ (IFSW 2014, S. 1; deutsche Übersetzung).

Der PIE-Fokus ist zudem in den ethischen Prinzipien der Sozialen Arbeit reflektiert. Er wird schon in der Präambel aufgegriffen, in der u. a. die duale Rolle von Sozialarbeiter:innen als ein Spannungsfeld beschrieben wird (vgl. DBSH 2016, S. 28 ff.; IFSW 2018, o. S.). Die zwei ethischen Kernprinzipien „Menschenrechte und Würde des Menschen“ und „Soziale Gerechtigkeit“ beinhalten zum einen den Blick auf die Autonomie des Menschen, seine Individualität und das Recht auf Teilhabe und Mitbestimmung, aber erinnern zugleich an die ethische Verpflichtung von professionellen Sozialarbeiter:innen gesellschaftliche Missstände wie Diskriminierung, Ungleichheit und Ungerechtigkeit aufzuzeigen und sich auf politischer und gesellschaftlicher Ebene für diese Rechte und Prinzipien einzusetzen (vgl. IFSW 2014, S. 2 f.).

7.3 Theoretische Grundlagen

Lange Zeit fehlte der PIE-Perspektive eine theoretische Grundlage und Vertreter:innen der Sozialen Arbeit waren seit den 1950ern bemüht, den doch eher vagen Konzepten der PIE-Orientierung ein solides theoretisches Fundament zu verleihen. Kurz gesagt, es mangelte der Profession an Konzepten und Methoden, um die Person und die Umwelt gleichzeitig und gleichwertig in den Fokus zu nehmen (vgl. Gitterman/Germain/Knight 2013, S. 1). Die Entwicklung der Allgemeinen Systemtheorie zu dieser Zeit (von Bertalanffy 1969) und die Anwendung systemischer Konzepte in den Sozialwissenschaften (s. Kap. 5) versprachen dies zu leisten. Systemische Theorien bildeten einen Gegenpol zu den psychodynamischen Theorien, die bis dahin (zumindest im angloamerikanischen Raum) handlungsleitend waren, und boten ein neues Wissenschaftsparadigma, das Ganzheitlichkeit, Wechselwirkungen, Mehrperspektivität und Kontexte betonte. Das heißt, eine systemische Perspektive lenkte den Blickwinkel über die einzelne Person auf das ganze System hinaus und sah sie in ständiger Interaktion mit ihrem Kontext. Der PIE-Perspektive verlieh sie theoretische Substanz und untermauerte damit den Kerngedanken der Sozialen Arbeit, dass der Fokus der Sozialen Arbeit weder exklusiv auf der einzelnen Person noch hauptsächlich auf dem Umfeld liegen sollte, sondern an der Schnittstelle beider und auf ihren Transaktionen. Allerdings erfüllte die Allgemeine Systemtheorie letztendlich doch nicht die Erwartung, die Profession theoretisch zu vereinen. Ihre Betonung auf die ausgleichende Neigung von Systemen (Homöostase, Equilibrium) beinhaltete aus Sicht einiger Kritiker:innen eine implizite Akzeptanz des gesellschaftlichen Status Quo und war aus dieser Sicht unzureichend, um gesellschaftlichen Veränderungen und Konflikten einen konzeptionellen Rahmen zu geben (vgl. Leighninger 1977, S. 44 ff.). Andere fanden die Sprache der Allgemeinen Systemtheorie, die Begriffe wie Input, Output, Feedback Loop, etc. nutzte, zu abstrakt und technokratisch, um das Erleben des Menschens und Fragen von Sinnhaftigkeit, Werten und Bedeutung zu erfassen (vgl. Drover/Shragge 1977, S. 28 ff.).

In den 1980ern löste die ökosystemische Perspektive mit ihren Wurzeln in der Biologie sowie der Allgemeinen Systemtheorie und beginnend mit den Werken von Urie Bronfenbrenner (u. a. 1976, 1981), die Allgemeine Systemtheorie an Bedeutung für die Soziale Arbeit ab (vgl. Kondrat 2013, S. 4). Es sei angemerkt, dass Konzepte der Allgemeinen Systemtheorie in vielen Bereichen der Sozialen Arbeit wie beispielsweise der Familienarbeit und Familientherapie trotz allem weiterhin eine Rolle spielen (s. Kap. 5). Im Folgenden werden die Entwicklung, Grundannahmen und einige zentrale Konzepte von Bronfenbrenners ökosystemischem Entwicklungsmodell beschrieben.

7.4 Bronfenbrenner und die Ökologie der menschlichen Entwicklung

Entwicklungen und Grundannahmen

In seinem Buch *Die Ökologie der menschlichen Entwicklung* (1981) beschreibt Bronfenbrenner Erlebnisse in seinem persönlichen und professionellen Leben, die seine „Augen für den machtvollen Einfluß von Phänomenologie und sozialem Kontext" öffneten (S. 13). Dies waren einmal umweltbedingte Veränderungen, die er in den geistig behinderten Patient:innen seines Vaters beobachtete, die sich in der staatlichen Anstalt aufhielten, auf deren Gelände er als Kind aufwuchs. Felduntersuchungen, die er als Wissenschaftler in anderen Kulturkreisen unternahm, hatten ihn zudem gelehrt, wie unterschiedlich Menschen Lebensräume schaffen und wie anpassungsfähig und widerstandsfähig sie auf ihre Lebenswelt reagieren. Gleichzeitig beobachtete Bronfenbrenner, „dass die Sozialpolitik die Macht hat, das Wohlergehen und die Entwicklung von Menschen zu beeinflussen, in dem sie ihre Lebensumstände festlegt" (S. 14).

Bronfenbrenners Verständnis für die Bedeutsamkeit gesellschaftlicher Strukturen für die menschliche Entwicklung hatte nachhaltige praxisbezogene Auswirkungen (s. graue Box). Kurt Lüscher (1976) beschreibt Bronfenbrenners Verständnis von Sozialisation als die einer gesellschaftlichen Aufgabe und fasst Bronfenbrenners Anliegen in folgender Frage zusammen: „Was können wir tun … um den kommenden Generationen bessere Bedingungen der persönlichen und sozialen Entfaltung zu schaffen?" (Lüscher 1976, S. 6).

Urie Bronfenbrenner (1917–2005)

Urie Bronfenbrenner wurde am 29. April 1917 in Moskau geboren und wanderte im Alter von sechs Jahren mit seiner Familie in die USA aus, wo die Familie sich nach kurzer Zeit im Norden des Bundesstaates New York niederließ. Bronfenbrenner erhielt universitäre Abschlüsse von der Cornell University (BA in Psychologie und Musik), von der Harvard University (MA in Erziehungswissenschaften) und promovierte 1942 im Bereich der Entwicklungspsychologie an der Michigan University. Sofort nach seiner Promotion trat er in die US-Armee ein und hielt während der Kriegsjahre mehrere Positionen als Psychologe. Im Jahr 1948 wurde er als Assistant Professor an die Eliteuniversität Cornell University in Ithaca, New York, ernannt. Dort widmete sich seine Forschung der Frage, welche

Rolle soziale Einflüsse auf die Entwicklung von Kindern nehmen. In den 1960er Jahren wurde er zu einer Arbeitsgruppe auf Regierungsebene benannt, die die Aufgabe hatte, Konzepte für die Entwicklung von benachteiligten Kindern zu entwickeln. Daraus entwickelte sich das *Head Start*-Programm, das bis heute besteht und eines der erfolgreichsten Förderprogramme für die frühkindliche Entwicklung von benachteiligten Kindern ist. Millionen von Kindern in den USA haben an diesem Programm in den letzten 50 Jahren teilgenommen. – Bronfenbrenner schrieb über 14 Bücher und hunderte von Artikeln und wurde vielfach für seine wissenschaftlichen Erkenntnisse geehrt, aber auch für seine Menschlichkeit, sein ernsthaftes Interesse und seine Bescheidenheit anerkannt. Er selbst hatte sechs Kinder und starb am 25. September 2005 im Alter von 88 Jahren in Ithaca, New York (für weitere Einzelheiten über Urie Bronfenbrenner s. Beiträge in der ZSE/Zeitschrift für Soziologie der Erziehung und Sozialisation 2006). Die Bedeutsamkeit von Bronfenbrenners Arbeit lag nach Ditton (2006, S. 279) u.a. darin, dass seine Arbeit eine engere Verbindung zwischen der Entwicklungsforschung und Sozialpolitik forderte und auch aktiv unterstützte. 2011 wurde an der Cornell University das *Bronfenbrenner Center for Translational Research (BCTR)* gegründet, das das bisherige *Family Life Development Center (FLDC)* and the *Bronfenbrenner Life Course Center (BLCC)* vereinte und erweiterte und somit eine Weiterentwicklung von Bronfenbrenners Werk zusicherte.

Bronfenbrenners Mehrebenenmodell

Die ökosystemische Perspektive postuliert, dass Menschen in ihrer Entwicklung und in ihrem Verhalten nur im Kontext der Lebenswelten, in denen sie eingebettet sind, verstanden werden können. Dabei bedeutet Entwicklung die „dauerhafte Veränderung der Art und Weise, wie die Person die Umwelt wahrnimmt und sich mit ihr auseinandersetzt" (Bronfenbrenner 1981, S. 19). „Im Mittelpunkt ... steht die Frage der Veränderung, und somit auch der *Veränderbarkeit*, und nach den Faktoren, die Einfluss auf Veränderung haben" (Ditton 2006, S. 273).

> „Menschliche Entwicklung ist der Prozess, durch den die sich entwickelnde Person erweiterte, differenziertere und verlässlichere Vorstellungen über ihre Umwelt erwirbt. Dabei wird sie zu Aktivitäten und Tätigkeiten motiviert und befähigt, die es ihr ermöglichen, die Eigenschaften ihrer Umwelt zu erkennen und zu erhalten oder auf nach Form und Inhalt ähnlich komplexen oder komplexerem Niveau umzubilden" (Bronfenbrenner 1981, S. 44).

Weiterhin nimmt der ökosystemische Ansatz die Position ein, „dass die Umwelt für Verhalten und Entwicklung bedeutsam ist, wie sie *wahrgenommen* wird und nicht, wie sie in der ‚objektiven' Realität sein könnte" (ebd., S. 20).

Bronfenbrenner über die „Umwelt“

„Wir stellen uns die Umwelt als einen Satz ineinandergeschachtelter Strukturen vor und zuinnerst, auf der ersten Ebene, den unmittelbaren Lebensbereich, der die sich entwickelnde Person umgibt: die Familie, das Klassenzimmer, oder, für Forschungszwecke, das Labor oder der Versuchsraum. Soweit scheint das Terrain bekannt – obwohl es auch hier mehr Dinge gibt, als manche Schulweisheit sich träumen läßt. Mit dem Schritt zur nächsten Ebene aber müssen wir den ausgetretenen Pfad verlassen und uns nicht mehr lediglich mit diesen verschiedenen Lebensbereichen, sondern auch mit den Beziehungen zwischen ihnen befassen. Ich werde das Argument vertreten, dass diese Verbindungen zwischen Lebensbereichen die Entwicklung ebenso entscheidend beeinflussen können wie Ereignisse in einem bestimmten Lebensbereich. Die Fähigkeit eines Kindes, das Lesen zu erlernen, kann von Existenz und Art der Beziehung zwischen Schule und Elternhaus ebenso abhängig sein wie von der Lehrmethode.

Der Schritt zur dritten Ebene führt uns noch weiter vom gewohnten Weg ab zur Hypothese, dass die Entwicklung einer Person tiefgreifend von Ereignissen in Lebensbereichen beeinflusst, wird, in denen sie gar nicht anwesend ist – ich werde Daten diskutieren, die vermuten lassen, dass in modernen Industriegesellschaften die Berufsbedingungen der Eltern mit zu den stärksten Einflüssen auf die frühkindliche Entwicklung gehören.

Schließlich gibt es eine auffallende Erscheinung, die den Lebensbereichen auf allen drei Ebenen der oben skizzierten ökologisch verstandenen Umwelt gemeinsam ist: Lebensbereiche einer bestimmten Art – wie häusliche Umgebung, Straßen, Büro – sind einander innerhalb einer Kultur oder Subkultur im allgemeinen sehr ähnlich, während sie sich von Kultur zu Kultur deutlich voneinander unterscheiden, als gebe es in jeder Gesellschaft oder Subkultur so etwas wie Konstruktionsanweisungen für ihre Organisation. Diese Konstruktionsanweisungen können überdies abgeändert werden, was zu merklichen Strukturveränderungen der Lebensbereiche der Gesellschaft und zu entsprechenden Folgen für Verhalten und Entwicklung führen kann. Es gibt Forschungsergebnisse, nach denen organisatorische Veränderungen in Entbindungsstationen, die die Beziehung zwischen Müttern und Neugeborenen beeinflussen, noch nach fünf Jahren erkennbare Auswirkung hatten. Eine andere Untersuchung zeigt, dass sich eine ernste ökonomische Krise in einer Gesellschaft unterschiedlich auf die weitere lebenslange Entwicklung ihrer Kinder auswirkte – ob günstig oder ungünstig, hing vom Alter der Kinder zu Zeit der finanziellen Härten für ihre Familien ab“ (Bronfenbrenner 1981, S. 19 f.).

Bronfenbrenners Verständnis von der Umwelt „unterscheidet sich nicht nur in ihrem Bezugsrahmen, sondern auch in Inhalt und Struktur von früheren Formulierungen" (ebd., S. 20). Unter anderem benennt er unterschiedliche Systemebenen, die ineinandergreifend und wechselseitig wirkend Einfluss auf die menschliche Entwicklung nehmen. Dieses Mehrebenenmodell umfasst das Mikrosystem, das Mesosystem, das Exosystem und das Makrosystem. Das Chronosystem wurde später von Bronfenbrenner hinzugefügt.

- *Mikrosystem:* „Ein Mikrosystem ist ein Muster von Tätigkeiten und Aktivitäten, Rollen und zwischenmenschlichen Beziehungen, die die in Entwicklung begriffene Person in einem gegebenen Lebensbereich mit den ihm eigentümlichen physischen und materiellen Merkmalen erlebt" (Bronfenbrenner 1981, S. 38). Nach Bronfenbrenner ist ein Lebensbereich ein Ort, an dem Menschen leicht in direkte Interaktion mit anderen treten können (vgl. ebd., S. 38).
- *Mesosystem:* „Ein Mesosystem umfasst die Wechselbeziehungen zwischen den Lebensbereichen, an denen die sich entwickelnde Person aktiv beteiligt ist (für ein Kind etwa die Beziehungen zwischen Elternhaus, Schule und Kameradengruppe in der Nachbarschaft; für einen Erwachsenen die zwischen Familie, Arbeit und Bekanntenkreis)" (ebd., S. 41).
- *Exosystem:* „Unter Exosystem verstehen wir einen Lebensbereich oder mehrere Lebensbereiche, an denen die sich entwickelnde Person nicht selbst beteiligt ist, in denen aber Ereignisse stattfinden, die beeinflussen, was in ihrem Lebensbereich geschieht, oder die davon beeinflusst werden" (ebd., S. 42).
- *Makrosystem:* „Der Begriff des Makrosystems bezieht sich auf die grundsätzliche formale und inhaltliche Ähnlichkeit der Systeme niedrigerer Ordnung (Mikro-, Meso- und Exo-), die in der Subkultur oder der ganzen Kultur bestehen oder bestehen könnten, einschließlich der ihnen zugrunde liegenden Weltanschauungen und Ideologien" (ebd., S. 42).
- *Chronosystem:* „Der Begriff Chronosystem bezieht sich auf langfristige Forschungsmodelle, in denen die zeitliche Veränderung oder Stabilität nicht nur der sich entwickelnden Person, sondern auch des Umweltsystems in Betracht gezogen werden können" (ebd., S. 77).

Bronfenbrenner unterscheidet in diesem Kontext zwischen zwei Formen von Wandel oder Veränderungen: (1) *Lebensübergänge* treten ein, wenn eine Person ihren Lebensbereich oder ihre Rolle wechselt und somit ihre Position in der Umwelt verändert (Beispiele: Geburt eines Kindes, Eintritt in die Schule, Heirat, Berufswechsel usw.); (2) *Lebenslauf (life course)* beschreibt eine Kette von Übergängen über eine längere Zeit hinweg. – Jeder Lebensübergang bzw. jede Kette von Lebensübergängen ist sowohl Folge von als auch Anstoß für weitere Entwicklungsprozesse. Bronfenbrenner misst diesen Übergängen, die er auch als „ökologische Übergänge" bezeichnet (1981, S. 22), eine große Bedeutung für den

Entwicklungsverlauf bei. Ein Übergang führt fast immer zu einer Veränderung der Rolle der Person, und damit verbunden auch zu ganz bestimmten Verhaltenserwartungen. Das Mehrebenenmodell und seine wechselseitigen Beziehungen werden in Abbildung 7.1 dargestellt.

Abb. 7.1: Das systemökologische Mehrebenenmodell

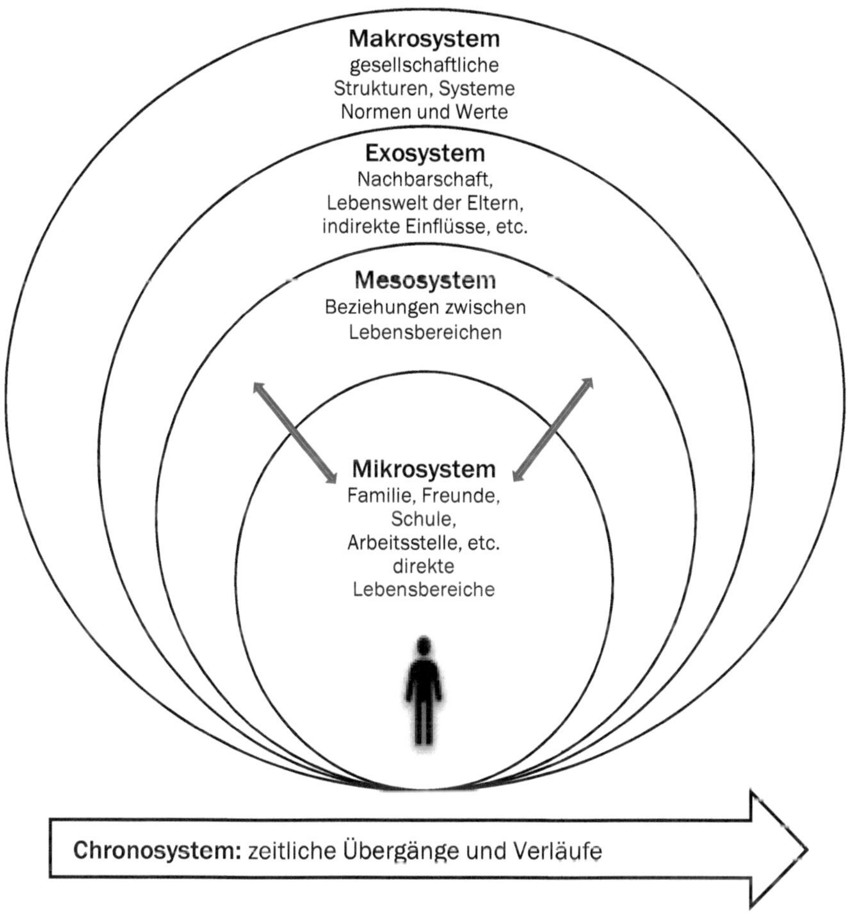

Das Mikrosystem mit seinen „situativen Bedingungen, Tätigkeiten, Aktivitäten, Rollen und Interaktionen“ (Ditton 2006, S. 274) bildet den Ausgangspunkt für Erklärungen über Entwicklungsprozesse. Nach Ditton liegt das Augenmerk dabei „nicht in erster Linie auf den dyadischen Beziehungen, sondern den Beziehungskonstellationen innerhalb der Settings" (ebd., S. 274). Ditton illustriert in seinen Ausführungen über Bronfenbrenner, dass die Wirkungen und Dynamiken von Gruppenkonstellationen, seien sie innerhalb der Familie, in Klassenverbänden oder Freundschaftsgruppen, über die Merkmale der einzelnen Person hinaus in Betracht gezogen werden müssen (vgl. ebd., S. 274).

Das Mehrebenenmodell lenkt auch den Blick auf den dynamischen Austausch zwischen den Mikrosystemen (Mesosystem), bspw. auf die wechselseitige Beziehung zwischen Familie und Schule. Diese beinhaltet nach Ditton nicht nur den Einfluss der Familie auf die Schule, sondern auch den Einfluss der Schule auf die Familie (vgl. ebd., S. 275). Auf der Exoebene gibt es vielfache Instanzen, die indirekten Einfluss auf die kindliche Entwicklung nehmen können, wie zum Beispiel die Arbeitswelt der Eltern oder ihre sozialen Beziehungen. Die Makroebene bildet den Gesamtrahmen für das Zusammenspiel der unterschiedlichen Ebenen und umfasst die gesellschaftlichen Strukturen mit ihren geteilten Normen, Werten und kulturellen Gepflogenheiten. Sie umfasst bestehende Versorgungsstrukturen, Richtlinien und Gesetze, sowie regulative Mechanismen, die direkte oder indirekte Auswirkungen auf die Entwicklung bzw. die Möglichkeiten zur Entwicklung des Einzelnen haben können. Ditton erklärt, dass die optimale Förderung aller Kinder von einer „Stimmigkeit" des Gesamtsystems, d.h. dem Zusammenspiel aller Institutionen und Ebenen abhängig ist (vgl. ebd., S. 277).

Übung

Übungen 1 und 2 sollten zu zweit oder in einer kleinen Gruppe durchgeführt werden:

1. Beschreiben Sie sich und Ihre Situation zum jetzigen Zeitpunkt in Ihrem Leben im Kontext der Ebenen, in denen Sie eingebettet sind. Geben Sie illustrierende Beispiele für Ihr Mikrosystem, Mesosystem, Exosystem und Makrosystem. Welche Auswirkungen haben diese Ebenen auf Ihre Entwicklung? Identifizieren Sie Unterschiede zwischen den für Sie und Ihrem:r Diskussionspartner:in bedeutsamen Systemen. Diskutieren Sie, inwieweit Sie als einzelne Person Einfluss auf Ihre Umwelt nehmen.

2. Wenden Sie die Konzepte der Lebensübergänge und des Lebenslaufs (Chronosystem) auf Ihre Situation an. Welche Lebensübergänge sind bedeutsam gewesen, welche weniger bedeutsam? Wie kann der Lebenslauf beschrieben werden?

3. Führen Sie ein Interview mit einem Familienmitglied. Identifizieren Sie gemeinsam die unterschiedlichen Systemebenen, die relevant für Ihre Familie

sind. Welche Wechselwirkungen sind erkennbar? Welche Unterschiede oder Überlappungen können Sie in den Wahrnehmungen als Mitglieder eines Mikrosystems erkennen?

7.5 Das *Life Model*

Grundannahmen und Kernkonzepte

Die ökosystemischen Konzepte Bronfenbrenners wurden von Carel Germain und Alex Gitterman für die Soziale Arbeit aufgegriffen und in Form des *Life Models,* das sie nachfolgend entwickelten, umgesetzt und angewandt (Germain/Gitterman 1999, 2008). Wie Bronfenbrenner verstehen Germain und Gitterman das Individuum im Kontext seines Lebenslaufs *(life course),* der einzigartig, unvorhersehbar und prägend ist (vgl. Engelke/Borrmann/Spatscheck 2009, S. 358). In diesem Verlauf findet ein dynamisches Zusammenspiel von Person und Umwelt statt, das von Germain und Gitterman mit der Bezeichnung „Person:Umwelt" „bewusst mit Doppelpunkt (:)" erfasst wird, „um die wechselseitigen Einflüsse zwischen Person und Umwelt zu verdeutlichen" (Engelke/Borrmann/Spatscheck 2009, S. 355). Eine günstige Abgestimmtheit *(fit)* zwischen Person:Umwelt ist für positive Entwicklungsverläufe und das Erleben von Wohlergehen und Zufriedenheit notwendig. Dahingegen können ungünstige Abstimmungen *(maladaptation)* negative Auswirkungen auf die Entwicklung und Gesundheit von Personen haben (vgl. ebd., S. 355). Wenn Veränderungen von Person oder Umwelt notwendig sind, um die Abgestimmtheit zu verbessern oder zu bewahren, wird von Anpassung *(adaptedness, adaptation)* geredet. „Anpassung meint in diesem Fall jedoch nicht ein einseitiges Zugehen des Individuums auf den gesellschaftlichen Status quo, sondern eine wechselseitige Interaktion zwischen Individuum und Umwelt" (ebd., S. 355). Wendt (2010) betont in diesem Zusammenhang ausdrücklich, dass es nicht um ein „passives Sichfügen in Gegebenheiten" geht (S. VIII).

Die Person:Umwelt-Abgestimmtheit kann durch Stress und Lebensbelastungen gefährdet werden, kann aber durch Bewältigungsprozesse, die durch innere und äußere Ressourcen aktiviert werden, wiederhergestellt werden. Innere Ressourcen umfassen die Beziehungsfähigkeit des Menschen und die verfügbaren unterstützenden Bindungen, die Menschen eingehen, sowie ihre Selbstwirksamkeit, Kompetenz, Selbststeuerung, ihr Selbstkonzept und Selbstwertgefühl. Wie die Person ihre eigene Situation einschätzt, ist dabei entscheidend. Bemühungen, Abgestimmtheit durch adaptives Verhalten zu erlangen, werden als ein aktiver Prozess verstanden, der entweder Veränderungen in der Person selbst umfasst, Einflussnahme auf die Umwelt oder beides beinhalten kann (vgl. Gitterman/Germain/Knight 2013, S. 6 f.).

Tabelle 7.1: Grundbegriffe des Life Models

Begriff	Definition
Wechsel-wirkungen	Ununterbrochene Transaktionen zwischen Mensch und Umwelt, bei denen sich beide wechselseitig über die Zeit hinweg beeinflussen
Abstimmung von Person und Umwelt	Günstiges oder ungünstiges Anpassungsverhältnis zwischen Bedürfnissen, Möglichkeiten, Verhaltensstilen und Zielen der Menschen und den Charakteristika der Umwelt
Angepasstheit	Eine günstige Person:Umwelt-Abstimmung, die menschliches Wachstum und Wohlbefinden unterstützt und die Umwelt bereichert und bewahrt
Anpassung	Handlungen, die auf Veränderung der Person oder der Umwelt oder beider gerichtet sind, um das Niveau der Abstimmung von Person und Umwelt zu verbessern
Adaptiv	Person:Umwelt-Wechselwirkungen, die das menschliche Anpassungspotenzial freisetzen und unterstützen
Lebensbelastungsfaktor *(life stressor)*	Lebensveränderungen, Ereignisse und Gegebenheiten, die den Grad der wechselseitigen Abgestimmtheit von Person und Umwelt oder einen früheren Zustand der Angepasstheit stören
Stress	Interne (physische oder psychische) Reaktionen auf einen Lebensstressor, der die wahrgenommenen Bewältigungsressourcen der eigenen Person und der Umwelt übersteigen
Bewältigung *(coping)*	Kognitive und Verhaltensmaßnahmen, um Aspekte der eigenen Person, der Umwelt, der Austauschbeziehungen zwischen beiden oder von allen dreien zu verändern, um die hervorgerufenen negativen Gefühle zu bewältigen
Ersteinschätzung	Bewusster oder unbewusster Prozess, durch den eine Person beurteilt, ob eine Gegebenheit irrelevant, gutartig oder eine Belastung (ein Stressor) ist
Sekundäre Einschätzung	Erwägung von Maßnahmen und Ressourcen, die für die Bewältigung des Lebensstressors herangezogen werden können
Feedback	Irrtums-Korrektur interner und externer Signale und Hinweise in Bezug auf die Effektivität der Coping-Bemühungen, die von den Kognitionen und Sinneswahrnehmungen einer Person von der Umwelt ausgehen

(nach Germain/Gitterman 1999, S. 11, 19)

Tabelle 7.1 vermittelt einen Überblick über Grundbegriffe des *Life Models,* die genutzt werden um Fallsituationen zu beschreiben und zu verstehen und als Grundlage für die Erstellung eines Hilfeplans dienen können. Germain und Gitterman entwickelten das Modell über mehrere Jahre hin weiter und es gibt eine Reihe von konzeptionellen Ergänzungen, die bedeutsam für das Verständnis des Modells sind, aber auf die in diesem Kapitel nicht eingegangen werden kann. Zum einen befassen sich neuere Konzepte verstärkt mit Machtverhältnissen sowie fehlangepassten Prozessen, auch auf Ebene des Gemeinwesens und der breiteren Gesellschaft. Zum anderen werden Konzepte wie Habitat und Nische eingeführt, die insbesondere Anwendung in der Gemeinwesenarbeit und Sozialraumorientierung finden. Das Konzept des Lebenslaufs *(life course)*, das schon Bronfenbrenner nutzte, wird auch hier aufgegriffen.

Zielsetzungen und Anwendung des Life Models

Bei der Umsetzung der Life-Model-Konzepte geht es Germain und Gitterman in erster Linie darum, aus einer ressourcenorientierten Perspektive die Abgestimmtheit zwischen Person:Umwelt bestmöglich zu verbessern. Hierfür gibt es nach Gitterman prinzipiell drei Möglichkeiten: (1) personen- oder umweltbezogene Ressourcen können aktiviert werden, um Belastungen und Stressoren zu vermindern oder abzubauen; (2) die soziale oder physische Welt muss durch strukturelle oder politische Veränderungen an die Bedürfnisse der Person angepasst werden; oder (3) beides muss simultan unternommen werden (vgl. Gitterman 2009, S. 232). Welcher Weg der passendste oder vielversprechendste ist, wird in Zusammenarbeit mit Klient:innen in einem dreiphasigen Hilfeprozess erarbeitet und umgesetzt (vgl. Germain/Gitterman 1999, S. 69 ff.). Grundlage für einen erfolgreichen Hilfeprozess ist die Beziehung, die durch Empathie und eine bewusst aufsuchende Haltung den Klient:innen gegenüber aufgebaut wird.

- *Eingangsphase:* Die Eingangsphase dient der ganzheitlichen Einschätzung der Lebenslage von Klient:innen, um zu klären, welche personen- oder umweltbezogenen Ressourcen und Barrieren bestehen, welche Zielsetzungen priorisiert werden, welche Erwartungen vonseiten aller Akteur:innen bestehen und welche Vorgehensweise indiziert ist. Beim Priorisieren von Problembereichen und Lösungsvorschlägen sollte bedacht werden, dass Veränderungen in einem Lebensbereich häufig simultan andere Veränderungen bewirken oder in Gang setzen können (vgl. Teater 2014, S. 35 ff.). Es gibt unterschiedliche diagnostische Methoden, die in der Einschätzungsphase hilfreich sein können, wie zum Beispiel das PIE-Klassifikationssystem, Netzwerkanalysen wie Ökogramme und Genogramme sowie das Life-Events-Diagramm (s. Stimmer 2012, S. 74 ff.).
- *Arbeitsphase:* In der Arbeitsphase geht es um die zielgerichtete Anwendung von Handlungsmethoden und Maßnahmen, damit die Abgestimmtheit zwischen Person:Umfeld erhöht werden kann. Hierfür stützt sich die sozialarbeiterische Fachkraft auf generalistische Methoden der Sozialen Arbeit mit Einzelfällen, Gruppen und Gemeinden/Kommunen (s. z. B. Galuske 2013). Zusätzlich können spezialisierte Methoden eingebunden werden, wie beispielsweise die Motivierende Gesprächsführung (s. Kap. 4), kognitiv-verhaltensorientierte Methoden (s. Kap. 3) oder Netzwerkarbeit (s. Kap. 8). Die Liste wirksamer Methoden in der Sozialen Arbeit wächst stetig und gute

Soziale Arbeit erfordert u. a. Offenheit für neue Methoden sowie die Reflexivität, diese fallbezogen einzusetzen.
- *Ablösungsphase:* In der letzten Phase sollte die gemeinsame Arbeit bewusst beendet, der Erfolg des Hilfeprozesses eingeschätzt oder evaluiert und ein Nachversorgungsplan erstellt werden.

In ihrem Buch beschreiben Germain und Gitterman viele konkrete Situationen mit Klient:innen und wenden die Konzepte des *Life Models* anhand dieser Beispiele in den unterschiedlichen Phasen des Hilfeprozesses anschaulich und nachvollziehbar an.

7.6 Ökosystemische Methoden und Strategien

Es gibt eine Reihe von hilfreichen Methoden und Handlungsstrategien sowie ganze Programme, die aus ökosystemischen Denken heraus entwickelt wurden und in der Sozialen Arbeit Anwendung finden. An dieser Stelle werden drei Techniken skizziert. Darauffolgend wird die Multisystemische Therapie für verhaltensauffällige Jugendliche als Modellprogramm vorgestellt, dessen Grundlage bzw. konzeptioneller Rahmen der ökosystemische Ansatz ist.

Ökogramm (Eco-Map)

Ökogramme können gezielt in der Einleitungs-, Arbeits- und Ablösungsphase des Hilfeprozesses zur grafischen Darstellung sozialer Beziehungen eingesetzt werden. Sie erfassen Stärken und Lücken in der sozialen Vernetzung und Einbindung von Klient:innen und können allein von der sozialarbeiterischen Fachkraft als Teil der eigenen Dokumentierung und Situationsanalyse zu unterschiedlichen Zeitpunkten ausgefüllt oder in Zusammenarbeit mit Klient:innen erstellt werden. Die Stärke des Ökogramms liegt in seinem visuellen Effekt. Ökogramme können mit einem leeren Blatt Papier beginnen. Es gibt allerdings auch vorgefertige Ökogramme (u. a. Gehrmann/Müller 2017, S. 182) sowie Software Programme, die es ermöglichen Ökogramme auf Tablets im Arbeitsgespräch anzufertigen. Im Ökogramm werden Kreise als Notation für die unterschiedlichen Systeme in der Lebenswelt der Klient:innen genutzt. Die Stärke der Beziehungen (stark, schwach, konfliktbeladen) wird durch Symbole gekennzeichnet. Es ist sinnvoll Ökogramme nach gewissen Zeitabständen erneut zu erstellen, um Veränderungen wahrzunehmen und zu evaluieren, welche Fortschritte gemacht worden sind und inwiefern Modifikationen im Hilfeplan notwendig sein mögen. Ökogramme können auch in der kollegialen Fallbeschreibung eingesetzt werden. Genogramme und Netzwerkkarten sind weitere Techniken, die genutzt werden können, um Verknüpfungen über das Mikrosystem der Klient:innen hinaus visuell zu erfassen (vgl. Gehrmann/Müller 2017, S. 185 ff.).

Life-Events-Diagramm (LED)

Das LED wird als „minimal standardisiertes kreatives Verfahren" und als „Strukturierungshilfe" beschrieben, um Klient:innen zu helfen „in ihre eigenen Lebensgeschichten ‚einzutauchen'" (Stimmer 2012, S. 109). Das LED beruht u. a. auf dem Konzept des Lebenslaufs und der Stressoren im *Life Model.* Klient:innen erstellen im Kontext der Gesprächsführung eine Lebensverlaufslinie, die sie einlädt über Lebensereignisse zu erzählen, sie zeitlich einzuordnen und ihnen Bedeutung zuzuweisen. Wie strukturiert dieser Prozess ist, kann variiert werden und hängt von den Bedürfnissen der Klient:innen ab, der Phase des Hilfeprozesses und den Präferenzen der Fachkraft. Es gibt unterschiedliche Diagrammoptionen, die Zeitschienen oder Verlaufslinien sowie Symbole nutzen, um Lebensereignisse einzuordnen und zu bewerten (u. a. Stimmer 2012, S. 111).

PIE-Klassifikationssystem

Das PIE-System wurde als ganzheitliches diagnostisches Instrument für die Situationsanalyse entwickelt, um den Blick der sozialarbeiterischen Fachkraft auf die wichtigsten biopsychosozialen Faktoren in der Lebenswelt von Klient:innen zu lenken und diese umfassend zu beschreiben (s. Karls/Wandrei 1994; Karls/O'Keefe 2009). Neben Problemen werden auch verfügbare Ressourcen und Bewältigungsstrategien in den Blick genommen, um auf dieser Grundlage auf individueller Ebene, der Lebensweltebene oder auf beiden Ebenen methodisch einzugreifen. Das PIE-System kann in unterschiedlichen Arbeitsfeldern und Settings eingesetzt werden und kann selbst über theoretische Orientierungen hinweg in der Hilfeplanung genutzt werden. Das diagnostische Instrument erhebt Information in Bezug auf vier Faktoren, wobei die ersten beiden Faktoren in den direkten Handlungsbereich der Sozialen Arbeit fallen, während Faktoren III und IV durch Fachpersonal in anderen Disziplinen (u. a. Psychologie, Psychiatrie, Medizin) verfolgt werden müssten:

1. Probleme in sozialen Rollen: Typ, Schweregrad, Dauer, Coping-Fähigkeiten (Faktor I)
2. Lebensweltprobleme: Schweregrad, Dauer (Faktor II)
3. Psychische Probleme und Verhaltensauffälligkeiten (Faktor III)
4. Körperliche Probleme (Faktor IV)

Grundlage für die Situationsanalyse ist ein differenziertes klientenzentriertes Gespräch, in dem die sozialarbeiterische Fachkraft detaillierte Information für jeden der vier Faktoren erhebt bzw. zusammenträgt und dann für jedes Problem den Schweregrad, die Dauer und die Bewältigungsmöglichkeiten der Klientin oder des Klienten einschätzt. Für jeden Teilbereich entwickelten Karls und Wandrei (1994) und in einer zweiten Auflage Karls und O'Keefe (2009) hilfreiche Raster. Um den PIE-Fragebogen effektiv (und nicht nur als Checkliste) einsetzen zu können, bedarf es einer gründlichen Schulung.

Multisystemische Therapie – ein wirksames Programm mit ökosystemischen Grundlagen

Die Multisystemische Therapie (MST) wurde vor ca. 40 Jahren in den USA von dem Psychologen Scott Henggeler als ambulantes Programm für delinquente Jugendliche entwickelt (Henggeler et al. 2012) und ist seitdem auch für andere Zielgruppen (u.a. misshandelte Kinder, Jugendliche mit starken psychischen Beeinträchtigungen) weiterentwickelt worden. Was diese Kinder und Jugendlichen und ihre Familien auszeichnet, sind komplexe psychosoziale Bedürfnisse und Lebenslagen, bei denen die üblichen sozialarbeiterischen und therapeutischen Versorgungssysteme häufig an ihre Grenzen stoßen. Im Gegenzug zu den traditionellen Maßnahmen für diese Zielgruppe (u.a. Strafvollzug, Heimunterbringungen, stationäre Unterbringungen in der Psychiatrie), die eingeschränkte Erfolge und hohe Rückfallquoten vorweisen, greift MST gezielt und intensiv mit Jugendlichen und ihren Familien in ihrer natürlichen Lebenswelt ein, um Fremdunterbringungen abzuwenden und nachhaltige Veränderungen zu bewirken.

Konzeptionell beruht MST auf einem ökosystemischen Verständnis der Entwicklung der Jugendlichen. Das bedeutet, dass Jugendliche im Kontext ihrer diversen Lebenswelten verstanden werden müssen und Veränderungen nur erwartet werden können, wenn Interventionen genutzt werden, die ‚ökologische Validität' haben, d.h. relevant sind für das Alltagsgeschehen der Jugendlichen und in ihrer Lebenswelt – nicht in einer Fremdunterbringung – umgesetzt werden. Risiko- und Schutzfaktoren werden auf allen relevanten Handlungsebenen (s. Abb. 7.1 oben) mit dem Ziel identifiziert, den Einfluss gefährdender Faktoren zu reduzieren und zugleich schützende Faktoren zu stärken. Dies mag simultan Arbeit mit den Jugendlichen selbst in der Form von Therapie oder Beratung, Skills-Training, Gruppenarbeit, etc. erfordern sowie Unterstützung für die Eltern durch Elterntraining, Strategien zur Förderung von prosozialen Kontakten, Austausch mit der Schule und Lehrkräften, etc.

Die methodische Vorgehensweise orientiert sich an neun Leitprinzipien, deren Umsetzung regelmäßig im MST-Team geprüft wird (s. graue Box). Innerhalb des ökosystemischen Rahmens werden diverse andere wirksame Handlungskonzepte (u.a. aus der familiensystemischen Tradition, dem Verhaltensmanagement, der Krisenintervention) gebündelt und auf allen Handlungsebenen ressourcenorientiert umgesetzt. Das MST-Programm wird mit relativ hoher Intensität aber kurzer Dauer (5–9 Monate) implementiert. In dieser Zeit soll eine Fremdunterbringung abgewendet und Jugendliche so weit in der Familie und Schule sowie in Bezug auf ihr Verhalten stabilisiert werden, dass sie nach Abschluss von MST, wenn weiterhin notwendig, in konventionelle Versorgungsstrukturen zurückkehren können.

MST wird von interdisziplinären Fachkräften (Soziale Arbeit, Psychologie, Ergotherapie, Psychiatrie, etc.) umgesetzt, die in Teams arbeiten und rund um die Uhr (24/7) zur Verfügung stehen. MST-Fachkräfte sind in Trainings- und Organisationsstrukturen eingebettet (auch hier ist der ökosystemische Ansatz ersichtlich), die die Fachkräfte regelmäßig durch Supervision und Schulungen unterstützen. Träger, die MST anbieten wollen, müssen sich schulen und zertifizieren lassen, um eine konzeptgetreue Umsetzung und damit die Wirksamkeit von MST zu gewährleisten.

Das MST-Programm hat sich seit seinen Anfängen konzeptionell und empirisch weiterentwickelt und die Wirksamkeit des Programms ist rigoros in vielfachen kontrollierten Studien nachgewiesen worden. MST gilt als Modellprogramm in der Arbeit mit verhaltensauffälligen Jugendlichen und wird inzwischen in 15 Ländern genutzt. Seit einigen Jahren gibt es auch im deutschsprachigen Raum MST-Teams (u. a. in Hamburg und Mainz).

Die 9 Leitprinzipien des MST-Programms

1. Den „Fit“ finden (multi-faktorielle, multi-systemische Verhaltensanalyse)
2. Stärken und Positives fokussieren
3. Selbstverantwortung fördern
4. Gegenwartsfokussiert, zielgerichtet und handlungsorientiert intervenieren
5. Wiederkehrende Interaktionsmuster erkennen
6. Entwicklungsangemessene Strukturen aufbauen (Regeln, Konsequenzen)
7. Kontinuierlicher Einsatz aller Beteiligten
8. Fortschritte kontinuierlich evaluieren; als MST-Team Verantwortung für den Hilfeprozess und seinen Fortschritt übernehmen
9. Gelerntes für den Alltag generalisieren

(Henggeler et al. 2012, S. 12f.)

7.7 Umsetzung in der Sozialarbeitspraxis: Ein Fallbeispiel

Die ökosystemische Perspektive bietet eine hilfreiche Grundlage in der sozialarbeiterischen Fallarbeit. Da sie simultan die psychosozialen Herausforderungen von Klient:innen sowie bestehende Ressourcen und Barrieren im Umfeld fokussiert, kann sie ein umfassendes und ganzheitliches Verständnis der Lebenslagen von Klient:innen fördern und als Basis für die Erstellung eines Hilfeplans dienen. In Zusammenarbeit mit Klient:innen können dadurch relevante und geeignete Problemstellungen benannt, notwendige Ressourcen identifiziert und Zielsetzungen priorisiert werden. Im Folgenden wird illustrierend ein Fallbeispiel von einem unbegleiteten minderjährigen Flüchtling aus Syrien vorgestellt.

Fallbeispiel ‚Bader'

(Die Fallbeschreibung beruht auf den Erzählungen eines jungen Geflüchteten. Personenbezogene Daten und andere identifizierbare Informationen wurden für diesen Fall abgeändert.)

Bader ist ein 15-jähriger Jugendlicher auf Syrien, der 2016 im Alter von 10 Jahren ohne seine Eltern nach Deutschland kam. Seine Familie kommt ursprünglich aus Homs und wohnte dort in einem großen Haus mit Swimmingpool. Durch den Bürgerkrieg in Syrien wurde das Haus der Familie zerstört und sie verlor viel Geld. Da es in Syrien zu gefährlich wurde, floh die Familie gemeinsam in die Türkei, wo bis auf Bader noch alle leben. Baders biologische Mutter starb schon vor längerer Zeit. Die engste Familie besteht aus dem Vater, der Stiefmutter (die er Mutter nennt), den Großeltern und Baders sechs Geschwistern. Die zwei jüngsten Geschwister wurden in den letzten fünf Jahren geboren und er kennt sie nicht persönlich, sondern nur über Videotelefonate. Weitere Familienmitglieder und Familienfreunde, die Bader als Teil der Familie zählt, leben in der Türkei und Saudi Arabien und einige sind in Syrien geblieben.

In der Türkei hatte die Familie Schwierigkeiten Fuß zu fassen. Baders Vater fand nur schlecht bezahlte und unbeständige Jobs und die ökonomische Situation der Familie war prekär. Als Ältester der Geschwister hatte ihn sein Vater mit seinem damals siebzehnjährigen Cousin Adil im Zuge der Fluchtbewegung nach Deutschland „geschickt". Eine gemeinsame Flucht der gesamten Familie war nicht möglich, da sie zu viel Geld gekostet hätte und für die jüngeren Geschwister als zu gefährlich angesehen wurde. Die Flucht über die Balkanroute dauerte ein halbes Jahr und über die Erlebnisse auf der Flucht möchte Bader nicht reden. Er gibt nur an, dass er auf der Überfahrt mit dem Boot von der Türkei nach Griechenland am liebsten wieder umgekehrt wäre. Inzwischen ist ein Antrag auf Familiennachzug gestellt worden und vor Kurzem wurde dem Familiennachzug des Vaters zugestimmt, jedoch müssten die Stiefmutter und Geschwister zunächst in der Türkei bleiben.

Direkt nach der Ankunft in Deutschland waren Bader und Adil ein Jahr in fünf unterschiedlichen Sammelunterkünften zusammen untergebracht. Bader beschreibt die erste Zeit als sehr schwierig aufgrund des Wetters, der Sprachbarriere, des Essens und den vielen ungewohnten Regeln. Seit vier Jahren lebt er in einer Wohngruppe mit anderen Jugendlichen, die alle unbegleitet nach Deutschland kamen. Adil zog in eine andere Stadt und hat inzwischen eine Ausbildung in der Logistik begonnen. Die Cousins sehen sich selten, reden aber relativ regelmäßig miteinander. Auch wenn es gelegentliche Konflikte in der Wohngruppe gibt, so hat Bader sich dort gut eingefunden und fühlt sich von seinen Betreuer:innen unterstützt. Einer seiner Betreuer hat schon mehrfach mit seinem Vater (mit Hilfe eines Übersetzers) gesprochen, um bürokratische Fragen bzgl. des möglichen Familiennachzugs zu klären. Bader telefoniert in der Regel einmal in der Woche mit seinem Vater. Über Probleme versucht er nicht zu reden, weil er nicht möchte, dass sich seine Familie Sorgen macht. Der Vater ermutigt ihn, viel zu lernen, gut im Fußball zu sein, und ermahnt ihn, sich „gut zu benehmen".

Zurzeit geht Bader in eine Gesamtschule, nachdem er zunächst eine Integrationsklasse besucht hatte. Dort gab es anfangs viele Probleme und er war mehrfach in Prügeleien mit Gleichaltrigen involviert. Seitdem Bader in der Gesamtschule ist, Deutsch verstehen kann und Freunde hat, kommt er besser zurecht. Hin und wieder gibt es Konflikte mit Lehrer:innen und Klassenkameraden, die sich aber meistens mit der Unterstützung seiner Betreuer:innen lösen lassen. Auch zu seiner gesetzlichen Vertreterin hat er guten Kontakt. Seit anderthalb Jahren spielt Bader in der C-Jugend des örtlichen Fußballvereins und träumt von einer Karriere als Fußballprofi.

Bezogen auf seine Zukunft ist Bader ungewiss. Er erwägt, in die Türkei zurückkehren, da er seine Familie nach fünf Jahren sehr vermisst und ein Familiennachzug nur für seinen Vater möglich wäre, was eine weitere Trennung der Familie bedeuten würde und somit keine wirklich Option ist. Jedoch ist ihm auch bewusst, dass er in Deutschland Fuß gefasst hat und er eigentlich dort seine Zukunft sieht. Zudem möchte er seine Familie unterstützen können, was in Deutschland wahrscheinlicher erscheint. Zu entscheiden, was für ihn und seine Familie am besten wäre, ist schwierig für Bader.

Fragen zum Fallbeispiel:

1. Stellen Sie sich vor, dass Sie als Sozialarbeiter:in für unbegleitete minderjährige Flüchtlinge ein Ökogramm mit Bader zum jetzigen Zeitpunkt erstellen würden. Wie würde dieses Ökogramm aussehen?
2. Welche Ressourcen, Verbindungen und sozialen Netzwerke lassen sich aufgrund des Ökogramms feststellen? Wo gibt es Versorgungs-/Beziehungslücken, Barrieren und Konflikte?
3. Welche Ebenen (Mikro, Meso, Exo, Makro, Chrono) haben Relevanz in diesem Fall? (Bedenken Sie u. a. die rechtliche Lage für unbegleitete minderjährige Flüchtlinge)

4. Welche Handlungsmöglichkeiten bieten sich an? Was wären erste Schritte?
5. Wie könnten das Ökogramm oder andere ökosystemische Methoden in diesem Fall genutzt werden?

7.8 Das ökosystemische Modell in der Forschung

In der internationalen Forschungsliteratur der Sozialen Arbeit können viele Beiträge gefunden werden, die sich auf das ökosystemische Modell Bronfenbrenners oder ökosystemische Konzepte generell beziehen. Eine große Anzahl davon bestehen aus umfassenden Literaturrecherchen, die das ökosystemische Modell als einen konzeptionellen Bezugsrahmen für die Darstellung von vielfachen Faktoren und ihren komplexen Wechselwirkungen benennen (u. a. Sabri et al. 2013). Aber es gibt inzwischen auch eine Reihe von qualitativen und quantitativen Studien in der Sozialen Arbeit, die die Konzepte des ökosystemischen Modells empirisch untersucht haben (u. a. Voisin et al. 2006; Epp 2018). Hierbei dient das ökosystemische Modell – wie in der Praxis – häufig als ein konzeptioneller Bezugsrahmen, um den Blick gleichzeitig auf personen-, familien- und umweltbezogene Faktoren zu lenken und zu untersuchen, inwieweit Variablen auf allen Ebenen der menschlichen Ökologie Entwicklungsergebnisse beeinflussen.

In der quantitativen Forschung sind solche komplexen Untersuchungen durch Entwicklungen in der statistischen Datenauswertung und der Anwendung von Mehrebenen-Strukturmodellen und Wachstumskurven-Analysen möglich geworden (vgl. Silbereisen 2006, S. 264). Nach Silbereisen war Bronfenbrenner ein Verfechter komplexer Längsschnittstudien („Person-Context-Process-Studies") und „ein Gegner der auf statistische Haupteffekte ausgerichteten Forschung" (S. 264), die lange in den Laborexperimenten der Psychologie vorherrschend waren. Zum Beispiel untersuchten Forscher:innen in den USA im Rahmen des ökosystemischen Ansatzes, inwieweit Gewalterfahrungen in der Schule und Nachbarschaft eine Auswirkung auf die psychosoziale Entwicklung von afroamerikanischen männlichen Jugendlichen in der Übergangsphase zur High School (9.–12. Klasse) haben (Patton/Woolley/Hong 2012). Basierend auf einer standardisierten Befragung und Auswertung durch die Mehrebenen-Strukturmodell-Methode konnte empirisch gezeigt werden, dass Gewalterlebnisse auf der Ebene der Schule und Nachbarschaft (ob direkt erlebt oder nur beobachtet) konkrete negative Auswirkungen auf den schulischen Erfolg, das Selbstkonzept und Problemverhalten des einzelnen Jugendlichen sowie die Unterstützung durch die Eltern hatten. Der Grad der Involvierung und der Unterstützung der Eltern erwies sich als ein wichtiger Faktor, der die negativen Effekte auf die schulische und psychosoziale Entwicklung des Jugendlichen moderierte (vgl. ebd., S. 394).

Hieraus ergaben sich interessante Fragen über die Wechselwirkung zwischen dem Grad von Gewalterleben und parentalen Kompetenzen sowie Möglichkeiten zur Gestaltung von Interventionen durch die Soziale Arbeit.

Auch qualitative Studien beziehen sich auf das ökosystemische Entwicklungsmodell. Im Kontext eines Forschungsprojekts, das sich mit dem Übergang von der Schule in die Berufsausbildung beschäftigte, geht Epp (2018) der Frage nach, welchen Beitrag bzw. Mehrwert der Einbeschluss ökosystemischer Konzepte zur qualitativen Forschung leisten kann.

> [Das ökosystemische Entwicklungsmodell als ein] „Sensibilisierungs- und Betrachtungsraster für die Analyse empirischer Daten einzusetzen ermöglicht einerseits, die (komplexen) Konstruktionen eines bestimmten Ausschnittes der sozialen Wirklichkeit von Individuen nachzuvollziehen und sich den verdeckten, größtenteils implizit und en passant repräsentierten Realitätsebenen und den damit verbundenen (dynamischen) Wechselwirkungsverhältnissen anzunähern. Andererseits wird die systematische Betrachtung einer Vielzahl von Bindungsgeflechten über verschiedene Handlungs- und Systemebenen hinweg möglich. Darüber hinaus trägt es gemeinsam mit den analytischen Werkzeugen zu einer erhöhten Aufmerksamkeit im Feld bei und befördert den Analyseprozess und die Reflexion der eigenen Perspektivität. Des Weiteren können mit dem ökosystemischen Entwicklungsmodell mögliche verborgene Wechselwirkungen, die nicht explizit geäußert werden, sichtbar gemacht werden. In Bezug auf die vorgestellte Studie ermöglichte die Verwendung des ökosystemischen Ansatzes als ein analytisches Hilfsmittel hinsichtlich der mehrperspektivischen Betrachtung von Übergängen sowie der Wechselwirkung von verschiedenen Einflussfaktoren eine produktive Erfassung der jeweiligen subjektiven Theorie" (Epp 2018, S. 18).

7.9 Kritische Würdigung

Die Person-in-Environment-Perspektive ist der konstante rote Faden, der die (angloamerikanische) Soziale Arbeit seit ihren Anfängen in ihrer theoretischen und methodischen Entwicklung begleitet hat. Der duale Fokus auf die Person und ihr Umfeld gewann durch das ökosystemische Modell, das von Urie Bronfenbrenner entscheidend entwickelt wurde, theoretische Gestalt und fand durch Germain und Gittermans *Life-Model* Anwendung in der Sozialen Arbeit. In der deutschen Sozialen Arbeit hat insbesondere Wendt (1986, 1990, 2010) die Relevanz und Anwendung ökosystemischer (bzw. sozialökologischer) Prinzipien in der Sozialen Arbeit beschrieben, die auch bedeutsam für die gegenwärtigen Nachhaltigkeitsdiskurse sind (vgl. Wendt 2021, S. 839 ff.).

Trotz bestehender Kritik, die sich zum einen darauf richtet, dass der ökosystemische Ansatz vage bleibt und somit nicht ausreichend handlungsleitend ist (u. a. Wakefield 1996), und zum anderen betont, dass Bronfenbrenners ökosystemisches Modell zwar häufig zitiert aber selten in seiner Gesamtheit untersucht wird (u. a. Tudge et al. 2016), wird der Beitrag des Modells für die Erziehungswissenschaften (u. a. Ditton 2006) und die Psychologie (u. a. Silbereisen 2006) doch insgesamt als positiv bewertet. Ditton, der nach dem Tod Bronfenbrenners eine Einschätzung der Bedeutung des ökosystemischen Ansatzes für die Forschung in den Erziehungswissenschaften abgab, beschrieb das ökosystemische Modell in diesem Zusammenhang nicht als eine „geschlossene oder abgeschlossene Theorie, sondern als ein ambitioniertes, auf Weiterentwicklung angelegtes Forschungsprogramm", bei dem die diversen Ebenen den Kontext für eine integrative und interdisziplinär ausgerichtete Herangehensweise bilden (S. 272). Er sah es als „eine unschätzbare Hilfe zur systematischen Einordnung und Zuordnung von Befunden der empirischen Sozialforschung" (S. 279) und hob außerdem die Bedeutung des Modells in seiner „Anwendbarkeit und praktischen Wirksamkeit" (S. 273) für die Erziehungswissenschaft hervor. Durch das ökosystemische Modell „richtet sich die Aufmerksamkeit der Forschung auf Veränderbarkeit und dabei nicht vorrangig auf mikroskopische Detailanalysen, sondern auf Lebenskontexte und die Komplexität von menschlichen Lebensläufen. Wichtige Komponenten sind normative und nicht normative Übergänge, bedeutsame Statuspassagen und die Kumulation von Effekten zwischen den Lebensbereichen und in der Lebensspanne" (S. 273 f.).

Die PIE-Perspektive und das ökosystemische Denken, das damit verbunden ist, können somit als ein hilfreicher Bezugsrahmen verstanden werden, der den theoretischen und methodischen Blick auf die Mehrdimensionalität, Vielschichtigkeit und komplexen Strukturen und Verbindungen sozialer Realität richtet (vgl. Epp 2018, S. 7), nicht nur in Bezug auf Lebenskontexte, sondern auch in Bezug auf Übergänge und Lebensläufe (vgl. Moen 2006, S. 247 ff.). Hieraus ist eine Vielzahl von Konzepten entstanden, die diese soziale Realität abbilden und methodische Anwendung in der Sozialen Arbeit gefunden haben. Als Ansatz beruhen PIE und das ökosystemische Modell auf theoretischer und methodischer Integration sowie Interdisziplinarität und positionieren die Soziale Arbeit an der Schnittstelle von Theorien und Handlungskonzepten, die sich in unterschiedlichem Maße mit der Person und ihrer Umwelt beschäftigen. Konzeptionelle Weiterentwicklungen sind insbesondere im Bereich der Resilienzforschung und dem Nachhaltigkeitsdiskurs zu erkennen.

Weitere Übungen

Beantworten bzw. diskutieren Sie die folgenden Fragen:

1. Inwieweit beinhaltet die PIE-Perspektive ein „Kernanliegen der Sozialen Arbeit"?

2. Nutzen Sie ein Fallbeispiel aus einem Praktikum, aus Ihrer Arbeit oder auch der Familie. Wenden Sie die ökosystemischen Konzepte des Mehrebenensystems sowie des *Life Models* an.

3. Was zeichnete Urie Bronfenbrenners Werk aus und welche Erkenntnisse sind aus Ihrer Sicht wertvoll für die Soziale Arbeit?

Ausgewählte Literatur

- Bronfenbrenner, U. (1981): Die Ökologie der menschlichen Entwicklung. Natürliche und geplante Experimente. 1. Auflage. Stuttgart: Klett-Cotta.
- Ditton, H. (2006): Der Beitrag Urie Bronfenbrenners für die Erziehungswissenschaft. In: ZSE – Zeitschrift für Soziologie der Erziehung und Sozialisation 26, H. 3, S. 268–281.
- Engelke, E./Borrmann, S./Spatscheck, C. (2009): Theorien der Sozialen Arbeit. Eine Einführung. 5., überab. u. erw. Auflage. Freiburg im Breisgau: Lambertus.
- Epp, A. (2018): Das ökosystemische Entwicklungsmodell als theoretisches Sensibilisierungs- und Betrachtungsraster für empirische Phänomene. In: Forum Qualitative Sozialforschung 19, H. 1, Art. 1., S. 1–21.
- Gehrmann, G./Müller, K.D. (Hrsg.) (2017): Aktivierende soziale Arbeit mit nichtmotivierten Klienten. Regensburg: Walhalla.
- Germain, C.B./Gitterman, A. (1999): Praktische Sozialarbeit: Das „Life Model" der Sozialen Arbeit. Fortschritte in Theorie und Praxis. Stuttgart: Lucius & Lucius.
- Ritscher, W. (2017): Systemische Modelle für die Soziale Arbeit: Ein integratives Lehrbuch für Theorie und Praxis. 5. Auflage. Heidelberg: Carl Auer.
- Wendt, W.R. (2010). Das ökosoziale Prinzip. Soziale Arbeit, ökologisch verstanden. Freiburg im Breisgau: Lambertus.
- ZSE/Zeitschrift für Soziologie der Erziehung und Sozialisation (2006): Schwerpunkt/Main Topic: Urie Bronfenbrenner und die Sozialökologie der menschlichen Entwicklung. In: Zeitschrift für Soziologie der Erziehung und Sozialisation 26, H. 3, S. 227–281.

Ausgewählte Internetlinks

- Auf YouTube gibt es diverse Videos in Deutsch und Englisch zu Urie Bronfenbrenner und der ökosystemischen Entwicklungstheorie sowie zum *Life Model* von Germain und Gitterman.
- Bronfenbrenner Center for Translational Research – https://bctr.cornell.edu/
- Person in Environment Classification System (PIE) mit Manual – www.pantucek.com/index.php/soziale-diagnostik/verfahren/70-person-in-environment-classification-system-pie

Literatur- und Quellenverzeichnis

Bartlett, H. M. (2003): Working definition of social work practice. In: Research on Social Work Practice 13, H. 3, S. 267–270. (Neuauflage von Bartlett, H. M. (1958): Towards clarification and improvement of social work practice. In: Social Work 3, H. 2, S. 3–9.)

von Bertlanffy, L. (1969): General system theory. Foundations, Development, Applications. New York: George Braziller.

Bronfenbrenner, U. (1976): Ökologische Sozialisationsforschung. Stuttgart: Klett.

Bronfenbrenner, U. (1981): Die Ökologie der menschlichen Entwicklung. Natürliche und geplante Experimente. 1. Auflage. Stuttgart: Klett-Cotta.

DBSH (2014): Die Anwendungsperspektive der Berufsethik: Prinzipien. In: FORUM sozial, H. 4, S. 29–34.

Ditton, H. (2006): Der Beitrag Urie Bronfenbrenners für die Erziehungswissenschaft. In: ZSE – Zeitschrift für Soziologie der Erziehung und Sozialisation 26, H. 3, S. 268–281.

Drover, G./Shragge, E. (1977): General systems theory and social work education. A critique. In: Canadian Journal of Social Work Education 3, H. 2, S. 28–39.

Engelke, E./Borrmann, S./Spatscheck, C. (2009): Theorien der Sozialen Arbeit. Eine Einführung. 5. überab. u. erw. Auflage. Freiburg im Breisgau: Lambertus.

Epp, A. (2018): Das ökosystemische Entwicklungsmodell als theoretisches Sensibilisierungs- und Betrachtungsraster für empirische Phänomene. In: Forum Qualitative Sozialforschung 19, H. 1, S. 1–21.

Galuske, M. (2013): Methoden der Sozialen Arbeit. 10. Auflage. Weinheim und Basel: Beltz Juventa.

Gehrmann, G./Müller, K. D. (Hrsg.) (2017): Aktivierende soziale Arbeit mit nicht-motivierten Klienten. Regensburg: Walhalla.

Germain, C. B./Hartman, A. (1980): People and ideas in the history of social work. In: Social Casework 61, H. 1, S. 323–331.

Germain, C. B./Gitterman, A. (1999): Praktische Sozialarbeit: Das „Life Model" der Sozialen Arbeit. Fortschritte in Theorie und Praxis. Stuttgart: Lucius & Lucius.

Gitterman, A./Germain, C. B. (2008): The Life Model of Social Work Practice. Advances in Theory and Practice. 3. Auflage. New York: Columbia University Press.

Gitterman, A. (2009): The life model. In: Roberts, A. (Hrsg.): The social workers' desk reference. 2. Auflage. New York: Oxford University Press. S. 231–234.

Gitterman, A./Germain, C. B./Knight, C. (2013): Ecological Framework. In: Encyclopedia of Social Work. Oxford University Press. [Online]. S. 1–13. (Abfrage: 21. 9. 2022)

Greene, R. R. (2008): Human behavior theory, person-in-environment, and social work method. In: Greene, R. R. (Hrsg.): Human behavior and social work practice. 3. Auflage. London und New York: Routledge Taylor & Francis Group. S. 1–26.

Henggeler, S. W./Schoenwald, S. K./Borduin, C. M./Rowland, M. D./Cunningham, P. B. (2012): Multisystemische Therapie bei dissozialem Verhalten von Kindern und Jugendlichen. 2. Auflage. Heidelberg: Springer.

International Federation of Social Workers (IFSW) (2014): Global Definition of Social Work. www.ifsw.org/what-is-social-work/global-definition-of-social-work/ (Abfrage: 20. 9. 2022)

International Federation of Social Workers (IFSW) (2018): Global Social Work Statement of Ethical Principles. www.ifsw.org/global-social-work-statement-of-ethical-principles/ (Abfrage: 20. 9. 2022)

Karls, J. M./Wandrei, K. E. (1994): Person-in-environment system. The PIE classification system for social functioning problems. Washington DC: NASW Press.

Karls, J. M./O'Keefe, M. (2008): Person-in-Environment System Manual. 2. Auflage. Washington, DC: NASW Press.

Kondrat, M. E. (2013): Person-in-Environment. In: Encyclopedia of Social Work. Oxford University Press. [Online]. S. 1–13. (Abfrage: 21. 9. 2022)

Leighninger, R. D. (1977): System theory and social work. In: Journal of Education for Social Work 13, H. 3, S. 44–49.

Lüscher, K. (1976): Urie Bronfenbrenners Weg zu ökologischen Sozialforschung. Eine Einführung. In: Lüscher, K. (Hrsg.): Urie Bronfenbrenner: Ökologische Sozialisationsforschung. Stuttgart: Klett. S. 6–32.

Moen, P. (2006): Bronfenbrenner in context and in motion. In: Zeitschrift für Soziologie der Erziehung und Sozialisation 26, H. 3, S. 247–261.

Mühlum, A./Olschowy, G./Oppl, H./Wendt, W. R. (1986): Umwelt – Lebenswelt. Beiträge zu Theorie und Praxis ökosozialer Arbeit. Frankfurt/M.: Diesterweg.

Patton, D. U./Woolley, M. E./Hong, J. S. (2012): Exposure to violence, student fear, and low academic achievement: African American males in the critical transition to high school. In: Children and Youth Services Review 34, S. 388–395.

Ritscher, W. (2017): Systemische Modelle für die Soziale Arbeit: Ein integratives Lehrbuch für Theorie und Praxis. 5. Auflage. Heidelberg: Carl-Auer.

Sabri, B./Hong, J. S./Campbell, J. C./Cho, H. (2013): Understanding Children and Adolescents' Victimizations at Multiple Levels: An Ecological Review of the Literature. In: Journal of Social Service Research 29, S. 322–334.

Sheffield, A. E. (1931): The „Situation" as the Unit of Family Case Study. In: Social Forces 9, H. 4, S. 465–474.

Shriver, J. M. (1987a): Harry Lurie's critique. Person and environment in early casework practice. In: Social Service Review 61, H. 6, S. 514–532.

Shriver, J. M. (1987b): Harry Lurie's assessment and prescription. An early view of social workers' roles and responsibilities regarding political action. In: Journal of Sociology and Social Welfare 14, H. 29, S. 111–127.

Silbereisen, R. K. (2006): Zur Bedeutung Urie Bronfenbrenners für die Psychologie. In: Zeitschrift für Soziologie der Erziehung und Sozialisation 26, H. 3, S. 262–267.

Stimmer, F. (2012): Grundlagen des methodischen Handelns in der Sozialen Arbeit. 3., überarb. und erw. Auflage. Stuttgart: Kohlhammer.

Teater, B. (2014): Social work practice from an ecological perspective. In: LeCroy, C. W. (Hrsg.): Case studies in social work practice. 3. Auflage. Belmont, CA.: Brooks & Cole. S. 35–44.

Tudge, J. R. H./Payir, A./Merçon-Vargas/Cao, H./Liang, Y./Li, J./O'Brien, L. (2016): Still Misused After All These Years? A Reevaluation of the Uses of Bronfenbrenner's Bioecological Theory of Human Development. In: Journal of Family Theory & Review 8, S. 427–445.

Voisin, D. R./DiClemente, R. J./Salazar, L. F./Crosby, R. A./Yarber, W. L. (2006): Ecological factors associated with STD risk behaviors among detained female adolescents. In: Social Work 51, H. 1, S. 71–79.

Wakefield, J. C. (2003): Gordon versus the working definition. Lessons from a classic critique. In: Research on Social Work Practice 13, H. 3, S. 284–298.

Wakefield, J. C. (1996): Does social work need the eco-systems perspective? Part 1. Is the perspective clinically useful? In: Social Service Review 70, H. 1, S. 1–32.

Wendt, W. R. (1982): Ökologie und soziale Arbeit. Stuttgart: Ferdinand Enke.

Wendt, W. R. (1990): Ökosozial denken und handeln. Grundlagen und Anwendungen in der Sozialarbeit. Freiburg im Breisgau: Lambertus.

Wendt, W. R. (2010): Das ökosoziale Prinzip. Soziale Arbeit, ökologisch verstanden. Freiburg im Breisgau: Lambertus.

Wendt, W. R. (2021): Sozialökologie. In: Amthor, R.-C./Goldberg, B./Hansbauer, P./Landes, B./ Wintergerst, T. (Hrsg.): Kreft/Mielenz – Wörterbuch Soziale Arbeit. Weinheim und Basel: Beltz Juventa. S. 839–841.

ZSE/Zeitschrift für Soziologie der Erziehung und Sozialisation (2006): Schwerpunkt/Main Topic: Urie Bronfenbrenner und die Sozialökologie der menschlichen Entwicklung. In: Zeitschrift für Soziologie der Erziehung und Sozialisation 26, H. 3, S. 227–281.

Kapitel 8
Ökologisch-kritische Konzepte

Dieter Kulke

Als Erweiterung der Person-in-Environment-Perspektive und ökosystemischer Konzepte hat sich Soziale Arbeit auch den Themen Umwelt und Klima, Ökologie und Nachhaltigkeit zugewandt. Im Zentrum steht dabei die Erkenntnis, dass Soziale Arbeit nicht unabhängig von der physischen Umwelt agiert und dass soziale und ökologische Probleme zusammenhängen. Weiterhin werden durch die Globalisierung und die Klimakrise diese Zusammenhänge immer deutlicher, so dass auch verstärkt kritische Fragen nach einer ökologisch-sozialen Transformation des Wirtschafts- und Gesellschaftssystems aufgeworfen werden. Es gibt also gute Gründe, dass sich Soziale Arbeit selbst befragen sollte, wie sie den Weg zu einer Postwachstumsgesellschaft über *Design* nicht nur begleiten, sondern gestalten kann – um den Weg über *Disaster* zu vermeiden.

8.1 Einleitung und historische Entwicklung

Mit einem gewachsenen Interesse auch an der natürlichen Umwelt knüpft die Soziale Arbeit durchaus an die Intentionen ihrer Gründermütter Mary Richmond und Jane Addams an, war beiden doch die Berücksichtigung von Ökologie und Umwelt wichtig (Stamm 2021a, 18 f.). Während bei ersterer die soziale Umwelt als relevanter Faktor für Fallarbeit und soziale Diagnose berücksichtig wird, ist es bei Jane Addams nicht nur die soziale Umwelt, sondern auch die physische, bebaute Umwelt, die ganz wesentlich die Lebensbedingungen und Chancen der Bewohnerinnen und Bewohner in städtischen Quartieren prägt. Insbesondere die Arbeiten von Jane Addams in Hull House können als eine Auseinandersetzung mit Mensch-Umwelt-Beziehungen und mit einem weiten ökologischen Begriff unter explizitem Einschluss der physischen Umwelt verstanden werden. Deutlich wird dies z. B. bei ihrem Einsatz für eine Verbesserung der Müllentsorgung in Slums von Chicago (s. dazu Staub-Bernasconi 2018, S. 45 ff.). Durch den Ausbau des Sozialstaats und eine Verbesserung der Wohn- und Lebensbedingungen breiter Bevölkerungsschichten rückte das Thema der natürlichen Umwelt in der Sozialen Arbeit etwas in den Hintergrund. In der Folge richteten ökologische Perspektiven in der Sozialen Arbeit den Blick eher auf den Menschen und seine sozialen Beziehungen, wie in den verschiedenen ökologischen und ökosystemischen Ansätzen von Wendt, Germain und Gitterman oder Bronfenbrenner (s. o. Kap. 7).

Einen wichtigen Impuls zur Wiederbelebung von Fragen von Ökologie und Umwelt gab innerhalb der Neuen sozialen Bewegungen seit den 1970er Jahren die Umweltbewegung. Ein globaler und enorm einflussreicher Meilenstein war hier 1972 die Veröffentlichung von „Die Grenzen des Wachstums" (i. Original: *The Limits to Growth*) des Club of Rome. In den beiden deutschen Staaten entstand nach einer ersten Umweltbewegung um die Wende vom 19. zum 20. Jahrhundert in den 1970er Jahren die zweite Umweltbewegung, die Themen wie den Ausstieg aus der Kernenergie („Anti-Atomkraft-Bewegung"), stärkeren Naturschutz, Verzicht auf Umweltgifte oder ein Tempolimit auf den Autobahnen forderte. So wurde 1975 die Vorgängerorganisation des heutigen Bund für Umwelt und Naturschutz Deutschland von prominenten Personen, die sich für Umweltschutz einsetzten, gegründet. In den folgenden Jahren wurde die Verbindung zwischen Ökologie und Ökonomie immer stärker. Seit den 1990er Jahren erstarkte die Kritik an dem kapitalistischen Wirtschafts- und Gesellschaftssystem und seinen ökonomischen und politischen Grundlagen. Einen Höhepunkt erlebten diese Bewegungen in den 1990er Jahren durch die Kritik an Neoliberalismus und Globalisierung, die beide als Verursacher vieler ökologischer, aber auch sozialer und ökonomischer Probleme identifiziert wurden. Hier sind v. a. das 1998 in Frankreich gegründete, heute noch aktive globalisierungskritische Netzwerk *Attac* und die Occupy-Bewegung (zuerst: *Occupy Wall Street*) zu nennen, die mit den Besetzungen von öffentlichen Räumen vor Finanzzentren in London und Frankfurt und anderen *Global Cities* im Jahr 2011 viel öffentliche Aufmerksamkeit erlangten. Mit der immer deutlicher werdenden Klimakrise und ihren dramatischen Folgen rückte die Klimabewegung stärker in das Zentrum der öffentlichen Aufmerksamkeit und nahm viele Ideen der Neoliberalismus- und Globalisierungskritik auf.

Diese Einflüsse aus einerseits einer ökologischen und „naturverbundenen" und andererseits einer kapitalismus- und globalisierungskritischen Richtung stellten wichtige gesellschaftliche Impulse zur Herausbildung und konzeptionellen Entwicklung von Ökologisch-kritischer Sozialer Arbeit dar. Dadurch hat sich auch in der Sozialen Arbeit der Blick geweitet und unter Umwelt wird immer selbstverständlicher auch die natürliche Umwelt und der gesellschaftliche Umgang damit verstanden.

Die stärkere Berücksichtigung von Umwelt und Nachhaltigkeit in der Sozialen Arbeit ist angesichts der dramatischen Entwicklungen überfällig. Eine Vielzahl von Veränderungen in der Umwelt haben existenzielle Auswirkungen auf die Lebensumstände von Menschen, sei es der Raubbau an der Natur mit erheblichen Umweltzerstörungen, z. B. durch Erdölförderung im Nigerdelta, sei es der Artenschwund, z. B. mit der Überfischung der Meere (für einen Überblick Dörfler 2021; Liedholz 2021). Die bedeutendste Umweltveränderung ist zweifellos der Klimawandel, der im Grunde eine Klimakrise ist und der mit seinen gewaltigen Folgen auch zu einer Chiffre für die Umweltveränderungen schlechthin geworden ist. Der Klimawandel, gut dokumentiert durch die Berichte des Weltklimarates, des „Intergovernmental Panel on Climate Change“ (IPCC, zuletzt 2022), führt zu dramatischen Folgen in der Umwelt wie Dürren oder Überschwemmungen. Diese wiederum entziehen den davon betroffenen Menschen die Lebensgrundlagen, schaffen soziale Problemlagen wie Armut und Hunger und führen in der Folge zu Kriegen und Flucht. Ein Beispiel für viele: Die Weltbank rechnet nach dem Groundswell-Report mit 143 Millionen internen, also innerhalb des Herkunftslandes migrierenden Klimaflüchtlingen und -migrant:innen im Jahr 2050 alleine in den drei Regionen Subsahara-Afrika, Südasien und Lateinamerika (The World Bank 2018; generell zur Klimadebatte s. Bauriedl 2015).

Aus einer Gerechtigkeitsperspektive ist die zentrale Herausforderung, dass von den Entwicklungen besonders ärmere Länder betroffen sind, die einerseits am wenigsten zum Klimawandel beitragen und sich andererseits am wenigsten Anpassungsmaßnahmen leisten können; und in diesen Ländern sind es insbesondere vulnerable Gruppen wie Kinder, ältere Menschen oder Menschen mit Beeinträchtigungen, die unter den Folgen des Klimawandels leiden. Dass dies aber nicht nur für den Globalen Süden, sondern generell gilt, zeigt der Fall der zwölf Todesopfer unter den Bewohnerinnen eines Wohnheims für Menschen mit Beeinträchtigungen in Sinzig in Rheinland-Pfalz in der Flutkatastrophe im Juli 2021.

Gleichwohl besteht ein enormes Gefälle zwischen begünstigten und weniger begünstigten Ländern. Als Ursache für diese Ungleichheit identifiziert ein starker Argumentationsstrang die kapitalistischen Gesellschaften mit den Tendenzen zur Externalisierung von Gefahren und Risiken (Lessenich 2016) und der Ausbeutung und Zerstörung natürlicher und sozialer Ressourcen durch eine ‚imperiale Lebensweise‘ (Brand/Wissen 2017). Brand/Wissen (2017) sehen die ökologischen Krisen als Folge der Produktions- und Konsumnormen des globalen Nordens, die sich nicht einfach durch eine Umstellung auf ‚grünes Wachstum‘ o. ä. Konzepte bewältigen lassen. Als Antwort auf die aktuelle Hegemonie- und Staatskrise sollten Alternativen wie Energiedemokratie, Ernährungssouveränität, solidarische Ökonomie und Landwirtschaft und andere entwickelt werden – Konzepte, die auch für die Soziale Arbeit in mehrfacher Hinsicht bedeutsam sind.

8.2 Diskurse Ökologisch-kritischer Sozialer Arbeit

Die Hinwendung der Sozialen Arbeit zu Umwelt- und Klimafragen zeigte sich im angelsächsischen Diskurs zunächst an mehreren Sammelbänden (für einen Überblick: Stamm 2021, S. 46–51) und in der Folge an Monographien zum Thema (Dominelli 2012; Erickson 2018). Aus dem deutschen Sprachraum liegen inzwischen Publikationen vor, die einerseits den Diskurs systematisch aufbereiten, wie Liedholz (2021) und Stamm (2021a), oder andererseits den Diskurs in der ganzen Vielfalt abstecken und Anschlüsse an verschiedenste Richtungen ermöglichen (Liedholz/Verch 2022; Pfaff/Schramkowski/Lutz 2022).

In der Disziplin Soziale Arbeit zeigt sich diese Entwicklung an der Gründung einer Fachgruppe „Klimagerechtigkeit und Sozialökologische Transformation in der Sozialen Arbeit“ innerhalb der Deutschen Gesellschaft für Soziale Arbeit im Jahr 2021 (DGSA 2022). Die Fachgruppe möchte einen „ökozentrierten Paradigmenwechsel anstoßen [...]“ (DGSA 2022). Dementsprechend gelte es, „das aktuelle ‚Klimaregime‘ als Macht- und Gewaltverhältnis in die Kritik zu nehmen und Visionen menschen- und naturfreundlicher gesellschaftlicher Regeneration und Transformation weiterzuentwickeln. [...] Weitere Ziele sind die Stärkung der Sprachfähigkeit von Sozialarbeitenden zu Umwelt- und Klimakrisen, die Verankerung des Themas in Curricula von Studiengängen zur Sozialen Arbeit ebenso wie ein Hinwirken auf die Aufnahme der Rechte nichtmenschlicher Lebewesen in die Professionsethik“ (ebd.).

Auch in der Profession Soziale Arbeit wurden die Themen Umwelt und Nachhaltigkeit aufgenommen. So stand der World Social Work Day 2017 unter dem Motto „Promoting Community and Environmental Sustainability“, und 2022 lautete es: „Co-building a New Eco-Social World: Leaving No One Behind“. Der DBSH machte diese Themen zu Schwerpunktthemen in zwei Ausgaben seiner Zeitschrift FORUM sozial (Soziale Arbeit und das Klima 2/2021, Soziale Arbeit und Nachhaltigkeit 3/2021). Ferner hat die Zeitschrift ‚Blätter der Wohlfahrtspflege‘ den Schwerpunkt ‚Sozialökologische Transformation‘ (Heft 1/2023), und das Doppelheft 7/8 2023 der Zeitschrift ‚Sozialmagazin‘ steht unter dem Thema ‚Klimakrise und Nachhaltigkeit‘. Das Thema findet also auch in Deutschland immer breitere Resonanz.

Wissenschaftliche Diskurse Sozialer Arbeit als Antwort auf die ökologischen Krisen

- Eine der ersten aktuelleren Veröffentlichungen und ein Meilenstein ist Dominelli (2012) *Green Social Work. From Environmental Crisis to Environmental Justice* mit einer Vielzahl besprochener Themen. Die direkte Übersetzung ins Deutsche, Grüne Soziale Arbeit, hätte einen etwas anderen Fokus, und zwar

v. a. auf Soziale Arbeit in Landwirtschaft und Natur, oft mit Tieren; die Klimakrise tritt dabei zugunsten von pädagogischen Zielsetzungen für Adressat:innen in den Hintergrund.

- Erickson (2018) zielt mit *Environmental Justice as Social Work Practice* auf ein spezielles handlungsleitendes Konzept für die Soziale Arbeit, in dem auf der Grundlage von Konzepten wie Gerechtigkeit, einer Stärken-, einer Lebenslaufperspektive u. a. die spezielle Methode des *Storytelling* auf Mikro-, Meso- und Makroebene Sozialer Arbeit zur Beförderung von Umweltgerechtigkeit angewendet wird. Beide Veröffentlichungen beziehen sich explizit auf *Environmental Justice*, die aufgrund sozialer und politischer Umweltbewegungen in den USA eine wesentlich weitere Verbreitung hat als Umweltgerechtigkeit in Deutschland.
- Ein breites Spektrum an Themen findet sich in den Sammelbänden von Mel Gray, John Coates und Tianai Hetherington (2012): *Environmental Social Work* und von Aila-Leena Matthies und Kai Närhi (2019): *The Ecosocial Transition of Societies*. Jennifer McKinnon und Margaret Alston (2016) legten einen Sammelband *Ecological Social Work: Towards Sustainability* vor, in dem sowohl historische und theoretische Überblicke gegeben als auch Praxisbeispiele dargestellt werden. In allen drei Bänden wird sowohl die Vielzahl von Strömungen deutlich, die in die Ökologisch-kritische Soziale Arbeit eingingen, als auch die praktische Umsetzung auf der Mikro-, Meso- und der Makroebene.
- Auch im deutschsprachigen Raum nimmt die Auseinandersetzung mit dem Thema zu. Liedholz (2021) systematisiert in seinem gleichlautenden Buch die *Berührungspunkte von Sozialer Arbeit und Klimawandel* und findet sie in Postkolonialismus, Klimaflucht und der Verletzung verschiedener Formen von Gerechtigkeit wie Umwelt-, Geschlechter- oder Generationengerechtigkeit. Stamm (2021a) schließlich betitelt sein Buch Ökologisch-kritische Soziale Arbeit und trifft damit die Bezeichnung eines Konzepts für die Soziale Arbeit als Reaktion auf die Zerstörung der Natur und der menschlichen Lebensgrundlagen recht genau. ‚Ökologisch' stellt den Bezug zur Natur und zu einer ‚starken' Nachhaltigkeit her, ‚kritisch' macht deutlich, dass sich Soziale Arbeit auch in diesem Feld den Machtverhältnissen zuwenden muss, sowohl in einem globalen als auch in einem nationalen oder lokalen Rahmen, und nimmt somit – was der ‚ökologische oder ökosoziale Ansatz' von Wendt nicht macht – die Impulse aus Kritischer Sozialer Arbeit und aus Postkolonialismus auf.
- Zwei kurz nach diesen beiden Büchern erschienene Sammelbände (Liedholz/Verch 2022; Pfaff/Schramkowski/Lutz 2022) greifen die Themen auf und erweitern den Diskursraum aus der Perspektive der Sozialen Arbeit: The-

men sind u. a. grundsätzliche Begriffsklärungen zu Nachhaltigkeit und Klimagerechtigkeit; theoretische Grundlagen; Postwachstumsansätze; Soziale Arbeit als Menschenrechtsprofession; Naturverhältnisse; Regenerative Praxis; Bildung für nachhaltige Entwicklung; Anwendungen in den Handlungsfeldern wie Schulsozialarbeit, Integrationsarbeit, Gemeinwesenarbeit; Postkolonialismus und Unterdrückung.

8.3 Legitimationen der Ökologisch-kritischen Sozialen Arbeit

Mit den beschriebenen Entwicklungen ist die Soziale Arbeit gefordert. Die Umwelt- und Klimakrise ist inzwischen so bedrohlich geworden, dass Soziale Arbeit als eine gesellschaftliche Institution mit Profession und Disziplin und einer großen gesellschaftlichen Bedeutung gefordert ist, sich mit der Klimakrise auseinanderzusetzen und sich zu positionieren. Soziale Arbeit hat diese Verpflichtung aber auch aus ihrem Professionsverständnis heraus. Deutlich wird dies in den Definitionen Sozialer Arbeit nicht nur mit dem Ziel der Herstellung sozialer Gerechtigkeit, die durch die Umwelt- und Klimakrise verletzt wird, sondern auch mit expliziten Verweisen auf die „natürliche" Umwelt, die „ökologische Gerechtigkeit" und das Eintreten für die Menschenrechte der dritten Generation, die sich u. a. auf die „Natur und das Recht auf Artenvielfalt" beziehen (DBSH 2016).

Neben der Herstellung sozialer Gerechtigkeit auf einer internationalen Ebene ist der Bezug auf die Menschenrechte eine wichtige Grundlage einer Ökologisch-kritischen Sozialen Arbeit. Bereits 2010 hat die UN-Generalversammlung das Recht auf sauberes Wasser als ein Menschenrecht anerkannt. Und am 28. Juli 2022 wurde von der UN-Generalversammlung die Resolution 76/300 mit dem Recht auf eine saubere Umwelt *(„The human right to a clean, healthy and sustainable environment")* beschlossen. Auch wenn diese Resolutionen nicht rechtsverbindlich sind, haben sie doch eine starke symbolische Wirkung, weil sich Organisationen darauf beziehen können. Eine Soziale Arbeit, der es mit der Umsetzung der Menschenrechte ernst ist, kann die ökologische Umwelt somit nicht mehr ignorieren.

Auf der nationalen Ebene Deutschlands gibt es auch rechtliche Grundlagen für die Ökologisch-kritische Soziale Arbeit. Das SGB VIII formuliert einen gesetzlichen Auftrag zur Gestaltung der Umwelt mit dem expliziten Auftrag an die Jugendhilfe, dazu beizutragen, „positive Lebensbedingungen für junge Menschen und ihre Familien sowie eine kinder- und familienfreundliche Umwelt zu erhalten oder zu schaffen" (§ 1 III SGB VIII). Deswegen gibt es gute Gründe, Umweltbelastungen auch als Kindeswohlgefährdung zu bewerten (Schramkowski 2021, 2022). In den anderen SGB sind Hinweise auf die natürliche Umwelt nicht so eindeutig, z. B. liegen aber im SGB IX mit den Umweltfaktoren nach der *International Classification of Functioning, Disability and Health* oder Hinweisen auf den Sozialraum auch verschiedene starke Anknüpfungspunkte vor.

8.4 Nachhaltigkeitskonzepte der Ökologisch-kritischen Sozialen Arbeit

Ein wichtiger Bezugspunkt für Ökologisch-kritische Soziale Arbeit ist Nachhaltigkeit. Der Begriff geht auf den Oberberghauptmann Carl von Carlowitz zurück, der 1713 angesichts der damals schon zunehmenden Ausbeutung der natürlichen Ressource Wald eine beständige, nachhaltige Waldnutzung forderte; einem Wald sei nur so viel Holz zu entnehmen, wie wieder durch planmäßige Aufforstung nachwachsen kann. Der Begriff Nachhaltigkeit wurde später wiederentdeckt und in eine Verbindung mit dem globalen Entwicklungsparadigma gebracht. Ein Meilenstein war hierfür der Abschlussbericht der sog. Brundtland-Kommission von 1987: „Sustainable development is development that meets the needs of the present without compromising the ability of future generations to meet their own needs" (World Commission on Environment and Development, zit. nach Stamm 2021a, S. 60).

Ein weiterer Meilenstein war die Verabschiedung von 17 Nachhaltigkeitszielen, den *Sustainable Development Goals (SDG),* durch die Vereinten Nationen im Rahmen ihrer 2030 Agenda. Hier werden mit *„End poverty of all"* als SDG 1 an erster Stelle insgesamt 17 Ziele für die weltweite Entwicklung benannt, von denen aber nur manche direkten Bezug auf die Umwelt nehmen, allen voran das SDG 13 *„Climate Action".* Nicht unumstritten sind die SGD v. a. wegen des Festhaltens an einem ökonomischen Wachstumsparadigma in SDG 8 *(„Sustained, inclusive and sustainable economic growth").* Damit wird auch deutlich, dass Ziele auch durchaus in einem Konkurrenzverhältnis zueinander in Konflikt stehen können, auch wenn die Vereinten Nationen davon ausgehen, dass sich Spannungen zwischen Zielen durch Effizienzsteigerungen aufheben ließen. So zeigt Hickel (2019) empirisch, dass ein Wirtschaftswachstum von 3 % entsprechend dem SDG 8 sich mitnichten mit einer Reduzierung des Ressourcenverbrauchs und des Kohlendioxid-Ausstoßes verbinden lässt.

Gleichwohl wurden die SDG auch sehr offen v. a. von der Profession Sozialen Arbeit aufgenommen. Die International Federation of Social Workers beschloss explizit, die Unterstützung der SDG durch die IFSW zu artikulieren und einen professionellen Beitrag der Sozialen Arbeit zu den SDG zu verkünden (IFSW 2019). Die SDG werden aber nicht nur von der Profession Soziale Arbeit unterstützt, sie können auch hilfreich sein, um die Nachhaltigkeit von Konzepten und Projekten in der Sozialen Arbeit zu belegen. Solidarische Landwirtschaft, so Susanne Elsen in einem Vortrag am 16. 02. 2022, würde 11 der 17 SDG-Ziele unterstützen. Damit sind solchen Projekten auch wichtige Argumente für eine Förderung durch öffentliche wie private Geldgeber an die Hand gegeben.

Das Dilemma, dass Umwelt- und Klimaschutz wie im SDG 13 in Konkurrenz zu Wirtschaftswachstum wie im SDG 8 stehen kann, wird im deutschsprachigen Diskurs daran deutlich, dass Nachhaltigkeit häufig in einem Drei-Säulen-Modell abgebildet wird, nach dem Nachhaltigkeit bzw. nachhaltige Entwicklung auf den drei Säulen Ökonomie, Ökologie und Soziales ruht, und innerhalb jeder dieser Säulen umgesetzt werden soll:

- in der Säule *Wirtschaft* z. B. durch langfristige Planungshorizonte und Einbeziehung der Belange von Umwelt und Gesellschaft;
- in der Säule *Ökologie* durch eine Beanspruchung natürlicher Ressourcen nur soweit sie regeneriert werden können;
- und in der Säule *Soziales* durch die Berücksichtigung der Interessen unterschiedlicher sozialer Gruppen im Sinne einer lebenswerten Gemeinschaft (König 2012, S. 28).

Dieses Modell, das für eine ‚schwache' Nachhaltigkeit steht, geht davon aus, dass die Ökologie eine Säule neben anderen ist. Diese Säulen können in Widerspruch zueinanderstehen, z. B. wenn wirtschaftliches Wachstum zu sozialer Ungleichheit und Umweltverbrauch führt. Obwohl deswegen stark kritisiert, ist dieses Modell oft noch ein wichtiger Bezugspunkt.

Das weiterentwickelte und angesichts der ökologischen Krisen sicherlich nachhaltigere Modell einer gewichteten bzw. ‚starken' Nachhaltigkeit platziert die Ökologie bzw. natürliche Ressourcen und das Klima dagegen als Fundament, das *die* elementare Grundlage für Ökonomie, Soziales – und dann auch Kultur – darstellt, die wiederum eine nachhaltige Entwicklung tragen. Alternativ kann der Zusammenhang auch in einem Kreismodell dargestellt werden, in dem die ‚Ökonomie' in ‚Soziales' und beide in ‚Ökologie' eingebettet sind. Beiden Darstellungen ist als wesentliches Merkmal die Überordnung der Ökologie gemeinsam (Abb. 8.1).

Das Konzept Nachhaltigkeit hat mittlerweile Eingang in die Soziale Arbeit gefunden, sei es im Zusammenhang mit Formen des Wirtschaftens in der Sozialwirtschaft, mit Konzepten wie der Lebensweltorientierung, mit Fragen der Gerechtigkeit oder der Externalisierung von sozialen und ökologischen Risiken (Stamm 2021a, S. 68 ff.); eine einheitliche Lesart hat sich dabei aber noch nicht herauskristallisiert. Bleibt man im Säulenmodell der ‚starken' Nachhaltigkeit könnte Soziale Arbeit in den jeweiligen Säulen im Sinne von Nachhaltigkeit tä-

Abb. 8.1: Darstellungen starker Nachhaltigkeit, links ein Säulenmodell (www.utopia.de), rechts ein Kreismodell (Hein 2022, S. 18)

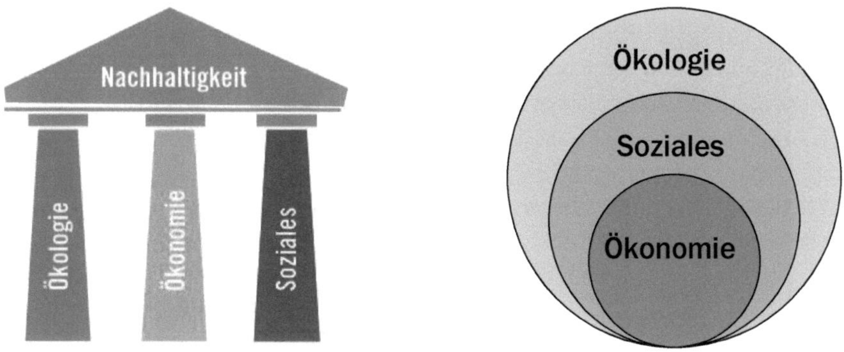

tig werden: So in der Säule Ökonomie in den Arbeitsfeldern betriebliche Soziale Arbeit oder Eingliederung in das Erwerbsleben durch eine nachhaltige, im Sinne von dauerhafter, Inklusion von Menschen in das Erwerbsleben. In der Säule Kultur kann Soziale Arbeit in Soziokulturellen Zentren durch Bildungsarbeit Nachhaltigkeit fördern und bei Adressat:innen auf einen Wandel hin zu einer nachhaltigen Lebensweise hinwirken. Am deutlichsten ist der Zusammenhang in der Säule Soziales, hier kann Soziale Arbeit z. B. in der Jugendsozialarbeit sehr nachhaltig arbeiten, wie König (2012) an einem Beispiel deutlich macht.

Was ist aber genau unter sozialer Nachhaltigkeit und nachhaltiger Sozialer Arbeit zu verstehen? Nach Elsen (2018, S. 1055) geht es unter Bezugnahme auf den Brundtland-Bericht bei der sozialen Dimension der Nachhaltigkeit um „Ausgleich und gerechte Verteilung, auch im globalen Kontext, um Bedürfnisbefriedigung aller, um das Recht auf Ressourcenzugang sowie um intra- und intergenerative Gerechtigkeit". Diese von Elsen genannten Aspekte sind so elementar und selbstverständlich für die Soziale Arbeit, dass man fragen könnte, welchen Mehrwert es bietet, sie als soziale Nachhaltigkeit zu fassen. Außerdem betreffen sie, ebenso wie z. B. die von König (2012) für die Jugendsozialarbeit dargestellten Beispiele, die Themen Ökologie und Umwelt nur am Rande. Das bedeutet aber, dass Soziale Arbeit, die eine Antwort auf die Klimakrise geben will, von dem Modell der ‚starken' Nachhaltigkeit ausgehen muss und sich fragen sollte, wie und mit welchen Methoden und Techniken sie für die Erhaltung der Basis ‚Natürliche Ressource & Klima' im ‚starken' Nachhaltigkeitssäulenmodell arbeiten kann. Eine wesentliche Rolle kann dabei ein erweitertes Verständnis von Gerechtigkeit(en) spielen.

8.5 Gerechtigkeitskonzepte für die Ökologisch-kritische Soziale Arbeit

Für die Ökologisch-kritische Soziale Arbeit sind wegen des Bezugs zur Nachhaltigkeit und zur Umwelt bzw. Ökologie Erweiterungen des Gerechtigkeitsbegriffs nötig. Von den verschiedenen Gerechtigkeitskonzeptionen mit Bezug zur Sozialen Arbeit wie soziale Gerechtigkeit, Geschlechtergerechtigkeit ist es v. a. das Konzept der Generationengerechtigkeit, in das Nachhaltigkeit fest eingeschrieben ist. Es besagt, dass kommende Generationen nicht schlechter behandelt werden und auch keine schlechteren Lebensbedingungen vorfinden sollen als aktuelle Generationen. Generationengerechtigkeit wird häufig in sozialpolitischen Diskursen beispielweise zu Renten- oder anderen Sozialpolitiken bemüht, impliziert aber nicht notwendigerweise eine Berücksichtigung der natürlichen Umwelt.

Erst im Konzept der Umweltgerechtigkeit *(environmental justice)* wird die natürliche Umwelt zwingend berücksichtigt. Umweltgerechtigkeit meint die (Ungleich-)Verteilung von Umweltbelastungen und Umweltressourcen nach sozialen Kriterien und nach der Zugehörigkeit zu sozialen Gruppen und Sozialräumen. In den USA war *environmental justice* aufgrund der hohen ethnischen Segregation oft mit Diskriminierung nach ethnischen Kriterien verbunden. Ein eklatantes, oft für die Verletzung von Umweltgerechtigkeit herangezogenes Beispiel ist die Planung und der Bau einer Giftmülldeponie in Warren County, North Carolina, einem der ärmsten Counties des Bundesstaates mit einem afroamerikanischen Bevölkerungsanteil von zwei Dritteln. Der Bau im Jahr 1982 wurde von heftigen Protesten gegen diese als Umweltrassismus apostrophierte Benachteiligung begleitet (Erickson 2018, S. 9). Es liegt nahe, dass Umweltgerechtigkeit v. a. in den Planungs- und Gesundheitswissenschaften thematisiert wird; aber auch Soziale Arbeit kann im Rahmen von Sozialraumarbeit und Quartiersmanagement wichtige Impulse setzen.

Betrachtet man Umweltbelastungen global und erkennt den Klimawandel als zentrale Ursache für künftig lebensbedrohliche Umweltveränderungen an, dann wird Klimagerechtigkeit *(climate justice)* zum Referenzpunkt (Liedholz 2021). Klimagerechtigkeit problematisiert, dass diejenigen Länder, v. a. im Globalen Süden, die am meisten unter dem Klimawandel leiden, am wenigsten dazu beitragen, so liegt der Pro-Kopf-CO_2-Ausstoß pro Jahr in Deutschland bei 8,5 Tonnen, in Saudi-Arabien bei 17,9 Tonnen, in den Ländern in Sub-Sahara-Afrika aber nur bei 1,0 Tonnen (BMU 2021, S. 15). In historischer Perspektive wird diese Ungerechtigkeit noch viel größer: So trug Deutschland im Jahr 2018 zwar 1,8 % zum globalen CO_2-Ausstoß bei, sein Anteil an den historischen Gesamtemissionen von 1850 bis 2017 beträgt aber 4,6 % (BMU 2021, S. 14).

Dabei kann zwischen einem quantitativen und einem qualitativen Verständnis unterschieden werden. Ein quantitatives bedeutet schlichtweg die weltweite Gleichverteilung aller Emissionen und Umweltbelastungen pro Kopf, ein qualitatives berücksichtigt auch solche Aspekte wie Anpassungsmöglichkeiten, gerechte gesellschaftliche Teilhabe und andere Produktions- und Konsumformen (vgl. Liedholz 2021, S. 87); daher ist es eher dieses qualitative Verständnis, das weitere Anschlüsse an die Soziale Arbeit bietet.

Diese Gerechtigkeitskonzepte bleiben aber anthropozentrisch. Umwelt und Natur sind hier in ihrer Bedeutung für Menschen und Gesellschaften relevant. Anders ist dies bei der ökologischen Gerechtigkeit. Hier liegt der Fokus auf dem „Erhalt der natürlichen Umwelt, ohne primär nach dem Nutzen oder Schaden für die Menschen zu fragen" (Stamm 2021a, S. 77). Natur wird hier ein Eigenwert zugeschrieben, der mit der Zuschreibung von Rechten nicht nur an Lebewesen, sondern auch an andere natürliche Gegebenheiten wie Berge oder Flüsse einhergehen kann. Für die Soziale Arbeit würde diese Perspektive eine Relativierung ihrer Grundlegung in den Menschenrechten bedeuten. Auch wenn Stamm daher zu Recht konstatiert, dass diese Sicht zu ethischen Dilemmata für die Soziale Arbeit und zu einer Verletzung der Berufsethik führen könnte (Stamm 2021a, S. 78), bleibt doch zu fragen, ob ein Naturverständnis im Sinne von ökologischer Gerechtigkeit nicht doch am ehesten zu einem respektvollen und nachhaltigen Umgang mit der natürlichen Umwelt führen würde und daher in Methoden der Sozialen Arbeit wie der Erlebnispädagogik oder Bildung für nachhaltige Entwicklung gestärkt werden sollte.

8.6 Methodische Umsetzung der Ökologisch-kritischen Sozialen Arbeit

Die Ziele und grundlegenden Annahmen der Ökologisch-kritischen Sozialen Arbeit lassen sich mit mehreren Methoden der Sozialen Arbeit umsetzen, die ihre Herkunft teilweise in anderen Handlungskonzepten haben. Im Folgenden werden ausgewählte Methoden vorgestellt, die sich besonders gut für eine Anwendung in diesem Handlungskonzept eignen. Die ausgewählten und dargestellten Methoden beziehen sich auf die Mikro- und die Mesoebene Sozialer Arbeit, auf die Arbeit mit Individuen, Gruppen und Organisationen. Es ist aber offensichtlich, dass auch politische Soziale Arbeit gefragt ist, um Impulse zu einer sozial-ökologischen Transformation von Stadtgesellschaften und nationalen Gesellschaften auf der Makroebene zu setzen. Dies würde aber das Ökologisch-kritische Handlungskonzept überladen, weswegen hier ein Fokus auf die Mikro- und die Mesoebene Sozialer Arbeit gelegt werden soll.

Integration ökologisch-kritischer Aspekte in die alltägliche Praxis Sozialer Arbeit

Da Fragen von Ökologie und Nachhaltigkeit ubiquitär sind und sämtliche Lebensvollzüge, professionelle wie nichtprofessionelle, durchdringen, ist zu fragen, wie diese Aspekte als ganzheitliche Praxen *(Holistic Practices)* in die Soziale Arbeit integriert werden können. Hierzu haben Boetto (2016) und Erickson (2018) anregende Handlungskonzepte vorgelegt.

Bei Boetto (2016) werden in ein vierstufiges Ablaufschema sozialarbeiterischer Praxis in jeden Schritt ökologische Bezüge zur Umwelt eingebaut. Für den ersten Schritt im *Engagement Stage* wird z. B. vorgeschlagen, das Gespräch mit Klient:innen in einer natürlichen Umgebung zu halten. Im *Assessment Stage* können z. B. negative Einflüsse durch schlechte Ernährung oder schädliche Umwelteinwirkungen gesucht werden. Im *Intervention Stage* können dann Interaktionen mit der Natur und mit Tieren erwogen oder die Beseitigung schädlicher Umwelteinflüsse angegangen werden. Und im *Evaluation and Review Stage* wird dann umfassender reflektiert, wie im Prozess auf Ressourcen der natürlichen Umwelt zurückgegriffen wurde und wie sehr deren Nachhaltigkeit unterstützt wurde (Boetto 2016).

Bei Erickson rückt dagegen die Umweltgerechtigkeit stärker in den Fokus. Für eine Praxis Sozialer Arbeit auf den drei Ebenen Individuen und Familien, Organisationen sowie Gemeinwesen verknüpft sie Elemente zweier in den USA breit etablierter Ansätze Sozialer Arbeit, dem narrativen und dem strukturellen Ansatz. In den vier Schritten …

- *Telling and Exploring the Story*
- *Describing a Preferred Reality*
- *Making Plans and Dreams Real*
- *Evaluating Outcomes and Making Transitions*

… wird explizit Bezug auf Aspekte der natürlichen Umwelt genommen. Eine wichtige Rolle spielt dabei die Entwicklung von Zielen: „One option for the social worker is to gently offer a vison of a reality that is possible for the client, to kindly make suggestions about what can be done and encourage the client to begin to see his or her own role in the creation of that vision“ (Erickson 2018, S. 97). Dabei können die in der folgenden Box genannten Beispiele in die Narrationen eingebaut werden und Impulse für die Entwicklung positiver Visionen und möglicher Interventionen setzen.

Mögliche Aktivitäten von Sozialarbeiter:innen und Klient:innen zur Verbesserung der Umwelt und des eigenen Befindens

- Machen Sie einen Spaziergang, wenn Sie sich treffen.
- Setzen Sie sich für ein Job-Ticket von Ihrer Organisation ein.
- Informieren Sie Ihre Klient:innen über gesunde und ökologische Reinigungsmittel für die Wohnung.
- Engagieren Sie sich in einem Urban-Gardening-Projekt.
- Prüfen Sie, wie Ihre Organisation Gas, Wasser und Strom sparen kann.
- Pflanzen Sie einen Baum auf dem Gelände Ihrer Organisation und zelebrieren Sie es.
- Gehen Sie mit Ihren Klient:innen zu einem Bauernmarkt.
- Teilen Sie Ihre eigenen Erzählungen über umweltgerechtes Verhalten Ihren Klienten und anderen mit.
- Betrachten Sie Umweltbelange als Belange von Menschen.

(Auswahl aus Erickson 2018, S. 97)

Bildung für nachhaltige Entwicklung (BNE)

Ein wichtiger Ansatzpunkt, um Themen der Nachhaltigkeit und ökologischen Gerechtigkeit in die Soziale Arbeit zu bringen, ist Bildungsarbeit. Erziehung und Bildung zu einem nachhaltigen Verhalten kann ganz allgemein in vielen Kontexten der Sozialen Arbeit angewandt werden, in stationären Einrichtungen und gemeinschaftlichen Wohnformen, in der offenen Arbeit mit verschiedenen Zielgruppen und in Trainings, in denen umweltrelevante Aspekte besonders zum Tragen kommen, wie z. B. in Haushaltsorganisationstrainings, die oft in der Sozialpsychiatrie und der Behindertenhilfe durchgeführt werden.

Zunächst ganz unabhängig von Sozialer Arbeit sind in den letzten Jahrzehnten Bildungskonzepte mit Bezug zu Umwelt und Ökologie wie Umwelterziehung, Umweltbildung u. a. entstanden. Diese sind in das Konzept Bildung für nachhaltige Entwicklung (BNE) eingegangen, das sich mit seinem direkten Anschluss an das Nachhaltigkeitskonzept der UN und die UN-Weltdekade „Bildung für nachhaltige Entwicklung" von 2005 bis 2014 erfolgreich etabliert hat. Wurde das Konzept ursprünglich v. a. auf die Arbeit mit Kindern, Jugendlichen und Schulklassen hin erarbeitet, wird es mittlerweile auch in anderen Bildungsbereichen wie frühkindlicher Bildung, beruflicher Bildung, in Hochschulen sowie in nonformaler und informeller Bildung angewandt.

In Deutschland wurde das Konzept der BNE v. a. von de Haan erarbeitet (2002). BNE will als ‚gute Bildung' jenseits von konkreten Inhalten Menschen „die Kompetenz vermitteln, ihr eigenes Umfeld selbst zu gestalten" (BMBF 2022). De Haan hatte dabei eine zentrale ‚Gestaltungskompetenz' bestimmt, die wiederum aus unterschiedlichen Teilkompetenzen besteht. Als elementare Teilkompetenzen können dabei angesehen werden:

- vorausschauendes Denken
- interdisziplinäres Wissen
- autonomes Handeln
- Partizipation an gesellschaftlichen Entscheidungsprozessen (ebd.).

Die genannten Kompetenzen sind hervorragend geeignet, sich unmittelbar mit Nachhaltigkeit und dem Klimawandel auseinanderzusetzen, bei denen vorausschauendes Denken (z. B. langfristige Beachtung der Folgen des Klimawandels), Interdisziplinarität (z. B. Zusammenarbeit von Disziplinen wie Ökologie, Klimatologie, Soziologie und Sozialer Arbeit) und autonomes Handeln (z. B. Unabhängigkeit der Klimabewegung von gesellschaftlichen Interessenlagen und politischen Einflüssen) in partizipativen Strukturen (z. B. Demonstrationen) zentral sind.

Daher kommt Liedholz zu der Einschätzung, dass es im deutschsprachigen Raum wohl kaum ein anderes Bildungskonzept gibt, das den Klimawandel von so vielen Seiten beleuchtet wie BNE (Liedholz 2021, S. 125). Dies legt auch den Einsatz in der Sozialen Arbeit nahe. Dafür gibt es inzwischen umfangreiche Sammlungen von Methoden, Techniken und Spielen, die teilweise auch in anderen Bildungskonzepten eingesetzt werden, wie z. B. Simulationsspiele, offene Formate wie Open Space, Zukunftswerkstätten, Szenariotechniken u. a. (s. z. B. https://www.umweltbildung.de/methoden.html) und als Spiel z. B. das Weltverteilungsspiel und andere.

Erlebnispädagogik

Eine weitere Methode mit direkten Anknüpfungspunkten an Nachhaltigkeit und Ökologie ist eine ökologisch orientierte Erlebnispädagogik (Liedholz 2021). „Das Konzept der Erlebnispädagogik will […] junge Menschen durch exemplarische Lernprozesse und durch bewegtes Lernen vor physische, psychische und soziale Herausforderungen – vornehmlich in der Natur – stellen, um sie in ihrer Persönlichkeitsentwicklung zu fördern und sie zu befähigen, ihre Lebenswelt verantwortlich zu gestalten“ (Heckmair/Michl 2018, S. 108). Auch wenn Natur hier eher als Rahmen für Bildungsprozesse verstanden wird, wurde sie doch immer mehr auch ihr Gegenstand, so dass heute „quasi in allen Praxisbüchern der Erlebnispädagogik ökologische Grundsatzfragen gestellt und mehr oder weniger zufriedenstellend geklärt“ werden (Michl 2020, S. 19).

Ökologische Aspekte können also in zweierlei Hinsicht relevant werden, als Rahmenbedingungen und als Inhalt (Muff 2001). So wäre bei allen Rahmenbedingungen erlebnispädagogischer Aktivitäten darauf zu achten, dass sie nachhaltig erfolgen; d. h., dass beispielsweise notwendige Wegstrecken zu Fuß, mit dem Fahrrad oder mit öffentlichen Verkehrsmitteln zurückgelegt werden. Ferner sollten auch weitere Rahmenbedingungen wie Ernährung, Abfallvermeidung, Umgang mit Ressourcen und Schutz von Pflanzen, Tieren und Boden ebenfalls ökologisch gerecht erfolgen. Dies kann sogar pädagogisch erwünschte positive Nebenfolgen wie eine Stärkung des Gruppenzusammenhalts oder den Erwerb neuer Kompetenzen durch die Nutzung des ÖPNV als Folge haben. Ökologische Gerechtigkeit kann aber nicht nur bei den Rahmenbedingungen, sondern auch bei den Inhalten erlebnispädagogischer Aktivitäten berücksichtigt werden. Dies liegt vor, wenn direkt nachhaltige Handlungsweisen im Zentrum stehen, wie z. B. ökologisch gerechte Ernährung. Erlebnispädagogische Projekte können weiterhin unmittelbar auf positive ökologische Effekte zielen, wie dies z. B. in der Waldpädagogik bei Aufforstungen, dem Erhalt von Totholz, dem Schutz von Mooren oder bei klimapolitischen protestorientierten Aktivitäten „rund um Agrar-, Kohle- und Chemiekonzerne sowie den weiteren Ausbau von Flughäfen, Autobahnen und Bundesstraßen“ der Fall wäre (Liedholz 2021, S. 132).

Erlebnispädagogik ist aber nicht per se ökologisch gerecht. So können sich darin auch Vorstellungen zu Umwelt und Natur finden, die den Grundsätzen von ökologischer Gerechtigkeit oder auch anderen Formen von Gerechtigkeit wie Geschlechtergerechtigkeit widersprechen. Dies ist z. B. der Fall, wenn vermeintlich ‚natürliche‘ Geschlechterrollen und Geschlechterordnungen ausgelebt werden oder wenn Natur ‚beherrscht‘ wird (Liedholz 2021, S. 133). Erlebnispädagogik kann aber auch wie BNE und andere Bildungskonzepte einen wichtigen Beitrag leisten, um auch an ökologischer Gerechtigkeit orientierte Einstellungen und eine entsprechende Haltung zu fördern.

Ökologisch-kritische Soziale Arbeit im Gemeinwesen

Das Gemeinwesen ist ein gut geeignetes Setting, um Projekte der Ökologisch-kritischen Sozialen Arbeit zu entwickeln. Allerdings darf man von einem lokalen Gemeinwesen und von Gemeinwesenarbeit nicht erwarten, dass sie nationale oder globale Dynamiken beeinflussen oder *gesellschaftliche* Probleme lösen können, weder soziale Probleme wie Altersarmut noch ökologische Probleme wie die Klimakrise oder das Artensterben. Aber Ökologisch-kritische Soziale Arbeit im Gemeinwesen kann dazu beitragen, solche Probleme nicht zu verstärken und ihre Folgen abzumildern und ökologische Wandlungs- und Transformationsprozesse hin z. B. zu einer klimafreundlichen Stadt und einer lokalen Verkehrswende (Wendt 2022, S. 187) anzustoßen und umsetzen. ‚Gemeinwesen‘ kann dabei nach Elsen nicht nur räumlich verstanden werden, sondern auch als Gegenentwurf zu einem Menschen- und Gesellschaftsbild der orthodoxen Ökonomie mit Wettbewerbs- und Wachstumsförderung. Stattdessen rücken aktive Teilhabe und

Integration, kollektive Selbstorganisation und nachhaltige Entwicklung in den Fokus (Elsen 2018, S. 1086 f.).

Sowohl das Gemeinwesen in diesem Sinne als auch die politischen Gemeinden stellen einen politischen, gesellschaftlichen und sozialen, öffentlichen und diskursiven Raum für ökologisch-kritische Praxen der Sozialen Arbeit dar. Die Städte und Gemeinden sind insofern essentiell, als sie im Rahmen ihrer Zuständigkeiten für Planung, Bauen, Grün, Mobilität und Verkehr, Ver- und Entsorgung, Umweltämter, Gesundheit der Einwohner:innen, Klimaschutz etc. Einfluss auf den Klimawandel und seine Folgen nehmen können (Umweltbundesamt 2022).

Eine ganze Reihe von solchen Initiativen zur Verbesserung der natürlichen Lebensbedingungen im Quartier und somit zur Herstellung von Umweltgerechtigkeit konnte zwischen 1999 und 2019 in dem Bund-Länder-Programm Soziale Stadt (seit 2020: Sozialer Zusammenhalt) umgesetzt werden (BMU 2016). Auch auf einer konzeptionellen und strategischen Ebene können Gemeinden sich speziell in ökologischer Hinsicht positionieren. Solche Prozesse erfolgen immer häufiger im Kontext von kommunalen Netzwerken. Beispiele aus dem Bereich der Nachhaltigkeit sind die Lokale Agenda 21, die Transition-Town-Bewegung, die Zero-Waste-Cities-Bewegung, das Essbare-Städte-Netzwerk oder das „just city"-Konzept (zu letzterem s. Schmidt 2022). Diese changieren in der konkreten Umsetzung vor Ort zwischen Bewegung und fester Organisation und mehr oder wenig starker Verankerung in und Beteiligung der Bevölkerung, verfolgen aber verschiedene Nachhaltigkeitsziele; so steht bei Zero Waste Müllvermeidung im Vordergrund, unter dem Dach der Lokalen Agenden 21 finden sich in der Regel eine Vielzahl unterschiedlichster Nachhaltigkeitsinitiativen mit verschiedenen Zielen wie Lebensmittelsouveränität, nachhaltige Mobilität u. a.

Diese Ansätze stellen Anknüpfungspunkte für Soziale Arbeit dar. Soziale Arbeit kann z. B. im Rahmen von *Urban Gardening* oder sozialer Landwirtschaft direkt solche nachhaltigen Projekte umsetzen. Soziale Arbeit kann aber auch – und in diesem Fall v. a. als Gemeinwesenarbeit – durch eine Stärkung des Gemeinwesens und seines sozialen Kapitals Voraussetzungen für die Entstehung und den Erfolg solcher Nachhaltigkeitsinitiativen schaffen. Wenn diese Konzepte umso erfolgreicher sind, je stärker der Zusammenhalt und das Vertrauen in einem Gemeinwesen sind und je leichter sich die Bewohner:innen für gemeinsame Nachhaltigkeitsziele gewinnen und mobilisieren lassen, dann wird Gemeinwesenarbeit immer wichtiger. Soziale Arbeit kann nicht nur mit den Methoden und Instrumenten der klassischen Gemeinwesenarbeit wie Stadtteilzeitungen, Schaffung von Begegnungsmöglichkeiten im Quartier u. a. Grundlagen für den Erfolg dieser Konzepte auf kommunaler Ebene herstellen, sondern sie kann mit Methoden und Techniken aus der Gruppen- und Netzwerkarbeit auch zum Erfolg von Nachhaltigkeitsinitiativen beitragen.

Nachhaltigkeitsinitiativen können definiert werden „als von zivilgesellschaftlichen Gruppen getragene Projekte, die durch ihre Praktiken oder Prozesse positive Nachhaltigkeitseffekte erzielen und/oder ein hohes transformatives Potential aufweisen. Sie zeichnen sich zudem durch das gemeinsame, selbst-organisierte Handeln einer Gruppe aus“ (Umweltbundesamt 2019, S. 22). Nachhaltigkeitsinitiativen entstanden oft aus Prozessen der Lokalen Agenda heraus und können ganz unterschiedliche Organisationsformen annehmen. Beispiele sind:

- *Repair-Cafés:* Vermeidung von Konsum (Baier et al. 2016)
- *Unverpacktläden:* Vermeidung von Verpackungsmüll
- *Foodsharing-Initiativen:* Vermeidung von Lebensmittelverschwendung
- *Urban Gardening/Farming-Projekte:* Selbstversorgung, Herstellung von kinder- und familienfreundlichen Lebensbedingungen; Integration von Nachbarschaften
- *Solidarische Landwirtschaft:* Solidarität zwischen bzw. Aufhebung der Trennung zwischen Produktion und Konsum; Nachhaltigkeit durch in der Regel ökologische Landwirtschaft
- *Regionalwährungen:* Sie versuchen, lokale Ökonomien zu stärken und sich dem kapitalistischen Wirtschafts- und Gesellschaftssystem zu entziehen. Die erfolgreichste Regionalwährung ist der Chiemgauer (https://www.chiemgauer.info/).

Daneben gibt es weitere Ansätze und Konzepte wie Buen Vivir, Ubuntu, Feministische Ökonomie, die sich in Projekten auf lokaler Ebene niederschlagen, aber auch global vernetzte Bündnisse sind und oftmals einen ausgearbeiteten theoretischen und historischen Hintergrund haben (für einen Überblick s. Alisa et al. 2016).

Ohne Einbindung in das Gemeinwesen sind solche Innovationen nicht denkbar; sie basieren auf dem Konzept einer sozialen Innovation, verstanden als „intentionale Neukombinationen […] sozialer Praktiken in bestimmten Handlungsfeldern beziehungsweise sozialen Kontexten, mit dem Ziel, Probleme […] besser zu lösen […], als dies auf der Grundlage etablierter Praktiken möglich ist“ (Schwarz/Howaldt 2013, S. 56). Ökosozial sind solche sozialen Innovationen, die (auch) ökosoziale Zielsetzungen verfolgen und zur Lösung ökologischer Probleme beitragen wollen (Stamm 2021b, S. 30). Gerade weil es sich dabei um Innovationen handelt, gibt es keine bzw. kann es gar keine abgeschlossene Liste von Projektarten oder Maßnahmen geben. Stamm nennt auf der Grundlage vergleichender internationaler Forschung einige Beispiele ökosozialer Innovationen (s. für die Beispiele ebd., S. 30 f.):

- *Vinterra* (Italien): In einer Sozialgenossenschaft wird in ökologischer Landwirtschaft vorwiegend Gemüse angebaut. Viele Mitarbeitende habe kognitive oder psychische Beeinträchtigungen. Vinterra arbeitet eng mit Trägern des Sozialwesens sowie Restaurants in der Region zusammen.
- *VELO* (Belgien): Dieser Verein wurde in Löwen unter Beteiligung der Kommune und der Universität gegründet. Neue Studierende von außerhalb leihen Fahrräder aus, die mit in professioneller Unterstützung von jungen, erwerbslosen Menschen gewartet werden, die dort auch eine Ausbildung machen können.
- *Lapinlahden Lähde* (Finnland): Das Kulturzentrum in Helsinki ist in einem historischen Krankenhaus untergebracht und fördert die Verbindung von Natur und Kultur. Neben über Kultur- und Bildungsveranstaltungen vermittelten sozialökologischen Inhalten ist auch die Förderung von Beschäftigung ein zentrales Ziel von Lapinlahden.

Diese Beispiele zeichnet ebenso wie ökosoziale Innovationen generell aus, dass sie Dienstleistungen oder Produkte anbieten, die nachhaltige Ziele verfolgen oder nachhaltig produziert werden, und dass sie einzelnen Personen, bestimmten Gruppen oder auch Sozialräumen und Gemeinwesen ganz allgemein Entwicklungschancen bieten (Stamm 2021b, S. 33). Dabei können Organisationsformen, Finanzierungen und Verbindung mit dem Gemeinwesen sehr unterschiedlich sein. Auch in Deutschland gibt es eine Vielzahl solcher Projekte und Organisationen, die ökosoziale Innovationen darstellen, z. B. anthroposophische Dorfgemeinschaften mit ökologischer Landwirtschaft oder Fahrradwerkstätten, die Menschen mit Beeinträchtigungen beschäftigen. Hier gibt es viele Wege, wie Organisationen der Sozialen Arbeit einerseits und solche der Nachhaltigkeit und Ökologie andererseits über soziale Innovationen voneinander lernen, sich gegenseitig begleiten und gemeinsam weiterentwickeln können, auch wenn dies den Akteur:innen nicht immer bewusst ist und gezielte Kooperationen mit der Sozialen Arbeit die Ausnahme sind (Aithal/Kulke 2022).

Sozialmanagement und Sozialwirtschaft

Angesichts der ökologischen Krisen ist auch die Sozialwirtschaft gefragt, in ihren Prozessen und Strukturen Aspekte des Klimaschutzes und der Nachhaltigkeit umzusetzen (Lembke 2020). Im Vordergrund steht dabei aber weniger die Transformation der gesamten Gesellschaft, sondern vielmehr die Orientierung an einer nachhaltigen und ökologischen Arbeitsweise in den bestehenden Organisationsformen. Dementsprechend ist hier eher von ‚Nachhaltigkeit' (in der Regel ist damit ‚schwache Nachhaltigkeit gemeint) die Rede. In den letzten Jahren haben alle großen Wohlfahrtsverbände in Deutschland das Thema für sich entdeckt und Programme und Projekte initiiert: die Arbeiterwohlfahrt das Projekt „Klimafreundlich pflegen – überall“ und eine Reihe weiterer, lokaler Projekte; Der Paritätische das Projekt „Klimaschutz in der Sozialen Arbeit Stärken“; das Deutsche Rote Kreuz hat über das Jugendrotkreuz eine Klimakampagne „Klimahelfer: Änder' was, bevor's das Klima tut!“ ins Leben gerufen; die Diakonie Deutschland – Evangelisches Werk für Diakonie und Entwicklung e. V. hat Leitlinien zur Nachhaltigkeit beschlossen und ein Infoportal Nachhaltigkeit eingerichtet; der Caritasverband Deutschland hat mit Kampagnen für einen sozialgerechten Klimaschutz begonnen und die eigene Klimaneutralität bis 2030 beschlossen (Deutscher Caritasverband o. J.) und auch die Zentralwohlfahrtsstelle der Juden in Deutschland hat sich in einer Seminarreihe „JEWCOLOGY • nachhaltig • jüdisch • ökologisch“ bereits 2015 das Thema auf die Agenda gesetzt.

Für die Freie Wohlfahrtspflege sind Klimawandel und Nachhaltigkeit Themen, die viele Handlungsfelder berühren; eine bedeutende Rolle spielen dabei v. a. für das Deutsche Rote Kreuz und den Deutschen Caritasverband die Katastrophenhilfe und das internationale Engagement, wobei auch „Politische Einmischung“ (Welskop-Deffaa/Schaffert 2021, S. 11) als zentrales Moment gesehen wird. Unter einer Sozialmanagementperspektive stehen aber die eigenen Einrichtungen und Dienste im Fokus (Lembke 2020). Für die drei Dimensionen von Nachhaltigkeit zählt Tietze (2018, S. 915 f.) mehrere diesbezüglich relevante Maßnahmen und Instrumente auf, z. B.:

- *Ökonomische Maßnahmen:* z. B. das Knüpfen der Auftragsvergabe an ökologische, nachhaltige und soziale Bedingungen; der Einsatz nachhaltiger Finanzierungsinstrumente; ein ökologisches Personal- und Mobilitätsmanagement (E-Bikes, Dienstfahrräder);
- *Ökologische Maßnahmen:* z. B. Strategische Allianzen und Kooperationen mit Umwelt- und Nicht-Regierungsorganisationen wie z. B. Greenpeace, Foodwatch etc.; Aus-, Fort- und Weiterbildung zu Nachhaltigkeit; Energiesparmaßnahmen; Umweltmanagementsysteme (EMAS, ISO 14001) und Corporate Social Responsibility einführen;
- *Soziale Maßnahmen:* z. B. Maßnahmen zur Nachhaltigkeit im betrieblichen Vorschlagsmanagement einführen; Fahrgemeinschaften – betriebliches Mobilitätsmanagement fördern; Faire Entlohnung (Mindestlohn, Prämien für Nachhaltigkeit und besonders ökologisches Verhalten); Nachhaltigkeitsgemeinschaft fördern (gemeinsames Biofrühstück).

Darüber hinaus können auch eigene Leistungen und Dienste entwickelt werden, bei denen von vornherein Nachhaltigkeit im Fokus steht und die auch den Leistungsberechtigten zugutekommen. Ein Beispiel ist hier der sog. ‚Stromspar-

Check', bei dem Leistungsempfänger mit niedrigem Einkommen eine kostenlose Beratung zum Strom- und Wassersparen erhalten (https://www.stromspar-check.de/; Welskop-Deffaa/Schaffert 2021, S. 11). Ein weiteres Beispiel ist in der folgenden grauen Box dargestellt:

Ein Beispiel aus der Schuldnerberatung

Die Schuldnerberatung der AWO Göttingen gGmbH verbindet ihre Arbeit explizit mit Nachhaltigkeit (https://schuldnerberatung-awo-goettingen.de/geld-sparen-und-klima-schuetzen). Sie bringt unter dem Motto „Geld sparen, Klima schützen" Aspekte zur Klimagerechtigkeit aktiv in die Beratung ein. Für die fünf Lebensbereiche Ernährung, Energie, Mobilität, Haushalt und Kleidung werden Tipps zum Geld-Sparen und Klimaschutz gegeben. Im Bereich Energie wird zusammen mit der Energieagentur Göttingen eine kostenlose Energieberatung (der Stromspar-Check) für Haushalte mit geringem Einkommen inkl. kostenloser Einsparhilfen und einem Zuschuss für den Neukauf eines effizienten Kühlgerätes angeboten. Klient:innen können so ihre Ausgaben reduzieren (v. a. bei steigenden Energiepreisen wichtig) und vermeiden Emissionen. In anderen Bereichen wird explizit auf Angebote vom Nachhaltigkeitsinitiativen wie Foodsharing-Angebote verwiesen. Ein weiterer Kooperationspartner ist eine Schule, die zur Verbreitung der Ideen einen Podcast erstellt hat.

Aus kritischer Perspektive ist anzumerken, dass hier Menschen in prekären Lebenslagen adressiert sind, deren Beitrag zur Umwelt- und Klimakrise generell vergleichsweise gering ist. Um die Gefahr des Zynismus hinter solchen Konzepten zu vermeiden, sollten sie mit Forderungen nach einer Umverteilungspolitik sowie Reduzierungen der Umwelt- und Klimabelastungen auch in den Bevölkerungsschichten, die von Sozialer Arbeit nicht adressiert und erreicht werden, verbunden sein.

8.7 Bezug zu anderen Handlungskonzepten und kritische Würdigung

Prinzipiell ist die Ökologisch-kritische Soziale Arbeit über Aspekte wie Nachhaltigkeit, Klimagerechtigkeit und eine ökologische Perspektive, die auch die Natur mit einbezieht, nicht nur anschlussfähig an andere Theorien und Konzepte der Sozialen Arbeit, sondern die Ökologisch-kritische Soziale Arbeit bedient sich oftmals in anderen Zusammenhängen entstandener Konzepte und Methoden wie z. B. der Erlebnispädagogik. Erickson (2018) nennt aus einer US-amerikanischen Perspektive als grundlegende Konzepte Gerechtigkeit, Stärkenperspektive *(Strengths Perspective),* Person-in-Umwelt, Lebenslaufperspektive *(Life span Perspective),* Macht, Mikro und Makro, Werte, Nachhaltige Entwicklung und *Deep Ecology* (Erickson 2018, S. 25–35), wobei die beiden letztgenannten im deutschsprachigen Diskurs weniger verbreitet sind. Und die von Erickson (2018, S. 97) genannten möglichen Aktivitäten von Sozialarbeiter:innen und Klient:innen zur Verbesserung der Umwelt und des eigenen Befindens (s. Kasten oben) machen deutlich, dass sich eine ökologisch-kritische Perspektive in vermutlich sehr viele der von den verschiedenen Konzepten verwendeten Methoden einbetten ließe.

Andere Konzepte sind unmittelbar anschlussfähig an eine ökologich-kritische Perspektive. Die Anschlüsse können dabei in mehreren Hinsichten bestehen, hinsichtlich der Wertegrundlage, der Methoden oder des Arbeitsfeldes. Im Hinblick auf die Wertegrundlagen bestehen große Gemeinsamkeiten mit der Züricher Schule und einem Verständnis Sozialer Arbeit als Menschenrechtsprofession, stellt doch der Menschrechtsbezug bei dem Menschenrecht auf sauberes Wasser auch eine wichtige Grundlage für die Ökologisch-kritische Soziale Arbeit dar. Im Person-in-Environment-Konzept kann ebenso wie in der Lebensweltorientierung und der Sozialraumorientierung auch die räumliche physikalische Umwelt eine mehr oder weniger wichtige Rolle spielen. Besonders naheliegend sind die Anknüpfungspunkte an Sozialmanagement und kritische Ansätze. Oben wurde bereits deutlich, wie viele Ansatzpunkte es im Management sozialer Organisationen gibt, um sich zumindest an einer schwachen Nachhaltigkeit auszurichten. Im Hinblick auf eine starke Nachhaltigkeit sind es die kritischen und politischen Ansätze die starke Ähnlichkeiten aufweisen. Manche Strömungen innerhalb des ökologisch-kritischen Konzepts (z. B. Matthies/Närhi 2019) betonen ebenso wie Kritische Soziale Arbeit die Perspektiven von Gerechtigkeit und Macht, insbesondere in einer globalen, gesellschaftskritischen und postkolonialen Perspektive, und thematisieren die Notwendigkeit zu einer Transition bzw. Transformation von Gemeinschaften, Gesellschaften und internationaler Beziehungen zur Herstellung von sozialer und ökologischer Gerechtigkeit.

Die ökologisch-kritische Perspektive knüpft an lange Traditionen an und erweitert den Blickwinkel der Sozialen Arbeit. Durch den Bezug auf zentrale Konzepte der Sozialen Arbeit wie Menschrechte und Gerechtigkeit auf der einen Seite und die Umwelt- und Klimakrise auf der anderen Seite wird der Ansatz aber sehr heterogen. Alleine die Konzepte von Natur und Nachhaltigkeit sind schon sehr breit, decken ganz unterschiedliche Vorstellungen ab und würden unterschiedliche Interventionen nahelegen. Da die Soziale Arbeit sich erst jüngst der Bedeutung der Umwelt- und Klimakrise für Disziplin und Profession bewusst geworden ist – die ersten systematischen deutschsprachigen Veröffentlichungen dazu wurden erst 2021 von Yannick Liedholz und Ingo Stamm vorgelegt –, sind die

Diskussionen noch relativ breit gefächert, beziehen sich auf die unterschiedlichsten Arbeitsfelder, entwickeln sehr verschiedene Methoden und berücksichtigen dabei auch den internationalen Kontext. Die Sammelbände von Liedholz und Verch (2022) und Pfaff, Schramkowski und Lutz (2022) bilden diesen lebendigen Diskussionsstand in Deutschland sehr gut ab.

8.8 Empirischer Wirkungsnachweis

Einerseits sind das Konzept Ökologisch-kritische Soziale Arbeit und verwandte Ansätze sehr komplex, da sie Interventionen auf der Makro-, der Meso- und der Mikroebene der Gesellschaft betreffen, andererseits sind die Entwicklungen und Anwendungen noch so jung und vielfältig, dass es bisher kaum empirische Forschung zu dem Konzept als Ganzem gibt. Entsprechend komplex und breit sind auch die Ziele, die mit dem Konzept verfolgt werden.

Die Makroebene sprengt hier den Rahmen von Nationalstaaten und ihren Gesellschaften und verweist auf eine Weltgesellschaft mit gerechteren internationalen Beziehungen und der Vermeidung der Externalisierung von Umweltkosten zwischen Ländern. Solche Ziele sind aber schwer zu konkretisieren und empirisch abzubilden. Sehr konkret und statistisch genau operationalisiert sind die SDG, deren Umsetzung auf der Ebene der Nationalstaaten erfolgt. Hierfür wurde ein komplexes Indikatorensystem entwickelt, das von Behörden der Vereinten Nationen, der Bundesrepublik Deutschland (The Federal Government 2021) samt Bundesländern (s. z. B. für Bayern Bayerisches Landesamt für Statistik 2021), Österreich und der Schweiz herangezogen wird, um eine empirische datengestützte Berichterstattung zu ermöglichen. Die Vereinten Nationen bieten auf der Homepage auch 132 Länderprofile zu den Indikatoren an (https://unstats.un.org/sdgs/dataportal). Zu bekräftigen ist dabei, dass die SDG und dann auch die Indikatoren aber einem schwachen, anthropozentrischen Nachhaltigkeitsverständnis entsprechen und mit solchen Zielen wie Wirtschaftswachstum – auch wenn dies nachhaltig erfolgen soll – diskussionswürdig sind (Hickel 2019).

Auf der Mesoebene erstellen einige Organisationen der Sozialwirtschaft ebenfalls Nachhaltigkeitsberichte und führen ein Nachhaltigkeitscontrolling durch, für das auch empirische Daten erhoben und ausgewertet werden. Dabei wird auf verschiedene Instrumente des Controlling zurückgegriffen, wobei es vielfach noch an praktikablen Instrumenten und einer brauchbaren Datenbasis, um Ziele und Fortschritte im Nachhaltigkeitscontrolling abbilden zu können, fehlt (Löwenhaupt 2021). Bei der Anwendung Ökologisch-kritischer Sozialer Arbeit in der Gemeinwesenarbeit gibt es eine Vielzahl von unterschiedlichen Ansätzen und möglicher Wirkfaktoren, so dass eine empirische Erfassung der spezifisch ökologischen Aspekte schwierig ist und eine Trennung der Einflussfaktoren nahezu unmöglich ist. Zudem stellt sich die Frage, was überhaupt empirisch erfassbare Ziele einer solchen Ökologisch-kritischen Sozialen Arbeit im Gemeinwesen wären; das könnten die SGD oder spezifisch auf die Situation und die Intervention heruntergebrochene Ziele sein. Zwar wurde v.a. das Quartiersmanagement im Rahmen des Bund-Länder-Programmes Soziale Stadt vielfach evaluiert, sowohl auf Ebene einzelner Projekte als auch auf Ebene des gesamten Programms, aber Aspekte der Ökologie und der Nachhaltigkeit spielten bei den Evaluationen keine erkennbare Rolle. Dies mag auch daran liegen, dass die Themen Ökologie und Umweltgerechtigkeit erst später für die ‚Soziale Stadt' entdeckt worden sind (mit Beispielen s. BMU 2016). Ähnliche Evaluationen fanden – einschließlich der Ermittlung von Erfolgskriterien – für Nachhaltigkeitsinitiativen statt (Umweltbundesamt 2021).

Während es für Programme und Interventionen auf Makro- und Mesoebene aufgrund ihrer Komplexität schwierig ist, geeignete Ziele zu benennen, handhabbare Wirkfaktoren zu ermitteln und diese zu überprüfen, ist dies mit den Interventionen auf der Mikroebene leichter. Zu den Effekten und Wirkungen der oben beispielhaft dargestellten Methoden der Erlebnispädagogik und der BNE liegen vielfach wissenschaftliche Untersuchungen vor. Von erlebnispädagogischen Maßnahmen werden v.a. Auswirkungen auf Selbstwirksamkeit, Selbstvertrauen, Resilienz, Befindlichkeit und psychische Gesundheit sowie Gruppenzusammenhalt berichtet (für weitere Quellen s. Mutz/Müller 2020). Für die Ziele der Ökologisch-kritischen Sozialen Arbeit sind allerdings diejenigen Effekte wichtig, die eine Veränderung der Einstellung zu Natur, Umwelt und Ressourcen bewirken, die sich z.B. auf der New Ecological Paradigm Scale (Schleyer-Lindenmann et al. 2018) messen ließen. Auch wenn in der Erlebnispädagogik der Bezug zu Natur und Ökologie immer stärker zu werden scheint und immer mehr Anbieter erlebnispädagogische Maßnahmen mit Ökologie verbinden, sind bisher keine diesbezüglich aussagekräftigen Studien erkennbar. Anders verhält es sich mit BNE, bei der die Ökologie und Nachhaltigkeit zentrale Ziele sind, und zu der viele empirische Studien erschienen sind. In einer Metaanalyse verschiedener Formen von *Environmental Education* bei Schulkindern zeigten 94% mindestens eine positive umweltbezogene Veränderung (Ardoin et al. 2017). Weitere empirische Studien legen nahe, dass auf Veränderungen im Umweltverhalten zielende Interventionen v.a. die Handlungsabsichten, Einstellungen, die wahrgenommene Kontrolle des eigenen Verhaltens und moralische Normen in den Blick nehmen sollten (Grund/Brock 2020).

Insgesamt bleibt aber festzuhalten, dass Ökologisch-kritische Soziale Arbeit ein Konzept ist, das sich in mehreren Arbeitsfeldern der Sozialen Arbeit mit unterschiedlichsten Methoden und Interventionen anwenden und das sich daher nicht als Ganzes empirisch auf seine Wirkungen hin erforschen lässt. Empirische Analysen müssen immer den Einzelfall der jeweiligen Maßnahme mit Ziel, Kontextfaktoren, Wirkmechanismen und Wirkungen in den Blick nehmen. Hier ist noch viel Arbeit zu leisten, damit sich viele Einzelergebnisse zu einer kritischen Bewertung des Konzeptes verdichten können.

Übung

1. Überlegen und prüfen Sie, wie und wo Sie ökologisch-natürliche Aspekte in Ihre alltägliche Praxis Sozialer Arbeit, im Praktikum oder im Beruf, einbauen können. Orientieren Sie sich dabei an den Beispielen aus Erickson (2018, S. 97, s. auch den Kasten oben) oder Boetto (2016).

2. Überlegen und prüfen Sie, wie und wo im Rahmen der Organisation der Sozialen Arbeit, in der Sie tätig sind, Nachhaltigkeit umgesetzt wird, z. B.: Gibt es einen Nachhaltigkeitsbericht, wird die Energie aus nachhaltigen Quellen bezogen, wird mit Nachhaltigkeitsinitiativen wie Solidarischer Landwirtschaft zusammengearbeitet o. a.? Wo könnte in der Organisation nachhaltiger gearbeitet werden. Steht dabei das schwache oder das starke Konzept von Nachhaltigkeit im Vordergrund?

3. Verschaffen Sie sich als Sozialarbeiter:in und als Bürger:in einen Überblick über Nachhaltigkeitsinitiativen in Ihrer Gemeinde oder Ihrem Landkreis. Prüfen Sie, welche der Ihnen aus diesem Lehrbuch und aus Ihrem Studium bekannten Methoden und Techniken der Sozialen Arbeit Sie dort einsetzen könnten, und engagieren Sie sich in einer davon.

Ausgewählte Literatur

- Erickson, Chr. L. (2018): Environmental Justice as Social Work Practice. Oxford: Oxford University Press.
- Liedholz, Y. (2021): Berührungspunkte von Sozialer Arbeit und Klimawandel. Perspektiven und Handlungsspielräume. Opladen: Budrich.
- Liedholz, Y./Verch, J. (Hrsg.) (2022): Nachhaltigkeit und Soziale Arbeit. Grundlagen, Bildungsverständnisse, Praxisfelder. Opladen: Budrich.
- Pfaff, T./Schramkowski, B./Lutz, R. (Hrsg.) (2022): Klimakrise, Sozialökologischer Kollaps und Klimagerechtigkeit. Spannungsfelder für Soziale Arbeit. Weinheim und Basel: Beltz Juventa.
- Stamm, I. (2021a): Ökologisch-kritische Soziale Arbeit. Geschichte, aktuelle Positionen und Handlungsfelder. Opladen: Budrich.

Wichtige Fachverbände und Vereinigungen

- Fachgruppe Sozial-ökologische Transformationen und Klimagerechtigkeit in der Sozialen Arbeit der DGSA, mit umfangreicher Literaturliste – https://www.dgsa.de/index.php?id=139
- International Federation of Social Workers: The People's Charter for an Eco-Social World – https://newecosocialworld.com/the-peoples-charter-for-an-eco-social-world/

Ausgewählte Internetlinks

- Bildung für nachhaltige Entwicklung – https://www.bne-portal.de/bne/de/home/home_node.html
- Blog Postwachstum – https://www.postwachstum.de/
- Deutsche Arbeitsgemeinschaft Soziale Landwirtschaft – http://www.soziale-landwirtschaft.de/startseite
- Deutschland – https://sdg-indikatoren.de//public/HLPF_Bericht_2021.pdf
- Globalisierungskritisches Netzwerk – www.attac.de/
- Länderberichte Deutschlands, Österreichs und der Schweiz zu den SDG – https://unstats.un.org/sdgs/dataportal
- Österreich – https://www.bundeskanzleramt.gv.at/themen/nachhaltige-entwicklung-agenda-2030/indikatoren-agenda-2030.html
- Podcast „Klimawandel und Nachhaltigkeit als Aufgabe für die Soziale Arbeit?" – https://www.s-inn.net/podcast
- Schweiz – https://www.eda.admin.ch/agenda2030/de/home/strategie/nationale-berichterstattung.html
- Transitions-Initiativen – https://www.transition-initiativen.org/
- Vereinte Nationen – https://unstats.un.org/sdgs

Literatur- und Quellenverzeichnis

Aithal, V./Kulke, D. (2022): Ein Lehrforschungsprojekt zu kommunalen Nachhaltigkeitsinitiativen, Globalisierung und Sozialer Arbeit. In: Liedholz, Y./Verch, J. (Hrsg.). Nachhaltigkeit und Soziale Arbeit. Grundlagen, Bildungsverständnisse, Praxisfelder. Opladen: Budrich. S. 185–197.

Alisa, D'Alisa/Demaria, F./Kallis, G. (Hrsg.) (2016): Degrowth. Handbuch für eine neue Ära. München: oekom.

Ardoin, N. M./Bowers, A. W./Roth, N. W./Holthuis, N. (2018): Environmental education and K-12 student outcomes: A review and analysis of research. In: The Journal of Environmental Education, 49, 1. S. 1–17.

Baier, A./Hansing, T./Müller, Chr./Werner, K. (Hrsg.) (2016): Die Welt reparieren. Open Source und Selbermachen als postkapitalistische Praxis. Bielefeld: transcript.

Bauriedl, S. (Hrsg.) (2015): Wörterbuch Klimadebatte. Bielefeld: transcript.

Bayerisches Landesamt für Statistik (2021): Indikatorenbericht zur nachhaltigen Entwicklung in Bayern. Ausgabe 2021. Fürth.

Boetto, H. (2016): Developing ecological social work for micro level practice. In: McKinnon, J./Alston, M. (Hrsg.): Ecological social work: Towards sustainability. New York: Palgrave Macmillan. S. 59–77.

Brand, U./Wissen, M. (2017): Imperiale Lebensweise. Zur Ausbeutung von Mensch und Natur in Zeiten des globalen Kapitalismus. München: oekom.

Bundesministerium für Bildung und Forschung (BMBF) (2022): Was ist BNE? – BNE-Portal Kampagne. https://www.bne-portal.de/bne/de/einstieg/was-ist-bne/was-ist-bne.html (Abfrage: 5.4.2023)

Bundesministerium für Umwelt, Naturschutz, Bau und Reaktorsicherheit (BMU) (2016): Umweltgerechtigkeit in der Sozialen Stadt. Gute Praxis an der Schnittstelle von Umwelt, Gesundheit und sozialer Lage. Berlin.

Bundesministerium für Umwelt, Naturschutz und nukleare Sicherheit (BMU) (2021): Klimaschutz in Zahlen. Berlin.

Deutscher Berufsverband für Soziale Arbeit e.V. (DBSH) (2016): Deutschsprachige Definition Sozialer Arbeit des Fachbereichstag Soziale Arbeit und DBSH. Berlin. https://www.ifsw.org/wp-content/uploads/2019/07/20161114_Dt_Def_Sozialer_Arbeit_FBTS_DBSH_01.pdf (Abfrage: 14.2.2022)

Deutscher Caritasverband e.V. (o.J.): Klimaschutz ambitioniert und sozial gerecht gestalten. Freiburg.

Dörfler, L. (2021): Soziale Folgen des Klimawandels. Plädoyer: Ein Thema für die Soziale Arbeit. In: FORUM sozial 2/2021. S. 21–23.

Dominelli, L. (2012): Green Social Work – From Environmental Crises to Environmental Justice. Cambridge: Polity Press.

Elsen, S. (2018): Nachhaltigkeit. In: Otto, H.-U./Thiersch, H. (Hrsg.): Handbuch Soziale Arbeit. 6. Auflage. München: Ernst Reinhardt. S. 1055–1066.

Gray, M./Coates, J./Hetherington, T. (Hrsg.) (2012): Environmental Social Work. London: Routledge.

Grund, J./Brock, A. (2020): Education for Sustainable Development in Germany: Not Just Desired but Also Effective for Transformative Action. In: Sustainability, Jg. 12, 7, 2838.

de Haan, G. (2002): Die Kernthemen der Bildung für eine nachhaltige Entwicklung. In: Zeitschrift für internationale Bildungsforschung und Entwicklungspädagogik 25, 1. S. 13–20.

Heckmair, B./Michl, W. (2018): Erleben und Lernen. Einführung in die Erlebnispädagogik. 8., überarbeitete Auflage. München: Ernst Reinhardt.

Hein, N. (2022): Gesellschaftliche Implikationen nachhaltiger Nischenakteure – auf dem Weg in eine Postwachstumsgesellschaft? Würzburg: Würzburg University Press.

Hickel, J. (2019): The contradiction of the sustainable development goals: Growth versus ecology on a finite planet. In: Sustainable Development, Jg. 27, 5. S. 873–884.

The Intergovernmental Panel on Climate Change (2022): Climate Change 2022: Mitigation of Climate Change. https://www.ipcc.ch/report/ar6/wg3/ (Abfrage: 5.10.2022)

International Federation of Social Workers (2019): Social Work Promoting Community and Environmental Sustainability Volume 3. New York. https://www.ifsw.org/product/books/social-work-promoting-community-and-environmental-sustainability-volume-3/ (Abfrage: 5.10.2022)

König, J. (2012): Nachhaltigkeit in der Sozialen Arbeit. Konzeptionelle, praktische und empirische Implikationen aus pädagogischer Sicht am Beispiel der Jugendsozialarbeit. In: Blätter der Wohlfahrtspflege, 1/2012. S. 27–32.

Lembke, St. (2020): Herausforderung CO_2-Neutralität: Klimaschutz in Einrichtungen und Diensten der Wohlfahrtspflege. In: Blätter der Wohlfahrtspflege 2/2020. S. 56–59.

Lessenich, St. (2016): Neben uns die Sintflut. Die Externalisierungsgesellschaft und ihr Preis. Berlin: Hanser.

Löwenhaupt, St. (2021): Wie können Organisationen der Sozialwirtschaft Nachhaltigkeit messen? In: neue caritas, 5/2021. S. 30.

Matthies, A.-L./Närhi, K. (Hrsg.) (2019): The Ecosocial Transition of Societies. London: Routledge.

McKinnon, J./Alston, M. (Hrsg.) (2016): Ecological Social Work: Towards Sustainability. New York: Red Globe Press.

Michl, W. (2020): Erlebnispädagogik. 4. Auflage. München: Ernst Reinhardt.

Muff, A. (2001): Erlebnispädagogik und ökologische Verantwortung. Erleben und Handeln im Spannungsfeld von Naturnutzung und Naturschutz. 2., erweiterte Auflage. Butzbach-Griedel: AFRA.

Mutz, M./Müller, J. (2020): Vom Erlebnis zum Ergebnis: Zur Wirkungsweise abenteuer- und erlebnispädagogischer Jugendfreizeiten. In: Zeitschrift für Erziehungswissenschaft, Jg. 23. S. 847–868.

Schleyer-Lindenmann, A./Ittner, H./Dauvier B./Piolat, M. (2018): Die NEP-Skala – hinter den (deutschen) Kulissen des Umweltbewusstseins. In: Diagnostica, Jg. 64, 3. S. 156–167.

Schmidt, M. (2022): Das „just city"-Konzept als normativer Bezugspunkt für die Soziale Arbeit im Kontext raumbezogener sozialer Klimagerechtigkeit? In: Pfaff, T./Schramkowski, B./Lutz, R. (Hrsg.): Klimakrise, Sozialökologischer Kollaps und Klimagerechtigkeit. Spannungsfelder für Soziale Arbeit. Weinheim und Basel: Beltz Juventa. S. 192–204.

Schramkowski, B. (2021): Klimakrise und intergenerationale Ungleichheiten: Ökologische Gewalt als Kindeswohlgefährdung? In: FORUM sozial, 3/2021. S. 35–39.

Schramkowski, B. (2022): Ökologische Gewalt als Kindeswohlgefährdung? In: Pfaff, T./Schramkowski, B./Lutz, R. (Hrsg.): Klimakrise, Sozialökologischer Kollaps und Klimagerechtigkeit. Spannungsfelder für Soziale Arbeit. Weinheim und Basel: Beltz Juventa. S. 120–132.

Schwarz, M./Howaldt, J. (2013): Soziale Innovationen im Fokus nachhaltiger Entwicklung. Herausforderung und Chance für die soziologische Praxis. In: Rückert-John, J. (Hrsg.): Soziale Innovation und Nachhaltigkeit. Innovation und Gesellschaft. Wiesbaden: Springer VS. S. 53–70.

Stamm, I. (2021b): Ökosoziale Innovationen und ihre Bedeutung für die Soziale Arbeit. In: FORUM sozial, 2/2021. S. 29–33.

Staub-Bernasconi, S. (2018): Soziale Arbeit als Handlungswissenschaft Auf dem Weg zu kritischer Professionalität. 2., vollst. überarb. u. akt. Ausgabe. Opladen: Budrich.

The Federal Government (2021): Report on the implementation of the 2030 Agenda for sustainable development. German Voluntary National Review to the HLPF 2021. Berlin.

The World Bank (2018): Groundswell – Preparing for internal climate migration. New York.

Tietze, A. (2018): Ökologie und Nachhaltigkeit. In: Grunwald, K./Langer, A. (Hrsg.): Sozialwirtschaft. Handbuch für Wissenschaft und Praxis. Baden-Baden: Nomos. S. 903–918.

Umweltbundesamt (2022): Kommunaler Klimaschutz. https://www.umweltbundesamt.de/themen/klima-energie/klimaschutz-energiepolitik-in-deutschland/kommunaler-klimaschutz#Rolle (Abfrage: 2.9.2022)

Umweltbundesamt (2019): Kriterien zur Bewertung des Transformationspotentials von Nachhaltigkeitsinitiativen Abschlussbericht. Texte 33/2019. Berlin.

Verch, J. (2020): Perspektiven zu einem nachhaltigkeitsbildenden Professionsverständnis und einer nachhaltigkeitskulturellen Ethik in der Sozialen Arbeit. Einleitende Überlegungen zu einer sich entwickelnden Beziehung von Nachhaltiger Entwicklung, Bildung für Nachhaltige Entwicklung und Sozialer Arbeit. In: Völter, B. (Hrsg.): Professionsverständnisse in der Sozialen Arbeit. Weinheim und Basel: Beltz Juventa, S. 170–183.

Welskopp-Defaa, E./Schaffert, A. (2021): Sozialwirtschaft und Zukunftskunst. In: SOZIALwirtschaft 2/2021. S. 10–13.

Wendt, P.-U. (2022): „Ja, der Klimawandel ist nicht zu bestreiten …“. Zum Beitrag der Gemeinwesenarbeit bei der Bewältigung der Klimakrise. In: Pfaff, T./Schramkowski, B./Lutz, R. (Hrsg.): Klimakrise, Sozialökologischer Kollaps und Klimagerechtigkeit. Spannungsfelder für Soziale Arbeit. Weinheim und Basel: Beltz Juventa. S. 180–191.

Kapitel 9
Konzepte der Gemeinwesenarbeit und der Sozialraumorientierung

Dieter Kulke

Gemeinwesenarbeit (GWA) und Sozialraumorientierung (SRO) sind elementare Handlungskonzepte und Arbeitsprinzipien der Sozialen Arbeit. Diese Konzepte rücken den Sozialraum und das Gemeinwesen in den Mittelpunkt und machen damit deutlich, dass Soziale Arbeit gar nicht anders kann, als in Sozialräumen und in Gemeinwesen stattzufinden. GWA wurde lange Zeit neben Einzelfallarbeit und Gruppenarbeit als eine der drei zentralen Methoden betrachtet. Nach einer wechselhaften Geschichte der GWA wurde es in Deutschland in den 1990er Jahren ruhiger um sie. In den darauffolgenden Anknüpfungen an GWA in Form einer stadtteilorientierten Sozialen Arbeit und der SRO erlebten aber viele Methoden und Techniken aus der GWA eine Renaissance. Während sich die SRO als Fach- oder Handlungskonzept etabliert hat, wird bei GWA noch diskutiert, ob sie sich besser als Konzept, Arbeitsprinzip oder als Handlungsfeld fassen lässt. Trotzdem sollen hier beide zusammen dargestellt werden, weil sie mit der Perspektive auf Raum und Gemeinwesen eine wesentliche Grundlage in Abgrenzung von anderen Konzepten der Sozialen Arbeit teilen.

9.1 Geschichtlicher Hintergrund

GWA und SRO finden sich bereits in den Anfängen der Sozialen Arbeit in England und in den USA in der *Settlement*-Bewegung. Engagierte Philantrop:innen gründeten in benachteiligten Stadtteilen Einrichtungen, 1884 Toynbee Hall im Londoner Eastend und 1889 Hull House im Stadtteil Near Westside in Chicago, mit dem Ziel der Verbesserung der Lebensbedingen durch unterschiedlichste Angebote für die Bevölkerung (vgl. Oehler/Drilling 2016, S. 16). Die Settlement-Idee war sehr erfolgreich, so dass in den USA um 1900 ca. 100 Settlements existierten (Wendt 2008, S. 384), deren Zahl in den folgenden Jahren der *Progressive Era* mit Ausbau des Sozialleistungs- und des Bildungssystems aber wieder zurückging.

Mit der Entstehung von Vororten größerer Städte und vieler neuer ländlicher Siedlungen in den USA kam die Idee des *Community Organizing* als dritter Methode neben *Case Work* und *Group Work* auf. In diesem Zusammenhang wurden die Aufgaben der Sozialen Arbeit vor allem in sozialer Integration und dem Aufbau von Gemeinschaften gesehen. Im Zuge der Bürgerrechtsbewegung in den USA trat dann eine andere Form von GWA in den Vordergrund. Bereits 1938 hatte Saul Alinsky in Chicago begonnen, die Selbstorganisation unterprivilegierter Gruppen in ihren benachteiligten Wohnquartieren und den Kampf für ihre Interessen zu unterstützen. Diese konfliktorientierte Form von GWA grenzte sich grundsätzlich von dem traditionellen *Community Organizing* ab und arbeitete mit konfliktorientierten Methoden, wie in den *Rules for Radicals,* so der Titel eines einflussreichen Buches von Saul Alinsky (1971), beschrieben. Diese verschiedenen Stränge wurden von Jack Rothman (1968) auf drei Modelle von *Community Organizing* zugespitzt. Er unterscheidet zwischen *Locality Development* als der Entwicklung von Gemeinwesen, *Social Action* als der Mobilisierung von Bevölkerungsgruppen, im Zweifelsfall auch gegen die öffentliche Verwaltung, und *Social Planning* als der rationalen und empirisch begründeten Planung sozialer Dienstleistungen in einem Aushandlungsprozess. Diese auch heute noch tragfähige Typologie unterscheidet für die drei Typen deutlich nach den verfolgten Zielen, den zugrunde liegenden Werten, der Strategie, den Klient:innen und Adressat:innen sowie der Rolle des *Community Organizers* (s. für eine Übersicht Figueira-McDonough 2001, S. 140 f.).

Historische Anknüpfungspunkte sind in Deutschland v. a. die Nachbarschaftsheim-Bewegung – 1901 wurde das „Hamburger Volksheim" gegründet – und als deutsches Settlement im eigentlichen Sinne die Soziale Arbeitsgemeinschaft Berlin-Ost. 1911 zog der Pfarrer Friedrich Siegmund-Schultze mit seiner Frau und seiner Schwester sowie einigen studentischen Mitarbeiter:innen in den Arbeiterbezirk Berlin-Friedrichshain und mietete dort Räume an. Aus der Arbeiterbewegung heraus entstanden zu dieser Zeit ‚Arbeiterklubs' und Vereinshäuser wie das 1906 eröffnete Leipziger Volkshaus, deren Traditionen in der BRD aber kaum fortgesetzt wurden. Stattdessen wurde v. a. die konsensorientierte *Community Organization* in Deutschland rezipiert. In die Zeit der 1960er Jahre fällt auch die Entstehung vieler Großsiedlungen in der alten BRD wie der DDR (Becker 2014, S. 14), die einen großen Bedarf an Sozialplanung, Beteiligungsverfahren und GWA begründeten. Durch die Rezeption marxistischer und kritischer Ansätze in den 1960er und 70er Jahren wurden aber auch die konfliktorientierten Ansätze der GWA in Deutschland populärer. Diese zunehmende ‚Radikalisierung' der GWA konnte sich aber nicht durchsetzen und fand ihren symbolischen Abschluss 1975 auf einer Tagung über konfliktorientierte GWA mit einer viel zitierten, symbolischen Todesanzeige auf die GWA (Müller 2013, S. 229).

Konzeptionell wurde die GWA in dieser Zeit v. a. von Dieter Oelschlägel zu einem Arbeitsprinzip ausformuliert (Boulet/Krauss/Oelschlägel 1980), womit eine Menge von „theoretisch-analytischen Erklärungszusammenhängen und dazu passenden praktisch-strategischen Handlungsorientierungen" gemeint war (Oelschlägel 1978, S. XIV). Damit war GWA nicht mehr eine Methode neben der Einzelfallarbeit und der Gruppenarbeit, sondern wurde als „Grundorientierung, Sichtweise und Haltung professionellen sozialen Handelns, die eine grundsätzliche Herangehensweise an soziale Probleme im Rahmen professioneller Sozialer Arbeit impliziert" (ebd.) verstanden und gründete auf folgende Prinzipien:

- Berücksichtigung der historischen und sozialen Dimension sozialer Probleme
- Integration der verschiedenen Methoden der Sozialen Arbeit, der Sozialforschung und des politischen Handelns
- Bezug auf ein Gemeinwesen und die Lebenswelten der Bewohner:innen
- Aktivierung der Menschen in ihrer Lebenswelt (Oelschlägel 2013, S. 191; Becker 2014, S. 18 f.).

Ähnlich wie in den USA ergaben sich in der Folge auch in Deutschland verschiedene Ausdifferenzierungen. Galuske (2013, S. 107 ff.) unterscheidet noch vier Konzepte von GWA:

- *Wohlfahrtsstaatliche GWA:* verstanden als Ausstattung von Sozialräumen mit sozialen Dienstleistungen und deren Koordination und Organisation. Diese Richtung der GWA entwickelte sich zu Konzepten der Sozialplanung und der planungsbezogenen Sozialen Arbeit weiter, bei denen die v. a. kommunalpolitische Steuerung wohlfahrtsstaatlicher Angebote für einen definierten Sozialraum unter Beteiligung der verschiedenen Akteure im Vordergrund steht (Drilling/Oehler 2016, S. 41).
- *Integrative GWA:* geht davon aus, dass eine Anpassung der „Bedürfnisse, Interessen, Wert- und Normvorstellungen der Menschen in einem Quartier" möglich ist (Braches-Chyrek 2019, S. 84) und findet sich heutzutage am ehesten im Quartiersmanagement wieder (s. u.).
- *Konfliktorientierte GWA:* bei Galuske (2013, S. 108) als „aggressive Gemeinwesenarbeit" benannt, findet sich als Spielart des *Community Organizing* wieder (FOCO – Stiftung Mitarbeit 2015), die sich bewusst außerhalb der organisierten Sozialstaatlichkeit positioniert und die – wie die *Social Action* nach Rothman (1968) – bestimmte Bevölkerungsgruppen in einem Gemeinwesen oder in einer Organisation mobilisiert. Die sich daraus ergebenden Aktionen versuchen die Interessen dieser benachteiligten Gruppen zu befördern und können sich dabei auch gegen die herrschende Ordnung richten. In der extremen Spielart des *Transformative Organizing* (Maruschke/Pieschke/Rokitte 2019) werden Methoden des *Organizing* verwendet, um eine staatliche und gesellschaftliche Transformation zu befördern.

- *Katalytisch-aktivierende GWA:* wurde in kritischer Auseinandersetzung mit der konfliktorientierten GWA entwickelt und unterstellt als „pragmatisches Konzept“ (Braches-Chyrek 2019, S. 84), dass Verbesserungen der Lebensbedingungen in einem Sozialraum nie ohne die zuständigen öffentlichen Verwaltungen erreicht werden können. Aus der katalytisch-aktivierenden GWA wurde über eine ‚Stadtteilbezogene Soziale Arbeit‘ das Fachkonzept Sozialraumorientierung entwickelt, das Ausgangspunkt des großen Erfolges von SRO wurde.

Diese Typologie ist v. a. unter einer historischen Perspektive wichtig, um zu verstehen, wie die heutigen Diskurse geführt werden. Die beschriebenen Ansätze entwickelten sich zu verschiedenen, weiter unten genauer dargestellten Konzepten weiter, die in der Praxis auch fließend ineinander übergehen können.

Skizzen von fünf für die Entwicklung der GWA und SRO wichtigen Personen

- Das Wirken von ***Jane Addams*** (1860–1935) zeigt eindrucksvoll, wie wenig Soziale Arbeit von den Lebensumständen der Menschen absehen kann. Nachdem sie in mehreren karitativen Organisationen tätig gewesen war, eröffnete sie am 18. September 1889 zusammen mit Ellen Gates Starr das Hull House in Chicago, das erste ‚Siedlungshaus‘ *(Settlement)* in den USA, in dem sie selber bis zu ihrem Tod lebte. Ihr Einsatz für soziale Gerechtigkeit und Frauenrechte wurde mit dem Friedensnobelpreis gewürdigt, den sie 1931 zusammen mit Nicholas Murray Butler erhielt.

  In dem 2023 erstmals auf Deutsch erschienenen grundlegenden Text „Demokratie und Soziale Ethik“ (i. Original: Democracy and Social Ethics; Addams 1902/2023) wird die enge Verflechtung von individuellen Hilfen, Wohltätigkeitsorganisationen, industriellen Arbeitsbedingungen und Politik, v. a. auf der kommunalen Ebene, besonders deutlich. Diese führt in Abgrenzung von individualethischen Begründungen zu der titelgebenden politischen Programmatik von Sozialer Ethik und Demokratie.
- ***Saul Alinsky*** (1909–1972) ist untrennbar mit dem *Community Organizing* in seiner radikalen Form verbunden. Nach Abbruch seines Soziologie-Studiums arbeitete er in verschiedenen Projekten und wurde 1939 Mitgründer der *Industrial Area Foundation,* die als Bürgerorganisation und Beratungs- und Koordinierungsstelle in benachteiligten Wohngebieten diente und in der Alinsky als professioneller *Organizer* wirkte. Große Erfolge erzielte er mit Kampagnen zur Verbesserung der Lebensbedingungen in Chicago sowie zur Gleichstellung von schwarzen Arbeitern bei Eastman Kodak in Rochester (1964). Sein immer wieder aufgelegtes Buch *„Rules for Radicals. A Practical*

Primer for Realistic Radicals“ gilt als Standardwerk des *Organizing* und ist eine pragmatische Anleitung für kommunalpolitische Aktivist:innen.
- ***Dieter Oelschlägel*** (1929–2019) hatte sich während seines Studiums der Pädagogik in Berlin und dann in seiner Assistenzzeit an der Universität der GWA zugewandt und übernahm als Professor an der damaligen Universität Duisburg eine Schlüsselrolle in der Entwicklung der GWA in Deutschland. In der wichtigen Veröffentlichung mit Jaak Boulet und Jürgen Krauss aus dem Jahr 1980 „Gemeinwesenarbeit. Eine Grundlegung“ wurde GWA als Arbeitsprinzip entwickelt. Neben diesen wissenschaftlichen Tätigkeiten war er auch praktisch engagiert, zuerst in Berlin in einem Stadtteilprojekt, später dann in der Lokalen Agenda 21 in Dinslaken.
- ***Wolfgang Hinte*** (*1952), ab 1980 Professor für Sozialpädagogik an der Universität Duisburg-Essen und ab 1985 Leiter des Instituts für Stadtteilentwicklung, Sozialraumorientierte Arbeit und Beratung (ISSAB) am Campus Essen, entwickelte in langjähriger Zusammenarbeit mit Kolleg:innen das Fachkonzept Sozialraumorientierung. Das ISSAB war durch eine Vielzahl von Forschungs- und Entwicklungsarbeiten, Beratungen und Fortbildungen maßgeblich für den Erfolg des Fachkonzepts bei dem sozialräumlichen Umbau der Jugendhilfe in vielen deutschen Kommunen verantwortlich.

9.2 Grundlegende Begriffe

In diesem Abschnitt werden die Begriffe Sozialraum und Gemeinwesen diskutiert, die für die verschiedenen Konzepte grundlegend sind.

Sozialraum als räumlicher Zusammenhang bzw. definiertes Territorium

Bei diesem Verständnis von Sozialraum liegt die Betonung auf ‚Sozial*raum*‘ und bedeutet ein eindeutig beschreibbares geographisches Gebiet bzw. einen Raum, eine administrative Verwaltungseinheit, einen Steuerungsraum oder ein Territorium (vgl. Herrmann 2019, S. 33), oft auch als ‚Container-Modell‘ bezeichnet. Sozialräume können auf verschiedenen, oft hierarchisch geordneten Ebenen beschrieben werden: bestimmte Straßenzüge, Stadtteile, Stadtbezirke, Gemeinden, Landkreise und ggf. Bezirke und Regierungsbezirke. Dieses Verständnis von Sozialraum findet sich in der Sozialen Arbeit wieder in Verwaltungszuständigkeiten, Planungsregionen, Einzugsbereichen etc., die in der Regel durch Politik und Verwaltung definiert werden, aber auch aus der internen Organisationen von Leistungserbringern resultieren können.

Unter einer solchen räumlichen Perspektive lassen sich die Sozial*räume* auf mögliche Ressourcen und Belastungen hin befragen. Die Stadtstruktur, die Siedlungsstruktur, die Versorgung mit Infrastruktureinrichtungen oder Verkehrsanbindungen, aber auch räumliche Gegebenheiten wie Grünflächen, das Wohnumfeld, etc. können jeweils ganz unterschiedliche Chancen für eine Nutzung und Aneignung, aber auch für Belastungen und Barrieren darstellen.

Sozialraum als sozialer und lebensweltlicher Zusammenhang

Ein weiteres Verständnis, das eines ‚*Sozial*raums', betont ein relationales Raumverständnis, in dem die Beziehungen und die lebensweltlichen Zusammenhänge entscheidend sind. *Sozial*raum wird nicht vom Raum, sondern von den Menschen her gedacht; es ist der Raum, der durch die Beziehungen zwischen Menschen aufgespannt wird. Früchtel, Cyprian und Budde bezeichnen solche Sozialräume auch als „*Netzwerk-Räume*" (vgl. Früchtel/Cyprian/Budde 2013, S. 16). Diese sind ganz wesentlich, weil sie – je nach räumlicher Entfernung und räumlichen Barrieren – Mobilisierungen, Begegnungen und Kontakte erschweren oder erleichtern können. Über die Aktivierung und den Ausbau solcher Beziehungen können die Fachkräfte Sozialer Arbeit Ressourcen zur Lösung individueller Problemlagen gewinnen (vgl. Herrmann 2019, S. 35).

Der *Sozial*raum kann insofern als sozial konstruiert betrachtet werden, als jeder einzelne Mensch ihn durch seine Beziehungen konstruiert und definiert. „Im Grunde gibt es so viele Sozialräume wie Individuen" (Hinte/Tress 2007, S. 30). Als lebensweltlich kann dieser Sozialraumbegriff verstanden werden, weil er die unmittelbare soziale Lebenswelt eines Individuums betrifft und sich die sozialen Kontakte in diesem *Sozial*raum abspielen; auch kann so ein persönlicher *Sozial*raum sich weit über einen Sozial*raum* erstrecken.

Sozialraum als Aneignungs- und Aktionsraum

Von einigen Autor:innen wird ein drittes Verständnis von Sozialraum formuliert, der „sozial konstruierte Sozialraum als „Wahrnehmungsraum" (Riege 2007, S. 379) bzw. als „Aneignungs- und Aktionsraum" (Herrmann 2019, S. 37). In dieser Perspektive entsteht der „Sozialraum mit seinen Eigenschaften durch das Handeln bzw. stattfindende Aktionen" (Herrmann 2019, S. 37). Durch Prozesse sozialen Handelns und sozialer Konstruktion werden Räume und Orte erst wahrgenommen und erlebt, und als Orte von Aktivitäten und Begegnungen interaktiv konstruiert und mit Bedeutung versehen und angeeignet. Auf diese Weise werden die Sozialräume in die Lebenswelten der Individuen integriert. „Die Art und Weise, wie sich Menschen etwa ein räumliches Gebiet aneignen, was sie aus ihm machen, wie sie es für sich nutzen, wie sie mit seinen Einschränkungen umgehen, wie sie es herrichten […] wie sie es anreichern, ist für sozialräumliches Arbeiten von großer Bedeutung" (Hinte/Treeß 2014, S. 31).

Diese Perspektive ist auch für Soziale Arbeit im Sozialraum, aber auch für

Nachbardisziplinen wie die Soziologie die zentrale. Insbesondere in der soziologischen Forschung ergeben sich viele Anknüpfungspunkte an den Sozialraum, sei es in dem Ansatz der *Chicago School of Sociology*, der Phänomenologie von Alfred Schütz, der Lebensweltorientierung oder weiterer Ansätze (s. für einen Überblick Becker 2020b, S. 15 ff.).

Gemeinwesen und *Community*

Ähnlich wie der Begriff Sozialraum haben auch ‚Gemeinwesen' und ‚*Community*' breit gefächerte Bedeutungen. Stövesand/Stoik (2013, S. 16) definieren folgendermaßen:

> „Mit Gemeinwesen bezeichnen wir einen sozialen Zusammenhang von Menschen, der über einen territorialen Bezug (Stadtteil, Nachbarschaft), Interessen und funktionale Zusammenhänge (Organisationen, Wohnen, Arbeit, Freizeit) oder kategoriale Zugehörigkeit (Geschlecht, Ethnie, Alter) vermittelt ist bzw. darüber definiert wird".

Ein Gemeinwesen ist also nicht einfach nur ein politisch-administratives Gemeinwesen, sondern verlangt auch einen *sozialen* Zusammenhang vom Menschen (zur Klärung s. Barta 2017). Für die GWA, die immer räumlich verortet ist, ist dabei der territoriale Bezug essentiell, soziale Zusammenhänge nur auf der Grundlage gemeinsamer Interessen oder Kategorien können keine GWA begründen.

Im Englischen verhält es sich sehr ähnlich, wenn man mit Streeter zwei Bedeutungen von ‚*Community*' feststellt: „(a) community as shared physical space or geographical community; and (b) community based on shared interest or identity or functional community" (Streeter 2013). Die erste Bedeutung entspricht weitgehend dem deutschen Begriff Gemeinwesen in Gemeinwesenarbeit, die zweite meint aber auch Gruppen, die sich aufgrund eines gemeinsamen Interesses oder einer Identität ohne notwendigen räumlichen Zusammenhang, z. B. im Internet, bilden. Diese Vorstellung schränkt die Bedeutung des Raums sehr ein, verlagert ihn ggf. sogar ins Virtuelle und ist damit weniger anschlussfähig an die vorherrschenden Konzeptionen von Gemeinwesenarbeit und Sozialraumorientierung.

9.3 Konzepte der GWA und SRO in Deutschland

Aus den verschiedenen Strömungen in Theorie und Praxis haben sich verschiedene Konzepte herausgebildet. Im Folgenden werden die in Disziplin und Profession besonders wichtigen Konzepte vorgestellt. Mit den starken und essentiellen Bezügen auf Raum und Gemeinwesen haben diese Konzepte große Gemeinsamkeiten, die sie auch von anderen Konzepten in der Sozialen Arbeit unterscheiden. Aus Platzgründen und aufgrund großer Überschneidungen wurden weitere Ausarbeitungen wie das Handlungskonzept Sozialraumorientierung (Becker 2020b) oder Sozialraumarbeit (Kessl/Reutlinger 2013) nur selektiv berücksichtigt.

Gemeinwesenarbeit

Bei GWA wird immer noch diskutiert, ob es sich um ein Handlungskonzept oder ein Arbeitsfeld Sozialer Arbeit handelte (Becker 2020b, S. 28f.; s. zudem Fehren 2017). Möglich wäre auch in diesem Diskurs, dass GWA ein dominantes Handlungskonzept in einem typischen Arbeitsfeld ist, auch wenn dieses oft anders benannt wird. Wie breit die theoretischen Positionierungen und Methoden von GWA sind, wird in dem *Handbuch Gemeinwesenarbeit* (Stövesand/Stoik/Troxler 2013) deutlich. GWA, so Stövesand und Stoik im einleitenden, die Diskussionen zusammenführenden Beitrag, „richtet sich ganzheitlich auf die Lebenszusammenhänge von Menschen. Ziel ist die Verbesserung von materiellen (z. B. Wohnraum, Existenzsicherung), infrastrukturellen (z. B. Verkehrsanbindung, Einkaufsmöglichkeiten, Grünflächen) und immateriellen (z. B. Qualität sozialer Beziehungen, Partizipation, Kultur) Bedingungen unter maßgeblicher Einbeziehung der Betroffenen. GWA integriert die Bearbeitung individueller und struktureller Aspekte in sozialräumlicher Perspektive. Sie fördert Handlungsfähigkeit und Selbstorganisation sowie den Aufbau von Netzwerken und Kooperationsstrukturen. GWA ist somit immer sowohl Bildungsarbeit als auch sozial- bzw. lokalpolitisch ausgerichtet“ (Stövesand/Stoik 2013, S. 21). Nach Stövesand (2019) zeichnet sich GWA durch folgende Aspekte aus:

1. *Interdisziplinarität:* In historischer Perspektive nimmt GWA Einflüsse aus Strömungen wie v. a. dem Anarchismus und utopischen Bewegungen, dem Marxismus, der Befreiungspädagogik oder dem Kommunitarismus auf. Aktuell zeigt sich Interdisziplinarität in einer Offenheit gegenüber verschiedenen wissenschaftlichen Richtungen und Konzepten.
2. *Sozialraumbezug:* Grundlegend für GWA ist ein konkreter räumlicher Bezug, z. B. auf einen Häuserblock, einen Stadtteil oder eine Gemeinde. Ausgangspunkt der Praxis ist immer ein konkreter räumlicher Zusammenhang, ein Sozial*raum.*
3. *Methodenintegration:* GWA verwendet eine Vielzahl von Methoden und Techniken, die in der Regel in ein kohärentes Schema und Prozessmodell integriert werden und die auch in anderen Konzepten in der Sozialen Arbeit genutzt werden.
4. *Lebensweltorientierung:* GWA orientiert sich an den Lebenswelten der in einem bestimmten Sozialraum lebenden Menschen. Die Lebenswelten sind

in ihrer ganzen Vielfalt und im Zusammenhang mit dem Sozialraum zu verstehen.
5. *Aktivierung von Ressourcen* und *kollektives Empowerment:* Beide Methoden sind elementar für die GWA, z. B. als Empowerment von Kollektiven, wie den Bewohner:innen eines Quartiers, oder von einzelnen Gruppen.
6. *Selbsthilfe:* In der GWA sollen die Bevölkerung oder einzelne Gruppen selber zur Bearbeitung der Probleme beitragen.
7. *Netzwerkarbeit:* Hier geht es um Stabilisierung informeller und formeller sozialer Beziehungen und um Kooperationen zwischen den Menschen selber, zu Organisationen in dem Gemeinwesen und auch zwischen verschiedenen Organisationen, Initiativen und sozialen Zusammenschlüssen untereinander.
8. *Kontaktaufbau* zwischen Bevölkerung und (lokalen) Mandats- und Entscheidungsträger:innen in Politik, Verwaltung und Wirtschaft.

Den entscheidenden Unterschied der verschiedenen praktischen Umsetzungen von GWA sieht Stövesand (2018) darin, wie integrativ bzw. konfrontativ ihre Zielsetzungen und Arbeitsweisen in der konkreten Arbeit sind. Da GWA heute weit überwiegend in öffentlicher und – in deutlich geringerem Ausmaß – kirchlicher oder anderer Verantwortung betrieben wird, dominiert eine auf Kohäsion und Integration und weniger auf Aktivierung benachteiligter Bevölkerungskreise setzende Arbeitsweise, wie sie typisch für das Quartiersmanagement ist.

Quartiersmanagement

Quartiersmanagement hat seine Wurzeln in der Stadterneuerung seit den 1960er Jahren; breit etabliert hat es sich durch das 1999 aufgelegte Bund-Länder-Städtebauförderungsprogramm „Stadtteile mit besonderem Entwicklungsbedarf – die Soziale Stadt", seit 2020 „Sozialer Zusammenhalt".

Übergeordnete Zielsetzungen der „Sozialen Stadt" sind „die Stabilisierung und Aufwertung der Gebiete sowie die Verbesserung der Lebenssituation der Quartiersbevölkerung. … die Situation in städtebaulich, wirtschaftlich und sozial benachteiligten Stadt- und Ortsteilen zu verbessern, lebendige Nachbarschaften zu fördern und den sozialen Zusammenhalt zu stärken" (BMI 2019, S. 7). Hier werden bereits einige Überschneidungen mit der Definition von GWA deutlich. Die „Soziale Stadt" hat eine sehr große Bedeutung: Bis 2019 wurden bundesweit insges. 965 Gesamtmaßnahmen in 544 Städten und Gemeinden mit einem Fördervolumen nur des Bundes von insges. 2,1 Mrd. Euro gefördert.

Die Besonderheit des Programms besteht in der Verbindung von städtebaulichen Maßnahmen mit sozialen Maßnahmen, die im Grunde der GWA entstammen; dabei liegt die Gesamtsteuerungsverantwortung hier immer bei den Kommunen. Quartiersmanagement ist ein integraler Bestandteil der „Sozialen

Stadt" und kann an ganz unterschiedlichen Stellen angesiedelt sein, bei der Kommune selber oder bei Trägern der Wohlfahrtspflege, Wohnungsunternehmen, Sanierungsträgern oder Vereinen. Von zentraler Bedeutung sind:

- eine als Quartiersmanager:in eingesetzte Person, in der Regel mit einem Hochschulabschluss v. a. in Sozialer Arbeit, Geografie und Raum- bzw. Planungswissenschaften,
- ein Stadtteilbüro, am besten in einer zentralen, hochfrequentierten Lage im Quartier und
- ein Fonds, z. B. ein Aktions-, Quartiers- oder Verfügungsfonds, aus dem kleinere Maßnahmen finanziell gefördert werden können (BMUB 2016, S. 12 f.).

Zentrale Aufgaben sind nach Herrmann (2008, S. 200) eine Empowerment-Funktion, die Entdeckung und Vermittlung lebensweltlicher Perspektiven, Kooperations- und Beziehungsmanagement, Konfliktmanagement, Handlungs- und Strategiemanagement, Integrationsfunktion, und die Funktion der Öffentlichkeitsarbeit, aber auch Mitteleinwerbung und -koordination und Projektevaluation (Herrmann 2008, S. 200; s. a. BMUB 2016, S. 17 ff.; Herrmann 2019, S. 114 ff.).

Insgesamt kann Quartiersmanagement als ein Konzept verstanden werden, das eine Fortsetzung und Erweiterung der klassischen GWA darstellt. Unterschiede zwischen GWA und Quartiersmanagement bestehen nach Baum (2018) v. a. in einer stärkeren Parteilichkeit und Positionierung der GWA auf der Seite der Bevölkerung. Quartiersmanagement ist zudem oft dem Ressourcen-Etikettierungsdilemma ausgesetzt: Damit ein Stadtteil zusätzliche Ressourcen für Quartiersmanagement erhält, muss er nach dem Förderprogramm erst als förderbedürftig beschrieben werden, was in der Regel durch eine ganze Reihe von Indikatoren wie Arbeitslosenquote, Grundsicherungsempfängerquote etc. belegt werden muss. Dieser Prozess kann zu einer Etikettierung als ‚Problemgebiet' oder ‚sozialer Brennpunkt' und in Folge davon zu einer Stigmatisierung und Diskriminierung der Bewohnerschaft des gesamten Stadtteils führen.

Das Fachkonzept Sozialraumorientierung

Das Fachkonzept Sozialraumorientierung (grundlegend: Hinte/Treeß 2014) verdichtet die Entwicklungen seit der Wende von der GWA hin zur SRO. Ausgehend von Ansätzen der humanistischen und erziehungskritischen Sozialen Arbeit wurde zunächst ein Konzept ‚Stadtteilbezogene Soziale Arbeit' entwickelt, das auch in mehreren Kommunen in Nordrhein-Westfalen umgesetzt wurde. Aus diesen Arbeiten und Erfahrungen ging dann das ‚Fachkonzept Sozialraumorientierung' hervor. Konstitutiv dafür sind fünf Prinzipien, hier recht pragmatisch formuliert (Hinte/Treeß 2014, s. auch Hinte 2019):

1. „Ausgangspunkt jeglicher Arbeit sind der Wille/die Interessen der leistungsberechtigten Menschen (in Abgrenzung zu Wünschen oder naiv definierten Bedarfen).
2. Aktivierende Arbeit hat grundsätzlich Vorrang vor betreuender Tätigkeit: ‚Arbeite nie härter als Dein Klient.'
3. Bei der Gestaltung einer Hilfe spielen personale und sozialräumliche Ressourcen eine wesentliche Rolle: also konsequente Orientierung an den von den betroffenen Menschen formulierten, durch eigene Kraft erreichbaren Zielen (unter möglichst weitgehendem Verzicht auf expertokratische Diagnostik).
4. Aktivitäten sind immer zielgruppen- und bereichsübergreifend angelegt.
5. Vernetzung und Integration der verschiedenen sozialen Dienste sind Grundlage für funktionierende Einzelhilfen – Konsequenz: strukturell verankerte Kooperation über leistungsgesetzliche Felder hinweg" (Hinte 2019, S. 19).

Diese fünf Prinzipien greifen ineinander und ergänzen sich sinnvoll. Der Wille der Adressat:innen bzw. ihr „Interesse" (ebd., S. 17) ist eine wichtige Voraussetzung für die Aktivierung der Adressat:innen; ihre individuellen Ressourcen sollen im Zusammenspiel mit Ressourcen des Sozialraums genutzt werden. Und dafür reicht es nicht, dass diffuse Wünsche geäußert werden, es muss ein Wille zur Veränderung und zum Engagement vorhanden sein. Für das Konzept sind enge Kooperationen und Vernetzungen, auch über den Sozialbereich hinaus, wichtig. Damit schließt das Fachkonzept auf der individuellen Ebene eng an Konzepte wie Empowerment und auf der strukturellen Ebene an spezielle Vernetzungs-, Organisations- und Finanzierungsformen an. Dementsprechend würde eine konsequente Anwendung nicht weniger als einen Umbau des Systems der sozialen Dienstleistungen verlangen. Bei Leistungsträgern und Leistungserbringern sind z. B. die Einrichtung von Sozialraumteams und von Sozialraumbudgets zur Leistungsfinanzierung wichtige Schritte; SRO ist ohne fallunspezifische Arbeit nicht denkbar, so dass auch für sie eine Finanzierung gefunden werden muss.

Das Fachkonzept Sozialraumorientierung nach Hinte lässt sich an der deutlichen Trennung zwischen fallspezifischer, fallunspezifischer und fallübergreifender Arbeit verdeutlichen. *Fallspezifische* Arbeit bezieht sich direkt und unmittelbar auf den einzelnen Fall und entspricht im Wesentlichen der klassischen Einzelfallarbeit. Unter Sozialraumperspektive kann diese Arbeit um die *fallübergreifende* Arbeit erweitert werden. Diese bezieht sich immer noch auf einen konkreten individuellen Fall, erfolgt nicht direkt mit dem Klienten, sondern mit seinem Umfeld um z. B. Ressourcen des Sozialraums zu erschließen. Wenn kein Bezug mehr zu einem konkreten Fall gegeben ist, wird von *fallunspezifischer* Arbeit gesprochen. Diese liegt z. B. vor, wenn in Netzwerkarbeit, durch die Mitarbeit in Gremien erst einmal Kontakte und Ressourcen im Gemeinwesen aufgebaut werden. Anders als in der GWA kann die fallunspezifische Arbeit in der SRO beispielsweise auch auf mögliche Ressourcen für einzelne Fälle von Adressat:innen zielen, auch wenn noch nicht absehbar ist, für welchen Fall sie einmal eingesetzt werden können (Galuske 2013, S. 306).

Das SONI-Schema

Neben dem Fachkonzept Sozialraumorientierung hat sich v. a. das SONI-Schema als Konzept zu Sozialer Arbeit in einem Sozialraum etabliert (Früchtel/Cyprian/Budde 2013; Früchtel/Budde/Cyprian 2013). Der Begriff „Schema" zeigt, dass es weniger um ein elaboriertes Gesamtkonzept als mehr um eine etwas eklektizistische und selektive Verbindung verschiedener Theorien, Konzepte, Methoden und Techniken geht. Dies macht es in der Praxis nach vielen Seiten anschlussfähig. Dementsprechend verstehen die Autor:innen SRO als einen Mehrebenenansatz, der in verschiedenen Handlungsfeldern angewendet werden kann. Früchtel/Budde/Cyprian gehen von vier Ebenen aus, die von ihnen auch als „Handlungsfelder" bezeichnet werden (ebd., S. 11), und die folgende Bedeutungen mit entsprechenden zentralen Akteur:innen haben (s. Tab. 9.1).

Tabelle 9.1: Die Ebenen des SONI-Schemas

Ebene	Bedeutung	Akteur:innen
Sozial-struktur	• der in Einkommensverteilungen, in räumlichen Segregationen, in Infrastrukturausstattungen oder in sozialrechtlichen Vorschriften verobjektivierte Kontext • sozialpolitische „Philosophie" einer Kommune • Normalitätsvorstellungen der öffentlichen Meinung • fachliche Grundorientierung der Sozialverwaltung	• Akteur:innen des kommunalpolitischen Lebens • Öffentlichkeit
Organi-sation	• institutioneller Kontext: Aufbau- und Ablauforganisationen mit Zuständigkeiten, Zugänglichkeiten, Arbeitsplatzbeschreibungen, Spezialisierungen • Trägerlandschaft • Finanzierungssysteme, ggf. Sozialraumbudget • Kooperationsbeziehungen	• Organisationen der Leistungsträger und -erbringer • Vereine, andere Organisationen
Netz-werk	• soziale Verknüpfungen zwischen den Bürger:innen eines Sozialraums: Klient:innen, Freiwillige, politische Unterstützer:innen, Sponsoren, Nachbarn	• alle Personen in einem Sozialraum • informelle Zusammenschlüsse
Indivi-duum	• subjektive Wahrnehmungs- und Deutungsmuster, Erfahrungen, Erwartungen, Ressourcen, Lebensstil und Lebenslage • egozentriertes soziales Netzwerk einer Person	• Klient:innen • Personen in einem Sozialraum

(nach Früchtel/Budde/Cyprian 2013, S. 11 ff.)

Das SONI-Schema ist v. a. geeignet, die verschiedenen Ebenen und die vielfältigen Aspekte, die für eine umfassende SRO zu berücksichtigen sind, deutlich zu machen. Während GWA immer auch Arbeit *am* Gemeinwesen oder Sozialraum ist und im SONI-Schema v. a. auf der Ebene S stattfindet, verschränkt das SONI-Schema diese Ebenen und zeigt damit bspw. wie die Ebene S auch die Einzelfallarbeit auf der individuellen Ebene beeinflussen kann. Im Idealfall ergänzen, verstärken und unterstützen sich Maßnahmen auf den verschiedenen Ebenen gegenseitig. Methoden und Interventionen auf den einzelnen Ebenen werden unten dargestellt.

Rechtliche Grundlagen und Finanzierung

Alleine das SONI-Schema macht deutlich, wie viele rechtliche Grundlagen die GWA und SRO betreffen. Grundlegend ist das im Grundgesetz verankerte und auch auf europäischer Ebene bestätigte Recht der Gemeinden, „alle Angelegenheiten der örtlichen Gemeinschaft im Rahmen der Gesetze in eigener Verantwortung selber zu regeln" (Art. 28 Abs. 2 GG). Elementare Methoden der Beteiligung sind auf Bundesebene im Bundesbaugesetzbuch und auf Landesebene für die Kommunen in den Gemeindeordnungen der Bundesländer geregelt (s. Becker 2020b, S. 33 f.). Im Sozialrecht finden sich Bezüge zum Sozialraum v. a. im SGB VIII mit dem bei Hilfen zur Erziehung zu berücksichtigenden ‚sozialen Umfeld' (§ 27) und im SGB IX, z. B. mit der Bestimmung, das Gesamtplanverfahren des Leistungsberechtigten sozialraumorientiert durchzuführen (§ 117), wieder.

SRO wird in der Regel für die fallspezifische und fallübergreifende Arbeit über die Sozialgesetzbücher finanziert; fallunspezifische Leistungen könnten über sog. Sozialraumbudgets, z. B. im Kitabereich in Reinland-Pfalz, finanziert werden, die aber nicht individuelle Leistungsansprüche (wie in den rechtlich nicht haltbaren [Wiesner 2019, S. 311 f.] Sozialraumbudgets der Erziehungshilfen) abdecken können, sondern als zusätzliche Fördermaßnahmen von Ländern oder Kommunen zu verstehen sind. GWA und Quartiersmanagement als fallunspezifische Soziale Arbeit sind Freiwilligkeitsleistungen der Gemeinde, der Wohnungsbaugesellschaften oder anderer Träger und somit von politischen Beschlüssen, der kommunalen Finanzkraft und entsprechenden Förderprogrammen des Bundes, der Länder oder anderer Geldgeber abhängig. Auch dies führt zu einer sehr heterogenen Struktur, großer konzeptioneller Vielfalt der Angebote und zu einer chronisch unsicheren Finanzierung.

9.4 Methoden und Techniken der Sozialraumanalyse

Ziele einer Sozialraumanalyse

Um in einem Gemeinwesen oder einem Sozialraum professionell arbeiten zu können, ist zunächst ein Zugang und dann eine genaue Kenntnis des Sozialraums, in der Regel über eine Sozialraumanalyse, ein *Community Assessment* bzw. *Community Needs Assessment* (z. B. Cassells 2015; Wambeam 2015), erforderlich. Vorderste Ziele einer Sozialraumanalyse sind:

- die Ermittlung der Lebenslagen und der sozio-ökonomischen Situationen der Menschen im Quartier und ihrer Anliegen
- die Identifikation sozialer Probleme
- die Erfassung des sozialräumlichen Zusammenhangs und seiner Probleme
- die Identifizierung und Aktivierung von Ressourcen
- und die Identifizierung von Machtstrukturen.

Dabei kann für eine umfassende Sozialraumanalyse, bei der ein möglichst vollständiges Bild eines Sozialraums oder eines Gemeinwesens erhoben werden soll, nach den folgenden Prinzipien vorgegangen werden:

Prinzipien einer Sozialraumanalyse

Mulroy (2013) hat einen Vorschlag für fünf grundlegende Prinzipien für eine umfassende Sozialraumanalyse *(Community Needs Assessment)* gemacht, die hier leicht abgewandelt dargestellt werden sollen:

1. Quellenvielfalt *(Diverse Constituencies):* Um ein breites Bild des Sozialraums zu erhalten, sind Daten aus möglichst vielen unterschiedlichen Quellen und von verschiedenen Akteuren zu erheben.
2. Methodenvielfalt *(Multiple Methods):* Es sollen unterschiedliche, qualitative wie quantitative, Methoden verwendet werden, um die Stärken der jeweiligen Methoden für eine Sozialraumanalyse fruchtbar zu machen.
3. Partizipation *(Civic Partcipation):* Die Sozialraumanalyse kann ein erster Schritt zu einer Aktivierung von Personen im Sozialraum sein und sollte daher bei der Auswahl der Fragestellung und der Methoden, der Durchführung der Erhebungen und der Analyse partizipativ erfolgen.
4. Praxisnähe und Relevanz *(Realistic):* Die Sozialraumanalyse soll realistisch und verständlich sein und zu nachvollziehbaren und umsetzbaren Ergebnisse kommen, um von der Verwaltung und den anderen Akteuren verstanden und anerkannt und als Grundlage für Entscheidungen genutzt werden zu können.

5. Ressourcenorientierung *(Asset-building):* Die Sozialraumanalyse soll nicht defizitorientiert sein, sondern die Ressourcen und Potenziale eines Sozialraums zum Aufbau von kollektiver Handlungsfähigkeit erfassen.

Üblicherweise wird zwischen quantitativen und qualitativen Methoden der Sozialraumanalyse unterschieden (u. a. Wambeam 2015; Spatscheck/Wolf-Ostermann 2016; Herrmann 2019). Dabei kommen im Grunde die meisten der aus dem Methodenspektrum der empirischen Sozialforschung bekannten Methoden in Frage (u. a. Deinet 2009; Wambeam 2015; Spatscheck/Wolf-Ostermann 2016). Eine umfassende Checkliste *Community Assessment Parameters* zur Beschreibung von Gemeinwesen mit einem Schwerpunkt auf Gesundheit hat Cassells (2015, S. 100 f.) vorgelegt.

Quantitative Methoden der Sozialraumanalyse

Hierbei werden alle in Bezug auf einen Sozialraum bezogenen quantitativen Daten gesammelt, erhoben, ausgewertet und analysiert.

In *Primärerhebungen* werden zum Zweck von Sozialraumanalysen v. a. in Befragungen quantitative Daten erhoben werden. Befragungen können sich als Institutionenbefragung an Einrichtungen oder an einzelne Personen richten. Sie können für einen allgemeinen Überblick auf die Gesamtbevölkerung in einem Gemeinwesen oder auf spezielle Gruppen abzielen. Dabei sind, ausgehend von der Forschungsfrage, die Festlegung der Zielgruppe und der Grundgesamtheit bis hin zur Datenauswertung, -analyse und -präsentation, alle Schritte sorgfältig zu planen und aufeinander abzustimmen (z. B. Spatscheck/Wolf-Ostermann 2016, S. 101).

In einer *Sekundärdatenanalyse* können von allen für einen Sozialraum bei relevanten Institutionen bereits vorhandene und für andere Zwecke erhobene Daten angefragt und analysiert werden. Eine beispielhafte Liste mit Institutionen haben Spatscheck/Wolf-Ostermann (2016, S. 104 ff.) vorgelegt. Dafür kommen u. a. geografische Daten, Bevölkerungsdaten, dann Daten aus den Bereichen Umwelt, Industrie (Branchen, Anzahl Arbeitsplätze), Verkehr (Struktur, Mobilität), Öffentliche Dienste (Polizei), Soziale Dienste (Jugendamt, Sozialamt etc.) in Frage. Daten werden hier oft von öffentlichen Einrichtungen in Verwaltungsprozessen erhoben, können aber auch von privaten Einrichtungen als Nutzerstatistiken o. ä. erhoben worden sein.

Qualitative Methoden der Sozialraumanalyse

Noch vielfältiger und flexibler einsetzbar als quantitative sind qualitative Methoden der Sozialraumanalyse. Aus dem breiten Spektrum der qualitativen Methoden (z. B. Deinet/Krisch 2009a–d; Wambeam 2015; Spatscheck/Ostermann 2016,

S. 40–99; Herrmann 2019, S. 95–108; sozialraum.de/methodenkoffer 2020) bieten sich an:

- *Medienanalyse:* Analyse der Berichterstattung über das Gemeinwesen in den Medien.
- *Historische Analyse:* Aufarbeitung der historischen Entwicklung eines Sozialraums anhand verschiedener Quellen.
- *Räumlich-bauliche Analyse:* Beschreibungen, Abbildungen, Karten und Pläne über die bauliche Struktur und deren Analyse (Becker 2014, S. 159).
- *Identifizierung und Befragung von Schlüsselpersonen und Expert:innen:* Dies sind Personen, „die aufgrund ihres Berufes, ihrer Position und ihrer Erfahrungen über spezifische Wissensvorräte über Strukturen, Veränderungen und Entwicklungen des Stadtteils verfügen" (Deinet/Krisch 2009a, z. B. Lehrerinnen, Politiker, Einzelhändlerinnen, Taxifahrer oder die „Büdchenfrau", ebd.).
- *Institutionenbefragung und -analyse:* Dabei stehen drei Fragen im Zentrum: die Analyse der lokalen Angebotsstruktur, ihrer Qualität und die Vernetzung der Angebote; ein Einblick in die Lebenswelten der Bürger:innen bzw. spezieller Zielgruppen; und der Transfer in die konzeptionelle Weiterentwicklung der Institutionen (Spatscheck/Wolf-Ostermann 2016, S. 87).
- *Raumbeobachtungen und -begehungen* sind eine Schlüsselmethode der Sozialraumanalyse, bei der die Beziehung zwischen den räumlichen und baulichen Gegebenheiten und den menschlichen Aneignungsprozessen im Vordergrund steht. Eine methodische Konkretisierung ist die „strukturierte Stadtteilbegehung" (Deinet/Krisch 2009b), mit einem zweistufigen Verfahren aus einer ersten Begehungsphase und einer zweiten Befragungsphase.
- *Open Space* und *World Café* sind Methoden zur Arbeit mit Großgruppen (Troxler 2013), die auch für eine Sozialraumanalyse eingesetzt werden können.
- *Mental Maps/subjektive Landkarten:* Dabei werden Adressat:innen angeleitet, „selbst gemalte oder gezeichnete Lebensräume zu erstellen, um die subjektiven Bedeutungen der Räume sicht-, präsentier- und diskutierbar zu machen" (Spatscheck/Wolf-Ostermann 2016, S. 71).
- *Nadelmethode:* Dabei markieren die Befragten auf einer Karte des zu untersuchenden Sozialraums bestimmte Orte, die nach einer Ausgangsfrage für sie bedeutsam sind, mit unterschiedlich farbigen Nadeln. Diese Setzungen werden anschließend qualitativ mit den Befragten ausgewertet (Deinet/Krisch 2009c).
- *Autofotografie/Autovideografie:* Hierbei werden Adressat:innen, häufig in festen Gruppen, gebeten, für sie in Bezug auf eine bestimmte Fragestellung wichtige Orte auswählen, diese zu fotografieren oder Ereignisse im Sozial-

raum zu videografieren und die Aufnahmen in weiterer Folge auch zu kommentieren und zu interpretieren (Deinet/Krisch 2009d).
- *Digitale und soziale Medien* können die bestehenden Methoden und Techniken enorm erweitern. So können durch soziale Medien und interaktive Technologien Karten für spezielle Zwecke analysiert und bearbeitet werden (s. z. B. das Projekt wheelmap.org). Anwendungen reichen von Handyvideos von Jugendlichen über den Stadtteil bis hin zu komplexen und partizipativen, künstlerisch anspruchsvollen Projekten.

Vielfältige Chancen bieten diese Verfahren, weil sie gerade durch ihre Offenheit gezielt auf spezifische Fragestellungen, auf verschiedene Gruppen von Adressat:innen und auf verschiedene Sozialräume angepasst werden können. Gute Orientierungen geben hier Praxisbeispiele aus der Forschung (u. a. Spatscheck/Wolf-Ostermann, S. 52 f., 58 f., 63 f., 69 f.).

Aktivierende Befragung

Als wichtige Methode soll hier die in Deutschland vergleichsweise bekannte Aktivierende Befragung dargestellt werden (Lüttringhaus/Richers 2013). Zentral sind dabei die Erforschung der ganz persönlichen Sichtweise der Bewohner:innen, ihrer Interessen, ihrer Ressourcen sowie eine erste persönliche Begegnung mit ihnen durch die professionell Tätigen. Dafür werden den Bewohner:innen drei sehr offene Fragen zur Bewertung des Quartiers, zu Verbesserungsvorschlägen und zu Aktivierungspotenzialen gestellt, z. B.:

1. „Wie finden Sie es hier in …? (Was gefällt Ihnen? Was stört Sie?)“.
2. „Haben Sie Ideen, wie sich hier etwas verändern könnte? (Wer sollte das tun?)“.
3. „Sind Sie bereit, dafür etwas zu tun? (Haben Sie Interesse, zur BewohnerInnenversammlung zu kommen?)“ (ebd., S. 386).

Die Methode Aktivierende Befragung geht in der von den Urheber:innen vorgesehenen Form von acht Phasen aus, von der Formulierung eines Vorhabens am Beginn bis hin zur Begleitung der aus der Aktivierung heraus entstandenen Gruppen (Lüttringhaus/Richers 2013). Sie stellt damit ein gutes Instrument für eine „Grundmobilisierung“ (Lüttringhaus/Richers 2013, S. 388) von Bewohner:innen dar.

Auswertung der Daten für die Sozialraumanalyse

Für die Auswertung der in einer Sozialraumanalyse erhobenen Daten stehen die gängigen Methoden der quantitativen und qualitativen Datenanalyse zur Verfügung (s. Wambeam 2015; Spatscheck/Ostermann 2016). Auf der Grundlage quantitativer Daten können Indikatoren zur Beschreibung von Sozialräumen oder komplexere Indizes, z. B. Segregationsindizes, oder Sozialraumtypen entwickelt werden (z. B. für die Stadt Nürnberg: Amt für Stadtforschung und Statistik 2018). Bei qualitativen Daten sollte die Analyse von vornherein bei der Entwicklung der Fragestellung, der Auswahl der Untersuchungseinheiten und der Datenerhebung mitgedacht werden. Aufgrund ihrer größeren Offenheit ermöglichen qualitative Methoden auch eine stärkere Partizipation, die bei manchen Verfahren wie der Autofotografie als gemeinsames Auswerten integraler Bestandteil ist.

9.5 Interventionen in GWA und SRO

Im Folgenden werden einige wichtige Methoden und Techniken der GWA und SRO auf den vier Ebenen des SONI-Schemas dargestellt. In allen Konzepten spielen Aktivierung und Ressourcenmobilisierung, Vernetzung und Aufbau sozialen Kapitals sowie Partizipation zentrale Rollen (z. B. Becker 2014). Typisch ist auch die Verwobenheit der verschiedenen Methoden und Techniken. So stellt jede Methode der Sozialraumanalyse oder Bürger:innenbeteiligung auch eine Chance zur Aktivierung und zur Stärkung sozialer Netzwerke dar, welche wiederum durch Organisationen und politische Aktionen gestärkt werden kann.

Individuum: Methoden und Techniken der Ressourcenmobilisierung und der Aktivierung

Maxime der verschiedenen Konzepte ist die Ressourcenorientierung. Eine umfassende Diskussion des Ressourcenbegriffs hat Dettmann (2017, S. 88 ff.) vorgelegt. Dabei ist die Unterscheidung zwischen personalen und Umweltressourcen grundlegend. Angesichts der großen Vielfalt möglicher Ressourcen ist es nicht verwunderlich, dass sich keine einheitlichen Verfahren zur Ressourcenaktivierung und -mobilisierung durchgesetzt haben. So gibt es für Leistungen nach SGB IX für fast jedes Bundesland eigene Erhebungsinstrumente für die Teilhabeplanung, bei denen auch die Ressourcen der Klient:innen eine mehr oder weniger große Rolle spielen. Von Früchtel/Budde/Cyprian (2013, S. 55 ff.) wird als zentrales Verfahren der *Ressourcencheck* zur Erfassung von personalen Ressourcen vorgeschlagen mit den sieben Phasen: Vertrauen schaffen; Kompetenzteam und Heimspiel organisieren; Spielregeln klären; Strengths Storming; Feedback; Stärkenkartei erstellen sowie Gelegenheiten schaffen. Zur Dokumentation können verschiedene Verfahren wie die 8-Felder-Karte, Kompetenzkarten oder Ressourcenfelder genutzt werden (ebd., S. 65).

Netzwerk: Methoden und Techniken der Vernetzung und des Aufbaus Sozialen Kapitals

Zentral für GWA und SRO ist das soziale Kapital eines Gemeinwesens. In der Praxis ist es sinnvoll, im Anschluss an Robert Putnam zwischen die Bindungen zwischen Menschen stärkendem *(bonding)*, Brücken zwischen Menschen und Gruppen bauendem *(bridging)* und auf Institutionen bezogenem *(linking)* sozialen Kapital zu unterscheiden (Landhäußer 2013, S. 156). Eine wesentliche Quelle für die Entstehung und Förderung sozialen Kapitals sind informelle und formelle soziale Netzwerke. Damit werden Netzwerkinterventionen und soziale Netzwerkarbeit elementare Methoden in der SRO und der GWA.

- *Soziale Netzwerkarbeit* wird in der Sozialen Arbeit teils als eigene Methode eingeordnet (Bullinger/Nowak 1998; Galuske 2013, S. 332 ff.). Aufgaben der Netzwerkarbeit können die Aktivierung von Partnern im Netzwerk, die Erweiterung von Netzwerken, die Integration eines Individuums in ein neues Netzwerk, die Schaffung künstlicher Netzwerke, die nicht aus primären sozialen Beziehungen bestehen, sowie die Verbindung zwischen formellen und informellen Netzwerken sein.
- Auch die *Arbeit mit kleineren Gruppen* im Gemeinwesen kann in der GWA und SRO als etablierte Methode der Sozialen Arbeit mit verschiedenen Techniken eingesetzt werden. Im Vordergrund stehen dann die Wissensvermittlung, die Förderung von Bewusstseinsprozessen, die Stärkung des Gruppengefühls und des bindenden sozialen Kapitals, die Überwindung von Ohnmacht und die Entwicklung kollektiver Handlungsfähigkeit (Runge 2013, S. 398).
- *Hilfekonferenzen und Hilfeplankonferenzen* sind wichtige Elemente der SRO und arbeiten in der Regel fallspezifisch. Indem Angehörige verschiedener Zuständigkeiten, Berufsgruppen und Leistungserbringer zusammen an einem Fall arbeiten, entsteht ‚Brücken bauendes', *bridging*, soziales Kapital, und es können leichter Ressourcen des Sozialraums in die Bearbeitung eingebracht werden.

Soziale Netzwerke und Soziales Kapital können zwischen Individuen, aber auch zwischen Organisationen hergestellt werden. Becker (2014, S. 186 f.) hat v. a. für die institutionelle Ebene Methoden und Techniken der Vernetzung v. a. für die fallunspezifische und fallübergreifende Arbeit dargestellt, insbesonders folgende:

- Eine *Stadtteilkonferenz* ist eine Diskussions- und Entscheidungsplattform auf der Ebene von im Stadtteil vertretenen Organisationen und gewählten

Bürger:innen (Becker 2014, S. 149). Sie tagt regelmäßig und wird oft, so vorhanden, vom Quartiersmanagement moderiert.
- Ein *Runder Tisch* ist eine „Organisationsform gleichberechtigter Teilnahme zur Entwicklung gemeinsamer Lösungen" (Becker 2014, S. 187). Dies ist insbesondere eine Methode zur Abstimmung und Koordination bei mehreren Akteur:innen und oft divergierenden Interessen im Sozialraum.
- *Gemeinwesenmediation* ist ein Verfahren, das speziell Konflikte in einem Gemeinwesen lösen und die Bürger:innen und Akteur:innen unter der Mitwirkung professioneller oder ehrenamtlicher Mediator:innen und dem Einsatz geeigneter Kommunikations- und Verhandlungstechniken zu einer selbstständigen Konfliktlösung ermächtigen möchte (Becker 2018).
- *Organisationen gewinnen:* Dabei sollen Organisationen im Sozialraum ausgewählt und mit den Zielen gewonnen werden, dass sie sich in den Sozialraum öffnen, Aktivitäten unterstützen und Ressourcen bereitstellen; Letzteres können z. B. Räume für Gruppentreffen sein (Früchtel/Budde/Cyprian 2013, S. 145 ff.).

Organisation

Auf der Ebene der Organisationen werden für GWA und SRO sozialraumbezogene Strukturen und die Öffnung hin zu Gemeinwesen und Sozialraum zentral. Die Methoden und Interventionen entstammen daher v. a. der Organisationsentwicklung (Früchtel/Budde/Cyprian 2013, S. 189):

- *Dezentralisierung* ist ein wichtiger Schritt in den Sozialraum hinein. In Flächenlandkreisen können Außenstellen von Behörden und Diensten in kreisangehörigen Gemeinden eingerichtet werden, in Großstädten Sozialrathäuser in den Stadtbezirken (z. B. die Sozialbürgerhäuser in München: https://www.muenchen.de/rathaus/Stadtverwaltung/Sozialreferat/Sozialbuergerhaeuser.html).
- Für die fallspezifische, aber auch für die fallunspezifische und fallübergreifende Arbeit sind *Sozialraum-* und *Stadtteilteams,* bei denen Fachkräfte mit verschiedenen Aufgaben und Zuständigkeiten (z. B. des Allgemeinen Sozialen Dienstes und des Pflegefamiliendienstes) sozialraumbezogen in Teams fest zusammenarbeiten, für eine SRO wichtig (Deinet 2015).
- Weitere Öffnungen in den Sozialraum können durch Öffentlichkeitsarbeit einer Organisation, ihre Präsenz bei Nachbarschafts- oder Stadtteilfesten und ähnliches erfolgen.

Nach dem Grundsatz der Partizipation muss eine sozialräumlich arbeitende Organisation auch Möglichkeiten der Teilnahme der Klient:innen einräumen, die sich auch in das Qualitätsmanagement einer sozialen Organisation integrieren lassen. Wichtige davon sind die folgenden:

- Neben der grundsätzlichen Etablierung einer *Kultur der Partizipation* ist es wesentlich, diese auch zu konkretisieren und zu implementieren (z. B. nach Straßburger/Rieger 2019, S. 88 ff.).
- *Befragungen von Besucher:/Klient:innen* stellen wichtige Instrumente dar, mit denen sich sowohl soziodemografische und sozialräumliche Daten, Erwartungen, tatsächliches Nutzungsverhalten und Zufriedenheiten mit Leistungen in Erfahrung bringen lassen und die auch partizipativ ausgewertet werden können.

Sozialstruktur/Politik: Methoden und Techniken auf der Ebene des Gemeinwesens und der Partizipation

Auch auf der Ebene des politischen Gemeinwesens existieren viele Möglichkeiten, Interessen der Bevölkerung oder einzelner Gruppen aus einem Stadtteil zu artikulieren und in die politische Arena einzubringen (Früchtel/Budde/Cyprian 2013; Becker 2014, S. 185 f.; mit systematischer Darstellung vieler Methoden: Stiftung Mitarbeit/ÖGUT 2018). Diese strukturelle bzw. politische Ebene ist wichtig, weil hier entschieden wird, welche sozialen, institutionellen und baulich-räumlichen Ressourcen im Sozialraum überhaupt zur Verfügung gestellt werden. Methoden der Partizipation sind v. a.:

- *Bürgerversammlungen, -anhörungen, -begehren und Bürgerentscheide:* Die Kommunalverfassungen der Bundesländer sowie die Bestimmungen des Bundesbaugesetzbuches und der Landesbauordnungen sehen hier verschiedene Formate vor.
- Neben diesen etablierten Verfahren sind in den letzten Jahren weitere Instrumente zur Steigerung der Partizipation entwickelt worden, z. B. *Bürgerhaushalte* zur Beteiligung bei der Haushaltsplanung oder *Bürgerräte* als Mittel zur Beratung und Klärung unmittelbarer sozialer Probleme.

Unter Gesichtspunkten sozialer Gerechtigkeit ist bei diesen Partizipationsformen die soziale Selektivität, die stärkere Partizipation ressourcenstarker Personen, zu bedenken und ihr z. B. durch niederschwellige Angebote oder direkte Ansprache ausgewählter, ansonsten unterrepräsentierter Personengruppen entgegenzusteuern.

Für die GWA sind insbesondere ein *Integriertes Entwicklungskonzept* mit einer kommunalen integrierten Strategie (Becker 2020c, S. 92 f.), in der ressortübergreifend unterschiedliche kommunalpolitische Felder im Zusammenhang bearbeitet und entwickelt werden, sehr hilfreich. Unerlässlich sind auch Gelegenheiten für Begegnungen und Engagement, z. B. in Form von *Stadtteiltreffs* oder *Quartierbüros,* als Treffunkt und Anlaufstelle, am besten zentral im Quartier gelegen (Becker 2020c, S. 91 f.).

Neben diesen in der Regel von der Kommunalverwaltung gesteuerten Partizipationsformen und Einrichtungen sind weitere Aktionsformen denkbar, die v. a. auf die Öffentlichkeit und darüber auch auf eine Beeinflussung der Politik zielen (Früchtel/Budde/Cyprian 2013, S. 259 ff.):

- Vorträge und Podiumsdiskussionen
- Leserbriefe, Beiträge und Kommentare in sozialen Medien
- Straßentheater und unsichtbares Theater
- Demonstrationen, Mahnwachen, Menschenketten und Märsche
- Direktkontakte an verantwortliche Personen wie persönliche Briefe, persönliche Besuche, Lobbying

Darüber hinaus haben in der GWA auch disruptive, ‚störende' Methoden des zivilen Ungehorsams wie z. B. Sitzblockaden und Sit-Ins sowie Boykotte und Streiks eine lange Tradition.

9.6 Kompetenzen und die Rolle der Sozialen Arbeit und der Sozialarbeitenden

Dem Konzept entsprechend liegt in GWA und SRO der Schwerpunkt auf spezifischen Kompetenzen, die in anderen Handlungskonzepten Sozialer Arbeit weniger bedeutsam sind. Für die SRO hat Becker (2020b, S. 52 f.) eine Liste mit Kompetenzen sozialraumorientiert arbeitender Fachkräfte vorgelegt. Diese umfasst ein „differenziertes Verständnis sozialer Probleme", den „Zugang zu den für ihr Handlungsfeld jeweils relevanten Institutionen", ein Rollenverständnis als Unterstützer:in von Menschen, sozialwissenschaftliche Analyse- und Forschungskompetenz, Kooperationskompetenz mit der Fähigkeit zur Gestaltung entsprechender Kommunikations- und Arbeitsformen, Projektkompetenz sowie „medienpädagogische Handlungs-, Ausdrucks- und Kommunikationskompetenzen" (ebd.). Aus der Perspektive weniger von Kompetenzen, sondern eher von einem Rollen- und Selbstverständnis her können folgende Punkte ergänzt werden:

1. Sozialarbeiter:innen müssen v. a. eine reflexive Haltung einnehmen (Kessl/ Reutlinger 2013). Dies impliziert u. a. eine „systematische Kontextualisierung

des sozialräumlichen Erbringungszusammenhangs" (ebd., S. 130). Sie müssen dabei in Kontexten und Strukturen denken, sich deren Einfluss auf die Individuen, auf Raumordnungen und auf die Entstehung sozialer Probleme bewusst sein und einen Zugang zur Politik möglichst unabhängig von eigenen politischen Standpunkten finden.

2. Positionierungen sind oft zwischen der Bevölkerung eines Quartiers und der öffentlichen Verwaltung oder anderen Interessenträgern nötig. In den unter Umständen gegensätzlichen Positionen zwischen Verwaltung und Bevölkerung kann die GWA sich stärker auf die eine oder auf die andere Seite stellen – oder versuchen eine moderierende Zwischenposition einzunehmen.
3. Weil es in der GWA und der SRO vergleichsweise weniger etablierte und kontrollierte Methoden gibt, ist es sinnvoll, empirische qualitative wie quantitative Studien, Wirksamkeitsnachweise und Evaluationen voranzutreiben, insbesondere als Selbstevaluation, bei der Fachkräfte das eigene Handeln selber evaluieren. Dadurch kann verhindert werden, dass das eigene Expertenwissen verloren geht und externe Organisationen Evaluationen entscheidend bestimmen.

9.7 Empirische Grundlagen und Wirkungsnachweise

GWA und SRO arbeiten seit ihren Anfängen empirisch. Bereits Jane Addams und Kolleginnen legten 1895 mit den Hull House Maps and Papers (Addams 1895/2007) Ergebnisse empirischer Erhebungen in einem Sozialraum vor. Außerdem greifen GWA und SRO auf eine Vielzahl anderer, empirisch und im Hinblick auf Wirksamkeiten mehr oder weniger erforschter Methoden und Techniken aus anderen Konzepten zurück.

Empirische Forschung ist grundlegend für die Planung einer Intervention oder der Einführung von GWA und SRO. Zum einen müssen hierfür eigene sozialraumbezogene Daten empirisch erhoben werden; zum anderen können dabei sozialwissenschaftliche Befunde aus Nachbardisziplinen wie Sozialgeographie, Stadtsoziologie und Politikwissenschaft z. B. zu Kontexteffekten von Nachbarschaften (Friedrichs 2010), zur Bedeutung der Zusammensetzung sozialen Kapitals in einem Gemeinwesen (Landhäußer/Ziegler 2011) oder zu Determinanten von Bürgerbeteiligung (Vetter/Remer-Bolow 2017) herangezogen werden.

Allerdings sind viele der in der GWA und der SRO eingesetzten Methoden und Techniken empirisch noch wenig systematisch be- und erforscht, und wenn, dann oft anhand von Einzelfallstudien. Zwar lassen sich auf der Ebene eines Gemeinwesens Merkmale benennen, die den Erfolg einzelner Maßnahmen abbilden können, wie z. B. die Anzahl der Besucher:innen und deren Zufriedenheit bei einem Stadtteilfest. Die Wirkungen einzelner solcher Maßnahmen auf das gesamte Gemeinwesen ist aufgrund der Komplexität und Vielzahl möglicher Wirkungsmechanismen schwer zu bestimmen.

Ein erster Schritt dahin ist die Dokumentation und Evaluation von Maßnahmen, die – wie in anderen Feldern der Sozialen Arbeit – auch in der GWA und SRO selbstverständlich geworden sein sollten. Daher gibt es mittlerweile auch zu komplexeren Interventionen oder Programmen wie z. B. der Einführung von SRO empirische Forschung (Noack 2017) oder Evaluationen (für Familienzentren z. B. Becker 2002). Ein weiteres Beispiel sind die umfassenden Evaluationen des Bundes, der Bundesländer und einzelner Kommunen im Rahmen der ‚Sozialen Stadt', auch wenn bei diesen oft der *Output,* die Durchführung der Intervention, gegenüber *Outcome* und *Impact,* den Folgen auf subjektiver, individueller Ebene und auf gesellschaftlicher Ebene, im Vordergrund stehen, was aber bei einem so abstrakten Ziel wie der ‚Verbesserung der Lebensbedingungen' nachvollziehbar ist.

Insgesamt lässt sich feststellen, dass empirische Forschung in GWA und SRO zunimmt; auch mit dem Ziel einen Wissensbestand aufzubauen, der für evidenzbasierte Interventionen in GWA und SRO angewandt werden könnte. In Nordamerika ist dieses Verständnis schon weiterentwickelt (Glisson et al. 2012), im deutschsprachigen Raum hat die Diskussion aber deutlich an Fahrt aufgenommen (Burmester et al. 2020, darin insbes. Funk/Zisenis 2020; Mildenberger et al. 2020).

9.8 Bezug zu anderen Handlungskonzepten und kritische Würdigung

GWA und SRO sind zentrale und etablierte Handlungskonzepte Sozialer Arbeit. Beide Konzepte machen Anleihen bei und verwenden Methoden, Verfahren und Techniken aus anderen Handlungskonzepten. Das Systemkonzept von Staub-Bernasconi, das alle Ebenen Sozialer Arbeit und somit auch eine räumliche umfasst, bietet mehrere Anschlüsse an GWA und SRO. Sozialmanagement ist ein wichtiges Konzept, um lokale Projekte und lokale Ökonomien im Rahmen von GWA zu planen und zu steuern und Gemeinwesen sozial und ökonomisch nachhaltig zu entwickeln. Und schließlich hat auch die Ökologisch-kritische Soziale Arbeit vielerlei Berührungspunkte zu GWA und SRO. In interdisziplinärer Hinsicht bestehen enge Verbindungen v. a. zur Stadtsoziologie, zur Gemeindepsychologie, zur Stadt- und Raumplanung und -entwicklung und in forschungsmethodischer aber auch konzeptioneller Hinsicht zur Soziologie. Der in Soziologie und Kulturwissenschaften verstärkt diskutierte *Spatial turn* leistet sicher auch einen

Beitrag, um auch in der Sozialen Arbeit Raum als Kategorie stärker in den Blick zu nehmen.

Gegen die SRO und ihre praktische Umsetzung wurden auch einige Kritikpunkte vorgebracht (s. auch Galuske 2013, S. 311; Noack 2015, S. 162 ff.; Fehren/Kalter 2019):

1. Kessl und Reutlinger (2018, S. 1601) weisen darauf hin, dass aufgrund von Schwierigkeiten bei der Durchsetzung mancher Instrumente, wie z. B. der Sozialraumbudgets, oft nur einzelne Methoden der SRO und nicht ein Gesamtkonzept umgesetzt werden, was zu einer deutlichen Verwässerung des Konzeptes führte.
2. Die starke Orientierung an dem Willen der Adressat:innen im Fachkonzept Sozialraumorientierung nach Hinte ist nicht unproblematisch. Es darf nicht übersehen werden, dass auch ‚Wille' bei vielen Personen häufig nicht widerspruchsfrei ist und dass v. a. wie Raspel (2019) diskutiert, ein Wille als Ergebnis adaptiver Präferenzen auch Ausdruck einer Anpassung an gegebene Verhältnisse sein kann.
3. Unter ‚Verräumlichung' werden negative Effekte wie die Überbetonung von Raumeffekten, die Gefahr der Abkehr vom Subjekt mit Vernachlässigung von Einzelfallarbeit, die Gefahr des Abschlusses des Sozialraums und einer Einschließung deprivierter Bevölkerungsgruppen in ihre Stadtteile verstanden. Auch darf nicht aus einem Sozialraumoptimismus heraus der Eindruck entstehen, dass die Probleme in einem Quartier aus Ressourcen des Quartiers gelöst werden. In aller Regel bedarf es dafür weiterer Ressourcen und politischer Unterstützung von außerhalb des Quartiers.
4. Und schließlich fügen sich die Grundlagen der SRO mit der Betonung von Ressourcenorientierung, Eigeninitiative und Selbsthilfekräften nahtlos in die Rhetorik und Praxis eines aktivierenden Sozialstaates ein. Daraus können Risiken von Deprofessionalisierung resultieren, wenn z. B. Ehrenamtliche als Ressource des Sozialraums Tätigkeiten der Sozialen Arbeit übernehmen, oder wenn Einsparungen bei Vergütungen und Entgelten für professionelle Soziale Arbeit mit Verweis auf die Ressourcen des Sozialraums durchgesetzt werden.

Diese Kritikpunkte beziehen sich v. a. auf das sehr populäre Fachkonzept Sozialraumorientierung, sie verweisen aber eher auf Gefahren einer unreflektierten Implementation als auf Aspekte, die SRO grundsätzlich in Frage stellen würden. Insgesamt betrachtet gewann SRO immer mehr Gewicht, deutlich werdend z. B. im SGB IX, in Veröffentlichungen zum Thema (zuletzt Becker 2020a) und in vielen Projekten in der Praxis, dokumentiert u. a. in den Internetauftritten der Landesarbeitsgemeinschaften und Netzwerken der Sozialen Stadtentwicklung und GWA (s. https://www.bagsozialestadtentwicklung.de/). Dazu kommt, dass GWA und SRO durch gesellschaftliche Entwicklungen wie

- Inklusion, Integration und Zuwanderung mit zunehmender Diversität im Sozialraum,
- Urbanisierung mit Verdichtung bestehender und dem Bau neuer Wohngebiete,
- Kapitalisierung des Immobilienmarktes mit steigenden Mietkosten und der Verdrängung von Nachbarschaften,
- Nachhaltigkeit mit der Stärkung lokaler Ökonomien und neuen Formen des Wirtschaftens und der Mobilität

vor vielfältige neue, immer drängender werdende Aufgaben gestellt werden. Für die Soziale Arbeit als Disziplin und Profession kann dies als Auftrag verstanden werden, GWA und SRO sowie die angelehnten Konzepte wie Quartiersmanagement und Stadtteilarbeit konzeptionell weiterzuentwickeln und dabei auch empirisch abgesichertes Wissen über Interventionen im Sinne einer Evidenzbasierung zu erarbeiten.

Übungsfragen

1. Diese Übung kann als Grundlage für eine Gruppendiskussion, ein Referat oder eine Hausarbeit dienen. Beschäftigen Sie sich als Gruppe oder in Einzelarbeit mit der Biografie und dem Werk von einer in der ersten grauen Box genannten Personen. Was ist über deren bzw. dessen Biografie und politisches Engagement bekannt? Was waren Kernanliegen und -konzepte in der Arbeit der Person? Auf welche Zielgruppen richtete sich ihre Arbeit? Welche Bedeutung hatten institutionelle Zusammenhänge? Welche Relevanz hat das Werk dieser Person für die heutige GWA und SRO?

2. Gehen Sie auf die Homepage Ihrer Gemeinde und im Falle einer kreisangehörigen Gemeinde auch auf die Ihres Landkreises. Finden Sie die kommunale Gliederung in Stadtbezirke, Stadtteile etc. heraus. Suchen Sie nach allen verfügbaren quantitativen Daten, die städtische Strukturen und Sozialräume beschreiben. Gehen Sie in einem zweiten Schritt die Liste nach Spatscheck und Wolf-Ostermann (2016, S. 104 ff.) bzw. Cassells (2015, S. 100 f.) durch und prüfen Sie, welche der Institutionen in Ihrem Sozialraum vorhanden sind und überprüfen Sie ob diese im Internet auch Daten zur Beschreibung des Sozialraums veröffentlichen (Klientenstatistiken, Nutzerbefragungen etc.).

3. Recherchieren Sie, ob und inwieweit es in Ihrer Gemeinde oder der nächst größeren GWA gibt und ob ein Konzept der SRO existiert. Gibt es ein Quartier der „Sozialen Stadt“ bzw. des „Sozialen Zusammenhalts“ mit Quartiersmanagement? Wie zentral ist es gelegen, wie macht es Öffentlichkeitsarbeit, gibt es eine Quartierszeitung, welche Veranstaltungen finden dort statt, und mit welchen Methoden wird dort gearbeitet? Welche der unter 9.5 genannten Methoden und Techniken kommen oder kamen in den letzten Jahren zum Einsatz?

Ausgewählte Literatur

- Becker, M. (2014): Soziale Stadtentwicklung und Gemeinwesenarbeit in der Sozialen Arbeit. Stuttgart: Kohlhammer.
- Becker, M. (Hrsg.) (2020a): Handbuch Sozialraumorientierung. Stuttgart: Kohlhammer.
- Deinet, U. (Hrsg.) (2009): Methodenbuch Sozialraum. Wiesbaden: VS Verlag.
- Früchtel, F./Budde, W./Cyprian, G. (2013): Sozialer Raum und Soziale Arbeit. Fieldbook: Methoden und Techniken. 3., überarb. Auflage. Wiesbaden: Springer Fachmedien.
- Früchtel, F./Cyprian, G./Budde, W. (2013): Sozialer Raum und Soziale Arbeit. Textbook: Theoretische Grundlagen. 3., überarb. Auflage. Wiesbaden: Springer Fachmedien.
- Herrmann, H. (2019): Soziale Arbeit im Sozialraum. Stadtsoziologische Zugänge. Stuttgart: Kohlhammer.
- Schönig, W. (2020): Sozialraumorientierung. Grundlagen und Handlungsansätze. 3., vollständig überarbeitete Auflage. Frankfurt/M.: Wochenschau.
- Spatscheck, Chr./Wolf-Ostermann, K. (2016): Sozialraumanalysen. Ein Arbeitsbuch für soziale, gesundheits- und bildungsbezogene Dienste. Leverkusen: Budrich.
- Stövesand, S./Stoik, Chr./Troxler, U. (Hrsg.) (2013): Handbuch Gemeinwesenarbeit – Traditionen und Positionen, Konzepte und Methoden. Deutschland – Schweiz – Österreich. Leverkusen: Budrich.

Ausgewählte Internetlinks

- Auf Landesebene (Auswahl) – Niedersachsen: https://www.lag-nds.de/Qualit%C3%A4tsstandards-GWA, Hessen: https://www.gemeinwesenarbeit-hessen.de/, Berlin: https://laggwa.wordpress.com/, Städtenetz Soziale Stadt NRW: https://www.soziale-stadt-nrw.de/
- Bundesarbeitsgemeinschaft Soziale Stadtentwicklung und Gemeinwesenarbeit (mit u. a. fachlichen Positionierungen und Qualitätsstandards) – https://www.bagsozialestadtentwicklung.de/

- Bundesinstitut für Bau-, Stadt- und Raumforschung – https://www.bbsr.bund.de
- Bundesverband für Wohnen und Stadtentwicklung – https://www.vhw.de
- Forum Community Organizing e. V. – http://www.fo-co.info/
- International Federation of Settlements and Neighborhood Centers – https://ifsnetwork.org/
- Lehrfilm der DGSA von 2010 – https://www.youtube.com/watch?v=xs4W1AQIm4E&feature=youtu.be
- Online-Journal – www.sozialraum.de
- Praxisnetzwerk Soziale Stadtentwicklung – https://www.stadtteilarbeit.de/
- Sektion Gemeinwesenarbeit der Deutschen Gesellschaft für Soziale Arbeit – https://www.dgsa.de/sektionen/gemeinwesenarbeit/
- Stiftung Mitarbeit – https://www.mitarbeit.de/

Literatur- und Quellenverzeichnis

Addams, J./Residents of Hull House (1895/2007): Hull-House maps and papers. A presentation of nationalities and wages in a congested district of Chicago, together with comments and essays on problems growing out of the social conditions. Urbana: University of Illinois Press.

Addams, J. (1902/2023): Demokratie und Soziale Ethik. Deutsche Erstausgabe mit Kommentar. Herausgegeben von Markus Hundeck und Eric Mührel. Weinheim und Basel: Beltz Juventa.

Alinsky, S. (1971/2010): Rules for Radicals. A Pragmatic Primer for Realistic Radicals. New York: Random House US.

Amt für Stadtforschung und Statistik für Nürnberg und Fürth (2018): Sozialraumtypisierung für Nürnberg und Fürth. https://www.nuernberg.de/imperia/md/statistik/dokumente/veroeffentlichungen/berichte/monatsberichte/monatsbericht_2018_05.pdf (Abfrage: 3.10. 2022)

Barta, S. (2017): „Gemeinwesen" – ein Leitbegriff der Sozialen Arbeit? Eine kritische Auseinandersetzung von der staatsphilosophischen bis zur gesellschaftskritischen Perspektive. In: soziales_kapital wissenschaftliches journal österreichischer fachhochschul-studiengänge soziale arbeit Nr. 17/2017. Wien. https://soziales-kapital.at/index.php/sozialeskapital/article/view/507/912 (Abfrage: 3.10.2022)

Baum, D. (2018): Quartiersmanagement. Socialnet Lexikon. https://www.socialnet.de/lexikon/Quartiersmanagement (Abfrage: 3.10.2022)

Becker, M. (2020b): Sozialraumorientierung – Ein Handlungskonzept Sozialer Arbeit. In: Becker, M. (Hrsg.): Handbuch Sozialraumorientierung. Stuttgart: Kohlhammer. S. 13–59.

Becker, M. (2020c): Sozialraumorientierung im Handlungsfeld der Sozialen Arbeit in und mit Gemeinwesen. In: Becker, M. (Hrsg.): Handbuch Sozialraumorientierung. Stuttgart: Kohlhammer. S. 60–100.

Boulet, J. J./Krauß, E. J./Oelschlägel, D. (1980/2019): Gemeinwesenarbeit als Arbeitsprinzip. Eine Grundlegung (Unveränderte Neuauflage 2019). Bielefeld: ajz.

Braches-Chyrek, R. (2019): Soziale Arbeit – die Methoden und Konzepte. Opladen: Budrich.

Bullinger, H./Nowak, J. (1998): Soziale Netzwerkarbeit. Eine Einführung für soziale Berufe. Freiburg: Lambertus.

Bundesministerium des Innern, für Bau und Heimat (BMI) (2019): 20 Jahre integrierte Quartiersentwicklung. Die Soziale Stadt. Berlin.

Bundesministerium für Umwelt, Naturschutz, Bau und Reaktorsicherheit (BMUB) (2016): Quartiersmanagement Soziale Stadt. Eine Arbeitshilfe für die Umsetzung vor Ort. Berlin.

Burmester, M./Friedemann, J./Funk, St.C./Kühnert, S./Zisenis, D. (Hrsg.) (2020): Die Wirkungsdebatte in der Quartiersarbeit. Wiesbaden: VS Verlag.

Cassells, H.B. (2015): Community Assessment. In: Nies, M.A./Mc Ewen, M. (Hrsg.): Community/Public Health Nursing. Amsterdam, 6. Auflage, 92–105.

Deinet, U. (2009): Analyse- und Beteiligungsmethoden. In: Deinet, U. (Hrsg.): Methodenbuch Sozialraum. Wiesbaden: VS Verlag. S. 65–86.

Deinet, U./Krisch, R. (2009a): Befragung von Schlüsselpersonen. In: sozialraum.de (1) Ausgabe 1/2009. https://www.sozialraum.de/autofotografie.php (Abfrage: 3.10.2022)

Deinet, U./Krisch (2090b): Stadtteilbegehung. In: sozialraum.de (1) Ausgabe 1/2009. https://www.sozialraum.de/befragung-von-schluesselpersonen.php (Abfrage: 3.10.2022)

Deinet, U./Krisch, R. (2009c): Nadelmethode. In: sozialraum.de (1) Ausgabe 1/2009. https://www.sozialraum.de/nadelmethode.php (Abfrage: 3.10.2022)

Deinet, U./Krisch, R. (2009d): Autofotografie. In: sozialraum.de (1) Ausgabe 1/2009. https://www.sozialraum.de/autofotografie.php (Abfrage: 3.10.2022)

Deinet, U. (2015): Neue Einrichtungsformen und Sozialraumteams. Ansätze zur Organisations- und Personalentwicklung in der Offenen Kinder- und Jugendarbeit. In: Deutsche Jugend, H. 3, S. 105–113.

Dettmann, M.A. (2017): Partizipation und Ressourcenorientierung in der Sozialen Arbeit – eine Analyse zur Begriffssicherheit und theoretischen Fundierung. Dissertation an der Fakultät für Wirtschafts- und Sozialwissenschaften der Universität Hamburg. https://ediss.sub.uni-hamburg.de/handle/ediss/7031 (Abfrage: 3.10.2022)

Fehren, O. (2017): Gemeinwesenarbeit und Sozialraumorientierung – ein ambivalentes Verhältnis. In: vhw – FWS, H. 4, S. 185–188.

Fehren, O./Kalter, B. (2019): Zur Debatte um Sozialraumorientierung in Theorie- und Forschungsdiskursen. In: Fürst, R./Hinte, W. (Hrsg.) (2019): Sozialraumorientierung. Ein Studienbuch zu fachlichen, institutionellen und finanziellen Aspekten. 3., akt. Auflage. Stuttgart: UTB. S. 33–47.

Figueira-McDonough, J. (2001): Community Analysis and Practice. Toward a Grounded Civil Society. London: Routledge.

Forum für Community Organizing e.V. FOCO Stiftung Mitarbeit (Hrsg.) (2015): Handbuch community organizing. Theorie und Praxis in Deutschland. 2. Auflage. Bonn: Stiftung Mitarbeit.

Friedrichs, J. (2010): Sozialräumliche Kontexteffekte der Armut. In: Oberwittler, D. (Hrsg.): Sozialräumlicher Kontext und Kriminalität. Theoretische Grundlagen und empirische Befunde im nationalen und internalen Vergleich. Wiesbaden: VS Verlag. S. 11–44.

Galuske, M. (2013): Methoden der Sozialen Arbeit. Eine Einführung. 10. Auflage. Weinheim und Basel: Beltz Juventa.

Glisson, Ch.A./Dulmus, C.N./Sowers, K.M. (Hrsg.) (2012): Social work practice with groups, communities, and organizations. Evidence-based assessments and interventions. Hoboken, N.J.: Wiley.

Herrmann, H. (2008): Gesichter und Facetten des Managements im Sozialen Raum. In: Alisch, M./May, M. (Hrsg.): Kompetenzen im Sozialraum – Sozialraumentwicklung und -organisation als transdisziplinäres Projekt. Opladen: Budrich. S. 197–216.

Hinte, W. (2019): Das Fachkonzept „Sozialraumorientierung" – Grundlage und Herausforderung für professionelles Handeln. In: Fürst, R./Hinte, R. (Hrsg.): Sozialraumorientierung. Ein Studienbuch zu fachlichen, institutionellen und finanziellen Aspekten. 3., akt. Auflage. Stuttgart: UTB. S. 9–28.

Hinte, W./Treeß, H. (2014): Sozialraumorientierung in der Jugendhilfe. Theoretische Grundlagen, Handlungsprinzipien und Praxisbeispiele einer kooperativen-integrativen Pädagogik. 3., überarbeitete Auflage. Weinheim und Basel: Beltz Juventa.

Kessl, F./Reutlinger, C. (2013): Sozialraumarbeit. In: Stövesand, S./Stoik, Chr./Troxler, U. (Hrsg.): Handbuch Gemeinwesenarbeit – Traditionen und Positionen, Konzepte und Methoden. Deutschland – Schweiz – Österreich. Leverkusen: Budrich. S. 128–140.

Kessl, F./Reutlinger, C. (2018): Sozialraum. In: Otto, H.-U./Thiersch, H./Treptow, R./Ziegler, H. (Hrsg.): Handbuch Soziale Arbeit. Grundlagen der Sozialarbeit und Sozialpädagogik. 6. überarbeitete Auflage. München: Ernst Reinhardt. S. 1596–1604.

Landhäußer, S. (2013): Gemeinwesenarbeit und die Aktivierung von sozialem Kapital. In: Stövesand, S./Stoik, Chr./Troxler, U. (Hrsg.): Handbuch Gemeinwesenarbeit – Traditionen und Positionen, Konzepte und Methoden. Deutschland – Schweiz – Österreich. Leverkusen: Budrich. S. 154–160.

Landhäußer, S./Ziegler, H. (2011): Zur Empirie sozialräumlich orientierter Sozialer Arbeit – Soziales Kapital messen. In: Oelerich, G./Otto, H.-U. (Hrsg.): Empirische Forschung und Soziale Arbeit. Ein Studienbuch. Wiesbaden: VS Verlag. S. 65–76.

Lüttringhaus, M./Richers, H. (2013): Die Methode der Aktivierenden Befragung. In: Stövesand, S./Stoik, Chr./Troxler, U. (Hrsg.): Handbuch Gemeinwesenarbeit – Traditionen und Positionen, Konzepte und Methoden. Deutschland – Schweiz – Österreich. Leverkusen: Budrich. S. 384–390.

Maruschke, R./Pieschke, M./Rokitte, R. (2019): Transformative Organizing. Reading the Practice. Herausgegeben von der Rosa-Luxemburg-Stiftung. Berlin.

Mildenberger, G./Kehl, K./Then, V. (2020): Maßstab für erfolgreiches Arbeiten. In: Wössner, U. (Hrsg.): Sozialraumorientierung als Fachkonzept Sozialer Arbeit und Steuerungskonzept von Sozialunternehmen. Wiesbaden: Springer Fachmedien. S. 135–152.

Müller, C. W. (2013): Wie Helfen zum Beruf wurde. Eine Methodengeschichte der sozialen Arbeit. 6. Auflage. Weinheim und Basel: Beltz Juventa.

Mulroy, E. A. (2013): Community Needs Assessment. In: Franklin, C. (Hrsg.): Encyclopedia of social work. https://oxfordre.com/socialwork/. New York: National Association of Social Workers Press and Oxford University Press. [frühere Version von: Ohmer, M./Underwood, E.: Community Needs Assessment].

Noack, M. (2015): Kompendium Sozialraumorientierung. Geschichte, theoretische Grundlagen, Methoden und kritische Positionen. Weinheim und Basel: Beltz Juventa.

Noack, M. (Hrsg.) (2017): Empirie der Sozialraumorientierung. Weinheim und Basel: Beltz Juventa.

Oehler, P./Drilling, M. (2016): Soziale Arbeit, Gemeinwesenarbeit und Stadtentwicklung. Eine theoriegeschichtliche Spurensuche. In: Drilling, M./Oehler, P. (Hrsg.): Soziale Arbeit und Stadtentwicklung. Forschungsperspektiven, Handlungsfelder, Herausforderungen. 2. Auflage. Wiesbaden: Springer VS. S. 13–41.

Oelschlägel, D. (1978): Gemeinwesenarbeit in der BRD. Vorwort zum Reprint des Readers zur Theorie und Strategie der Gemeinwesenarbeit. Materialien zur Jugend- und Sozialarbeit 8. In: Victor Gollancz-Stiftung (Hrsg.): Reader zur Theorie und Strategie von Gemeinwesenarbeit. Reprint der 2. Auflage 1975. Bonn: Arbeitsgemeinschaft für Jugendhilfe.

Oelschlägel, D. (2013): Geschichte der Gemeinwesenarbeit in der Bundesrepublik Deutschland. In: Stövesand, S./Stoik, Chr./Troxler, U. (Hrsg.): Handbuch Gemeinwesenarbeit – Traditionen und Positionen, Konzepte und Methoden. Deutschland – Schweiz – Österreich. Leverkusen: Budrich. S. 181–202.

Raspel, J. (2019): Können Menschen wollen? Philosophische und neurologische Grundlagen für die Debatte in der Sozialen Arbeit. In: Fürst, R./Hinte, W. (Hrsg.): Ein Studienbuch zu fachlichen, institutionellen und finanziellen Aspekten. 3., akt. Auflage. Wien: Facultas. S. 71–88.

Riege, M. (2007): Soziale Arbeit und Sozialraumanalyse. In: Baum, D. (Hrsg.): Die Stadt in der Sozialen Arbeit. Wiesbaden: VS Verlag. S. 376–388.

Rothman, J. (1968): Three models of community organization practice. In: Rothman, J. (Hrsg.): Social Work Practice. New York: Columbia University Press. S. 16–47.

Runge, M. (2013): Arbeit mit kleineren Gruppen in der Gemeinwesenarbeit. In: Stövesand, S./ Stoik, Chr./Troxler, U. (Hrsg.): Handbuch Gemeinwesenarbeit – Traditionen und Positionen, Konzepte und Methoden. Deutschland – Schweiz – Österreich. Leverkusen: Budrich. S. 398–404.

Stövesand, S. (2019): Gemeinwesenarbeit. socialnet Lexikon. https://www.socialnet.de/lexikon/Gemeinwesenarbeit (Abfrage: 3. 10. 2022)

Stövesand, S./Stoik, C. (2013): Gemeinwesenarbeit als Konzept Sozialer Arbeit – eine Einleitung. In: Stövesand, S./Stoik, C./Troxler, U. (Hrsg.): Handbuch Gemeinwesenarbeit – Traditionen und Positionen, Konzepte und Methoden. Deutschland – Schweiz – Österreich. Leverkusen: Budrich. S. 14–36.

Straßburger, G./Rieger, J. (Hrsg.) (2019): Partizipation kompakt. Für Studium, Lehre und Praxis sozialer Berufe. 2. überarbeitete Auflage. Weinheim und Basel: Beltz Juventa.

Streeter, C. L. (2013): Community: Overview. In: Franklin, C. (Hrsg.): Encyclopedia of Social Work. https://oxfordre.com/socialwork/. Washington, D. C.: National Association of Social Workers Press and Oxford University Press. [frühere Version von: Ohmer, M./Underwood E.: Communities in Macro Practice].

Troxler, U. (2013): Methoden der Großgruppenarbeit in der GWA. In: Stövesand, S./Stoik, C./ Troxler, U. (Hrsg.): Handbuch Gemeinwesenarbeit – Traditionen und Positionen, Konzepte und Methoden. Deutschland – Schweiz – Österreich. Opladen: Budrich. S. 405–412.

Vetter, A./Remer-Bollow, U. (2017): Bürger und Beteiligung in der Demokratie. Eine Einführung. Wiesbaden: VS Verlag.

Wambeam, R. A. (2015): The community needs assessment workbook. Chicago, Illinois: Lyceum Books.

Wendt, W. R. (2008): Geschichte der Sozialen Arbeit. 5., völlig neu bearb. Auflage in zwei Bd. Stuttgart: Lucius & Lucius.

Wiesner, R. (2019): Recht und Finanzierung. In: Kessl, F. (Hrsg.): Handbuch Sozialraum. Wiesbaden: Springer Fachmedien. S. 299–319.

Kapitel 10
Konzepte des Case Managements und Sozialmanagements

Dieter Kulke

Auf der einen Seite plant und organisiert, steuert und kontrolliert, kurz gesagt: managt Soziale Arbeit soziale Dienstleistungen. Auf der anderen Seite wird auch Soziale Arbeit selber geplant und organisiert, gesteuert und kontrolliert, kurz gesagt: gemanagt. Aber erst seit dem Ende des letzten Jahrhunderts und in der Folge einer allgemeinen gesellschaftlich wachsenden Tendenz zur Ökonomisierung, Planung und Steuerung und der Entstehung neuer Formen der Organisation von Arbeit und Wirtschaft wurden Methoden des Managements im Kontext Sozialer Arbeit entwickelt und angewandt. Inzwischen sind sie fester Bestandteil der Methoden und Konzepte der Sozialen Arbeit geworden und gelten auch als Ausweis einer zunehmenden Professionalisierung. Und dies v.a. in zweifacher Hinsicht, im Case Management auf der Ebene des Individuums, mit dem zusammen die Leistung erbracht wird, und im Sozialmanagement auf der Ebene der Organisation.

10.1 Einleitung

In der Sozialen Arbeit haben Vorstellungen von Planung, Steuerung und allgemeiner von Management erst seit wenigen Jahrzehnten Hochkonjunktur, sind aber inzwischen fester Bestandteil der Methoden und Konzepte der Sozialen Arbeit geworden und haben einen festen Platz in Methodenlehrbüchern (z.B. Galuske 2013; Wendt 2021). Wendt (2021, S. 344) unterscheidet drei historische Phasen in dieser Entwicklung:

1. In einer ersten Phase bis in die 1970er Jahre wurde der Sozialstaat im Westen Deutschlands weiter ausgebaut. Dies war eine Zeit, in der – auch angestoßen von sozialen Bewegungen wie der Jugendhausbewegung, der Frauenbewegung oder der Behindertenbewegung – viele neue Angebotstypen entstanden wie die Offene Jugendarbeit mit Jugendhäusern, Sozialpsychiatrische Dienste und viele mehr.
2. In den 1980er und 90er Jahren wurde nach den Erfahrungen der Wirtschaftskrisen der 1970er Jahre zunehmend die Frage nach der Finanzierbarkeit

sozialstaatlicher Leistungen gestellt. ‚Effektivität' und ‚Effizienz' wurden zu Leitbegriffen dieser Entwicklung mit der Einführung neuer markt- und betriebswirtschaftlicher Steuerungsinstrumente, die sich paradigmatisch im SGB XI von 1994 mit seiner Markt- und Wettbewerbsorientierung niederschlugen. Andere gesellschaftliche Bereiche waren davon ebenso betroffen, wie z. B. die Öffentliche Verwaltung mit der Umstellung auf ökonomische und betriebswirtschaftliche Prinzipien im Rahmen des New Public Management (NPM). Noch radikaler als im Westen waren die Veränderungen im Osten Deutschlands mit dem Beitritt der DDR zur BRD 1990 und damit der Transformation des bestehenden wohlfahrtsstaatlichen Systems und der weitgehenden Übernahme westdeutscher Strukturen, Wohlfahrtsorganisationen und komplett neuer Steuerungsformen mit bisher gänzlich unvertrauten Elementen. Nach Wendt (2021, S. 346) fiel in diese Zeit denn auch die Entwicklung von Case Management und Sozialmanagement mit dem Ziel bzw. den von Leistungsträgern gesetzten Vorgaben, die Effektivität und Effizienz der Leistungen zu erhöhen und nachzuweisen.

3. Die dritte Phase seit der Jahrtausendwende sieht eine Zuspitzung des Kriteriums der Effizienz und eine schleichende Ersetzung des Sozialstaats durch Eigenverantwortung und Aktivierung. Evidenzbasierung, Wirkungsorientierung aber auch Sozialraumorientierung sind Konzepte der Sozialen Arbeit, die sich in diese neue Orientierung einfügen. Von Sozialer Arbeit wird zunehmend auch gefordert, nicht nur ihren *Output,* also die erbrachten Leistungen, gegenüber der Klientel und den Leistungsträgern, nachzuweisen, sondern immer mehr auch den *Outcome,* also die v. a. ökonomischen Folgen für die gesamte Gesellschaft. Exemplarisch wird dies in dem sozialwirtschaftlichen Konzept des Social Return on Investment (SROI), des Nachweises positiver, finanziell darstellbarer Folgen Sozialer Arbeit für die Gesellschaft deutlich.

Diese Entwicklung führt zu dem, was als Ökonomisierung Sozialer Arbeit beschrieben und kritisiert wurde (Buestrich et al. 2010; Galuske 2013, S. 357 ff.). In der Diskussion überwiegt dabei die Wahrnehmung eines politischen und gesellschaftlichen Drucks, der von außen an die Soziale Arbeit herangetragen wurde. Daneben gibt es aber auch Entwicklungen in der Sozialen Arbeit selber, die mehr gezielte Steuerung und bewusstes Management zur Reduzierung von Komplexität aufgrund gestiegener Differenzierung und Vielfalt sinnvoll erscheinen ließen. Auf einer individuellen Ebene ist die Vielfalt der Zielgruppen Sozialer Arbeit, der Lebenslagen und der spezifischen Herausforderungen stark gewachsen, so dass sich auch die Klientel Arbeit immer weiter ausdifferenziert hat. Auf einer organisationellen Ebene sind die Sozialwirtschaft und die Organisationen ebenfalls stark gewachsen und haben eine Vielzahl neuer Leistungsformen entwickelt, die eine Planung, Steuerung und Abstimmung notwendig machten (Schmid 2013, S. 32 ff.).

Dabei ist zu bedenken, dass Sozialmanagement nicht nur eine direkte Entsprechung der Ökonomisierung der Sozialen Arbeit darstellt, sondern auch versucht, den Herausforderungen der Ökonomisierung zu begegnen. Dass Management als *visible hand* auch einen Gegenpol zu der *invisible hand* der Märkte und deren Steuerungsmacht bilden kann, hat Chandler an der historischen Entwicklung des Managements deutlich aufgezeigt (Chandler 1977). Mit Methoden wie Marketing zum Erschließen neuer Märkte oder strategischen Partnerschaften zur Reduzierung negativer Folgen von Wettbewerb trägt Sozialmanagement zur stetig wachsenden Bedeutung der Sozialwirtschaft bei. Insofern ist Sozialmanagement keine simple Umsetzung des ‚Managerialismus' als Ideologie der Dominanz betriebswirtschaftlichen Denkens über Professionalität (Otto/Ziegler 2018), sondern eher eine professionelle Antwort darauf (Merchel 2015, S. 16, Fn. 1).

Diese allen ökonomischen Ansätzen inhärenten Prinzipien Wettbewerb, Messbarkeit, Kosten-Nutzen-Perspektiven sowie Effektivität und Effizienz sind auch Grundlage für das Management, sowohl für das Management von Fällen als auch von Organisationen. Der allgemeine Begriff ‚Management' hat dabei eine funktionale und eine institutionelle Bedeutung. Letztere meint die institutionalisierten Positionen in einem Leistungserbringungsprozess oder in einer Organisation, die – auf verschiedenen Führungsebenen angesiedelt – Managementaufgaben übernehmen. Die funktionale Bedeutung verweist dagegen auf die Aufgaben, die dieser Personenkreis wahrnimmt und die sich mit dem klassischen Fünferkanon mit den Funktionen 1. Planung; 2. Organisation; 3. Personaleinsatz; 4. Führung und 5. Kontrolle beschreiben lassen (Schreyögg/Koch 2020, S. 8). In einer etwas anderen Kategorisierung und mit Fokus auf die Sozialwirtschaft fasst Merchel (2015, S. 22) folgendermaßen zusammen:

Definition Management nach Merchel

„Mit ‚Management' ist die Steuerung von finanziellen, sachlichen und personellen Ressourcen einer Organisation oder einer betrieblichen Organisationseinheit gemeint, damit sie diejenigen Leistungen erbringen und diejenigen Ziele erreichen kann, die der Organisation eine Ressourcenzufuhr und damit die weitere Existenz ermöglichen. In personeller Hinsicht wird Management als ein System gestufter Leitungsaufgaben verstanden, die von positional dafür verantwortlichen Managementpersonen realisiert werden müssen" (Merchel 2015, S. 22).

Für eine prozesshafte Betrachtung hat sich als Schema der Managementzyklus oder -prozess etabliert. In seiner grundlegenden Darstellung lässt sich dieser mit den Schritten Zielsetzung – Planung – Entscheidung – Realisierung – Kontrolle –

neue Zielsetzung, etc. verstehen (Mroß 2015, S. 155). Bezogen auf die genannten Funktionen von Management bringt der Zyklus dies quasi in eine logische Reihenfolge. Dann lässt sich der Managementprozess in eine Abfolge der fünf Schritte …

1. Planung mit Entwurf einer Soll-Ordnung
2. Organisation mit Schaffung eines zielgerichteten Handlungsgerüsts
3. Personaleinsatz mit Besetzung der Stellen mit kompetentem Personal
4. Führung mit zielgerichteter Ausrichtung der Einzelhandlungen
5. Kontrolle mit Soll-Ist-Vergleich

… bringen (vgl. Schreyögg/Koch 2020, S. 9–11). Diese Schritte entsprechen bei weiterer Abstraktion einem allgemeinen Schema zielgerichteten Handelns, das als grundlegende Orientierung für Case Management auf der individuellen Ebene und für Sozialmanagement auf der organisationellen Ebene dienen kann.

10.2 Individuelle Ebene: Case Management

Die Tendenz zu einer Managerialisierung in der Sozialen Arbeit hat sich auf der Ebene des Einzelfalls als Case Management niedergeschlagen. Case Management entwickelte sich aus dem nordamerikanischen *Case Work,* das sich generell als Einzelfallarbeit in Abgrenzung zu Gruppenarbeit und zu Gemeinwesenarbeit als eine der drei klassischen Methoden der Sozialen Arbeit entwickelte (Wendt 2019). Angesichts zunehmend komplexerer Lebenslagen, die zur Bearbeitung ganz unterschiedliche soziale Dienstleistungen mit verschiedenen Kostenträgern benötigen – wie eindrücklich von Schmid (2013, S. 25) am Beispiel von drogenkranken Menschen aufgezeigt –, wurde die Notwendigkeit zur Steuerung dieser Leistungen um einen Fall immer deutlicher. Während allerdings die Einzelfallarbeit konkret mit Fällen arbeitet, handelt es sich bei dem Case Management um die *Steuerung* der Leistungserbringung, bei der verschiedene Leistungen von verschiedenen Stellen erbracht werden können und wobei es zunächst keine Rolle spielt, ob die für das Case Management zuständige Fachkraft selber psychosozial tätig wird. Case Management wird von der Fachgruppe Case Management der DGSA folgendermaßen beschrieben:

Definition Case Management
„Case Management ist ein nutzer:innenzentrierter Handlungsansatz der Sozialen Arbeit. In der Fallarbeit werden Menschen individuell entsprechend ihrer Bedürfnisse und Bedarfe unterstützt, begleitet und gefördert. Im Rahmen von

(Versorgungs-)Systemarbeit/Sozialraumarbeit werden Versorgungs- und Unterstützungsangebote mit den Menschen nach ihren Vorstellungen organisiert und arrangiert. Case Management gestaltet Prozesse in den Arbeitsfeldern Sozialer Arbeit bestmöglich nach den Anliegen der Nutzer:innen. Case Management hat sich historisch in der Sozialen Arbeit entwickelt und wird mittlerweile auch von anderen Berufsgruppen praktiziert (z. B. der Pflege)" (DGSA 2022).

Case Management hat sich zwar in der Sozialen Arbeit entwickelt, ist aber am breitesten im Gesundheitswesen und in der Pflege als Care Management etabliert, was an vielen Bezeichnungen (wie z. B. Deutsche Gesellschaft für Care und Case Management) und Publikationen (z. B. Löcherbach/Wendt 2020) in diesem Feld deutlich wird. Autoren wie Wendt (2018) oder Monzer (2018) sehen Case Management vom Ansatz eher disziplinübergreifend, während andere wie Neuffer (2013) den Bezug zur Sozialen Arbeit hervorheben und Anschlüsse an Theorien der Sozialen Arbeit wie die Lebensweltorientierung oder systemische Ansätze herstellen. Dabei liegt auf der Hand, dass Case Management auch in sozialen Dienstleistungen außerhalb der Sozialen Arbeit, z. B. in der Pflege, ebenfalls die Lebenswelten und die sozialen Systeme der Klient:innen mit einbezieht, also anschlussfähig an die entsprechenden Konzepte und Arbeitsfelder der Sozialen Arbeit ist (mit vielen Beispielen aus Österreich: Goger et al. 2023). Wissens- und Handlungskompetenzen der Sozialen Arbeit sind daher fester Bestandteil des Case Managements (Fachgruppe 2015, S. 4).

Im Zentrum des Case Management steht immer ein Fall. Ein solcher meint eine spezifische zu bearbeitende Problemlage, die zwar oft, aber keineswegs zwingend, mit einer Person assoziiert wird. Vielmehr kann es oft hilfreich sein, auch das Umfeld und das System um eine Person mit einzubeziehen, dann wäre der *Case* eher ein soziales System (s. hierzu das instruktive Fallbeispiel einer Familie bei Neuffer 2013, S. 109 f.). Andererseits kann ein Fall auch nur eine Episode in der Biografie einer Person darstellen, wie z. B. ein Klinikaufenthalt. Dass damit immer ein Fall in seiner jeweiligen Spezifizität, Einmaligkeit und seinem biografischen Abschnitt gemeint ist, schließt aber nicht aus, dass ähnlich gelagerte Fälle zu Fallgruppen zusammengefasst werden oder dass ähnlich gelagerte Fälle von darauf spezialisierten Case Managern bearbeitet werden. Grundsätzlich ist Case Management auf der Einzelfallebene sinnvoll und inzidiert:

1. bei Vorliegen einer komplexen Bedürfnis- und Bedarfssituation
2. bei Beteiligung mehrerer, aufeinander abzustimmender Leistungserbringer
3. bei Nicht-Greifen von Regelversorgungspfaden in diesem Einzelfall
4. sowie bei fehlenden Ressourcen des Klientensystems, die Leistungen ohne professionelle Unterstützung zu steuern (DGCCM 2015, S. 4).

10.3 Der Case-Management-Prozess

Bei Vorliegen aller Voraussetzungen kann der Prozess des Case Managements mit den folgenden Schritten aufgenommen werden. In den Modellen in der Literatur werden hierfür meistens sechs verschiedene Prozessschritte entwickelt (zur Historie s. Wendt 2018, S. 128 ff.). Neuffer (2013) unterscheidet zwischen:

1. Intake, Klärungshilfe, Erstberatung
2. Assessment – Analyse, Einschätzung, Prognose
3. Hilfebedarf und Entwurf der Unterstützungsleistungen
4. Hilfeplanung
5. Unterstützungsprozess in Gang setzen
6. Beendigung der Unterstützung

Monzer (2018) und Wendt (2018) haben ähnliche Gliederungen vorgelegt. Im Folgenden soll die sich an der ursprünglichen US-amerikanischen Literatur orientierende Gliederung von Wendt mit den Phasen …

1. Outreach, Access und Intake
2. Assessment
3. Planning
4. Implementation und Linking
5. Evaluation
6. Accountability

… für die Darstellung des Case-Management-Prozesses herangezogen werden:

Erste Phase: *Outreach*, Access und *Intake*

Diese Phase kann unterschieden werden in die Sichtbarkeit und Erreichbarkeit bzw. Reichweite *(Outreach)* des Angebotes, in den Zugang zum Dienst *(Access)* und schließlich in die Aufnahme *(Intake)* in die Dienstleistung. Erreichbarkeit und Zugang sind noch unabhängig von einem individuellen Fall und auf der organisatorischen Ebene des Dienstes zu bearbeiten. Der Dienst muss klären, für welche Fälle bzw. welche Zielgruppe er zuständig ist und erreichbar sein will. Zuständigkeiten ergeben sich v. a. nach Zielgruppe, definiert z. B. durch Alter, Geschlecht, rechtliche Grundlagen und nach regionalen Einzugsbereichen. Innerhalb solcher oft formaler und in Leistungsvereinbarungen festgehaltenen Bestimmungen können sich noch weitere Spezifizierungen ergeben, so wenn sich ein Dienst auf spezielle Methoden, Diagnosegruppen oder Problemlagen spezialisiert hat.

Aus der Bestimmung solcher Aspekte folgt dann die Erreichbarkeit bzw. der Zugang mit der zentralen Frage, ob und wie der Dienst für die gedachte Zielgruppe im geplanten Einzugsbereich sichtbar und erreichbar ist. In Anlehnung an Wendt (2018, S. 135 f.) können hierzu z. B. gezählt werden:

- der Bekanntheitsgrad eines Angebotes, der v. a. durch Öffentlichkeitsarbeit, durch Netzwerkarbeit mit anderen Diensten und Einrichtungen, Kontakte zu Schlüsselpersonen sowie allgemeine soziale Medien beeinflusst werden kann;
- mögliche rechtliche Begrenzungen des Zugangs;
- Kosten, die mit der Erreichbarkeit verbunden sind;
- „Komm-Struktur“ oder „Geh-Struktur“, wobei letztere eine größere Reichweite besitzt;
- mögliche soziokulturelle, sprachliche oder psychologische Barrieren für spezielle Teil-Zielgruppen;
- aber auch ganz praktische Aspekte wie z. B. die räumliche Lage, die Barrierefreiheit oder die Öffnungszeiten.

Besondere Herausforderungen ergeben sich hier für Klient:innen von als ‚schwer erreichbar‘ oder ‚*hard to reach*‘ apostrophierten Zielgruppen wie Menschen mit psychischen Erkrankungen, Straßenwohnungslosen oder für Klient:innen mit unsicherem Aufenthaltsstatus. Viele solcher Fälle haben oft zu wenig Wissen über das Sozialleistungssystem, keine ausreichenden Sprachkenntnisse und Informationen über Ziele eines Dienstes, oder haben Schamgefühle oder Angst vor möglichen Folgen des Kontakts zu dem Dienst.

Noch in dem Schritt des Zugangs oder bereits im *Intake* kann das *Screening* verortet werden. Im Screening wird gezielt eine Auswahl vorgenommen. Anhand fester, definierter Kriterien wird im Einzelfall bestimmt, wer den weiteren Phasen zugewiesen wird. Screening kann anhand einfacher Kriterien wie dem rechtlichen Status, aber auch mit Checklisten oder Screening-Instrumenten vorgenommen werden; v. a. in der Gesundheitsversorgung und der Pflege wurden viele solcher Screening-Instrumente, z. B. auf Demenz, entwickelt, die geprüft und bewährt sind, und mit Hilfe derer dann die Fälle spezifischen Behandlungspfaden zugewiesen werden.

Zweite Phase: *Assessment*

Bei einem *Assessment,* am besten mit „Falleinschätzung“ zu übersetzen (Monzer 2018, S. 127), geht es um eine möglichst genaue Erfassung und Beurteilung des Falls (Wendt 2018, S. 141). Insofern ist es methodisch fundierter, gründlicher und umfassender als ein Screening. Assessment kann verstanden werden als das Sammeln, Auswerten, Analysieren und Dokumentieren von Informationen jedweder Art über Menschen, ihre Lebensumstände, die sozialen Zusammenhänge ihrer Leben mit dem Ziel, ihre Situation zu verstehen und eine Grundlage für Entscheidungen über weitere Interventionen zu erhalten. Damit wird deutlich, dass eine der wichtigsten Aufgaben im Assessment die Organisation der Informations- und Wissensquellen zu einem Fall darstellt (Monzer 2018, S. 127). Als Quellen für Informationen sind denkbar: in erster Linie die in einem Gespräch mit dem Klienten gewonnenen Daten, aber auch Informationen aus seinem Umfeld oder von anderen Institutionen. Dabei sind nicht nur selbstverständlich Datenschutz und Schweigepflichten zu berücksichtigen, sondern die Klient:innen müssen auch bei der Informationsbeschaffung beteiligt werden.

Überhaupt ist die Partizipation des:der Klient:in im Prozess eine wesentliche Voraussetzung für das Assessment wie für das gesamte Case Management. In der Praxis können die Voraussetzungen dafür ganz unterschiedlich sein. Es ist aber evident, dass – alleine schon um alle notwendigen Informationen zu erhalten – der Klient im Assessment mitwirken muss. Der:die Klient:in soll aber nicht nur mitwirken, sondern soll ja auch das Assessment und mögliche weitere Schritte mittragen. Deswegen könnte man sogar so weit gehen und beim Assessment von einem offenen, gemeinsamen und kooperativen Aushandlungsprozess sprechen.

Aufgaben und Ziele eines Assessments

Das Assessment im Case Management verfolgt folgende Ziele (in Anlehnung und Erweiterung von Neuffer 2013, S. 85 f.; Monzer 2018, S. 136 f.):

1. Ganzheitliche systemische Erfassung und Analyse der Situation mit persönlichen, individuellen, familiären und umfeldbezogenen Faktoren, mit Analyse …
   - *der Ressourcen:* Ermittlung und Analyse der in der Person, dem sozialen Umfeld und dem Sozialraum liegenden Ressourcen
   - *der Probleme:* Ereignisse und Umstände, die für den:die Klient:in zu negativ bewerteten Herausforderungen, Erschwernissen, Schwierigkeiten und Beeinträchtigungen führen
   - *des Kontexts:* Begleitumstände, sozialer Bezugsrahmen und Sozialraum
   - *der Bedürfnisse und Erwartungen:* individuell geprägte Empfindungen eines Defizits, die Ausgangspunkt für eine Änderung sind, und mit bestimmten Vorstellungen an die Zukunft verbunden sind
2. Aspekte der subjektiv erlebten Biografie und des objektiven Lebensverlaufs in ihrer Bedeutung für den Fall mit den bisher erfolgten Lösungsversuchen
3. Gemeinsame Einschätzung der Situation, der Beziehung, der personalen und institutionellen Netzwerke durch …

- den:die Klient:in
- die Fachkraft bzw. den Case Manager
- die Beteiligten im Umfeld und die bereits tätigen sozialen Institutionen (mit Einverständnis des:der Klient:in)

4. Prognose der weiteren Entwicklung der als problematisch verstandenen Ausgangssituation und des Anlasses für das Case Management
5. Akzeptanz der möglichen Veränderungen der Ausgangssituation, der Vorläufigkeit der Einschätzung durch entsprechende konzeptionelle Vorkehrungen (z. B. vereinbarte Zielüberprüfungen, Zwischenreflexionen etc.).

Für die Anwendung in der Sozialen Arbeit liegen diverse Assessment-Instrumente vor, wie z. B. das *Genogramm*, die *Ecomap* oder standardisierte Fragebögen (Wendt 2018, S. 148; einen Überblick geben zudem Pantuček-Eisenbacher 2019; das Handbuch von Buttner et al. 2018; und mit Bezug auf Handlungsfelder der Sozialen Arbeit Buttner/Gahleitner/Freund 2020). Allerdings ist ein Assessment mehr als die möglichst standardisierte Anwendung von Instrumenten. So warnt Wendt, dass ein solches Assessment nicht zu einem starren Ausfüllen von Skalen und nicht eine „oberflächliche, schematische Datenerfassung" werden dürfe (Wendt 2018, S. 148). Angesichts der Vielzahl möglicher Instrumente und der Tatsache, dass diese oft auch Ergebnisse präjudizieren, sollte nicht nur die Anwendung, sondern bereits ihre Auswahl Teil des Aushandlungsprozesses mit den Klient:innen sein.

Dritte Phase: *Planning*

Im Zentrum der folgenden Phase des *Planning* steht die gemeinsame Bestimmung der Ziele, Wege und der Mittel zum Erreichen dieser Ziele. Eine genaue Bestimmung der Ziele ist aus vielen Gründen unerlässlich:

1. *Klärung:* In vielen Fällen stellt der Prozess der Erarbeitung von Zielen eine wichtige Klärung dar, weil in vielen Fällen auf den ersten Blick nicht klar ist, woraufhin im Case Management gearbeitet werden soll (Neuffer 2013, S. 107).
2. *Entlastung:* Die Bestimmung von Zielen hat auch häufig einen entlastenden Charakter, indem sie dem Case Management eine Richtung gibt.
3. *Grundlage für Hilfen:* Ziele stellen die Grundlage für die weitere Vorgehensweise im Case Management dar und sind eine Grundlage für die Erarbeitung, mit welchen Dienstleistungen und auf welchen Wegen diese Ziele erreicht werden sollen und welche Ressourcen dafür benötigt werden.
4. *Evaluation:* Erst die Definition von Zielen ermöglicht die Überprüfung der Zielerreichung und einer Evaluation (Neuffer 2013, S. 108).

5. *Professionalität:* Aus der Perspektive einer professionellen Sozialen Arbeit unterstützt eine Zielfindung die Effektivität und Effizienz der Leistungen und muss dafür auch als Ausweis ihrer Professionalität nach den Wirkungszusammenhängen fragen (ebd.).

Ein Ziel ist zunächst die Beschreibung eines gewünschten Zustandes. Ziele können auf den drei Ebenen – Leitziele, Teilziele bzw. Mittlerziele und Handlungsziele – unterschieden werden, wobei insbesondere Letztere nach SMART-Kriterien (spezifisch, messbar, akzeptabel, realistisch, terminiert; s. hierzu Monzer 2018, S. 201–205) formuliert sein sollten.

Die Ziele gehen dann in eine Hilfeplanung ein (Neuffer 2013, S. 120–128); eine solche ist oft gesetzlich geregelt, z. B. in § 36 SGB VIII (für Empfehlungen s. BAGLJAE 2015) oder in § 19 SGB IX (für eine praktische Handreichung s. Der Paritätische 2022). Die Hilfeplanung kann in einer *Helferkonferenz* mit den an einem Fall beteiligten Akteur:innen, in einer *Teilhabeplankonferenz* nach § 20 SGB IX mit den beteiligten Rehabilitationsträgern oder in einer *Hilfeplankonferenz* mit in der Regel allen in dem Arbeitsfeld und in dem jeweiligen Versorgungsgebiet relevanten Akteur:innen gemeinsam diskutiert und in ihrer Umsetzung beschlossen werden.

Vierte Phase: *Implementation* und *Linking*

In dieser Phase ist es die Aufgabe des Case Managements, die verschiedenen in der Hilfeplanung vereinbarten und fixierten Leistungen miteinander zu verbinden, zu koordinieren und die Leistungserbringung zu überwachen. Dies ist die dauerhafteste und zeitintensivste Phase des Case Managements.

Zunächst müssen die verschiedenen Leistungserbringer und die anderen Beteiligten neben dem:der Klient:in, z. B. Angehörige und das weitere soziale Umfeld, sich abstimmen, Kommunikationswege und Ansprechpersonen vereinbaren. Detailfragen, die im Hilfeplan noch offengeblieben sind oder nicht bearbeitet werden konnten, müssen nun endgültig geklärt werden. Dies betrifft v. a. miteinander verzahnte und aufeinander aufbauende Prozesse und Dienstleistungen; so macht ein Haushaltsorganisationtraining erst Sinn, wenn der:die Klient:in in seine bzw. ihre eigene Wohnung umgezogen ist. In dieser Phase kann es Aufgabe des Case Managers sein, den:die Klient:in zu ersten Terminen zu begleiten, um den Kontakt aufzubauen und Unsicherheiten zu vermeiden (Neuffer 2013, S. 130). Eine wichtige Aufgabe in dieser Phase ist das Monitoring, die kontinuierliche Überwachung der Leistungserbringung und die Beobachtung von Veränderungen in der Situation. Der Case Manager hat hierbei die Aufgabe, bei den Leistungserbringern die Qualität der Leistung zu überprüfen und „nach dem Rechten zu sehen", wie Wendt (2018. S. 16) schreibt.

Ein weiterer Schritt, von Neuffer (2018, S. 135–140) als eigener Schritt konzipiert, ist die Beendigung der Unterstützung durch das Case Management. Wenn in der Hilfeplanung und Leistungsgewährung gesetzte Kriterien erreicht werden, kann die Unterstützung beendet werden. Solche Kriterien sollten von vornherein vereinbart werden, um die Hilfe nicht über Gebühr zu verlängern, da Institutionen oft dazu neigen, Klient:innen in der Leistung zu halten.

Fünfte Phase: *Evaluation*

In dieser Phase wird die Evaluation des Einzelfalls im Case Management vorgenommen. Gegenstand der Evaluation sind die einzelnen Leistungen, die erbracht wurden, aber auch das Case Management selber. Für die Evaluation der einzelnen Leistungen kann ggf. auf Dokumentationen der Leistungserbringer zurückgegriffen werden. Dafür müssen die v.a. in der vierten Phase erbrachten Leistungen genau dokumentiert werden. Aber ebenso muss auch der Prozess des Case Management im Einzelfall evaluiert werden.

Für Evaluationen in der Sozialen Arbeit generell kann mit Einschränkungen auf die klassische, aus der Gesundheitsversorgung stammende Unterscheidung von Avedis Donabedian Bezug genommen werden, nach der in …

- *Strukturqualität* mit den Rahmenbedingungen der Leistungserbringung,
- *Prozessqualität* mit den Arbeitsweisen, den Interaktionsprozessen und Prozessabläufen,
- und der *Ergebnisqualität* mit der Zielerreichung, den Wirkungen und dem Kosten-Nutzenrelationen unterschieden wird (Merchel 2019; für Case Management s. Neuffer 2013, S. 40).

Eine weitere hilfreiche Unterscheidung ist die zwischen *Input, Output* und *Outcome.* Input bezeichnet die in den Fall eingebrachten Ressourcen wie z.B. die geleisteten Fachleistungsstunden, Trainingsmaßnahmen u.a. Der *Output* ist dann das direkte Ergebnis des *Input,* der sich z.B. als erfolgreiche Absolvierung der Trainingsmaßnahme zeigen würde. Das *Outcome,* z.B. eine gestiegene Selbstständigkeit, ist in der Sozialen Arbeit häufig schwer messbar und von einer Vielzahl weiterer, von dem Case Management und den beteiligten Diensten nicht kontrollierbaren Einflüssen abhängig. Sowohl *Output* als auch *Outcome* lassen sich unter die Ergebnisqualität subsumieren. Wegen aber der eingeschränkten Messbarkeit des Ergebnisses und der begrenzten Rückführung auf Wirkungen des Case Management werden für Evaluationen hauptsächlich die Struktur- und die Prozessqualität verwendet (Neuffer 2013, S. 40).

Sechste Phase: *Accountability*

Die sechste Phase mit der Zurechenbarkeit stellt den Abschluss dar. Da diese Phase sich von der individuellen Ebene löst und auf die Verwaltung, Politik und Gesellschaft verweist, ist sie zwar in der Konzeption von Neuffer (2013) nicht aufgenommen, aber trotzdem ein möglicher Schritt. Dahinter steht der Gedanke, dass aufgrund des „sehr hohen wirtschaftlichen Aufwand[s]" im Sozial- und Gesundheitswesen die beauftragten Dienste gegenüber der Gesellschaft eine Rechenschaftspflicht hätten (Wendt 2018, S. 168). Diese erfolgt durch eine quantitative Rechnungslegung und mit qualitativen Darstellungen und Prüfberichten. Die stärker gewordene Managerialisierung der Sozialen Arbeit legt diesen Schritt nahe.

Funktionen des Case Managers

In diesen Phasenbeschreibungen wird deutlich, dass der Case Manager im Lauf des Prozesses mehrere Funktionen wahrnimmt, die aber alle von einem partnerschaftlichen Verhältnis zu den Personen des Falls getragen werden. Idealerweise wurde in der ersten Phase im *Intake* ein Arbeitsbündnis hergestellt (Broer 2013, S. 186f.), in dem der Case Manager nach Wendt (2019, S. 75) folgende Funktionen wahrnimmt:

- selektierende oder Türöffner-Funktion (als *Gatekeeper*): Hier wird für den Fall der Zugang zu den verschiedenen Diensten hergestellt.
- vermittelnde Funktion (als *Broker*): Der Case Manager vermittelt hier zwischen dem Fall und den Diensten und auch zwischen den Diensten.
- anwaltschaftliche Funktion (als *Advocate*): In dieser Rolle müssen, v. a. in der Phase *Implementation* und *Linking*, die Interessen des Falls gegenüber den Dienstleistungserbringern vertreten werden.
- unterstützende Funktion (als *Supporter*): In dieser Rolle unterstützt der Case Manager die Personen des Falls im gesamten Prozess.

Diese genannten Funktionen haben sich fest etabliert, sind aber eher normativ und lassen Ergänzungen zu. Unter einer realistischen und an der Empire des Case Managements (resp. Fallmanagements im Kontext des SGB II) orientierten Perspektive ist eine …

- kontrollierende Funktion zu unterstellen, die besonders hervortritt, wenn der Case Manager auch Sanktionen verhängen kann (Wendt 2021, S. 355).

Eine weitere wichtige Funktion des Case Managements erfolgt nicht gegenüber dem Fall, sondern gegenüber dem ‚System':

- Die Ergebnisse des Case Managements sollen auch fallübergreifend in die Steuerung der Leistungserbringung eingehen, bei großen Organisationen auf interne Prozesse und Abläufe als Aufgabe des Sozialmanagements, oder organisationsübergreifend auf die Entwicklung des Leistungssystems. Diese Bedeutung wird teilweise als so bedeutsam angesehen, dass sie Case Management zweiteilt in Fall- und Systemsteuerung (Löcherbach et al. 2018).

Insofern wird deutlich, dass Case Management die Systematisierung eines Prozesses darstellt, der sich praktisch in vielen Settings und theoretisch in vielen Handlungskonzepten und Strömungen der Sozialen Arbeit wiederfindet und daher in viele Richtungen Anschlüsse herstellen kann. Wird das Case Management mit all diesen Schritten durchgeführt, stellen sich auch viele ethische Fragen, weswegen die Fachverbände für Case Management sich auf grundlegende Werte, v. a. Autonomie, Toleranz und Nachhaltigkeit, verständigten (Amstutz 2016).

10.4 Organisationelle Ebene: Sozialmanagement

Auf der Ebene von Institutionen und Organisationen finden sich manageriale Elemente im Konzept des Sozialmanagements wieder, verstanden als Leitung, Steuerung und Gestaltung von sozialwirtschaftlichen Organisationen (Grunwald/Langer 2018, S. 45). Das Verständnis von Sozialmanagement als einem Management, „das sozialpolitischen, gesellschaftlichen und fachlichen (sozialarbeiterischen und sozialpädagogischen) Standards, letztlich ethisch-moralischen Grundsätzen" zu folgen hat (Wöhrle 2018, S. 1554), betont die besondere Stellung von Sozialmanagement und begründet Sozialmanagement als eigenes Handlungskonzept der Sozialen Arbeit.

Sozialmanagement unterscheidet sich von Management in anderen gesellschaftlichen Sektoren dadurch, dass in einem großen Ausmaß besondere Aspekte wie z. B. die starke Abhängigkeit von öffentlichen Mitteln, die Mitarbeit ehrenamtlicher Kräfte oder die Bindungen an die Menschenrechte oder religiöse Werte eine prominente Rolle spielen und in ihrem Zusammenwirken beachtet werden müssen. Eine besondere Rolle spielen dabei fachliche Standards der Sozialen Arbeit, die in Widerspruch zu einem engen betriebswirtschaftlichen Managementdenken bei knappen Ressourcen treten können. Daher wurde Sozialmanagement auch kritisch als ‚Managerialismus' und als Repräsentant eines ökonomischen Effizienzdenkens diskutiert, die fast zwingend zu einem Verlust an Fachlichkeit führen müssen (Otto/Ziegler 2018). Die sich aus dem Gegensatz zwischen einer Ökonomisierung und einer Managementorientierung einerseits und einem Anspruch an Professionalität Sozialer Arbeit andererseits ergebenden Widersprüche auszuhalten, zu bearbeiten und konstruktiv zu wenden und bestenfalls aufzuheben, stellt sicherlich eine besondere Herausforderung an Sozialmanagement dar.

Für die seit den 80er und 90er Jahren des 20. Jahrhunderts stetig wachsende Bedeutung des Sozialmanagements werden unterschiedliche Gründe angeführt. Galuske (2013, S. 357) verweist auf Veränderungen sowohl auf Seiten der Adressat:innen Sozialer Arbeit mit z. B. Forderungen nach stärkerer Beteiligung als auch auf Seiten der Leistungsträger mit dem Hinweis auf knapper werdende öffentliche Mittel. Darüber hinaus könnten auch fachliche Gründe angeführt werden. Aus Konzepten wie Lebensweltorientierung, Sozialraumorientierung, Personenzentrierung, Dezentralisierung und Ambulantisierung ergeben sich unmittelbar Folgerungen für die Leistungserbringung Sozialer Arbeit und gestiegene Anforderungen an ihre Organisation durch Dienste und Einrichtungen der Sozialwirtschaft.

Sozialmanagement, so Merchel (2019, S. 149), markiert also „die Absicht, die Bedeutung der betriebswirtschaftlichen Perspektive stärker für die Gestaltung von Einrichtungen der Sozialen Arbeit zur Geltung zu bringen und dabei neben der Wirtschaftlichkeit auch Prinzipien der sozialen Gerechtigkeit und der Fachlichkeit in das Management zu integrieren" (Merchel 2019, S. 149). Dafür sind Kompetenzen aus sehr verschiedenen Disziplinen wie Sozialer Arbeit, Betriebswirtschaftslehre, Organisationswissenschaften oder Rechtswissenschaften erforderlich. Diese Kompetenzen gehen unterschiedlich stark in die verschiedenen Steuerungsaufgaben ein. Im Folgenden werden diese Steuerungsfelder dargestellt (Merchel 2019, S. 150 f.; Merchel 2015). Dabei ist zu bedenken, dass diese Steuerungsfelder sich gegenseitig beeinflussen, aber auch zu widersprüchlichen Erwartungen und Anforderungen an das Management führen können.

Sozialmanagement erfolgt auch auf verschiedenen Ebenen. Schönig, Hoyer und Potratz (2018, S. 126 ff.) unterscheiden zwischen normativem, strategischem und operativem Management. Normatives und strategisches Management erfolgen häufig in Auseinandersetzung mit den Stakeholdern und anderen Partnern der Außenbeziehungen und sind häufig auf den obersten Führungsebenen angesiedelt. Das operative Management hat als zentrale Aufgabe die Steuerung der Leistungserbringung, die oft durch die mittlere Führungsebene wie Bereichsleitungen wahrgenommen wird. Die folgenden Ausführungen beziehen sich v. a. auf das operative Management, das auch die meisten Führungspositionen umfasst, die oft – anders als die obersten Führungsebenen – von Sozialarbeiter:innen besetzt sind.

10.5 Steuerungsmodi im Sozialmanagement

Die Steuerung im Sozialmanagement kann verschiedene Perspektiven einnehmen, eine fachliche, eine ökonomische und betriebswirtschaftliche, eine organisationsbezogene, eine personalbezogene und schließlich kann sie auch die Außenbeziehungen einer Organisation in den Fokus nehmen.

Fachliche Steuerung

Zentral und – weil hier das Spezifische der Sozialen Arbeit zum Tragen kommt – an erster Stelle zu nennen ist die fachliche Steuerung. Sie soll gewährleisten, dass die Leistungserbringung nach aktuellen fachlichen und wissenschaftlichen Diskursen und Standards der Profession aber auch der Disziplin Soziale Arbeit erfolgt. Nach Merchel (2015, Kap. 6) erfolgt dies durch Konzeptionsentwicklung; fachliche Anleitung und Beratung; Qualitätsmanagement sowie Evaluation.

Fachliche Konzeptionen sind auf einem „mittlere[n] Konkretisierungsgrad" (ebd., S. 189) zwischen einerseits einem Leitbild einer Organisation und andererseits konkreten Handlungsplänen angesiedelt. Eine Konzeption sollte mindestens Angaben zu den folgenden Punkten machen (in Anlehnung an von Spiegel 2013, S. 187 ff.; Merchel 2015, S. 191):

1. Beschreibung der Zielgruppe, für die die Leistungen unmittelbar erbracht werden
2. Beschreibung der Leistungen, die erbracht werden sollen
3. Beschreibung der Ziele, die die Organisation in fachlicher Hinsicht erbringen will sowie Ansatzpunkte für eine Operationalisierung dieser Ziele und eine Evaluation
4. Beschreibung der für eine fachlich qualifizierte Leistungserbringung eingesetzten materiellen und personellen Ressourcen
5. Erläuterung der Handlungskonzepte, die die Grundlage für die Leistungserbringung darstellen, der allgemeinen methodischen Vorgehensweisen und der eingesetzten Methoden der Sozialen Arbeit

Konzeptionen stellen eine Selbstvergewisserung für die Organisation und ihre Mitarbeitenden dar, wirken also nach innen; sie wirken aber gleichermaßen nach außen in ihre Umwelt, wenn auf der Grundlage von Konzeptionen Klient:innen geworben, Leistungsvereinbarungen mit gesetzlichen Leistungsträgern geschlossen oder Fördermittel für Investitionen akquiriert werden. Große Organisationen mit umfangreichen verschiedenen Leistungen arbeiten oft mit mehreren Konzeptionen für unterschiedliche Angebote. Neben Konzeptionen zu eher umfassenden Leistungen für Klient:innen haben viele Organisationen inzwischen auch Konzeptionen für spezifische Fragen wie den Umgang mit Sexualität, zum Gewaltschutz oder zu ethischen Fragen formuliert (s. herzu sehr umfassend das St. Josefs-Stift in Eisingen; https://www.josefs-stift.de/st-josefs-stift/ueber-uns/).

Konzeptionen sind ein wichtiger Aspekt der Strukturqualität. Die Prozessqualität der Leistungserbringung wird u. a. durch fachliche Begleitung gesichert. Hierzu zählen kontinuierliche Leistungen wie Supervision, Coaching, ethische Fallberatung bzw. ethische Fallarbeit. In den Arbeitsfeldern der Sozialen Arbeit mit vielen potenziellen Differenzen und Widersprüchen, ethischen Fragen und fachlichen Weiterentwicklungen ergeben sich immer wieder Herausforderungen, die fachlich bearbeitet werden müssen. Fachliche Begleitung kann verschieden organisiert sein: So kann sie – wie bei der Supervision – durch interne oder durch externe Expert:innen erbracht werden, und sie kann eher hochschwellig und formalisiert, z. B. durch Ethikkomitees, oder eher niederschwellig und orientiert an alltäglichen Fragen der Praxis z. B. durch ethische Fallarbeit oder kollegiale Beratung organisiert sein (Kohlfürst et al. 2023).

Weitere zentrale Elemente fachlicher Steuerung sind Qualitätsmanagement und Evaluation. Die Debatte um Qualität in der Sozialen Arbeit wurde nicht nur durch die Ökonomisierung, sondern auch durch Professionalisierungsdiskurse und v. a. die Verankerung von Qualität in den Sozialgesetzbüchern als Qualitätsentwicklung, Qualitätssicherung, Qualitätsüberprüfung oder ähnliche Konzepte immer wichtiger (Grunwald 2018, S. 617). Beim Qualitätsmanagement geht es „um die in einer Organisation verankerte Reflexion und Bewertung der eigenen Arbeit unter bestimmten Qualitätskriterien bzw. Qualitätszielen mit dem nachfolgenden systematisierten Bemühen Schritte auf dem Weg des Verbesserns der eigenen Arbeit zu definieren und umzusetzen sowie diese Schritte wiederum systematisch auszuwerten“ (Merchel 2015, S. 194). Dabei dürfte evident sein, dass es keine objektiven allgemeingültigen Kriterien für Qualität geben kann, sondern diese aus unterschiedlichen Perspektiven, z. B. denen der Adressat:innen, der pädagogischen Mitarbeiter:innen oder der Leitungen, sehr verschieden sein können. Aufgrund der Subjektivität und der Offenheit der Kriterien kann Qualität insgesamt als eine „auf Diskurs ausgerichtete Kategorie“ betrachtet werden (Merchel 2015, S. 195). Daher und aufgrund der großen Dynamik in professionellen Diskursen und rechtlichen Bestimmungen sollte Qualitätsmanagement prozesshaft erfolgen und dabei die veränderlichen Bestimmungen von Qualität und Qualitätskriterien reflektieren und aufnehmen.

Mittlerweile wurde eine Vielzahl unterschiedlicher Methoden und Konzepte des Qualitätsmanagements von Einrichtungen der Sozialen Arbeit vorgelegt. Grundlegend ist für viele die auf das Qualitätsmodell von Avedis Donabedian zurückgehende Unterscheidung zwischen *Strukturqualität, Prozessqualität* und *Ergebnisqualität* einer Leistung, die die Rahmenbedingungen, die Art und Weise sowie die Ergebnisse und Folgen der Leistungserbringung in den Blick nehmen (s. o.). Bezüglich Qualitätsmanagement und Qualitätsentwicklung in der Sozialen Arbeit ist eine realistische Erwartung an die Möglichkeit der Steuerung von Qualität wichtig, die sich in der Sozialen Arbeit oft gegen einfache Ursache-Wirkungs-Mechanismen sperrt.

In der Praxis des Sozialmanagements hat sich mittlerweile das Instrument der Balanced Scorecard (BSC; am besten übersetzt mit ‚ausgewogener Berichtsbogen') fest etabliert (Stoll 2016). Damit kann auch die Werteorientierung von Unternehmen der Sozialwirtschaft integriert und der Widerspruch zu einer rein ökonomischen Orientierung, wenn nicht aufgelöst, so aber doch konstruktiv bearbeitet werden (Stoll 2013, S. 15). Die BSC ist ein Verfahren, das die Erhebung, Dokumentation und Steuerung der Aktivitäten einer Organisation „im Hinblick auf ihr Leitbild und ihre Strategie, die damit verbundenen Ziele und Leistungen umzusetzen, ermöglichen soll" (Wendt 2021, S. 359). Die BSC wird innerhalb des Sozialmanagements v. a. im Qualitätsmanagement und Controlling verwendet und stellt in der Regel für die vier Bereiche: Finanzen; Kunden/Märkte; Prozesse und Innovation/Potenziale wichtige Inhalte und deren Umsetzungen in Kennzahlen dar, wobei diese, um die Ziele und Werte der Organisation angemessen abzubilden, auch solche Kennzahlen wie Fördermittelanteil oder Mitarbeiterzufriedenheit erfassen (ebd.). Die BSC kann aber auch im strategischen Management verwendet werden, wo sie dann für diese vier Bereiche strategische Ziele abbildet. In Abbildung 10.1 ist beispielhaft die BSC der Zieglerschen Anstalten, einer großen Organisation der Behindertenhilfe mit 2 400 Mitarbeiter:innen abgebildet (Michell-Auli 2006). Dabei stellt bereits die Art der Darstellung eine Bewertung der Wichtigkeit der Ziele dar. Mit der Anordnung von „Finanzen" in der ersten Zeile rangiert dieser Bereich an Bedeutung vor den anderen und innerhalb der „Finanzen" ist „Ertragskraft im Konzern erhalten" das erste Ziel. Hier wären auch andere Anordnungen denkbar. Die BSC ersetzt somit keine Zielfindungs- und Zielsetzungsprozesse in einer Organisation, aber bildet deren Ergebnis ab.

Einen wichtigen Beitrag zur Qualitätssicherung kann auch *Evaluation* leisten, die inzwischen eine ubiquitäre Forderung an Leistungen der Sozialen Arbeit geworden ist. „Als ‚Evaluation' kann gelten: ein – in der Regel organisational verankertes – systematisiertes und transparentes Vorgehen der Datensammlung zu einem bestimmten Gegenstandsbereich/Sachverhalt mittels intersubjektiver und gültiger Erhebungsverfahren, das auf der Basis vorher formulierter Kriterien eine genauere Bewertung des Gegenstands/Sachverhalts ermöglicht und für die Praxis verwertbare Diskussions- und Entscheidungshilfen zur Verbesserung bzw. Weiterentwicklung des untersuchten Gegenstands/Sachverhalts liefern soll" (Merchel 2018, S. 638). Ähnlich wie bei der Qualitätsentwicklung kann auch bei Evaluationen zwischen verschiedenen methodischen Vorgehensweisen mit je

Abb. 10.1: Die Balanced Scorecard der Zieglerschen Anstalten (Michell-Auli 2006, S. 28)

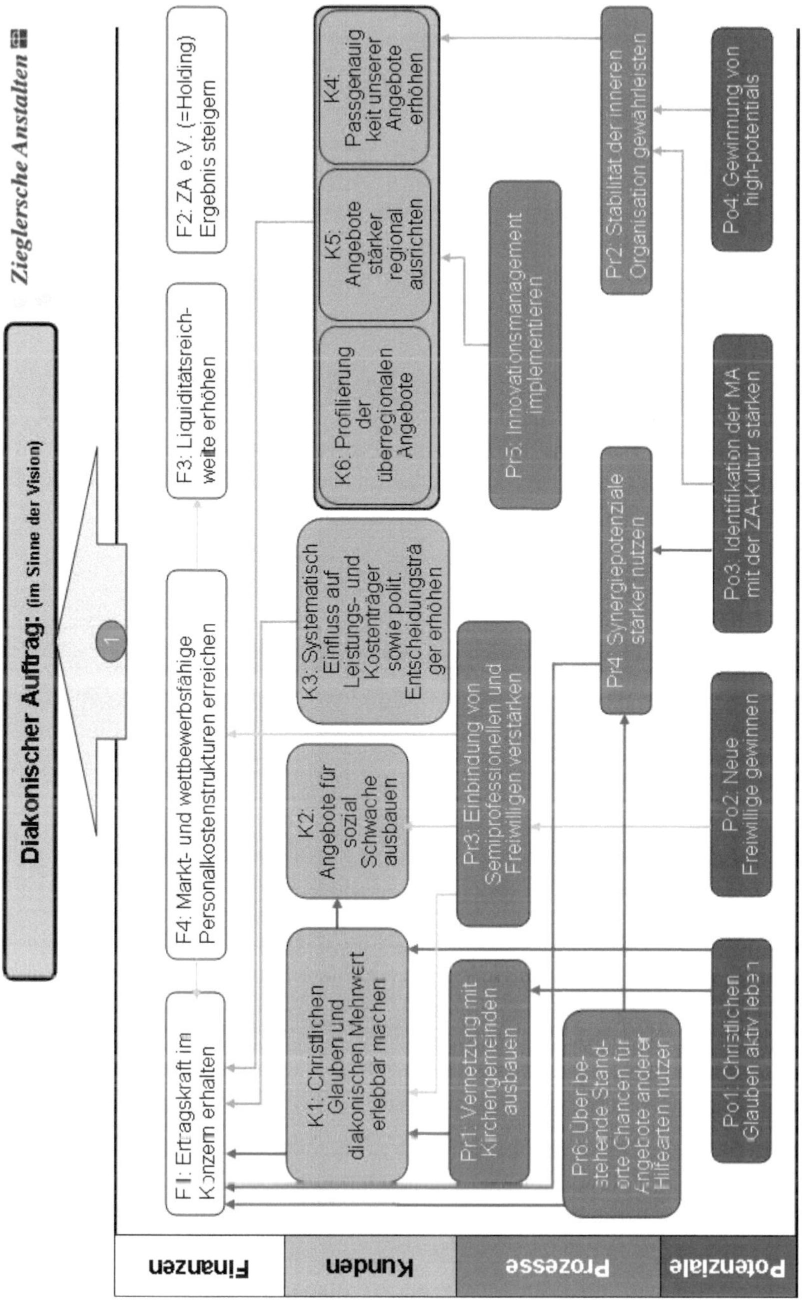

spezifischen Vor- und Nachteilen unterschieden werden (Merchel 2015, S. 205 f.; Merchel 2018).

Ökonomische und betriebswirtschaftliche Steuerung

Bei dieser Steuerung rücken die engeren betriebswirtschaftlichen Aspekte in den Fokus. Grundlegend sind die Rechtsform und die Beachtung des Gemeinnützigkeitsrechts, unter das die meisten Organisationen der nichtöffentlichen Sozialwirtschaft fallen. Daher gilt es, die Anforderungen an die Gemeinnützigkeit gemäß der Abgabenordnung strikt im Blick zu behalten, um Steuernachzahlungen zu vermeiden (Merchel 2015, S. 154 ff.).

Unter diesen Steuerungsaspekt fallen auch alle Fragen der Finanzierung. Auf der Einnahmenseite kann grob unterschieden werden zwischen

- Zuwendungen (für die Erfüllung eines öffentlichen Auftrags),
- Leistungsentgelten (für einzelfallbezogene Leistungen im Rahmen des sozialrechtlichen Dreiecksverhältnisses auf der Grundlage von Leistungsverträgen und fachlichen Konzeptionen) und
- Eigenmitteln (Mitgliedsbeiträge, Spenden, Bußgelder, Einnahmen aus Sponsoring).

Durch neue Finanzierungsarten v. a. in Form von Budgets als Sozialraumbudget oder persönliches Budget sind diese Formen noch vielfältiger geworden.

Diese Einnahmen sind ebenso wie die Ausgaben in einem Rechnungswesen darzulegen. Das *externe Rechnungswesen* dient v. a. der Aufstellung der Bilanz und der Gewinn- und Verlustrechnung entsprechend den rechtlichen Anforderungen gemäß der jeweiligen Rechtsform. Das *interne Rechnungswesen* mit der Kosten- und Leistungsrechnung besteht in der Wirtschaftlichkeitsberechnung in Bezug auf einzelne Leistungen und Produkte. Es hat eine interne steuernde Funktion und dient Kostenverantwortlichen und Leistungskräften als Orientierung und zur Steuerung. Auf der Grundlage des internen und externen Rechnungswesens kann mit den zwei Instrumenten der *Budgetierung* und des *Controlling* gesteuert werden. Budgetierung meint im Wesentlichen eine „Steuerungsform, bei der in der Verkopplung von Ressourcenzuteilung und Zielen die zentrale Steuerung verbunden wird mit der differenzierten Steuerung in einzelnen Organisationseinheiten" (Merchel 2015, S. 172); dies kann auch – wie z. B. bei Sozialraumbudgets – organisationsübergreifend erfolgen. Controlling – der Begriff meint wesentlich mehr als nur ‚Kontrolle' – wird oft in einem Zyklus aus Planung, Information, Analyse und Steuerungsentscheidung gedacht. Controlling selber steuert nicht, kann aber Steuerungs- und Managemententscheidungen herbeiführen und lässt sich am besten als eine Steuerungs- und Entscheidungsunterstützung verstehen (Kühn/Feldmann 2005), die auf einem umfangreichen und eigens für diesen Zweck erstellten Berichtswesen mit einem differenzierten Kennzahlensystem beruht.

Organisationsbezogene Steuerung

An erster Stelle der organisationsbezogenen Steuerung steht die Bestimmung der Zwecke und Ziele der Organisation. Eine Organisation zeigt damit, was sie erreichen und welche Leistungen sie erbringen möchte. Ziele und ihre Darstellung in Leitbildern und Konzeptionen sind wichtig, um nach außen die Organisation gegenüber ihrer Umwelt zu vertreten, aber auch um nach innen den Mitarbeiter:innen Orientierung zu geben. Wie bei allen Zielen ist es auch für die Organisationen der Sozialwirtschaft wichtig, dass die ausformulierten Ziele einen angemessenen Abstraktionsgrad erreichen, dass sie abstrakt genug sind, um Veränderungen zuzulassen; aber auch konkret genug, um als Orientierung dienen zu können. In der Praxis ist zu bedenken, dass Ziele Deutungen unterliegen und Organisationen auch Ziele zugeschrieben werden können. So wird in der Regel allen Organisationen das Ziel des Selbsterhalts oder des Wachstums zugeschrieben, was zu einem Widerspruch zu dem häufig formulierten Anspruch der Sozialen Arbeit, sich selber überflüssig zu machen, führen kann.

Unabdingbar ist für jede Organisation eine Organisationsstruktur, die sich in einem *Organigramm* abbilden lässt. In Organisationsstrukturen mit Aufbauorganisation und Ablauforganisation werden die einzelnen Organisationeinheiten mit ggf. hierarchischen Positionen, Aufgaben, Zuständigkeiten und Entscheidungskompetenzen sowie ihre Kommunikations- und Kooperationsverpflichtungen innerhalb und nach außen dargestellt. Dafür müssen in der formalen Struktur die Rollenstruktur, die Führungsstruktur, die Entscheidungsstruktur und die Kommunikationsstruktur bestimmt werden (Merchel 2015, S. 130). Neben der offiziellen Organisationsstruktur gibt es oft eine informelle, weil aufgrund informeller Prozesse Macht und Einfluss und Kommunikation oft andere Wege nehmen als dargestellt.

Und schließlich ist auch die Bestimmung der Mitglieder einer Organisation zentral, wenn auch nicht immer eindeutig möglich. Mitglieder können die Personen sein, die „zur Realisierung der Ziele und zur Umsetzung der Handlungsprogramme beitragen“ können (Merchel 2015, S. 134). Sowohl für die Adressat:innen einer Organisation, die Leistungsempfänger:innen, als auch für die Mitarbeiter:innen kann es hier graduelle Abstufungen der Mitgliedschaft geben, die mit jeweils mehr oder weniger Verantwortung und verschieden starken Rollenerwartungen einhergehen können. Von den Mitgliedern einer Organisation sind die *Stakeholder* zu unterscheiden. Als Stakeholder – oft mit ‚Anspruchsgruppen‘ übersetzt – sind diejenigen Personen, Gruppen und Institutionen zu betrachten, die ein direktes, aber je nach Gruppe unterschiedliches Interesse an einer Organisation und ihrer Arbeit haben. Dabei kann zwischen *internen Stakeholdern,* den Mitarbeiter:innen, den Freiwilligen, den Leitungskräften und dem Vorstand, und den *externen Stakeholdern,* den Klient:innen, den Kund:innen, der Kommune, Lieferanten und Gläubiger:innen unterschieden werden (Vilain 2018, S. 443). Die Berücksichtigung dieser Gruppen ist für manche Managemententscheidungen so wichtig, dass sich ein eigenes Stakeholdermanagement herausgebildet hat (ebd.).

Steuerung der Mitarbeitenden und der Personalressourcen

Soziale Arbeit als personenbezogene Dienstleistung verlangt auch einen besonderen Fokus auf das Personalmanagement, da die Mitarbeiter:innen in einer Koproduktion soziale Leistungen erbringen und damit von entscheidender Bedeutung für die Qualität sind (Merchel 2015, S. 219 f.). In der folgenden Übersicht sind die zentralen Aufgaben des Personalmanagements dargestellt (Merchel 2015; Hölzle 2017):

Aufgaben des Personalmanagements

- Die *Definition von Kompetenzprofilen* ist grundlegend für alle Personalmanagementaufgaben und bestimmt differenziert nach Stellen und Aufgabenbereichen verschiedene Profile von Kompetenzen auf der Grundlage von Kompetenzmodellen.
- Das *Management des Personalbedarfs* (quantitativ orientiert) umfasst Personalbemessung, Personalrekrutierung, Personalauswahl und schließlich Personaleinsatz; insbesondere Umfang und Qualifikation des Personals sind in der Sozialwirtschaft oft über Vereinbarungen mit Leistungsträgern geregelt.
- Das *Management der Personalentwicklung* (qualitativ orientiert) soll die Qualifikation und Motivation des Personals entwickeln und sicherstellen sowie die Einarbeitung neuen Personals, Fort- und Weiterbildung, Mitarbeiterentwicklung und die Bindung des Personals an die Organisation gestalten.
- Die *Personalbeurteilung* ist elementar für das Management sowohl des Personalbedarfs als auch der Personalentwicklung und betrifft nicht nur einzelne Mitarbeiter:innen, sondern auch ganze Teams oder den Personalbestand ganzer Einrichtungen.

(Merchel 2015; Hölzle 2017)

Insbesondere in Organisationen der Sozialen Arbeit hat das Management von Freiwilligen, Ehrenamtlichen und bürgerschaftlich Engagierten eine besondere Bedeutung. Die weitgehendste Systematisierung haben Reifenhäuser/Reifenhäuser (2013) mit dem Praxishandbuch Freiwilligenmanagement vorgelegt. Das darin entwickelte Freiwilligenmanagement-Modell stellt das Freiwilligenmanagement in verschiedenen Phasen von einer strategischen Entscheidung zum Freiwilligenmanagement bis hin zur Evaluation dar (ebd., S. 17).

Steuerung der Außenbeziehungen

Die Außenbeziehungen als Teil der Umwelt lassen sich bei Organisationen der Sozialwirtschaft in drei spezifische Umwelten mit je eigenen Akteur:innen und Regeln einteilen: die gesellschaftlichen und politischen Rahmenbedingungen; andere Organisationen sowie die Adressat:innen der Leistungen der Organisation, die ‚Kund:innen' (Merchel 2015, S. 237).

- Die gesellschaftliche Umwelt ist in der Sozialwirtschaft von noch größerer Bedeutung als in anderen Sektoren. Neben direkten Einnahmen aus leistungsrechtlichen Verträgen v.a. auf der Grundlage der Sozialgesetzbücher oder anderen Zuwendungen sind auch viele andere rechtliche und politische Bestimmungen relevant, wie z.B. das Heimrecht, das Ausländerrecht, das Vergaberecht und andere. Die Methoden der Einflussnahme auf die Gestaltung sind v.a. die der politischen Sozialen Arbeit und der Sozialarbeitspolitik (Rieger 2021). Neben Lobbyarbeit auf den verschiedenen politischen Ebenen sind hier z.B. die Mitarbeit in Gremien und *Public Relations* zu nennen, die oftmals nicht von den Organisationen selber, sondern von Verbänden durchgeführt werden.
- Andere Organisationen stellen ebenfalls einen wichtigen Aspekt der Umwelt dar. Auch ohne in direkten Beziehungen miteinander zu stehen, können andere Organisationen als Konkurrenten entscheidenden Einfluss auf das Angebot und die Performanz eines Leistungserbringers haben. Neben der Stellung als Konkurrent können andere Organisationen wichtig für die Zusammenarbeit sein, sei es um auf der Fallebene wie im Case Management gemeinsam an einem Fall zu arbeiten oder in Verbünden und Arbeitsgemeinschaften das Leistungssystem weiterzuentwickeln. Dieses besondere Verhältnis von gleichzeitiger Kooperation und Konkurrenz ist mit dem Begriff ‚Koopkurrenz' (Schönig 2015) treffend beschrieben.
- Für die Beziehungen zur Umwelt mit den Adressat:innen und möglichen Kund:innen der Organisation spielt Marketing eine wesentliche Rolle. Sozialmarketing umfasst den Vermarktungsprozess sozialer personenbezogener Dienstleistungen aller sozialwirtschaftlicher Organisationen (Vaudt 2018, S. 578). Im Zuge der Ökonomisierung der Sozialen Arbeit ist Sozialmarketing als Instrument der Beeinflussung und Steuerung der Nachfrage mittlerweile selbstverständlich geworden; gleichwohl ist es weniger weit verbreitet als in

der Konsumgüterindustrie; Gründe dafür können sein, dass andere Faktoren wie Änderungen in den sozialrechtlichen Bestimmungen oder demografische Veränderungen deutlich mehr Einfluss auf die Nachfrage und Performanz haben als Marketing-Maßnahmen (Vaudt 2018, S. 590).

10.6 Empirische Grundlagen und Wirkungsnachweise

Zu Case Management liegen inzwischen auch etliche empirische Forschungen vor (für einen Überblick s. Schmid/Schu 2017). Die Forschung richtet sich dabei auf verschiedene Aspekte wie die Implementation, die Eignung für bestimmte Zielgruppen, die Umsetzung, Kosten-Nutzen-Analysen und schließlich auch die Wirkungen und Effekte von Case Management. Dabei ergaben sich als Ergebnisse z. B. eine Verkürzung stationärer Behandlungszeiten in der Psychiatrie, eine Vermeidung von Heimplatzeinweisungen bei Alterspflege, Kostenreduzierungen in der Rehabilitation, eine höhere Mitarbeiter:innenzufriedenheit oder bessere Vernetzungsstrukturen auf der Systemebene (www.case-manager.de 2021). Dabei wird zunehmend auch die Frage nach Wirkfaktoren aufgenommen. So konnten in einer Wirkungsanalyse des Fallmanagements auf Kreisebene in der Eingliederungshilfe in Baden-Württemberg z. B. eine Gesamtfallverantwortung alleine und ausschließlich bei dem Fallmanager, frühzeitige Kontakte mit den Leistungserbringern und ein intensiverer kollegialer Austausch als Wirkfaktoren für die an einem Gesamteffektivitätsindex gemessene Zielerreichung (KVJS 2013, S. 121 ff.) identifiziert werden.

In der internationalen Forschung liegen auch Metaanalysen von Kontrollstudien vor. So kommen Vanderplasschen et al. (2019) in einer Metaanalyse von 31 Studien aus dem Bereich der substanzbezogenen Störungen zu dem Ergebnis, dass Case Management gegenüber einer gewöhnlichen Behandlung *(treatment as usual)* eine zwar schwache, aber signifikante Verbesserung bei verschiedenen Zielmerkmalen erreicht. Aber alleine die Begrenzung vieler empirischer Forschungen auf ein Handlungsfeld oder eine Gruppe von Klient:innen, die Vielzahl der Formen und Umsetzungen von Case Management in der Praxis sowie die sehr unterschiedlichen Kontextbedingungen zeigen, wie schwierig es ist, verallgemeinerbare empirische Aussagen zu den Effekten und Wirkungen von Case Management zu machen.

Etwas anders verhält es sich beim Sozialmanagement, weil es kein Konzept ist, das sich als solches leicht empirisch greifen oder gar überprüfen ließe. Das liegt sicherlich daran, dass Sozialmanagement als Steuerung komplexer sozialer Systeme per se schwierig in empirische Fragestellungen umzusetzen ist und in der Managementforschung – vielleicht aus diesem Grund – ein Denken in Konzepten und Modellen und weniger in kausalanalytischen Wirkungszusammenhängen dominiert. Für enge betriebswirtschaftliche Fragen können Benchmarkings auf der Basis von Kennzahlen organisationsintern wichtige empirische Hinweise geben. Will man aber weitere, für die Profession Soziale Arbeit wichtige Aspekte berücksichtigen, würde sich bereits die Frage nach aussagekräftigen Merkmalen stellen, solche könnten z. B. die Mitarbeiter:innenzufriedenheit oder aus dem Qualitätsmanagement gewonnene Merkmale wie die Klient:innenzufriedenheit sein. Oft dominieren spezielle Studien, z. B. über die Transformationsprozesse von Organisationen in der Behindertenhilfe im Zuge der De-Institutionalisierung (Kahl 2021), bei denen auch Organisationaspekte miterfasst werden, diese aber oft nicht im Zentrum der Analyse stehen, geschweige denn, dass eine systematische Variation von Organisationsmerkmalen und deren Auswirkungen auf Output-Merkmale stattfindet (zusammenfassend s. Glisson 2012, S. 179–181).

Speziell zu den Auswirkungen des Managerialismus, der Ökonomisierung und der Einsparungen in der Sozialen Arbeit gibt es eine Reihe von quantitativen und qualitativen empirischen Forschungsarbeiten zu den Arbeitsbedingungen in der Sozialen Arbeit, bei denen die vielfältigen negativen Folgen auf die Soziale Arbeit und ihre Qualität deutlich überwiegen (Seithe 2012). In Übereinstimmung mit solchen Befunden hält Glisson nach einem Überblick über die US-amerikanische Forschung fest: „Organizational studies indicate that employees who experience lower stress and greater engagement, and are able to place the well-being of their clients first, are more likely to develop service relationships that their clients perceive as supportive and responsive“ (Glisson 2012, S. 181).

10.7 Kritische Würdigung

Case Management wurde bei seiner Einführung wegen seiner managerialen Orientierung im Kontext eines neoliberalen Aktivierungsparadigmas kritisiert, wobei diese Kritik sich v. a. auf das Fallmanagement von Grundsicherungsempfänger:innen nach SGB II bezog. In diesem Fall scheinen tatsächlich *Brokering* und *Advocacy* als „eine (theoretische) Perspektive ohne Chance ihrer Verwirklichung“ zu sein (Wendt 2021, S. 355), das Handlungskonzept dementsprechend eher idealistisch – und unrealistisch. Case Management trage, so Biesel, „zum Bedeutungsverlust der helfenden Beziehung bei. Das mit dem Case-Management-Ansatz transportierte Effektivitäts- und Effizienzversprechen und die damit einhergehende politisch und ideologisch überfrachtete neoliberale Orientierung führen zu Einschränkungen sozialer Leistungen. Das Case-Management-Konzept lädt die Praxis Sozialer Arbeit mit überhöhten und zum Teil unerfüllbaren Fall- und Systemsteuerungsideen auf“ (Biesel 2010, S. 15). Case Management ist also ein sehr anspruchsvolles Konzept mit hohen Anforderungen sowohl an den Case Manager als auch an das Leistungssystem und weckt Erwartungen, die angesichts komplexer Leistungssysteme mit einer Vielzahl von Leistungserbringern und -trägern oft nicht erfüllt werden können.

Aber auch in formaler prozessualer Hinsicht ist Case Management kritisch zu sehen, da die Gefahr einer Bürokratisierung und Formalisierung besteht. Case Management darf nicht dazu führen, dass in einem engen Korsett aus den oben beschrieben Phasen und dabei eingesetzten Instrumenten und Dokumentationen die Individualität des Einzelfalls und der professionelle Anspruch verloren gehen, die Sozialarbeitenden sich durch die Instrumente ‚gegängelt' fühlen und das Ausfüllen von Eingabemasken in PC zu Lasten der Arbeit mit dem Menschen geht (Wendt 2018, S. 62).

Diese drei Kritikpunkte des ‚Aktivierungsdrucks' auf Klient:innen, der hohen Steuerungskomplexität sowie der Bürokratisierung können aber auch als Aufforderung zu einem ethisch und methodisch stärker reflektierten Case Management und damit zu einer stärkeren Professionalisierung verstanden werden. Soziale Arbeit mit einer starken professionellen Identität ist aufgefordert, dies als Chance zu sehen und Case Management und Fallmanagement aktiv und kritisch anzuwenden und weiterzuentwickeln.

Anders als Case Management ist Sozialmanagement gewissermaßen unumgänglich, weil Soziale Arbeit organisiert werden muss und auf ein funktionierendes Sozialmanagement angewiesen ist (Amstutz 2014). Die starke betriebswirtschaftliche Orientierung des Sozialmanagements mit einem Druck zur Kostenreduzierung hat zweifelsohne in vielen Fällen – sowohl bei freien wie öffentlichen Trägern – zu Arbeitsverdichtungen und Qualitätseinbußen geführt, wie sie im Extremfall bei spektakulären Fällen von Gewalt gegen Kindern wie dem ‚Fall Kevin' 2006 in Bremen deutlich werden. Aber nicht nur Faktoren wie auf Effizienz getrimmte Arbeitsbedingungen, sondern noch grundlegendere typische Steuerungselemente wie die Standardisierung und Marktförmigkeit von Leistungen, die Bürokratisierung und Kontrolle der Leistungserbringung sind geeignet, die Professionalität Sozialer Arbeit und das Vertrauen in die Profession zu unterwandern (Otto/Ziegler 2018, S. 968).

Auf der anderen Seite darf nicht übersehen werden, dass Sozialmanagement mit Strategien wie der Erschließung neuer Zielgruppen, der Entwicklung neuer Leistungstypen oder strategischen Kooperationen auch zu dem starken Wachstum von Sozialwirtschaft und Sozialer Arbeit geführt hat. „Niedrige Löhne in einem rasant wachsenden Wirtschaftszweig" beschreibt denn auch das Deutsche Institut für Wirtschaftsforschung in einer Pressemitteilung die Entwicklung in der Branche (DIW 2018). Dabei muss das Management von Organisationen der Sozialwirtschaft – hier in beiden Bedeutungen als verantwortlicher Personenkreis und als Steuerungsfunktion – darauf achten, aktuelle fachliche Entwicklungen wie gestiegene Partizipation der Kund:innen, Sozialraumorientierung oder Deinstitutionalisierung und andere Entwicklungen in den Umwelten der Organisationen, wie z. B. den Fachkräftemangel, nicht aus den Augen zu verlieren und sich mit bewährten und neu zu entwickelnden Methoden des Sozialmanagements darauf einzustellen und einen professionelle Soziale Arbeit ermöglichenden Rahmen zu bieten.

Übungen

1. Welche Stärken und welche Schwächen sehen Sie beim Case Management?

2. Recherchieren Sie nach Meta-Studien zum Erfolg von Case Management. Inwieweit scheinen Ihnen Evidenzbasierung und Wirkungsorientierung im Case Management sinnvoll?

3. Welche Berührungspunkte hatten Sie bisher, z. B. in Ihrem Praktikum, zum Sozialmanagement? Wie haben sie es erlebt, hat es eher Chancen für professionelles Handeln eröffnet oder eher professionelles Handeln verhindert? Diskutieren Sie ihre unterschiedlichen Erfahrungen in einer Gruppe und nehmen Sie dabei die oben beschriebenen Funktionen in den Blick.

4. Ziehen Sie in einem zweiten Schritt das Leitbild dieser Organisation heran und prüfen Sie, inwieweit die in 3. erarbeiteten Ergebnisse mit dem Leitbild übereinstimmen.

Ausgewählte Literatur

- Deutsche Gesellschaft für Care und Case Management e. V. [DGCCM] (Hrsg.) (2015): Case Management Leitlinien – Rahmenempfehlungen, Standards und ethische Grundlagen. Heidelberg: medhochzwei.
- Merchel, J. (2015): Management in Organisationen der Sozialen Arbeit. Einführung. Weinheim und Basel: Beltz Juventa.
- Monzer, M. (2018): Case Management Grundlagen. 2. Auflage, revidierte Ausgabe. Heidelberg, Neckar: medhochzwei.
- Neuffer, M. (2013): Case Management. Soziale Arbeit mit Einzelnen und Familien. 5., überarb. Auflage Weinheim und Basel: Beltz Juventa.
- Schönig, W./Hoyer, T./Potratz, A. (2018): Lehrbuch Ökonomie in der Sozialen Arbeit. Weinheim und Basel: Beltz Juventa.
- Wendt, W. R. (2018): Case Management im Sozial- und Gesundheitswesen. Eine Einführung. 7., überarb. und erw. Auflage. Freiburg im Breisgau: Lambertus.

Ausgewählte Internetlinks

- Bundesarbeitsgemeinschaft der Landesjugendämter – www.bagljae.de
- Bundesarbeitsgemeinschaft Sozialmanagement/Sozialwirtschaft e.V. – http://www.bagsmw.de/index.php?id=11
- DGCC Deutsche Gesellschaft für Care und Case Management – https://www.dgcc.de/
- DGSA Fachgruppe Case Management – https://www.dgsa.de/fachgruppen/case-management/
- DGSA Fachgruppe Sozialwirtschaft – https://www.dgsa.de/fachgruppen/sozialwirtschaft/
- Internationale Arbeitsgemeinschaft Sozialmanagement/Sozialwirtschaft – http://www.inas-ev.eu/
- National Association of Social Workers (2013): NASW Standards for Social Work Case Management: https://www.socialworkers.org/LinkClick.aspx?fileticket=acrzqmEfhlo%3D&portalid=0
- Orientierungshilfe des Kommunalverbandes für Jugend und Soziales Baden-Württemberg für Teilhabemanagement Eingliederungshilfe in der Gesamt- und Teilhabeplanung nach SGB IX – https://bthg.kvjs.de/fileadmin/publikationen/soziales/2020-Orientierungshilfe_ThM.pdf

Literatur- und Quellenverzeichnis

Amstutz, J. (2014): Sozialmanagement und das Verhältnis zur Sozialen Arbeit. Eine empirische Analyse. Wiesbaden: Springer VS.

Amstutz, J. (2016): Ethische Orientierung im Case Management. In: Merten, U./Zängl, P. (Hrsg.): Ethik und Moral in der Sozialen Arbeit: wirkungsorientiert – kontextbezogen – habitusbildend. Opladen: Budrich. S. 325–338.

Broer, W. (2013): Das Arbeitsbündnis im Case Management. Vereinbarungen bzw. Arbeitsbündnisse, welche unter Druck zustande kommen, verfehlen oft ihre beabsichtigte Wirkung. In: Ehlers, C./Broer, W. (2013): Case Management in der Sozialen Arbeit. Opladen: Budrich. S. 179–197.

Buestrich, M./Burmester, M./Dahme, H.-J./Wohlfahrt, N. (2010): Die Ökonomisierung sozialer Dienste und sozialer Arbeit. Entwicklung – theoretische Grundlagen – Wirkungen. 2., unveränd. Auflage. Baltmannsweiler: Schneider Verlag Hohengehren.

Bundesarbeitsgemeinschaft der Landesjugendämter [BAGLJAE] (2015): Empfehlungen. Empfehlungen Qualitätsmaßstäbe und Gelingensfaktoren für die Hilfeplanung gemäß § 36 SGB VIII beschlossen auf der 118. Arbeitstagung der Bundesarbeitsgemeinschaft Landesjugendämter vom 6. bis 8. Mai 2015 in Kiel. http://www.bagljae.de/assets/downloads/5b362538/123_hifelplanung-gem.-36-sgb-viii_2015.pdf (Abfrage: 3. 10. 2022)

Buttner, P./Gahleitner, S. B./Freund, U. H. (2020): Soziale Diagnostik in den Handlungsfeldern der Sozialen Arbeit. Berlin, Freiburg im Breisgau: Deutscher Verein für Öffentliche und Private Fürsorge e. V., Lambertus.

Buttner, P./Gahleitner, S. B./Freund, U. H./Röh, D. (2018): Handbuch Soziale Diagnostik. Perspektiven und Konzepte für die Soziale Arbeit. Freiburg: Lambertus.

case-manager.de (2021): Kategorie Forschung. https://www.case-manager.de/category/forschung/ – Anbieter: Prof. Dr. Peter Löcherbach (Abfrage: 3. 10. 2022)

Chandler, Alfred D. (1977): The visible hand. The managerial revolution in American business. Cambridge, Mass.: Harvard University Press.

Der Paritätische Gesamtverband (2021): Teilhabeplan/Gesamtplan/Bedarfsfeststellung. https://www.der-paritaetische.de/themen/gesundheit-teilhabe-und-pflege/teilhabe/bundesteilhabegesetz/teilhabeplan-gesamtplan-bedarfsfeststellung/ (Abfrage: 3. 10. 2022)

Deutsche Gesellschaft für Care und Case Management e. V. [DGCCM] (Hrsg.) (2015): Case Management Leitlinien – Rahmenempfehlungen, Standards und ethische Grundlagen. Heidelberg: medhochzwei.

Deutsche Gesellschaft für Soziale Arbeit [DGSA] (2022): Leitgedanke des Case Management. https://www.dgsa.de/fachgruppen/case-management/ (Abfrage: 3. 10. 2022)

Deutsches Institut für Wirtschaftsforschung (2018): Sozialwesen in Deutschland: Niedrige Löhne in einem rasant wachsenden Wirtschaftszweig. https://www.diw.de/de/diw_01.c.582391.de/themen_nachrichten/sozialwesen_in_deutschland_niedrige_loehne_in_einem_rasant_wachsenden_wirtschaftszweig.html (Abfrage: 3. 10. 2022)

Fachgruppe [Fachgruppe „Case Management im Handlungsfeld Sozialer Arbeit" der Deutschen Gesellschaft für Care und Case Management (DGCC) und der Deutschen Gesellschaft für Soziale Arbeit (DGSA)] (2015): Diskussionspapier Case Management & Soziale Arbeit. o. O. https://www.dgcc.de/wp-content/uploads/2013/02/2015_02_Diskussionspapier_CM_Soziale-Arbeit_Feb_2015.pdf (Abfrage: 3. 10. 2022)

Galuske, M. (2013): Methoden der Sozialen Arbeit. Eine Einführung. 10. Auflage. Weinheim und Basel: Beltz Juventa.

Glisson, C. (2012): Intervention with Organizations. In: Glisson, C. A./Dulmus, C. N./Sowers, K. M. (Hrsg.) (2012): Social work practice with groups, communities, and organizations. Evidence-based assessments and interventions. Hoboken, N. J.: Wiley. S. 159–190.

Goger, K./Tordy, Chr./Meusbeurger, M. L./Böhm, R. (Hrsg.) (2023): Gelingendes Case Management in der Sozialen Arbeit. In komplexen Fällen navigieren: Praxiserfahrungen und Forschungsberichte. Weinheim und Basel: Beltz Juventa.

Grunwald, K. (2018): Qualitätsmanagement in der Sozialwirtschaft. In: Grunwald, K./Langer, A. (Hrsg.): Sozialwirtschaft. Handbuch für Wissenschaft und Praxis. Baden-Baden: Nomos. S. 617–635.

Grunwald, K./Langer, A. (2018): Sozialwirtschaft – eine Einführung in das Handbuch. In: Grunwald, K./Langer, A. (Hrsg.): Sozialwirtschaft. Handbuch für Wissenschaft und Praxis. Baden-Baden: Nomos. S. 45–64.

Hölzle, Chr. (2017): Personalmanagement in Einrichtungen der Sozialen Arbeit. Grundlagen und Instrumente. 2., vollständig überarbeitete Auflage. Weinheim und Basel: Beltz Juventa.

Kahle, U. (2021): Inklusion, Teilhabe und Behinderung. Herausforderungen und Perspektiven der Transformationsprozesse von Organisationen der Behindertenhilfe aus institutioneller Sicht. 2. Auflage. Marburg: Lebenshilfe-Verlag.

Kohlfürst, I./Kulke, D./Leupold, M./Como-Zipfel, F. (Hrsg.) (2023): Ethische Fallreflexion für die Praxis sozialer Berufe. Freiburg: Lambertus.

Kommunalverband für Jugend und Soziales Baden Württemberg (Hrsg.) (2013): Wirkungsanalyse des Fallmanagements in der Eingliederungshilfe (WiFEin). Abschlussbericht. Verfasst von Prof. Dr. Peter Löcherbach, Prof. Dr. Thomas Hermsen, Jens Arnold, Dr. Michael Monzer. Stuttgart. https://www.kvjs.de/forschung/abgeschlossene-vorhaben/wirkungsanalyse-des-fallmanagements-in-der-eingliederungshilfe-wifein (Abfrage: 3. 10. 2022)

Kühn, D./Feldmann, U. (2005): Steuerungsunterstützung durch Sozialplanung und Controlling auf kommunaler Ebene. Freiburg: Lambertus.

Löcherbach, P./Klug, W./Remmel-Faßbender, R./Wendt, W. R. (Hrsg.) (2018): Case Management. Fall- und Systemsteuerung in der Sozialen Arbeit. 5. überarbeitete Auflage. München: Ernst Reinhardt.

Merchel, J. (2018): Evaluation. In: Grunwald, K./Langer, A. (Hrsg.): Sozialwirtschaft. Handbuch für Wissenschaft und Praxis. Baden-Baden: Nomos. S. 636–647.

Michell-Auli, P. (2006): Das richtige Konzept finden. In: Sozialwirtschaft 16, H. 4, S. 27–29.

Mroß, M. (2015): Betriebswirtschaft im öffentlichen Sektor. Eine Einführung. 2. Auflage. Wiesbaden: Gabler.

Otto, H.-U./Ziegler, H. (2018): Managerialismus. In: Otto, H.-U./Thiersch, H./Treptow, R./Ziegler, H. (Hrsg.): Handbuch Soziale Arbeit. 6., überarbeitete Auflage. München: Ernst Reinhardt. S. 963–973

Pantuček-Eisenbacher, P. (2019): Soziale Diagnostik. Verfahren für die Praxis Sozialer Arbeit. 4., überarb. u. akt. Auflage. Göttingen: Vandenhoeck & Ruprecht.

Reifenhäuser, C./Reifenhäuser, O. (Hrsg.) (2013): Praxishandbuch Freiwilligenmanagement. Weinheim und Basel: Beltz Juventa.

Rieger, G. (2021): Sozialarbeitspolitik: revisited. In: Dischler, A./Kulke, D. (Hrsg.): Politische Praxis und Soziale Arbeit. Opladen: Budrich. S. 49–67.

Schmid, M. (2013): Case Management als Antwort auf Probleme der Inklusion/Exklusion in modernen Sozialstaaten. In: Ehlers, C./Broer W. (Hrsg.): Case Management in der Sozialen Arbeit. Opladen: Budrich. S. 19–38.

Schmid, M./Schu, M. (2017): Forschung zu Case Management. Stand und Perspektiven. In: Wendt, W. R./Löcherbach, P. (Hrsg.): Case Management in der Entwicklung: Stand und Perspektiven in der Praxis. 3. Auflage. Heidelberg: medhochzwei. S. 255–270.

Schönig, W. (2015): Koopkurrenz in der Sozialwirtschaft. Zur sozialpolitischen Nutzung von Kooperation und Konkurrenz. Weinheim und Basel: Beltz Juventa.

Schreyögg, G./Koch, J. (2020): Management. Grundlagen der Unternehmensführung. 8. Auflage. Wiesbaden: Springer Gabler.

Seithe, M. (2012): Schwarzbuch Soziale Arbeit. 2. durchgesehene und erweiterte Auflage. Wiesbaden: VS Verlag.

Stoll, B. (2013): Balanced Scorecard für Soziale Organisationen. Qualität und Management durch strategische Steuerung; Arbeitshilfe mit Beispielen. 3. Auflage. Regensburg: Walhalla.

Vanderplasschen, W./Rapp, R. C./de Maeyer, J./van den Noortgate, W. (2019): A Meta-Analysis of the Efficacy of Case Management for Substance Use Disorders: A Recovery Perspective. In: Frontiers in Psychiatry 10, S. 186.

Vaudt, S. (2018): Sozialmarketing. In: Grunwald, K./Langer, A. (Hrsg.): Sozialwirtschaft. Handbuch für Wissenschaft und Praxis. Baden-Baden: Nomos. S. 578–591.

Vilain, M. (2018): Stakeholdermanagement. In: Grunwald, K./Langer, A. (Hrsg.): Sozialwirtschaft. Handbuch für Wissenschaft und Praxis. Baden-Baden: Nomos. S. 442–451.

Wendt, P.-U. (2021): Lehrbuch Methoden der Sozialen Arbeit. 3., überarb. Auflage. Weinheim und Basel: Beltz Juventa.

Wendt, W.R. (2019): Von der Einzelfallhilfe zum Case-Management. In: Kreft, D./Müller, W.C. (Hrsg.): Methodenlehre in der Sozialen Arbeit. Konzepte, Methoden, Verfahren, Techniken. München: Ernst Reinhardt. S. 69–79.

Wöhrle, A. (2018): Sozialmanagement. In: Otto, H.-U/Thiersch, H./Treptow, R./Ziegler, H. (Hrsg.): Handbuch Soziale Arbeit. 6. überarbeitete Auflage. München: Ernst Reinhardt. S. 1554–1562.

Kapitel 11 Evidenzbasierte Praxis als Handlungsgrundlage

Sigrid James

Seit Mitte der 1990er Jahre beschäftigt das Konzept der *Evidence-Based Practice* (EBP) den Fachdiskurs in angewandten Disziplinen wie der Sozialen Arbeit und hat insbesondere im angloamerikanischen Raum einen nachhaltigen Einfluss auf die Konzipierung und die Umsetzung von Handlungsmethoden und Interventionen in der Sozialen Arbeit ausgeübt. Ziel dieses Kapitels ist es, die EBP zu definieren und ihre Bedeutung für die Soziale Arbeit darzulegen sowie den Kontext zu beschreiben, in dem die EBP sich in ihren unterschiedlichen Konzipierungen entwickeln und verbreiten konnte. Durch konkrete Beispiele wird illustriert, wie EBP umgesetzt werden und als Handlungsgrundlage dienen kann. Herausforderungen, Missverständnisse und kritische Diskurse über die EBP, mit der sich die Soziale Arbeit in Deutschland und darüber hinaus auseinandersetzen muss, werden thematisiert.

11.1 Einleitung

Der Begriff *Evidence-Based Practice* (EBP) tauchte Mitte der 1990er Jahre zum ersten Mal in der Sozialen Arbeit auf und hat seitdem heftige Debatten über seine Bedeutung für die Disziplin entfacht. Im Kern geht es dabei um die Fragen, welche Wissensquellen handlungsleitend in der sozialarbeiterischen Praxis sind und ob die Methoden und Interventionen, die in der Praxis genutzt werden, wirksam sind. Diese Fragen haben nicht nur professionstheoretische Bedeutung für die Soziale Arbeit, sondern sind auch zentral für ihre gesellschaftspolitische Position und ihr professionelles Selbstverständnis (vgl. Schnurr 2005, S. 19).

Fünfundzwanzig Jahre später hat sich die EBP als Wissensgebiet trotz bestehender Widerstände und Kontroversen sichtlich weiterentwickelt. Mehrere tausend Beiträge zum Thema EBP und Soziale Arbeit sind zur Fachliteratur hinzugefügt worden. Sie umfassen alle sozialarbeiterischen Arbeitsgebiete (Kinder- und Jugendhilfe, Gesundheitswesen und Sozialpsychiatrie, Schulsozialarbeit, etc.) sowie Problemstellungen, mit denen sich die Soziale Arbeit auseinandersetzt (Kindeswohlgefährdung, Familiengewalt, Armut, etc.) und Handlungsebenen (von Mikro bis Makro). Fachzeitschriften, Dachverbände und Organisationen, die der Verbreitung von EBP in der Sozialarbeitspraxis gewidmet sind, haben sich in der Sozialen Arbeit etabliert und zu einem regen Informationsaustausch zwischen Forschung und Praxis beigetragen. Aus Sicht einiger geht es inzwischen nicht mehr darum, *ob* evidenzbasiert gearbeitet werden soll, sondern *wie* EBP am besten umgesetzt werden kann (vgl. Stuart/Lilienfeld 2007, S. 615).

In Deutschland begann der Fachdiskurs über „EBP und die Soziale Arbeit" ungefähr zehn Jahre später und nimmt mit wenigen Ausnahmen eine grundlegend kritische Stellung der EBP gegenüber ein (u.a. Otto/Polutta/Ziegler 2010a, 2010b; Dahmen 2011; Hüttemann 2014; Löbmann 2017). EBP wird als das Gegenstück zum vornehmlichen Professionsverständnis der stark erziehungswissenschaftlich geprägten Sozialen Arbeit beschrieben und negative Auswirkungen der EBP auf die Soziale Arbeit werden angeführt. Die mangelnde Erfahrung in der Umsetzung von evidenzbasierten Handlungskonzepten hierzulande hat zu einem fachlichen Diskurs geführt, der sich häufig auf einer abstrakten und theoretischen Ebene bewegt. Die durchweg kritische Haltung gegenüber der EBP bedeutet auch, dass viele Fachkräfte in der deutschen Sozialen Arbeit den EBP-Begriff bisher nicht kennen oder ihn ausschließlich negativ betrachten (vgl. James et al. 2019, S. 772 ff.).

Das Ziel dieses Kapitels ist es, Studierende der Sozialen Arbeit an die Thematik der Evidenzbasierten Praxis heranzuführen. Es geht darum, EBP zu definieren, den Kontext zu beschreiben, in dem die EBP sich in ihren unterschiedlichen Konzipierungen entwickeln und verbreiten konnte und anhand von konkreten Beispielen zu illustrieren, wie EBP umgesetzt und als Grundlage für eine handlungsmethodische Vorgehensweise dienen kann. Herausforderungen, Missverständnisse und kritische Diskurse über die EBP, mit der sich die Soziale Arbeit in Deutschland und darüber hinaus auseinandersetzen muss, werden im Zuge des Kapitels thematisiert. Da die Ursprünge der EBP auf dem nordamerikanischen Kontinent liegen, liegt der Fokus in erster Linie auf Entwicklungen in der Sozialen Arbeit dort. Es sei angemerkt, dass jedes Land seine eigene (mehr oder weniger engagierte) kritische Auseinandersetzung mit EBP hat, die sich im ureigenen soziokulturellen, wissenschaftstheoretischen und wohlfahrtsstaatlichen Kontext entwickelt und somit eine separate Betrachtung rechtfertigen würde.

11.2 Der Weg zur EBP

Die lange Suche nach einer empirischen Grundlage für die Methoden der Sozialen Arbeit

Die EBP entwickelte sich aus langjährigen Bemühungen – insbesondere auf dem nordamerikanischen Kontinent – eine empirische Grundlage für die Praxis in angewandten Disziplinen wie der Medizin und klinischen Psychologie zu schaffen. In der angloamerikanischen Sozialen Arbeit gehen ähnliche Entwicklungen bis zu den Anfängen der Profession zu Beginn des 20. Jahrhunderts zurück. Im Gegensatz zu den Reformbemühungen der *Settlement House* Bewegung (Addams 1910) betonte die Soziale Einzelfallarbeit *(Social Casework)*, insbesondere durch die Arbeit von Mary Richmond (Richmond 1917), die Notwendigkeit eines problemlösenden und wissenschaftlichen Ansatzes für die Lösung von komplexen sozialen Problemen wie Armut, Ungleichheit und Migration. Richmond erkannte sehr früh, dass Hilfeangebote, selbst wenn sie von positiven Werten und gutgemeinten Absichten geleitet wurden, oft nicht die erstrebten Resultate erzielten, und dass Methoden, die hauptsächlich auf Werten und Normen basieren, eine unzureichende Grundlage für eine Profession sind.

Aus diesem Grund setzte Richmond sich für eine professionelle Ausbildung von Sozialarbeiter:innen ein und ihre Publikationen, insbesondere ihr Fachbuch *Social Diagnosis* (1917), beinhalteten die ersten systematischen Bemühungen, Theorien und Methoden für die „Diagnose und Behandlung" von sozialen Problemen zu identifizieren. Die Systematik des Ansatzes sollte professionelle Fachkräfte der Sozialen Arbeit von altruistisch motivierten Laien unterscheiden. Auch wenn sich das Wissen der Sozialen Arbeit stetig weiterentwickelte, so gab es bis zu den 1980/90er Jahren kaum nennenswerte Forschung in der Sozialen Arbeit. Stattdessen beruhte sozialarbeiterisches Wissen hauptsächlich auf mehr oder weniger theoretisch fundierten Konzepten und Ausführungen von Expert:innen und letztendlich auf deren Konsens über die wichtigsten Aspekte der Praxis (vgl. Fischer 1981, S. 199) – eine Phase in der Profession, die Okpych und Yu (2014) als ‚*authority-based*' bezeichnen (S. 7 ff.).

Ein Paradigmenwechsel von einem autoritätsgesteuerten *(authority-based)* Praxisparadigma zu einem empirischen (vgl. Okpych/Yu 2014, S. 13 ff.) wurde durch mehrere Studien veranlasst, die die Wirksamkeit von Dienstleistungen und Methoden in der Sozialen Arbeit nicht nur in Frage stellten, sondern sogar auf gegenteilige Effekte hinwiesen (vgl. Thomas 1977, S. 12). Die resultierende „Wirksamkeitskrise" (vgl. Okpych/Yu 2014, S. 14) entfachte im nordamerikanischen Raum Ende der 1970er bis Anfang der 1990er Jahre erneut Bemühungen, Forschung nutzbar für die Praxis zu machen. Das Konzept des „Praxisforschers" *(practitioner-researcher)* wurde vorgestellt (vgl. Mullen 1978, S. 45) und eine neue Generation von Studierenden in der Sozialen Arbeit daraufhin ausgebildet, durch Forschung gewonnene Erkenntnisse in praxisnutzbare Interventionen umzusetzen. Allerdings scheiterten diese Bemühungen u. a. an dem mangelhaften Stand verfügbarer Forschungsergebnisse für die Soziale Arbeit. Insofern blieb diese Phase in weiten Teilen eine intellektuelle oder akademische Übung, die kaum einen nennenswerten Einfluss auf die Sozialarbeitspraxiswelt hatte.

Auf dem nordamerikanischen Kontinent führte sie aber zu Veränderungen in den Lehrinhalten von Studiengängen der Sozialen Arbeit und entfachte erneut ernsthafte Debatten über die Rolle und das Selbstverständnis von professionellen Sozialarbeiter:innen sowie die ontologische und epistemologische Fundierung der Sozialen Arbeit (u. a. Brekke 1986). Diese Auseinandersetzungen bereiteten zudem einen fruchtbaren Boden für die Ankunft der EBP-Bewegung einige Jahre später (vgl. Okpych/Yu 2014, S. 20).

EBP und ihre Wurzeln in der Medizin

Die Ursprünge der EBP liegen in der Medizin. Die Medizin wie auch die klinische Psychologie erlebten ähnliche Wirksamkeitskrisen wie die Soziale Arbeit und Bestrebungen ein Praxisparadigma zu formulieren, das größere Effizienz, Transparenz und Wirksamkeit in Handlungsentscheidungen förderte, waren transdisziplinär. Zentrale Akteure in der Entwicklung und Verbreitung des Konzepts waren Gordon Guyatt und sein Mentor David Sackett, Professor und Arzt an der McMaster University in Hamilton, Ontario in Kanada. Sacketts Arbeit als Mitglied in der Arbeitsgruppe *Evidence-Based Medicine Working Group* und darauffolgend im *Centre for Evidence-based Medicine* an der Oxford University in England führte 1992 zu einem Artikel in dem renommierten *Journal of the American Medical Association* (Evidence-Based Medicine Working Group 1992) und 1996 zu einem Beitrag im *British Journal of Medicine* (Sackett et al. 1996), dessen Definition der EBP immer wieder zitiert wird und der somit wegweisend wurde. Evidenzbasierte Praxis wurde hier als eine bewusste, explizite und problemorientierte Vorgehensweise beschrieben, die anstelle von Verlass auf das Urteil von Vorgesetzten, praktische oder klinische Erfahrungswerte unter Einbindung der Präferenzen der Klient:innen mit aktuellen wissenschaftlichen Erkenntnissen explizit verkoppelt (vgl. ebd., S. 71). Nach Sackett et al. (1996, S. 72) kann ein Verlass auf Expertenmeinung, ‚Autorität' und Tradition dazu führen, dass Methoden genutzt werden, die mehr Schaden anrichten als helfen, dass Methoden, die hilfreich sind, unzureichend genutzt, und dass unwirksame Methoden allein aus Tradition heraus weitergenutzt werden.

Es ging Sackett und seinen Kolleg:innen also um die Balance dreier gleichwertiger Informationsquellen, die eingesetzt werden sollten, um den besten Behandlungs- bzw. Hilfeplan für die Patient:innen – oder im Fall der Sozialen Arbeit Klient:innen – zu entwickeln, der letztendlich zur Verbesserung einer Situation oder eines Problems führen sollte. Dieser Ansatz basiert grundlegend auf der Interdependenz dieser drei Quellen, was zum einen bedeutet, dass, falls eine Quelle schwächer ausgeprägt ist, eine der anderen beiden schwerer wiegen kann, und zum anderen, dass nie eine der drei Quellen allein, klinische bzw. handlungsorientierte Entscheidungen bestimmen sollte (vgl. Sackett et al. 1996,

S. 72; Struhkamp Munshi 2007, S. 6). Ein mehrphasiger Prozess, der fallbezogenen Entscheidungen Systematik und Transparenz verleihen soll, unterliegt dieser Vorgehensweise. Abb. 11.1 illustriert dieses ursprüngliche Verständnis:

Abb. 11.1: Das Konzept der EBP

(nach Shlonsky/Gibbs 2006, S. 104)

Verbreitung des EBP-Konzepts in der Sozialen Arbeit

Der evidenzbasierte Ansatz fand positive Resonanz im angloamerikanischen Raum und später auch in Skandinavien und den Niederlanden und wurde schnell von anderen Disziplinen aufgegriffen, wie den Pflegeberufen, der klinischen Psychologie, im Gesundheitswesen und Bereichen der Pädagogik und Mitte bis Ende der 1990er Jahre auch von der Sozialen Arbeit.

In der Sozialen Arbeit begegnete man der EBP mit der gesamten Spannbreite möglicher Reaktionen. Einige sprachen von einem neuen Trend (vgl. Rubin 2011, S. 64) oder lediglich einer Renaissance „alter" Themen (vgl. Taylor/White 2002, S. 63), die es auszuharren galt. Verfechter:innen priesen den evidenzbasierten Ansatz als einen Paradigmenwechsel, der kritisches Denken und wirkungsorientiertes Handeln fördern und somit zur Professionalisierung der Sozialen Arbeit beitragen würde (Gambrill 1999, 2003). Hingegen sahen die zahlreichen Kritiker:innen, die sowohl aus der Praxis als auch der akademischen Welt kamen, EBP als eine Gefahr für die Soziale Arbeit. EBP wurde u. a. als ‚Kochbuch-Ansatz' karikiert, der professionelle Handlungsfreiheit durch Standardisierungsprozesse einschränken und somit Professionalisierung untergraben und den Werten und Präferenzen der Klient:innen nicht gerecht werden würde. Die augenscheinlich linearen und reduktionistischen Grundannahmen der EBP wurden hinterfragt und auf die Gefahr einer wohlfahrtsstaatlichen Steuerung im Kontext neoliberaler Ideologie hingewiesen, die darauf ausgerichtet ist, Dienstleistungen zu ökonomisieren und zu kürzen (u. a. Webb 2001; s. auch Kap. 10 zum Thema Sozialmanagement). Viele Beiträge wurden zu dieser Zeit geschrieben, die die Risiken sowie das Potenzial der EBP für die Soziale Arbeit diskutierten und bemüht waren, Missverständnisse über EBP abzubauen (u. a. Gibbs/Gambrill 2002; Mullen/Streiner 2004). Die Gründe, warum EBP gerade zu dieser Zeit auf fruchtbaren Boden fiel, sind vielschichtig (vgl. Okpych/Yu 2014, S. 21 ff.):

- Die Kluft zwischen Forschung und Praxis und die Frage nach Wirkung wurden in vielen angewandten Disziplinen thematisiert. Entmutigende Ergebnisse von Wirkungsstudien über die konventionellen Methoden, die in der Sozialarbeitspraxis genutzt wurden, veranlassten eine grundlegende Hinterfragung von traditionellen und vornehmlich wertegesteuerten Vorgehensweisen in der Sozialen Arbeit und förderten eine Öffnung in Richtung wirkungsorientierter und innovativer Methoden.
- Technologische und wissenschaftliche Entwicklungen trugen zu enormen Fortschritten in der sozialwissenschaftlichen Forschung bei und ermöglichten es zunehmend, komplexe psychosoziale Phänomene zu erfassen und vielschichtige Daten auszuwerten. Die Verbreitung von ‚neuem Wissen' über vielversprechende Handlungskonzepte und Methoden wurde exponentiell durch die Expansion des Internets vorangetrieben.
- Eine neue Betonung auf Verantwortung und Verantwortlichkeit *(accountability)* öffentlicher Dienstleister sowie gerichtliche Klagen und Urteile kreierten einen Praxiskontext, in dem ethisches und wirksames Handeln zunehmend und verbindlich gefordert wurden. In den USA setzten sich Klient:innengruppen und deren Familien für die Anwendung von evidenzbasierten Methoden ein. Es wurde argumentiert, dass ein Anrecht auf Methoden und Interventionen bestünde, das auf aktuellem wissenschaftlichem Wissen beruhe. Ethische Praxis wurde als wirksame Praxis verstanden (vgl. Gambrill 2007, S. 447 ff.).
- Neoliberale Strömungen führten vermehrt zur Steuerung von Interventionen und Handlungsansätzen im Gesundheits- und Sozialwesen. Interventionen sollten auf der besten verfügbaren empirischen Evidenz beruhen und Verwaltungsabläufe rationalisiert und optimiert werden.

In der Sozialen Arbeit führte die Auseinandersetzung mit der EBP u. a. zu einer Erweiterung des EBP-Konzepts (s. Abb. 11.2). Neben Praxiswissen und -erfahrung, Werten der Klient:innen und aktuellen Forschungsergebnissen wurde der komplexe externe Dienstleistungskontext der Sozialen Arbeit mit seinen Strukturen, Rahmenbedingungen und Richtlinien als entscheidend für Handlungsentscheidungen auf der Fallebene gesehen (vgl. Roberts/Yeager/Regehr 2006, S. 8).

Die Ansichten über EBP bleiben in der Sozialen Arbeit bis heute gemischt. Neben den schon angeführten Kritikpunkten gibt es grundlegende Meinungsverschiedenheiten über das Wissen, das die Soziale Arbeit braucht (u.a. Otto/Polutta/Ziegler 2010), darüber, wer bestimmen soll/darf, was als Evidenz zählt und wie diese generiert wird (u.a. Fine 2012). Aber Debatten und Missverständnisse über EBP sind auch darauf zurückzuführen, dass unterschiedliche Konzipierungen und Definitionen von EBP bestehen, die oft undifferenziert und uneinheitlich in der Fachliteratur und Praxiswelt genutzt werden. Es gibt zwei primäre Konzipierungen, die im Folgenden in ihrer Anwendung und Bedeutung beschrieben werden: (1) EBP als fallbezogener Prozess, und (2) EBP als spezifische empirisch begründete Praktiken, Programme oder Interventionen.

Abb. 11.2: Erweitertes EBP-Konzept in der Sozialen Arbeit

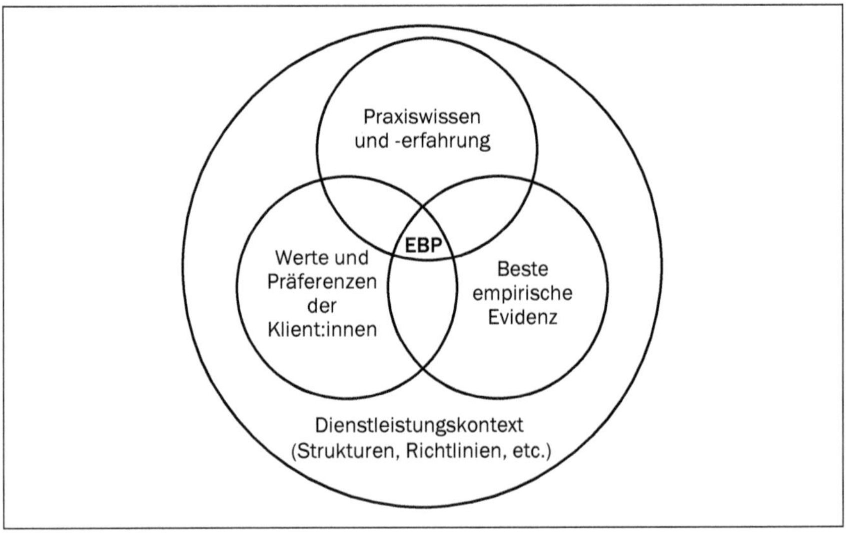

11.3 EBP als fallbezogener Prozess

Die fallbezogene und prozessorientierte Vorgehensweise, die dem originären Verständnis der EBP unterliegt (s. Sackett et al. 1996), wurde als fünfstufiger Prozess konzipiert (vgl. Thyer 2004, S. 168) und als *Bottom-up*-Ansatz charakterisiert (vgl. Sackett et al. 1996, S. 72). Die problemlösende und empirische Ausrichtung dieses Ansatzes sollte fallbezogenen Entscheidungsprozessen Systematik und Transparenz verleihen und Sozialarbeiter:innen helfen, aktuelle Forschungsergebnisse explizit in die Praxis zu inkorporieren. Dieser Prozess beinhaltet folgende Schritte (vgl. Thyer 2004, S. 168 ff.):

1. *Problemformulierung:* Sozialarbeiter:innen müssen in komplexen Situationen spezifische Probleme identifizieren und zu einer empirischen Frage formulieren.
2. *Literaturrecherche:* In einem zweiten Schritt wird die wissenschaftliche Literatur zum identifizierten Problem recherchiert.
3. *Literaturbeurteilung:* Relevante Studien müssen herausgefiltert werden und in Bezug auf ihre wissenschaftliche Stichhaltigkeit und Gewichtigkeit beurteilt werden.
4. *Auswahl und Umsetzung:* Ein Hilfeplan wird unter Berücksichtigung der neu gewonnenen Erkenntnisse und der Präferenzen des Klient:innen entwickelt und in Partizipation mit ihm oder ihr umgesetzt.
5. *Evaluation:* EBP beinhaltet immer Evaluation und Feedback. Es gilt im Einzelfall zu evaluieren, ob die erwünschten Ziele erreicht wurden, und wenn notwendig, den Hilfeplan zu modifizieren.

Im Folgenden (s. graue Box) wird exemplarisch die Anwendung des fünfstufigen EBP-Prozesses für einen hypothetischen (und stark verkürzten) Fall aus der Praxis vorgestellt.

Der fünfstufige EBP-Prozess: Ein Fallbeispiel

Sie sind Sozialarbeiter:in beim Allgemeinen Sozialen Dienst (ASD) und arbeiten mit einem dreizehnjährigen Mädchen (Andrea), der zum dritten Mal in vier Jahren ein Pflegeabbruch bevorsteht. Andrea lebt seit 18 Monaten bei einer Pflegefamilie und war vorher schon einmal bei einer anderen Pflegefamilie sowie für kurze Zeit in zwei stationären Einrichtungen der Kinder- und Jugendhilfe. Eine Rückführung zu ihrer Herkunftsfamilie, von der Andrea aufgrund von Kindeswohlgefährdung getrennt wurde, erscheint in der nahen Zukunft nicht möglich. Andrea hat zunehmend Konflikte mit den Pflegeeltern aufgrund von Verhaltensauffälligkeiten (u. a. aggressives und oppositionelles Verhalten). Die Pflegeeltern wollen helfen, sind aber frustriert und fühlen sich hilflos. Die ständigen Konflikte mit Andrea haben eine negative Auswirkung auf das Familienleben und die Pflegeeltern erwägen ein Ende des Pflegeverhältnisses. Als Sozialarbeiter:in müssen Sie im Gespräch mit Andrea, der Pflegefamilie und u. U. der Herkunftsfamilie (mit)entscheiden, was im besten Interesse von Andrea ist.

Schritt 1: Problemformulierung
Im EBP-Ansatz werden Fragen formuliert, die eine empirische Ausrichtung haben, d.h. dies sind Fragen, die sich durch Beobachtung bzw. systematische Forschung beantworten und verifizieren lassen. (Diese Art von Fragestellung unterscheidet sich grundlegend von diagnostischen Fragen, die bspw. in der Anamnesephase des Hilfeprozesses fallbezogen gestellt werden, um Information zu einem Fall zu sammeln. Sie unterscheidet sich auch von Fragen, die eine theoretische, ethische oder normative Ausrichtung haben und somit nur bedingt durch Forschungsmethoden untersucht werden können.) Im vorliegenden Fallbeispiel gibt es eine Reihe von empirischen Fragen, die relevant sind und verfolgt werden könnten, wie zum Beispiel:

- Wie wirken sich wiederholte Abbrüche auf die Entwicklung eines Kindes/Jugendlichen aus?
- Hat die Art von Unterbringung (Heimeinrichtung/Pflegefamilie) eine Auswirkung auf die Entwicklung eines Kindes?
- Wenn ein Abbruch unumgänglich ist, welche Art von Unterbringung ist am vielversprechendsten, und welche Faktoren können einen Wechsel positiv oder negativ beeinflussen?
- Was ist der Wissensstand bzw. die Evidenz bezüglich der Wirkung unterschiedlicher handlungsmethodischer Alternativen (z.B. verstärkte Arbeit mit den Pflegeeltern, Wechsel in eine neue Pflegefamilie, Wechsel in eine Wohngruppe, usw.)?
- Was sind die Ursachen von Verhaltensauffälligkeiten wie Aggression?
- Welche Methoden sind nachweislich hilfreich, um Verhaltensauffälligkeiten zu reduzieren?

Schritt 2: Literaturrecherche
Die Literaturrecherche dient dazu festzustellen, inwieweit der Gegenstand von Interesse (erfasst in Schritt 1) wissenschaftlich untersucht worden ist und sich einen Überblick darüber zu verschaffen, was der derzeitige Wissensstand ist. In dem beschriebenen Fall würde der:die Sozialarbeiter:in bspw. nach Studien suchen, die untersucht haben, welche Auswirkungen Pflegeabbrüche haben. Hierzu gibt es inzwischen eine Reihe von quantitativen und qualitativen Untersuchungen, die in der englischen Fachliteratur veröffentlicht wurden (u.a. Koh et al. 2014; Summerset-Ringgold et al. 2018), sowie einige, die im deutschsprachigen Raum durchgeführt wurden (u.a. van Santen 2012; Schmid et al. 2014). Die Ergebnisse der unterschiedlichen Studien sind zu umfangreich und komplex, um sie in einem Satz zusammenzufassen, aber bestätigen grundsätzlich, dass Abbrüche negative Folgen für Kinder und Jugendliche haben können, ins-

besondere, wenn sie wiederholt und abrupt erfolgen. Sie weisen weiterhin auf, dass es unterschiedliche Gründe für Abbrüche gibt, dass die Gefahr eines Abbruchs besonders hoch zu Beginn einer Fremdunterbringung ist und dass es eine starke wechselseitige Beziehung zwischen (wiederholten) Abbrüchen und Verhaltensproblemen gibt. (Jede empirische Fragestellung in Phase 1 könnte theoretisch eine neue Literaturrecherche veranlassen.)

Schritt 3: Literaturbeurteilung

In dieser Phase müssten Sozialarbeiter:innen die unterschiedlichen Untersuchungen in ihrer Bedeutsamkeit für den Wissensstand begutachten und gewichten. Dies setzt ein fundiertes forschungsmethodisches Verständnis voraus. Im Wissensbereich der Pflegeabbrüche müsste z. B. beurteilt werden, inwieweit die Ergebnisse der diversen qualitativen und quantitativen Untersuchungen miteinander vereinbart werden können, inwieweit sie verallgemeinerbare und systematische Ergebnisse generieren und handlungsweisend sein könnten. Die wachsende Anzahl an systematischen Literaturrecherchen, die den Wissensstand in unterschiedlichen Gebieten zusammenfassen, sind hier besonders hilfreich. Inzwischen gibt es mehrere Systematische Reviews, die einen Überblick über die Bedeutung und die Auswirkungen von Pflegeabbrüchen gewähren (u. a. Day et al. 2018; Rock et al. 2015).

Schritt 4: Auswahl und Umsetzung

Nachdem der:die Sozialarbeiter:in sich einen Überblick über die Forschungsliteratur verschafft hat, werden die Ergebnisse fallbezogen angewandt. Da bestehende Untersuchungen die Gefahr von Instabilität und Abbrüchen für die psychosoziale Entwicklung von Kindern und Jugendlichen in Fremdpflege bezeugen, würde eine evidenzbasierte Vorgehensweise Bemühungen beinhalten, das Pflegeverhältnis, wenn möglich, zu erhalten. Studien würden weiterhin darauf hinweisen, dass eine besondere Unterstützung von Pflegeeltern hilfreich ist, um Pflegeverhältnisse zu stabilisieren und unnötige Abbrüche zu verhindern, und die Literatur bezüglich der Vorzüge von Pflegefamilien im Vergleich zu stationären Einrichtungen würde auf die Bedeutsamkeit von familienbasierten Settings für die Entwicklung von Kindern und Jugendlichen hinweisen. Diese Einsichten aus der wissenschaftlichen Literatur würden mit Andrea und ihrer Pflegefamilie (und, wenn angebracht, auch der Herkunftsfamilie) besprochen werden. Wenn trotz dieser Gespräche, die Pflegeeltern (oder auch Andrea) darauf bestehen, dass ein Wechsel notwendig und erwünscht ist, würde der:die evidenzbasiert arbeitende Sozialarbeiter:in bemüht sein, den Wechsel sorgfältig vorzubereiten, um den Übergang in eine neue Familie (oder eine stationäre Einrichtung) und damit die Chancen einer erfolgreichen Unterbringung zu erhöhen.

Schritt 5: Evaluation
Ob die ausgewählten Methoden im ‚Fall Andrea' den erwarteten Erfolg bringen, muss fallbezogen evaluiert werden. Das heißt, der:die Sozialarbeiter:in würde zusammen mit der Pflegefamilie und Andrea zu Beginn des Hilfeprozesses Zielsetzungen formulieren, um einschätzen zu können, ob der eingeschlagene Weg hilfreich war. Ziele könnten verbesserte Kommunikation, weniger Konflikte sowie Verringerungen im oppositionellen Verhalten oder Stärkung von prosozialem Verhalten beinhalten. Wenn es keine Verbesserungen in der Situation in einer festgelegten Zeitspanne gibt, müssten Anpassungen im Hilfeplan unternommen oder neue Ziele gesetzt werden.

Es sollte am Fallbeispiel ersichtlich sein, dass der fünfstufige Prozess nicht nur zeitaufwändig ist, sondern einzelnen Sozialarbeiter:innen, im Gegensatz zu dem, was oft als Kritikpunkt der EBP thematisiert wird, ein hohes Maß an kritischem Denken, professioneller Autonomie und praktischem Können zuspricht. Es geht hier in keiner Weise um einen ‚Kochbuch-Ansatz'. Nach Gambrill (2007, S. 449 ff.) beinhaltet dieser Prozess im Kern das ständige Hinterfragen der verfügbaren Evidenz. Wie gut und vollständig ist die Information bzw. das Wissen, das Handlungsentscheidungen im Praxisalltag beeinflusst? Werden die richtigen Fragen gestellt, die richtigen Quellen konsultiert? Sind die Zielsetzungen angebracht? Chalmers (2004, S. 425) beschrieb EBP als einen Prozess, der Handlungsentscheidungen, die im ‚hier und jetzt' mit individuellen Klient:innen stattfinden und somit immer von einer gewissen Unsicherheit behaftet sind, Transparenz verleihen sollen. Evidentiäre Unsicherheit kann unterschiedliche Ursachen haben, wie zum Beispiel bestehende Lücken im Wissensstand, mangelnde Kenntnisse über den aktuellen Wissensstand und Schwierigkeiten zu unterscheiden, ob die Unsicherheit auf Unwissen, mangelnder Kompetenz oder auf echten Wissenslücken beruht. Sozialarbeiter:innen sind somit (auf)gefordert, sich ständig kritisch zu hinterfragen, Hypothesen aufzustellen und sie fallbezogen zu testen. In dieser Konzipierung beinhaltet EBP einen lebenslangen Lernprozess, der auf die aktive Partizipation von Klient:innen baut, lokale strukturelle Gegebenheiten und Einschränkungen berücksichtigt, und immer wieder zur Hinterfragung von impliziten und expliziten Prämissen und verfügbarer Evidenz führen soll (vgl. Gambrill 2007, S. 458).

Übung
Wenden Sie das fünfstufige EBP-Modell in den folgenden Situationen an. Formulieren Sie problemorientierte überprüfbare Fragen und skizzieren Sie, wie Sie bei der Literaturrecherche vorgehen würden. Wenn Schritt 3 nicht in Einzelheiten durchgeführt werden kann, diskutieren Sie, welche (hypothetischen) empiri-

schen Ergebnisse zu welchen Vorgehensweisen mit den Adressat:innengruppen führen könnten.

Situation 1: An der Schule, an der Sie als Sozialarbeiter:in arbeiten, gibt es zunehmend Probleme mit Mobbing. Sie sind damit beauftragt worden dieses Problem evidenzbasiert anzugehen.

Situation 2: Ein:e Sozialarbeiter:in hatte gerade angefangen in einem Pflegeheim für ältere Menschen zu arbeiten. Es wird bekannt, dass die Zukunft der Einrichtung ungewiss ist. Die letzte Inspektion hatte gravierende Missstände beanstandet und es wird mit der Schließung und dem Transfer der alten Menschen in ein anderes Heim gedroht, wenn die Missstände nicht innerhalb kurzer Zeit korrigiert werden. Wie würde sich eine evidenzbasierte Vorgehensweise gestalten?

Situation 3: In einer Heimeinrichtung für auffällige Jugendliche gibt es Widerstand vonseiten der Fachkräfte gegen die zunehmenden Erwartungen des Trägers und der Leitung aktive Elternarbeit zu betreiben. Als leitende Kraft wollen Sie evidenzbasierte Argumente für Elternarbeit vorlegen. Wie würden Sie argumentieren?

11.4 EBP als empirisch gestützte Praktiken

Aktuell wird EBP meistens mit spezifischen ‚Praktiken' in Verbindung gebracht. (In der englischsprachigen Literatur wurde anfänglich häufig der Plural *EBPs* benutzt, um forschungsbasierte Praktiken vom Prozess der EBP zu unterscheiden. Diese Praktiken – der Begriff, der hier hauptsächlich in diesem Zusammenhang verwendet wird – können Methoden, Programme, Interventionen und Therapien umfassen). So beschrieben Rosen and Proctor (vgl. 2002, S. 743) EBP als die Nutzung von Methoden oder Interventionen, für die es eine ausreichende und überzeugende empirische Grundlage gibt, um erwünschte Zielsetzungen für Klient.innen zu verfolgen. Was als empirisch ausreichend und überzeugend gilt, wird an anerkannten wissenschaftlichen Gütekriterien festgemacht (s. graue Box).

Der wissenschaftliche Gütetest einer EBP

Eine detaillierte Diskussion über die forschungsmethodischen Kriterien und die Logik, die dem wissenschaftlichen Gütetest einer EBP unterliegen, gehen über die Zielsetzungen dieses Kapitels hinaus. Trotzdem sollen die Elemente und Kriterien, die zur Bestimmung der Evidenzbasierung einer Praktik führen, kurz beschrieben werden.

1. Beruht die Praktik auf einer wohlfundierten Theorie oder einem begründeten Handlungskonzept?
   - Ist die Theorie/das Handlungskonzept generell anerkannt?
   - Macht die Theorie/das Handlungskonzept, das der Methode unterliegt, Sinn? Gibt es ein Logikmodell?
2. Kann die Praktik repliziert werden, d. h. von anderen genutzt werden?
   - Gibt es einen Handlungsleitfaden (d. h. ein Manual)?
   - Gibt es Training und Konsultation, um die Praktik zu erlernen?
   - Kann die Methode in unterschiedlichen Kontexten mit diversen Zielgruppen angewendet werden?
3. Wie gut ist die Praktik durch Forschungsmethoden unterstützt?
   - Gibt es Untersuchungen mit Kontrollgruppen und Randomisierung?
   - Wie viele Evaluationen bzw. Wirkungsstudien gibt es? Wie viele unterschiedliche Forschungsgruppen haben diese Studien durchgeführt?
   - Wie überzeugend sind die Resultate?
4. Ist das Risiko der Implementierung (d. h. der Umsetzung) der Praktik verfechtbar bzw. akzeptabel?

Relativer Konsens über die wissenschaftlichen Gütekriterien erlaubt es, Praktiken in Bezug auf den Grad ihrer Evidenzbasierung hierarchisch zu ordnen und zu rangieren (s. Struhkamp Munshi 2007, Kap. 3 für eine detaillierte Darstellung). So entstanden Empfehlungslisten für spezifische Methoden, Programme und Interventionen, die von disziplinären Dach- und Fachverbänden und diversen Organisationen, den sogenannten *Clearinghouses*, vorgelegt und dann von Trägern aufgegriffen und umgesetzt wurden (s. graue Box).

Clearinghouses als Brücken zwischen Praxis und Forschung

Da der Arbeitsaufwand, der mit umfassenden Literaturrecherchen verbunden ist, für Sozialarbeiter:innen in der Praxis nicht umsetzbar ist, entstanden in den letzten zwanzig Jahren Organisationen – sogenannte *Clearinghouses* – deren explizites Ziel es ist, aktuelle Erkenntnisse aus der Interventionsforschung kostenlos zusammenzufassen und für Zwecke der Praxis und Entwicklung von Sozialpolitik *(Policy)* zugänglich zu machen. Die *Homepages* diverser *Clearinghouses* enthalten Information über spezifische Praktiken und Programme, die in Bezug auf ihre Handlungskonzepte, Kernelemente, Zielsetzungen sowie verfügbaren Evaluationsstudien zusammenfassend beschrieben und dann hinsichtlich ihres Wissensstandes eingestuft werden. Diese Information wird in regelmäßigen Abständen aktualisiert. Für Programme und Interventionen im Bereich der Kinder- und Jugendhilfe hat bspw. das *California Evidence-Based Clearinghouse for Child Welfare* (www.cebc4cw.org) international an Bedeutung gewonnen. In Deutschland gibt es die *Grüne Liste Prävention* (www.gruene-liste-praevention.de), die über aktuelle Präventionsprogramme und -modelle informiert. Diese Organisationen spielen eine wichtige Rolle und können als ‚Informationsbrücke' zwischen Forschung und Praxis verstanden werden.

Ob eine Praktik als *sehr wirksam*, *wahrscheinlich wirksam* oder *vielversprechend* bezeichnet wird, beruht auf Kriterien, die von den diversen *Clearinghouses* bestimmt werden. Dies kann mitunter äußerst verwirrend sein, da ein und dieselbe Intervention unterschiedliche Bewertungen haben kann, je nachdem in welcher Empfehlungsliste sie auftaucht. Die *Grüne Liste Prävention* hat bspw. drei Abstufungen:

- Stufe 1: Effektivität theoretisch gut begründet
- Stufe 2: Effektivität wahrscheinlich
- Stufe 3: Effektivität nachgewiesen

Die Konzipierung der EBP als empirisch begründete Praktiken stellte eine Verschiebung von dem von Sackett et al. (1996) beschriebenen *Bottom-up*-Ansatz zu einem *Top-down*-Modell dar (vgl. Okpych/Yu 2014, S. 25). EBP entwickelte sich also von einem fallbezogenen Ansatz mit drei Kernelementen – klinische Erfahrung, empirische Befunde, und Präferenzen der Klient:innen – zu Bemühungen, wissenschaftlich verallgemeinernde (nomothetische) Grundlagen zu erstellen und Praktiken und Programme zu identifizieren und anzuwenden, die die beste Forschungsevidenz für bestimmte Problembereiche haben. Die Gründe für diese Verschiebung sind vielschichtig und können hier nicht umfassend analysiert werden. Aber es sei angemerkt, dass aufgrund der Komplexität von Praktiken und Interventionen in der Sozialen Arbeit, die oft multimodal, interdisziplinär und diskursiv sind, die Umsetzung von empirisch gestützten Praktiken und Programmen eine besondere Herausforderung darstellt und in vielen Fällen notwendigerweise ein kollektives Unterfangen ist. Viele der wirksamsten Handlungsmethoden in der Sozialen Arbeit beruhen auf ausgiebigen Schulungen und setzen Ressourcen und einen empfänglichen strukturellen Kontext voraus; d.h. selbst wenn Sozialarbeiter:innen die Fähigkeit und Zeit haben, die besten Handlungsansätze für ein spezifisches Problem oder einen spezifischen Fall zu identifizieren, ist es kaum möglich dieses Wissen ‚im Alleingang' umzusetzen. Dienstleistungssysteme oder -träger, die den strukturellen und regulatorischen Kontext für die Soziale Arbeit bilden, müssen sich also gezwungenermaßen für einige wenige Praktiken oder Programme entscheiden, in deren Implementierung sie investieren (s. auch 11.5).

Die Erstellung von Empfehlungslisten hat dazu geführt, dass Dienstleistungssysteme in einigen Ländern von Trägern verlangen, nur noch solche Praktiken und Interventionen zu nutzen, die das ‚Gütesiegel' der Evidenzbasierung tragen. Wenn dies auch aufgrund der oben angeführten Gründe nachvollziehbar sein mag, so ist diese Verschiebung Gegenstand der schärfsten Kritik der EBP. Die altbewerte Sozialarbeitsmaxime *„Dort anfangen, wo der Klient ist"* scheint auf den Kopf gestellt und sich zu *„Dort anfangen, wo die Intervention ist"* verändert zu haben. Fallbezogenes Urteilsvermögen und die Präferenzen der Klient:innen scheinen, entgegen der ursprünglichen Intention der EBP, plötzlich eine untergeordnete Rolle zu spielen, und daher wird auch das *Top-down*-Modell von manchen Kritiker:innen als eine „Verzerrung" der originären Absicht der EBP beschrieben (vgl. Gambrill 2007, S. 447). Sackett et al. beschrieben dieses mögliche Dilemma in ihrem 1996 erschienenen Artikel und sahen Bemühungen Praktiken ‚von oben zu verschreiben' als einen Missbrauch des EBP-Ansatzes (S. 72). Andere hingegen sehen die Erstellung von Empfehlungslisten als einen separaten aber komplementären und notwendigen Schritt zur fallbezogenen EBP (vgl. Connor/Grote 2008, S. 2). Die Identifizierung der wissenschaftlich gesichertsten Interventionen wird aus dieser Sicht als integraler Bestandteil des EBP-Prozesses gesehen.

Übung

1. Gehen Sie auf die *Homepage* der *Grüne Liste Prävention* (www.gruene-liste-praevention.de). Surfen Sie auf der Webseite:
   - Was ist der theoretische Hintergrund der *Grüne Liste Prävention?*
   - Was sind ihre Zielsetzungen?
   - Was sind Risiko- und Schutzfaktoren?
   - Was sind die wissenschaftlichen Bewertungskriterien?

2. Wählen Sie sich ein Programm aus der Empfehlungsliste der Programme aus. Lesen Sie die Information zu dem Programm auf der Webseite (z. B. Zielgruppe, Theorie, Programmelemente, Evaluationen). Stellen Sie Ihr ausgewähltes Programm im Seminar vor und diskutieren Sie die Relevanz für die Soziale Arbeit.

Aufgrund der begrifflichen Missverständnisse über EBP sind viele Autor:innen inzwischen dazu übergegangen, den EBP-Begriff nur noch für den fallbezogenen Prozess anzuwenden und spezifische evidenzbasierte Praktiken nicht mehr als *EBPs*, sondern als „empirisch gestützte Interventionen" zu bezeichnen. Diese begriffliche Differenzierung erscheint sinnvoll. Aber die Frage, wie man die wirksamsten Programme und Interventionen implementiert und gleichzeitig einem individualisierten und fallbezogenen Ansatz treu bleibt, der ja zentral für die Soziale Arbeit ist, ist bisher nicht zufriedenstellend gelöst und wird von

Sozialarbeiter:innen in Einrichtungen der Sozialen Arbeit, die evidenzbasiert vorgehen wollen, als Spannungsfeld dargestellt (vgl. James et al. 2015, S. 160). Dieses Thema wird die Soziale Arbeit als Disziplin in der Zukunft weiter beschäftigen.

In der nächsten grauen Box wird beispielhaft ein empirisch gestütztes Programm beschrieben.

Die ‚Anatomie' eines evidenzbasierten Programms – Beispiel *Triple-P-System*

Evidenzbasierte Programme oder Interventionen sind oft über viele Jahre hinweg sorgfältig entwickelt und evaluiert worden. Im Folgenden wird das *Triple-P-System* vorgestellt:

Überblick: *Triple P* ist ein Elterntrainingsprogramm, das in Deutschland unter dem Namen *Triple-P-System* oder *Triple P – Positives Erziehungsprogramm®* läuft. Es wurde von Matt Sanders und seiner Arbeitsgruppe an der University of Queensland in Australien in den 1980er Jahren entwickelt, und wird seitdem für diverse Zielgruppen weiterentwickelt und von unterschiedlichen Forschergruppen evaluiert. Es ist ein Programm zur Unterstützung von Eltern und Familien, das darauf ausgerichtet ist, die psychosoziale Entwicklung von Kindern und eine stabile Eltern-Kind-Beziehung zu fördern. *Triple P* wird häufig als Präventionsprogramm beschrieben, da es darauf abzielt, „Probleme in Familie, Schule und Kommune zu verhindern, bevor sie auftreten, und ein familiäres Umfeld zu schaffen, dass Kinder ermutigt, ihre Potentiale zu entfalten" (www.triplep.de).

Zielgruppe: Das Kernprogramm des *Triple-P-Systems* wird für Eltern von Kindern bis 12 Jahre angeboten. Darüber hinaus gibt es Programmvarianten für Eltern mit Teenagern, mit Kindern, die eine Behinderung haben und für Familien, die eine Trennung durchmachen. Programmvarianten für andere Zielgruppen werden weiterentwickelt und evaluiert.

Zielsetzungen: *Triple P* hat das Ziel, die Kompetenzen und das Selbstvertrauen von Eltern zu stärken, „um unabhängig von fremder Hilfe zu werden – und Probleme selbstständig lösen zu können" (www.triplep.de-de-de/was-ist-triple-p/ueberblick-ueber-triple-p/ziele/). Es wird darauf abgezielt, Eltern zu helfen realistische Erwartungen zu entwickeln, eigene Bedürfnisse zu identifizieren und Erziehungsfertigkeiten zu erlernen und im Alltag anzuwenden, die das Kind in seinen Bedürfnissen unterstützen und dabei angemessene Grenzen setzen. Sekundäre Ziele beinhalten die Prävention von Kindesmisshandlung, psychischen Erkrankungen und Verhaltensauffälligkeiten.

Theoretische Grundlage: Das Programm beruht auf Konzepten der sozialen Lerntheorie, kognitiven Verhaltens- und Entwicklungstheorie und Forschungsergebnissen zu Risiko- und Schutzfaktoren, die als bedeutsam in der Entwicklung von psychosozialen Problemen bei Kindern gesehen werden. Dem Programm unterliegt eine Stärkenorientierung, die bei den bestehenden Stärken und Ressourcen der Familien ansetzt und darauf aufbaut.

Programmelemente: *Triple P* beinhaltet und umfasst diverse Handlungsebenen (Level 1–5) und Modalitäten, die genutzt werden können, um den Bedarfen der Familien entgegenzukommen. Es gibt Einzel- und Gruppenangebote für Eltern sowie Selbstlernangebote, die kurz, intensiv oder zeitlich involvierter sein können. Didaktische Einheiten, die auch online zur Verfügung stehen, können mit Beratung, Coaching und anderen unterstützenden Angeboten kombiniert werden. *Triple P* hat Arbeitsbücher, Leitfäden und andere Medien für alle Programmmodule.

Evaluationen: Eine Reihe von evaluativen Studien haben die diversen Programmelemente von *Triple P* untersucht, u.a. auch in Deutschland (z.B. Heinrichs/Kliem/Hahlweg 2014; Kliem/Aurin/Kröger 2014). Insbesondere zum *Level 4 Triple P Programm* haben mehrfache Untersuchungen stattgefunden, u.a. zwei Metaanalysen (De Graff et al. 2008a, 2008b).

11.5 Von Evidenzbasierung zur Implementationswissenschaft

Der Enthusiasmus über die wachsende wissenschaftliche Fundierung psychosozialer Programme und Interventionen in der Sozialen Arbeit verblasste, als sich die Schwierigkeiten in der Umsetzung von empirisch gestützten Praktiken als gravierender erwiesen als erwartet. Viele Einrichtungen und Dienstleistungssysteme wehrten sich gegen die vermeintliche Invasion von EBP und ihren ‚von oben aufgesetzten' Interventionen, zitierten Kosten und mangelnde Ressourcen, gerade wenn es um notwendige Supervision und Training ging, und äußerten Zweifel, dass empirisch gestützte Interventionen grundsätzlich bessere Ergebnisse in realen Dienstleistungsstrukturen erzielen würden.

Wenn auch die modellgetreue Umsetzung einer evidenzbasierten Praktik in keiner Disziplin leicht ist, so stellt sie in der Sozialen Arbeit eine besondere Herausforderung dar, da die Handlungsmethoden der Sozialen Arbeit vielschichtig und unspezifischer sind, Soziale Arbeit in komplexen existierenden Organisationsstrukturen stattfindet, und Sozialarbeiter:innen unter vielen externen Vorgaben agieren müssen. Die erfolgreiche Umsetzung oder Implementation einer evidenzbasierten Praktik setzt gut entwickelte Handlungsleitfäden und die kontinuierliche Unterstützung und Schulung von Fachpersonal voraus (u. a. Unz/Taube 2016). Faktoren wie Führungsmerkmale, ausreichende Ressourcen, Unterstützung von Kernpersonal, Kooperationsstrukturen, die Offenheit des Personals für Innovation sowie politischer Wille spielen eine große Rolle, ob eine Praktik überhaupt Eingang in die Praxis findet, und selbst dann müssen Praktiken oft den kontextuellen Gegebenheiten angeglichen werden, d. h. sie müssen unter Umständen adaptiert und modifiziert werden, was die Wirksamkeit eines Modells untergraben bzw. grundsätzlich in Frage stellen kann. Gerade im Bereich der kulturellen Passung einer evidenzbasierten Praktik wird immer wieder betont, dass Adaptionen notwendig sind, um wirksame Resultate zu erzielen (Connor/Grote 2008). Die erforderlichen Trainings- und Supervisionsstrukturen vieler evidenzbasierter Praktiken sind kostspielig und darum haben Studien untersucht, ob Wirksamkeit mit weniger Training und Unterstützung des Personals erhalten bleibt. Diese Untersuchungen haben wiederholt erwiesen, dass sowohl Schulungen als auch gezielte Unterstützung von Fachpersonal unerlässliche Elemente für wirksame Interventionen sind (u. a. Schoenwald/Sheidow/Chapman 2009). Zusätzlich erfordert die Implementation von komplexen Praktiken oft Umstrukturierungen von bestehenden Organisations- und Finanzstrukturen, und die notwendige Kooperation und Interdisziplinarität, ohne die viele evidenzbasierte Praktiken nicht implementiert werden können, sind generell nicht Bestandteil von bestehenden Dienstleistungssystemen.

Diese Erkenntnisse haben zur Entstehung eines neuen Wissensgebiets geführt, der Implementationswissenschaft *(Implementation Science)*. In der Implementationswissenschaft geht es darum zu untersuchen, welche kontextbezogenen Faktoren die Annahme und Umsetzung einer evidenzbasierten Praktik fördern oder hindern, und wie man Barrieren, ob von personeller oder struktureller Natur, für eine erfolgreiche Implementation beseitigen oder verringern kann (Unz/Taube 2016; Kuhl et al. 2017). Das Wissensgebiet der Implementation ist international gesehen Teil einer *translationalen* Agenda, die darauf ausgerichtet ist, die Kluft zwischen Forschung und Praxis zu verringern (Palinkas/Soydan 2012). Auch wenn aktuelles Wissen über die erfolgreiche Implementation von evidenzbasierten Praktiken in den letzten fünfzehn Jahren enorm gewachsen ist, so bleibt dies ein Gebiet, das weiterhin eine beachtliche Herausforderung für Praxis und Forschung darstellt. Diese Phase hat jedoch zu vielversprechenden Kooperationen zwischen Forschungsteams und Dienstleistungssystemen geführt. In Deutschland ist dieses neue Wissensgebiet noch in den Anfängen und begegnet vielfachen Hürden (Schultes et al. 2022).

11.6 Weiterentwicklungen und alternative Ansätze

Aufgrund der Schwierigkeiten, die mit der Umsetzung von evidenzbasierten Praktiken in der Sozialen Arbeit verbunden sind, werden immer wieder flexiblere Ansätze befürwortet, die trotz allem bestehende empirische Evidenz integrieren. Zum einen sind Veränderungen in der evidenzbasierten Terminologie ersichtlich. Inzwischen gibt es im englischsprachigen Raum viele unterschiedliche Begriffe, die angeblich diverse Konzipierungen oder Nuancierungen von EBP erfassen (u. a. *empirically validated or supported interventions or treatments, evidence-informed practice or care, research-based practice, best practice, promising practice, practice-based research or evidence, community-based evidence*), jedoch vielfach ohne weitere Erklärung austauschbar genutzt werden. Insbesondere der Begriff „evidence-informed practice“ wird inzwischen vielfach bevorzugt, da die Nutzung dieses Begriffs ein kontextbezogenes und flexibleres Verständnis von empirischer Evidenz beinhaltet und ‚lokale Evidenz‘ und weniger rigide forschungsmethodische Standards betont (vgl. James/Burk 2020, S. 170 ff.). Ob die begrifflichen ‚Aufweichungen‘ tatsächlich zu größerer Annäherung zwischen Forschung und Praxis führen, sei jedoch dahingestellt.

Ein alternativer Ansatz zur EBP ist der sogenannte *Common Elements Approach* (Chorpita/Daleiden/Weisz 2005). Dieser besagt, dass anstatt der modellgetreuen Umsetzung einer evidenzbasierten Praktik die Betonung darauf liegen sollte, die Wirk- oder Gelingensfaktoren der besten Praktiken in einem Gebiet systematisch zu identifizieren und sich auf die Umsetzung dieser Kernelemente zu konzentrieren (z. B. Stärkenorientierung, Elternarbeit, Achtsamkeitstraining). Neben größerer Flexibilität in der Umsetzung betont der *Common Elements Approach* auch die Bedeutung von sogenannten *Soft Skills,* wie z. B. Motivation, Wärme, Empathie, und Beziehung, die ja bewiesenermaßen eine zentrale Rolle im Hilfeprozess spielen. Diese Ideen haben Resonanz in Teilen der Praxiswelt gefunden. Verfechter:innen der EBP sehen sie allerdings als einen bedenklichen Kompromiss, der die Umsetzung von evidenzbasierten Praktiken untergraben könnte.

Andere Expert:innen erkennen an, dass es viele Methoden und Interventionen gibt, die in der Sozialarbeitspraxis als durchaus wirksam gesehen werden und aus unterschiedlichen Gründen oft fest in Trägerkulturen und -strukturen etabliert sind. Anstatt solche Ansätze durch evidenzbasierte Praktiken zu ersetzen, sollten dann Bemühungen angestellt werden, diese bestehenden Handlungsansätze und -methoden systematisch zu evaluieren. Dies verspricht, dass Methoden, die in der Praxis schon etabliert sind, empirisch untermauert werden oder wenn notwendig, modifiziert werden, um auch messbare Wirkungen zu erreichen (Lee/McMillen 2017). Um dies zu ermöglichen, sind solide Kooperationen zwischen Forschung und Praxis notwendig.

11.7 Die deutsche Kritik

Dieses Kapitel hat sich vergleichsweise wenig mit der deutschen Sozialarbeitsfachliteratur auseinandergesetzt, da der Fokus darauf lag, die EBP in ihrer Entstehung, Entwicklung und Umsetzung darzulegen. Die zahlreichen (primär theoretischen) Beiträge, die es inzwischen auch in der deutschen Fachliteratur der Sozialen Arbeit zur EBP gibt, stehen der EBP, wie schon anfangs erwähnt, größtenteils sehr kritisch gegenüber oder ignorieren sie. Insbesondere die Gefahr der Deprofessionalisierung durch Standardisierungs- und externe Steuerungsprozesse wird wiederholt thematisiert (u. a. Schnurr 2005; Sommerfeld 2005; Kessl/Klein 2010).

Trotz dieser Kritik beschäftigt sich die deutsche Soziale Arbeit seit vielen Jahren im Kontext professionstheoretischer Diskussionen rege mit den zentralen Fragen, die auch der EBP unterliegen, nämlich der Frage der Wissensnutzung und des Wissenstransfers sowie der Frage der Wirkung von sozialarbeiterischen Hilfen (u. a. Borrmann/Thiessen 2016; Thole 2018; Begemann/Bleck/Liebig 2019; James 2019; Matthies/Radeiski 2020). In einigen Beiträgen wird durchaus kritisch angemerkt, dass die Soziale Arbeit auf unklaren und oft vagen Wissensgrundlagen und wissenschaftlichen Verankerungen basiert und daher aus wissenschaftlich-disziplinärer Sicht zu wenig wissenschaftlich ist (vgl. Dahme/Wohlfahrt 2010, S. 203). Insbesondere ihre Handlungsmethoden sowie die Grundlagen der Entscheidungsfindung in der sozialpädagogischen Handlungspraxis werden z. T. scharf kritisiert und es wird argumentiert, dass „professionelle Entscheidungen bestenfalls auf pseudowissenschaftlichem Erfahrungswissen […] basieren und somit jeder wissenschaftlichen Evidenz entbehren" (Dahmen 2011, S. 8).

In der Auseinandersetzung mit der Frage der Wissensnutzung wird generell ein lineares Wissenstransfermodell (von Forschung in die Praxis) abgelehnt. Stattdessen werden wechselseitige Einflüsse und dialogische Prozesse betont, argumentiert, dass wissenschaftliches Wissen nur bedingt umsetzbar ist oder auch alternative Wissenstransfer- und Handlungsmodelle entwickelt (u. a. Cloos/Thole 2007; Sehmer/Marks/Thole 2021). Studien, die die Wissensnutzung von deutschen Sozialarbeiter:innen untersucht haben, deuten zudem darauf hin, dass Handlungsentscheidungen in der Sozialarbeitspraxis selten zielgerichtet von wissenschaftlichem Wissen (ab)geleitet werden, sondern eher auf Intuition, persönlicher Lebenserfahrung und Praxiswissen beruhen (u. a. Ghanem et al. 2016; Thole 2018; James et al. 2019). Grundsätzlich werden die reflexiven und interpretativen Kompetenzen von Sozialarbeiter:innen als Merkmal ihrer Professionalität hervorgehoben und eine professionelle Haltung betont, die sich auf zentrale Werte und Handlungsprinzipien der Sozialen Arbeit stützt. Die EBP-Vorgehensweise, die auf klar formulierten und messbaren Zielsetzungen, spezifizierten methodischen Elementen und Handlungsleitfäden beruht, wird somit nicht als kompatibel mit dem Selbstverständnis der deutschen sozialpädagogischen Tradition gesehen (Ghanem/Spensberger/Kollar 2018). Auf einer fundamentalen Ebene beruht die Skepsis jedoch, wie schon beschrieben, auf grundlegenden Fragen zur Funktion der EBP im Zuge neoliberaler Entwicklungen (s. Kap. 10). Gleichzeitig wird anerkannt, dass EBP einen „Beitrag zum Aufbau eines konsolidierten professionellen Wissenskorpus in der Sozialen Arbeit" leisten kann (Sommerfeld 2016, S. 21).

Abschließend sei hinzugefügt, dass es trotz Kritik sowie eigenständiger Entwicklungen Anzeichen gibt, dass auch im deutschsprachigen Raum eine Reihe von evidenzbasierten Programmen und Methoden (z. B. *Positive Peer Culture, Multisystemische Therapie, Triple P*) in sozialarbeiterischen Arbeitsfeldern Anwendung finden und vereinzelt empirisch untersucht werden (u. a. Trapper 2009; Heinrichs/Kliem/Hahlweg 2014).

11.8 Resümee

Die EBP ist ein dynamisches Handlungsparadigma, das sich seit seiner Entstehung rapide weiterentwickelt und die Soziale Arbeit nachhaltig beeinflusst hat. Sie hat die Wissensbasis der Profession gestärkt, ihr Mittel und Methoden in die Hände gelegt, die nicht nur konzeptionell, sondern auch empirisch verfechtbar sind, positive Resultate für viele Klient:innen erzielt und Praxis-Forschungskooperationen entstehen lassen, die es vorher in dem Maße nicht gab. Aus der Sicht vieler trägt die EBP zu einer kritischen und reflektierten Grundhaltung der einzelnen sozialarbeiterischen Fachkraft bei und hat die Professionalisierung der Sozialen Arbeit erhöht.

Das Hauptanliegen der EBP, nämlich, dass die Soziale Arbeit eine professionelle, ethische und rechtliche Verantwortung hat, wirksam und effizient mit Klient:innen zu arbeiten, hat sich in vieler Hinsicht in der Disziplin der Sozialen Arbeit durchgesetzt. Dieses legitime Anliegen wird allerdings auch von einem politischen und wirtschaftlichen Klima vorangetrieben, das zunehmend Beweise für Effektivität, Effizienz und Kosten-Nutzen-Analysen verlangt. Und hier wird zurecht gewarnt, dass wissenschaftliches Wissen auf eine Art und Weise für Zwecke der Steuerung und Ökonomisierung instrumentalisiert werden kann, die nicht dienlich für Adressat:innen ist und letztendlich die Legitimierung von Professionen untergraben könnte. Eine zentrale Frage ist, wie die Soziale Arbeit als Disziplin mit diesem Dilemma umgehen soll und welche Möglichkeiten sich trotz aller Kritik durch den evidenzbasierten Ansatz in der Überbrückung der Forschung/Theorie-Praxis-Kluft eröffnen (vgl. Sommerfeld 2016, S. 39).

Weitere Übungen

1. Beschreiben Sie die Unterschiede zwischen dem *Bottom-up*- und dem *Top-down*-Ansatz der EBP. Welche Herausforderungen gibt es in den beiden Ansätzen?

2. Diskutieren Sie die Vorteile und Nachteile von (evidenzbasierten) Programmen (wie bspw. *Triple P*) für die Praxis und die Fachkräfte der Sozialen Arbeit?

3. Welche Berührungspunkte hatten Sie bisher, z. B. in Ihrem Praktikum, mit EBP und/oder empirisch gestützten Programmen? Welche Rolle spielen die Forschung bzw. Forschungsergebnisse in Ihrer Arbeit und in Ihrem Träger?

4. Lesen Sie Kap. 10 und Kap. 11 und diskutieren Sie den Bezug zwischen EBP und Sozialmanagement.

Ausgewählte Literatur

- Borrmann, S./Thiessen, B. (Hrsg.) (2016): Wirkungen Sozialer Arbeit. Potentiale und Grenzen der Evidenzbasierung für Profession und Disziplin. Opladen: Budrich.
- Ghanem, C./Spensberger, F./Kollar, I. (2018): Die Diffusion von Evidenzbasierter Praxis (EBP): Eine Literaturanalyse der EBP-Netzwerke in den Vereinigten Staaten und in deutschsprachigen Ländern. In: Neue Praxis 12, H. 5, S. 438–456.
- Otto, H.-U./Polutta, A./Ziegler, H. (Hrsg.) (2010): What works? Welches Wissen braucht die Soziale Arbeit. Zum Konzept evidenzbasierter Praxis. Leverkusen-Opladen: Budrich Publishers.
- Sackett, D. L./Rosenberg, W. M./Gray, J. A./Haynes, R. B./Richardson, W. S. (1996): Evidence based medicine. What it is and what it isn't. In: British Medical Journal 312, S. 71–72.
- Sommerfeld, P. (2016): Evidenzbasierung als ein Beitrag zum Aufbau eines konsolidierten professionellen Wissenskorpus in der Sozialen Arbeit. In: Borrmann, S./Thiessen, B. (Hrsg.): Wirkungen Sozialer Arbeit. Potentiale und Grenzen der Evidenzbasierung für Profession und Disziplin. Opladen: Budrich.
- Struhkamp Munshi, G. (2007): Evidenzbasierte Ansätze in kinder- und jugendbezogenen Dienstleistungen der USA. München: Deutsches Jugendinstitut.
- Thole, W. (2018): Umgang mit Wissen. Wie die Kommunikation zwischen sozialpädagogischer und wissenschaftlicher Praxis gelingen könnte. In: FORUM Jugendhilfe 66, H. 1, S. 18–22.
- Unz, D. C./Taube, V. (2016): Implementierung von evidenzbasierten Programmen in der Sozialen Arbeit: Forschungsergebnisse, Herausforderungen und

Desiderata. In: Borrmann, S./Thiessen, B. (Hrsg.): Wirkungen Sozialer Arbeit. Potentiale und Grenzen der Evidenzbasierung für Profession und Disziplin. Opladen: Budrich. S. 125–142.

Ausgewählte Internetlinks zur EBP

- Blueprints for Healthy Youth Development – www.blueprintsprograms.org/
- California Evidence-based Clearinghouse for Child Welfare – www.cebc4cw.org
- Campbell Collaboration – www.campbellcollaboration.org
- Cochrane Collaboration – www.chochrane.org
- Grüne Liste Prävention – www.gruene-liste-praevention.de

Literatur- und Quellenverzeichnis

Addams, J. (1910): Twenty Years at Hull-House with autobiographical notes [Online]. (Abfrage: 3. 10. 2022)

Begemann, M.-C./Bleck, C./Liebig, R. (Hrsg.) (2019): Wirkungsforschung in der Kinder- und Jugendhilfe. Weinheim und Basel: Beltz Juventa.

Borrmann, S./Thiessen, B. (Hrsg.) (2016): Wirkungen Sozialer Arbeit. Potentiale und Grenzen der Evidenzbasierung für Profession und Disziplin. Opladen: Budrich.

Brekke, J. S. (1986): Scientific imperatives in social work research. Pluralism is not skepticism. In: Social Service Review 60, H. 4, S. 538–554.

Chalmers, I. (2004): Well-informed uncertainties about the effects of treatment. In: British Medical Journal 328, S. 425–426.

Chorpita, B. F./Daleiden, E. L./Weisz, J. R. (2005): Identifying and selecting the common elements of evidence-based practice. A distillation and matching model. In: Mental Health Services Research 7, H. 1, S. 5–20.

Cloos, P./Thole, W. (2007): Professioneller Habitus und das Modell einer Evidence-based Practice. In: Sommerfeld, P./Hüttemann, M. (Hrsg.): Evidenzbasierte Soziale Arbeit. Baltmannsweiler: Schneider Verlag Hohengehren. S. 60–74.

Connor, K. O./Grote, N. K. (2008): Enhancing the cultural relevance of empirically-supported mental health interventions. In: Families in Society 89, H. 4, S. 587–595.

Dahme, H.-J./Wohlfahrt, N. (2010): Evidenzbasierte Soziale Arbeit und wettbewerblich gesteuerte Sozialwirtschaft. In: Otto, H.-U./Polutta, A./Ziegler, H. (Hrsg.) (2010): What works. Welches Wissen braucht die Soziale Arbeit? Zum Konzept evidenzbasierter Praxis. Opladen: Budrich. S. 203–216.

Dahmen, S. (2011): Evidenzbasierte Soziale Arbeit? Baltmannsweiler: Schneider Verlag Hohengehren.

Day, A./Willis, T./Vanderwill, L./Resko, S./Patterson, D./Henneman, K./Cohick, S. (2018): Key factors and characteristics of successful resource parents who care for older youth. A systematic review of research. In: Children & Youth Services Review 84, H. 1, S. 152–158.

De Graff, I./Speetjens, P./Smit, F./De Wolff, M./Taveccio, L. (2008a): Effectiveness of the Triple P Positive Parenting Program on parenting. A meta-analysis. In: Family Relations 57, S. 553–556.

De Graff, I./Speetjens, P./Smit, F./De Wolff, M./Taveccio, L. (2008b): Effectiveness of the Triple P Positive Parenting Program on behavioral problems in children. In: Behavior Modification 32, S. 714–735

Evidence-Based Medicine Working Group (1992): Evidence-based medicine. A new approach to teaching the practice of medicine. In: Journal of the American Medical Association 268, H. 17, S. 2420–2425.

Fine, M. (2012): Troubling calls for evidence. A critical race, class and gender analysis of whose evidence counts. In: Feminism & Psychology 22, H. 1, S. 3–19.

Fischer, J. (1981): The social work revolution. In: Social Work 26, H. 3, S. 199–207.

Gambrill, E. D. (1999): Evidence-based practice. An alternative to authority-based practice. In: Families in Society 80, H. 4, S. 341–350.

Gambrill, E. D. (2003): Evidence-based practice. Sea change or the emperor's new clothes? In: Journal of Social Work Education 39, H. 1, S. 3–23.

Gambrill, E. D. (2007): Special section: Promoting and sustaining evidence-based practice. View of evidence-based practice. Social workers' code of ethics and accreditation standards as guides for choice. In: Journal of Social Work Education 43, H. 3, S. 447–462.

Ghanem, C./Kollar, I./Fischer, F./Lawson, T. R./Pankofer, S. (2016): How do social work novices and experts solve professional problems? A micro-analysis of epistemic activities and the use of evidence. In: European Journal of Social Work 21, H. 1, S. 1–17.

Ghanem, C./Spensberger, F./Kollar, I. (2018): Die Diffusion von Evidenzbasierter Praxis (EBP): Eine Literaturanalyse der EBP-Netzwerke in den Vereinigten Staaten und in deutschsprachigen Ländern. In: Neue Praxis 12, H. 5, S. 438–456.

Gibbs, L./Gambrill, E. D. (2002): Evidence-based practice. Counterarguments to objections. In: Research on Social Work Practice 12, H. 3, S. 452–476.

Heinrichs, N./Kliem, S./Hahlweg, K. (2014): Four-year-follow up of a randomized controlled trial of Triple P group for parent and child outcomes. In: Prevention Science 15, H. 2, S. 233–245.

Hüttemann, M. (2014): Evidenzbasierte Praxis und Qualität. In: Klinische Sozialarbeit 10, H. 4, S. 11–12.

James, S./Thompson, R./Sternberg, N./Schnur, E./Ross, J./Butler, L./Triplett, D./Puett, L./Muirhead, J. (2015): Attitudes, perceptions and utilization of evidence-based practices in residential care. In: Residential Treatment for Children & Youth 32, H. 2, S. 144–166.

James, S. (2019): Wirkungsforschung in der Kinder- und Jugendhilfe – Internationale Perspektiven. In: Begemann, M.-C./Bleck, C./Liebig, R. (Hrsg.): Wirkungsforschung in der Kinder- und Jugendhilfe. Weinheim und Basel: Beltz Juventa. S. 45–67.

James, S./Lampe, L./Behnken, S./Schulz, S. (2019): Evidence-based practice and knowledge utilisation. A study of attitudes and practices among social workers in Germany. In: European Journal of Social Work 22, H. 5, 763–777.

James, S./Burk, L. K. (2020): Residential interventions: Evidence-informed and promising practices for youth and families. In: Caldwell, B./Lieberman, R./LeBel, J./Blau, G. (Hrsg.): Transforming residential interventions – practical strategies and future directions. New York und London: Routledge. S. 168–196

Kessl, F./Klein, A. (2010): Das Subjekt in der Wirkungs- und Nutzerforschung. In: Otto, H.-U./Polutta, A./Ziegler, H. (Hrsg.): What works. Welches Wissen braucht die Soziale Arbeit? Zum Konzept evidenzbasierter Praxis. Opladen: Budrich. S. 63–82.

Kliem, S./Aurin, S. S./Kröger, C. (2014): Zur Wirksamkeit des adoleszenzspezifischen Elterntrainings Group Teen Triple P. Eine randomisiert kontrollierte Studie. In: Kindheit und Entwicklung 23, S. 184–193.

Koh, E./Rolock, N./Cross, T. P./Eblen-Manning, J. (2014): What explains instability in foster care? Comparison of a matched sample of children with stable and unstable placements. In: Children & Youth Services Review 37, S. 36–45.

Kuhl, J./Gebhardt, M./Bienstein, P./Käppler, C./Quinten, S./Ritterfeld, U./Tröster, H./Wember, F. (2017): Implementationsforschung als Voraussetzung für eine evidenzbasierte sonderpädagogische Praxis. In: Sonderpädagogische Förderung heute 62, H. 4, S. 383–393.

Lee, B. R./McMillen, J. C. (2017): Pathways forward for embracing evidence-based practice in group care settings. In: Journal of Emotional and Behavioral Disorders 25, H. 1, S. 19–27.

Löbmann, R. (2017): Evidenzbasierte Praxis. Ein Beitrag zum aktuellen Diskurs um die wissenschaftstheoretischen Grundlagen und forschungsmethodischen Implikationen für die Soziale Arbeit. In: Soziale Arbeit 66, H. 1, S. 2–12.

Matthies, A./Radeiski, B. (2020): Wissenstransfer (in) der Sozialen Arbeit. Zur Produktivität wissenschaftlicher Vermittlungs- und Transfervorstellungen. Einleitung. In: Die Hochschule. Journal für Wissenschaft und Bildung 29, H. 2, S. 7–14.

Mullen, E. J. (1978): The construction of personal models for effective practice. A method for utilizing research findings to guide social interventions. In: Journal of Social Work Research 2, H. 1, S. 45–63.

Mullen, E. J./Streiner, D. L. (2004): The evidence for and against evidence-based practice. In: Brief Treatment and Crisis Intervention 4, H. 2, S. 111–121.

Okpych, N. J./Yu, J. L. (2014): A historical analysis of evidence-based practice in social work: The unfinished journey toward an empirically grounded profession. In: Social Service Review 88, H. 1, S. 3–58.

Otto, H.-U./Polutta, A./Ziegler, H. (Hrsg.) (2010a): What works? Welches Wissen braucht die Soziale Arbeit. Zum Konzept evidenzbasierter Praxis. Leverkusen-Opladen: Budrich.

Otto, H.-U./Polutta, A./Ziegler, H. (Hrsg.) (2010b): Zum Diskurs um evidenzbasierte Soziale Arbeit. Opladen: Budrich.

Palinkas, L. A./Soydan, H. (2012): New horizons of translational research and research translation in social work. In: Research on Social Work Practice 22, H. 1, S. 85–92.

Richmond, M. (1917): Social Diagnosis. New York: Russell Sage Foundation.

Roberts, A. R./Yeager, K. R./Regehr, C. (2006): Bridging evidence-based health care and social work. How to search for, develop, and use evidence-based studies. In: Roberts, A. R./Yeager, K. R. (Hrsg.): Foundations of evidence-based social work practice. New York: Oxford University Press.

Rock, S./Michelson, D./Thomson, S./Day, C. (2015): Understanding foster placement instability for looked after children. A systematic review and narrative synthesis of quantitative and qualitative evidence. In: British Journal of Social Work 45, H. 1, S. 177–203.

Rosen, A./Proctor, E. K. (2002): Standards for evidence-based social work practice. In: Roberts, A. R./Greene, G. J. (Hrsg.): The social worker's desk reference. New York: Oxford University Press. S. 743–747.

Rubin, A. (2011): Teaching EBP in social work. Retrospective and prospective. In: Journal of Social Work 11, H. 1, S. 64–79

Sackett, D. L./Rosenberg, W. M./Gray, J. A./Haynes, R. B./Richardson, W. S. (1996): Evidence based medicine. What it is and what it isn't. In: British Medical Journal 312, S. 71–72.

Schmid, M./Dölitzsch, C./Pérez, T./Jenkel, N./Schmeck, K./Kölch, M./Fegert, J.M. (2014): Welche Faktoren beeinflussen Abbrüche in der Heimerziehung. Welche Bedeutung haben limitierte prosoziale Fertigkeiten? In: Kindheit und Entwicklung 23, H. 3, S. 161–173.

Schnurr, S. (2005): Evidenz ohne Reflexivität? Zur Debatte um evidenzbasierte Praxis in der Sozialen Arbeit. In: Zeitschrift Forschung und Wissenschaft Soziale Arbeit 5, H. 2, S. 19–31.

Schoenwald, S.K./Sheidow, A.J./Chapman, J.E. (2009): Clinical supervision in treatment transport. Effects on adherence and outcomes. In: Journal of Consulting and Clinical Psychology 77, H. 3, S. 410–421.

Schultes, M.T./Finsterwald, M./Brunkert, T./Kien, C./Pfadenhauer, L./Albers, B. (2022): Barriers and Facilitators for Conducting Implementation Science in German-Speaking Countries: Findings from the Promote ImpSci Interview Study. In: Global Implementation Research and Applications 2, 120–131.

Sehmer, J./Marks, S./Thole, W. (2021): Studieren und Forschen. Überlegungen zum Format dialogischer Wissenstransformation. In Gedik, K./Wolff, R. (Hrsg.): Kinderschutz in der Demokratie – Eckfeiler guter Fachpraxis. Ein Handbuch. Opladen: Budrich. S. 581–606

Shlonsky, A./Gibbs, L. (2006): Will the real evidence-based practice please stand up? Teaching the process of evidence-based practice to the helping professions. In: Roberts, A.R./Yeager, K.R. (Hrsg.): Foundations of Evidence-Based Social Work Practice. New York: Oxford University Press, S. 103–121.

Sommerfeld, P. (2005): Evidence-based practice. The end of professional social work or architect of a new professionalism? In: Sommerfeld, P. (Hrsg.): Evidence-based social work. Towards a new professionalism? Bern: Peter Lang. S. 7–34.

Sommerfeld, P. (2016): Evidenzbasierung als ein Beitrag zum Aufbau eines konsolidierten professionellen Wissenskorpus in der Sozialen Arbeit. In: Borrmann, S./Thiessen, B. (Hrsg.): Wirkungen Sozialer Arbeit. Potentiale und Grenzen der Evidenzbasierung für Profession und Disziplin. Opladen: Budrich.

Struhkamp Munshi, G. (2007): Evidenzbasierte Ansätze in kinder- und jugendbezogenen Dienstleistungen der USA. München: Deutsches Jugendinstitut.

Stuart, R.B./Lilienfeld, S.O. (2007): The evidence missing from evidence-based practice. In: American Psychologist 62, H. 6, S. 615–616.

Summersett-Ringgold, F. (2018): Child strengths and placement stability among racial/ethnic minority youth in the child welfare system. In: Child Abuse & Neglect 76, S. 561–572.

Taylor, C./White, S. (2002): What works about what works? Fashion, fad and EBP. In: Social Work and Social Science Review 10, H. 2, S. 63–81.

Thole, W. (2018): Umgang mit Wissen. Wie die Kommunikation zwischen sozialpädagogischer und wissenschaftlicher Praxis gelingen könnte. In: FORUM Jugendhilfe 66, H. 1, S. 18–22.

Thomas, E.J. (1977): The BESDAS model for effective practice. In: Social Work Research and Abstracts 13, H. 2, S. 12–16.

Thyer, B.A. (2004): What is evidence-based practice? In: Brief Treatment and Crisis Intervention 4, H. 2, S. 167–176.

Trapper, T. (2009): Positive Peer Culture. Eine pädagogische Antwort auf Probleme in Schulen und sozialen Einrichtungen. In: Sanders, K./Bock, M. (Hrsg.): Kundenorientierung – Partizipation – Respekt. Neue Ansätze in der Sozialen Arbeit. Wiesbaden: VS Verlag. S. 167–184.

Unz, D.C./Taube, V. (2016): Implementierung von evidenzbasierten Programmen in der Sozialen Arbeit: Forschungsergebnisse, Herausforderungen und Desiderata. In: Borrmann, S./

Thiessen, B. (Hrsg.): Wirkungen Sozialer Arbeit. Potentiale und Grenzen der Evidenzbasierung für Profession und Disziplin. Opladen: Budrich.

van Santen, E. (2012): Wenn die Pflegeeltern nicht mehr wollen. Abbrüche von Fremdpflegeverhältnissen durch Pflegefamilien. Empirische Hinweise. In: Sozialmagazin 37, H. 5, S. 31–36.

Webb, S. A. (2001): Some considerations on the validity of evidence-based practice in social work. In: British Journal of Social Work 31, H. 1, S. 57–79.